Forschungen zu Spanien
ISSN 0935-1515

Herausgegeben von

Prof. Dr. Walther L. Bernecker, Bern
Dr. Francisco López-Casero, Augsburg
Prof. Dr. Peter Waldmann, Augsburg

Forschungen zu Spanien

Forschungen zu Spanien

Band 4

Francisco López-Casero
Walther L. Bernecker
Peter Waldmann (Hg.)

Die mediterrane Agrostadt – Strukturen und Entwicklungsprozesse

Verlag **breitenbach** Publishers
Saarbrücken · Fort Lauderdale 1989

CIP-Titelaufnahme der Deutschen Bibliothek

Die mediterrane Agrostadt:
Strukturen und Entwicklungsprozesse / Francisco Ló-
pez-Casero... (Hg.). – Saarbrücken; Fort Lauderdale:
Breitenbach, 1989.
(Forschungen zu Spanien; Bd. 4)
ISBN 3-88156-436-5
NE: López-Casero, Francisco [Hrsg.]; GT

ISBN 3-88156-436-5

© 1989 by Verlag **breitenbach** Publishers
Memeler Str. 50, D-6600 Saarbrücken, Germany
P.O.B. 16243, Fort Lauderdale, Fla. 33318-6243, USA
Printed by **arco**-druck gmbh, Hallstadt

Inhaltsverzeichnis

V. Anhang

Vorwort

"Land" und "Stadt" sind niemals fest abgegrenzte Bereiche gewesen; zwischen ihnen hat es vielmehr stets eine dialektische Beziehung gegeben, in der Prozesse der Absonderung mit solchen der Durchdringung und gegenseitiger Beeinflussung abwechselten oder zusammenfielen. In letzter Zeit, mit zunehmender Ausstrahlung der Stadt auf das Land, scheint die Durchdringung sogar die Absonderung zu überlagern; das bezeichnendste Ergebnis ist, daß das Ländliche nicht länger mehr Synonym für Landwirtschaft ist und daß die Landsoziologie heutzutage einen anderen Gegenstand hat als die Agrarsoziologie.

Rückblickend kann man sagen, daß es vielleicht kein Sozialphänomen gegeben hat, in dem die wechselhafte Beziehung zwischen dem Ländlichen und dem Städtischen mit größerer Plastizität zum Ausdruck gekommen ist als in der "Agrostadt", einer lokalen Einheit mittlerer Größe, in der sich beide Welten begegnen und vermengen, zusammenfließen und klären, so daß schließlich etwas Spezifisches und nicht auf vorher festgelegte Kategorien Rückführbares entsteht.

Trotz dieser Besonderheit ist die Agrostadt von den Sozialwissenschaften bei der Auswahl der Untersuchungsobjekte in der Feldforschung oft übergangen worden. Dieses Vergessen fällt gerade in Spanien besonders auf, denn dort ist die Agrostadt ein gesteigerter Ausdruck des allgemeinen Phänomens "pueblo", das bis vor wenigen Jahrzehnten das beherrschende Element des spanischen "oikos" gewesen ist. Im Laufe der beachtlichen Entwicklung der Sozialanthropologie in Spanien sind in den letzten Jahren viele interessante Arbeiten über spanischen Gemeinden veröffentlicht worden. Studien über die Agrostadt von Seiten spanischer Wissenschaftler sind dagegen äußerst selten; fast alle vorliegenden - und das sind auch nicht allzu viele - wurden von angelsächsischen Autoren erarbeitet.

In Bezug auf Süditalien, der anderen großen Region Europas, die durch die Agrostadt geprägt ist, gibt es eine größere Zahl von Arbeiten und Veröffentlichungen. Trotzdem hat man sich hier mehr für die Analyse charakteristischer Phänomene der mediterranen Gesellschaft, oft in Verbindung mit wirtschaftlicher Stagnation, interessiert als für die systematische Erforschung der Agrostadt selbst.

Angesichts dieser Bilanz ist es müßig, auf das Fehlen nahezu jeder vergleichenden Studie über Agrostädte in verschiedenen Regionen hinzuweisen.

Die vorliegende Veröffentlichung möchte dazu beitragen, die Lücken, die wir aufgezeigt haben, teilweise zu schließen. Sie hat ihren Ursprung in einem internationalen Symposium, das mit Unterstützung und Förderung durch die Werner Reimers-Stiftung im Mai 1987 in Bad Homburg abgehalten wurde. Auf Einladung des "Deutschen Arbeitskreises für Sozialforschung in Spanien und Portugal" und des "Instituts für Spanien- und Lateinamerikastudien der Universität Augsburg" versammelten sich aus diesem Anlaß Wissenschaftler verschiedener Länder, die über Themen im Zusammenhang mit der spanischen, italienischen oder portugiesischen Agrostadt geforscht haben oder noch forschen. Sie gehörten unterschiedlichen Richtungen der Sozialwissenschaften an, hauptsächlich waren es Sozialanthropologen, Soziologen, Sozialgeographen und Ökonomen.

Die Aufsätze und Kommentare, die beim Symposium vorgelegt wurden, sind die Grundlage des vorliegenden Sammelbandes. Da die kurzen Zusammenfassungen im Anschluß an den jeweiligen Aufsatz eine detaillierte Vorstellung im Rahmen dieses Vorworts erübrigen, beschränken wir uns hier darauf, den Aufbau des Bandes kurz zu erläutern.

Der erste Teil ist eine allgemeine Einführung in den Themenkomplex Agrostadt, er allein umfaßt die drei Aufsätze, die nicht direkt beim Symposium vorgelegt wurden, gleichwohl nahmen ihre Autoren an ihm teil. Wir hielten es für angebracht, diese drei bereits an anderer Stelle veröffentlichten Artikel in den vorliegenden Band aufzunehmen, denn sie gehören zu den wenigen Studien, die die Agrostadt systematisch als einen besonderen Fall der Lokalgemeinde behandeln; sie können in einem Sammelband schwerlich fehlen, der sich - unseres Wissens - als erster ausschließlich dem Thema Agrostadt widmet. Von diesen drei Aufsätzen hat der von *R. Monheim* den konkretesten räumlichen Bezug, er beschreibt den in Mittelsizilien vorherrschenden Typus der Agrostadt und behandelt ihn unter unter seinen verschiedenen Aspekten einschließlich der Sozialgeographie. *A. Blok* und *H. Driessen* legen eine Pionierarbeit auf komparativem Gebiet vor, indem sie die traditionellen Merkmale der sizilianischen und andalusischen Agrostädte gegenüberstellen, die sie vor allem als Ausdruck eines im Mittelmeergebiet vorherrschenden urbanen Ethos betrachten. *F. López-Casero* legt das Schwergewicht auf die sozialen Strukturen und Prozesse, die

die Agrostadt kennzeichnen und ihre Entwicklung bestimmen, wie ein Vergleich der Fälle Sizilien, Andalusien und der Mancha-Region zeigt.

Der zweite Teil widmet sich ausschließlich den methodischen Aspekten und kann für gegenwärtige oder künftige Forschungsarbeiten von Nutzen sein. Die große Bedeutung, die nach dem Demokratisierungsprozeß in Spanien den Gemeinden als politischer Entscheidungssphäre in der Tat zukommt, verleihen der Arbeit von *P. v. Glisczynski* und dem dazu gehörenden Kommentar von *A. Hildenbrand* besondere Aktualität, sie befassen sich mit den Anwendungsmöglichkeiten der in neuerer Zeit entwickelten Methoden der Sozialwissenschaften für das Studium der Machteliten und ihre adäquaten Anwendungsmöglichkeiten. Diese politische Perspektive wird soziologisch untermauert durch die Darstellung einer neuen Methode, die *F. López-Casero* zur Analyse der Sozialstruktur dieses Gemeindetyps gegenwärtig ausarbeitet und in der Feldforschung anwendet.

Im dritten Teil werden vier Spezialaspekte behandelt: die dichotome Wahrnehmung der Sozialstruktur, wie sie im kollektiven Bewußtsein der italienischen Agrostädte seit eh und je vorherrscht (*Ch. Giordano*); die Rolle, die die neuen Agrargewerkschaften im demokratischen Prozeß der Interessenartikulation in den südspanischen Agrostädten zu übernehmen haben (*E. Moyano*); die geographisch-sozialen Beziehungen, wie sie zwischen den Agrostädten und ihrem jeweiligen Umland in Spanien und Portugal bestanden haben sowie ihre gegenwärtige Relevanz (*M. Drain*); und schließlich die Bedeutung, die vor allem unter dem Gesichtspunkt der Sozialanthropologie dem Raum zwischen dem Stadtkern und dem übrigen Gebiet der Agrostadt zukommt, einem Raum, der traditionellerweise "ruedo" genannt wird (*H. Driessen*).

Der vierte und letzte Teil umfaßt vier Einzelfallstudien. Die beiden ersten, d.h. die von *H. Reimann* über die Industrialisierung der sizilianischen Agrostadt Gela und die von *F. López-Casero* über Struktur und Entwicklung einer Agrostadt in der Mancha, folgen vornehmlich einem soziologisch-ökonomischen Ansatz und bieten - anhand von zwei Fallstudien - die Gelegenheit, die These vom sozialen Immobilismus im italienischen Mezzogiorno mit der beachtlichen Dynamik zu konfrontieren, die während der letzten Jahrzehnte in den traditionell ländlichen Regionen Spaniens zu beobachten war. Die beiden letzten Arbeiten, die von *A. Barrera* über Puente Genil und die von *J. A. Fernández de Rota* über Betanzos, denen die Kommentare von *D. Goetze* bzw. *C. Lisón* folgen, bewegen sich auf dem Gebiet der Sozialanthropologie. Der Artikel von *Barrera* lenkt die Aufmerksamkeit auf das Phänomen der Bibelvereine in Puente Genil als Ausdruck des Ausmaßes an Sozialbilität, das die Agrostädte entfalten können; er zeigt die Aspekte auf, die eine vertiefte Analyse wert sind und wie wie diese durchzuführen wäre. Im Falle von Betanzos dürfte allein schon die Tatsache von Interesse sein, daß *Fernández de Rota* als Studienobjekt eine in Galizien gelegene "vila" gewählt hat, die praktisch am äußersten Nordrand des Gebietes liegt, das die Agrostädte in Spanien einnehmen. Die "originelle" Art und Weise, in der sich in dieser Stadt die ländliche und die städtische Welt begegnen, zeigt wesentliche Unterschiede im Vergleich mit den bisher klassischen Agrostadt-Gebieten in den Mittelmeerländern.

Das Buch schließt mit einer Bibliographie, die sich grundsätzlich auf Arbeiten über die Agrostädte im europäischen Mittelmeerraum bezieht sowie auf Themen, die mit dieser Gemeindeform in einem engen Zusammenhang stehen.

Wir möchten diese Gelegenheit wahrnehmen, unseren besonderen Dank denjenigen Institutionen und Personen abzustatten, die zur Veröffentlichung dieses Sammelbandes beigetragen haben. Chronologisch gesehen, ist an erster Stelle die Werner Reimers-Stiftung zu nennen, die das Zustandekommen des Symposiums organisatorisch und finanziell förderte, aus dem die hier vorliegenden Arbeiten hervorgingen. Des weiteren sind hier die Druckkostenzuschüsse der Universität Augsburg zu nennnen, die diese Publikation ermöglicht haben. Unser persönlicher Dank gilt Frau Dipl.-Ökon. Hildegard Kühlmann, die im wesentlichen die Koordination, die Korrekturarbeiten und die technischen Vorbereitungen für die Drucklegung der Arbeiten dieses Bandes übernommen hat. Ihnen und allen anderen, die auf vielfältige Weise zur Veröffentlichung dieses Buches beigetragen haben, sei an dieser Stelle noch einmal aufrichtig gedankt.

Die Herausgeber

I. ZUM TYPUS DER AGROSTADT

Francisco López-Casero

KONSTANZ UND WANDEL DER MEDITERRANEN
AGROSTADT IM INTERKULTURELLEN VERGLEICH

I. Problemaufriß

Obwohl in der Gemeindesoziologie im Verlauf der letzten fünfzig Jahre eine lebhafte Entwicklung zu beobachten war, ist den Gemeinden mittlerer Größe dabei nicht viel Aufmerksamkeit geschenkt worden. Zu den letzteren gehören insbesondere die Agrostädte, die sich schwer in das Schema Stadt-Land einfügen lassen, was ja auch in ihrem paradox anmutenden Namen zum Ausdruck kommt.

Diese Vernachlässigung ist eine Nebenfolge der früher beliebten Anwendung von bipolaren Konstruktionen, die auf klassischen Kategorienpaaren beruhten. Die damit einhergehende Identifikation der jeweiligen Pole mit konkreten Gemeindeformen, wie etwa "Gemeinschaft" mit "kleiner Landgemeinde" und "Gesellschaft" mit "Großstadt", führte tendenziell dazu, daß man die Ansiedlungen mittlerer Größe als etwas Unbestimmbares, zwischen den beiden Extremen Liegendes betrachtet hat. Sowohl die bipolare Konstruktion, als auch die Theorie eines angeblich zwischen den beiden Polen existierenden Kontinuums wurden schon vor längerer Zeit hinreichend kritisiert und werden kaum mehr ernst genommen. Trotzdem haben weder die Sozialanthropologie - die sich allerdings in letzter Zeit zunehmend über den Rahmen der "small community" hinauswagt -, noch die Stadt- und Agrarsoziologie bis jetzt neue Ansätze entwickelt (*López-Casero* 1972: 89 ff.; *Newby / Sevilla-Guzmán* 1983: 38 ff.)

Der vorliegende Aufsatz stellt den Versuch dar, zur Überwindung der hier angedeuteten Fehlentwicklungen einen Beitrag zu leisten: es wird die Erarbeitung eines theoretischen Modells angestrebt, das imstande ist, die eigentümlichen Merkmale der Agrostädte und ihre Entwicklungsprozesse darzulegen und zu erklären. Dies soll nicht nur ein Beitrag zur Gemeinde- und Entwicklungssoziologie, sondern auch zur allgemeinen soziologischen Theorie sein, und sei es auch nur deshalb, weil hier Besonderheiten bestimmter Interaktionsformen dargestellt werden, die man bisher übersehen oder als zweitrangig behandelt hat. Dem ganzen Vorhaben liegt ein vergleichender Ansatz zugrunde.

Die Agrostadt ist - wenn auch mit sehr unterschiedlicher Häufigkeit - in den verschiedensten Weltregionen anzutreffen, von Indien und Japan über Europa und den Nahen Osten bis nach Lateinamerika. Von besonderem Interesse sind jene jeweils in sich zusammenhängenden Gebiete, in denen die Agrostädte das prägende Element sind. Das ist der Fall in mehreren Regionen Süditaliens und Südspaniens. In der italienischen Provinz Apulien und in Mittelsizilien leben in den Agrostädten mehr als neun Zehntel der Gesamtbevölkerung (*King / Strachan* 1978: 111; *Manella* 1978: 117). In der südlichen Hälfte Spaniens ist die Agrostadt in allen tiefer gelegenen Gebieten vorherrschend, dennoch gibt es zwei Regionen, die wegen ihrer ausgeprägten Homogenität besonders auffallen: es sind dies die Campiña cordobesa-sevillana (in Niederandalusien gelegen und im folgenden kurz Campiña genannt) und die Mancha (Neukastilien). Nirgendwo, zumindest nicht in Europa, gibt es Gebiete, in denen die Agrostadt prägnanter in Erscheinung tritt als in diesen beiden Regionen und Mittelsizilien (*Gilmore* 1980: 8 f.; *Gregory* 1978: 36; *Monheim* 1971: 204). Außerdem sind sie durch die Geschichte miteinander verbunden. Es handelt sich um relativ ähnliche historische und kulturelle Kontexte; daher kann die Forschungsstrategie darauf gerichtet sein, zwischen den einzelnen Untersuchungsgemeinden, bzw. -regionen signifikante Unterschiede herauszufinden, die das Vorhandensein abweichender Erscheinungen erklären können (*Dogan / Pelassy* 1981: 17 ff.).

Aus thematischer Sicht verdienen zwei grundlegende Fragenkomplexe besondere Beachtung: zum einen sollen die über Raum und Zeit hinweg bestehenden Merkmale der Agrostadt näher bestimmt werden, um so die typologische Eigenart dieser Gemeindeform herauszuarbeiten. Sodann sollen die Sozialsysteme und Entwicklungsprozesse, die im Rahmen dieses Typus abgelaufen sind, bzw. noch im Gange sind, untersucht werden.

Die folgenden Ausführungen beruhen auf der Gegenüberstellung von Daten, die aus drei unterschiedlich gearteten Informationsquellen herrühren und in ihrem Aussagewert stark voneinander abweichen:

- Auswertung der über Sizilien vorhandenen Sekundärliteratur;

- eigene Felduntersuchungen über eine Agrostadt aus der Mancha-Region (*López-Casero* 1967, 1972, 1982, 1984);

- erste vorläufige Angaben über die Agrostädte Niederandalusiens.

Wegen der noch unausgeglichenen empirischen Grundlagen bedürfen die Grundthesen, die gleich anschließend in ihrem Gesamtzusammenhang formuliert werden, einer weiteren Beweisführung und Vertiefung, die über den Rahmen dieses Aufsatzes hinausgeht. Dies wird in einem z.Zt. anlaufenden Forschungsprojekt[1] erfolgen.

Bezüglich der typologischen Struktur der Agrostädte sei folgende Ausgangsthese aufgestellt:

Die Agrostadt als besonderer Typus der Lokalgemeinde entwickelt ein ihr eigenes System sozialer Beziehungen, deren charakteristische Merkmale sich nicht auf die Kategorien der in der Gemeindesoziologie gebräuchlichen bipolaren Konstruktionen reduzieren lassen.

Diese allgemeine Hypothese läßt sich in folgende Teilhypothesen ausdifferenzieren:

a) Das grundlegende Merkmal der Agrostädte besteht darin, daß zwei Bevölkerungsgruppen - eine im landwirtschaftlichen, die andere im gewerblichen Sektor tätig - am gleichen Ort wohnen und grundsätzlich voneinander abhängig sind.

b) Aus diesem Grundmerkmal ergibt sich eine besondere Kombination von Differenzierung und Homogenität, die sowohl Prozesse der Annäherung und Integration, als auch solche der Absonderung und Konfrontation auslöst. Dieser doppelte Effekt hängt mit der Ambivalenz des Begriffs "Differenzierung" (Arbeitsteilung / Ungleichheit) zusammen; sie lenkt die Wirkungsweise der homogenen Strukturelemente in die eine oder andere Richtung.

c) Die Annäherungskräfte lassen in den Agrostädten ein dichtes Netzwerk sozialer Beziehungen entstehen, in dem die oberflächlichen, lockeren und sogar indirekten Kontakte dominieren. Die häufigste Form der Interaktion in diesem Netzwerk entspricht der Sozialkategorie der "Geselligkeit" (*Simmel* 1961).

---

[1] Interdisziplinäres Forschungsprojekt des Instituts für Spanien- und Lateinamerikastudien der Universität Augsburg (mit finanzieller Unterstützung der Universität). Das Projekt ist auf drei Jahre angelegt; zwei Agrostädte Niederandalusiens - mit unterschiedlicher Entwicklung - sind erster unmittelbarer Gegenstand der Felduntersuchung. Als weitergreifende Kontrastfälle dienen Agrostädte der spanischen Mancha-Region und Westsiziliens.

d) Die trennenden Kräfte schaffen ihrerseits Situationen der Distanzierung oder Konfrontation, die der Geselligkeit soziale Barrieren entgegenstellen und ein für Klassengesellschaften typisches Konfliktpotential aufbauen können.

e) Die Bedeutung der Gemeinde als soziokultureller Bezugs- und Identifikationsrahmen für die Bewohner wird sowohl durch die integrativen, als auch durch die konfliktiven Prozesse verstärkt.

Geht man nun zu den Rahmenbedingungen der Entwicklung in den Agrostädten über, so lautet die generelle Ausgangshypothese folgendermaßen:

Aus dem Grundmerkmal der Agrostädte, der großen Interdependenz der einzelnen Sektoren, ergibt sich, daß die Kräfteverhältnisse zwischen den verschiedenen Gruppen und die Art, wie sie miteinander interagieren, eine Schlüsselrolle für die soziale Entwicklung dieser Gemeinden spielen; endogene und exogene Impulse, die sich auf die Entwicklung der Agrostädte auswirken können, müssen notwendigerweise den Filter der in ihnen herrschenden Kräftekonstellation passieren.

An diese Grundaussage knüpfen folgende weitere Thesen an, die sich jeweils auf die zwei Hauptkomponenten von Entwicklung beziehen: Mobilisierung von Ressourcen und Abbau sozialer Ungleichheit:

A. Hypothesen zur Mobilisierung der Ressourcen

Die Mobilisierung neuer Ressourcen erfordert in einer Agrostadt,

a) daß in der sozialen Position ihrer Bewohner Bereiche autonomen Verhaltens entstehen, die Innovationen im Lebensstil und in den Produktionsformen zulassen,

b) die Herausbildung einer Elite, die sich mit der Gemeinde identifiziert und fähig ist, deren grundlegende Interessen zu artikulieren.

B. Hypothesen zum Abbau der Ungleichheit

a) Eine Entwicklung, die eine effektive Verbesserung für die weniger

Begünstigten bedeutet und die soziale Distanz verringert, setzt in den Agrostädten eine Veränderung der Kräfteverhältnisse auf dem Arbeitsmarkt voraus.

b) Ohne eine wirkliche Stärkung der Verhandlungsposition der Arbeiter auf diesem Markt trägt die Abwanderung nur zur Milderung der sozialen Spannungen, jedoch nicht zum Abbau der sozialen Asymetrie unter den Zurückbleibenden bei.

II. Typologische Merkmale der Agrostädte

1. Zur Typenbildung

Die Agrostädte erfreuen sich unter den Sozialwissenschaftlern keiner besonderen Wertschätzung. Sie werden z.b. im Falle Süditalien als Ergebnis eines rückständigen Agrarsystems angesehen und als Kristallisationszentren der sozialen Probleme des "Mezzogiorno" (*Boissevain* 1964: 199; *Lepsius* 1965: 309 f.; *Reimann / Reimann* 1985: 93). Eine ähnliche Einschätzung wird auch den Agrostädten auf der Iberischen Halbinsel zuteil, die zwar noch wenig erforscht, aber doch in analoger Weise einem feudalen Spanien der Großgrundbesitzer zugeordnet werden (*Linz* 1967).

Aus dieser keineswegs ungerechtfertigten Sicht erstaunt es nicht, daß in den meisten Studien die Agrostadt lediglich den Rahmen darstellt, in dem Strukturen oder Prozesse analysiert werden, die mit der Problematik der sozialen Entwicklung verbunden sind, so z.B. Familismus oder kooperatives Verhalten, Klientelismus, Wanderungsbewegungen, Modernisierung usw. Es gibt kaum Arbeiten, die - abgesehen von einer eher beiläufigen Erwähnung allgemein bekannter Phänomene - die typischen permanenten Merkmale der Agrostadt gründlich analysieren. Im allgemeinen ist der typologische Aspekt bisher nur von den Sozialgeographen dargestellt worden.

Unter den Letztgenannten hat *R. Monheim* den weitestgehenden Beitrag geleistet, indem er einen Idealtypus der sizilianischen Agrostadt entwickelt hat (*Monheim* 1969: 161 f.). Eine weitere, ebenfalls Sizilien gewidmete Arbeit, die einen Überblick über die Eigenheiten der Agrostädte dieser Region bietet, wurde von *R. King* und *A. Strachan* veröffentlicht (*King / Strachan* 1978: 111). Schließlich haben *A. Blok* und *H. Driessen* die gemeinsamen und unterschiedlichen Merkmale der Agrostädte Siziliens und Niederandalusiens in einem vergleichenden Aufsatz herausgestellt

(*Blok / Driessen* 1984). Diese drei Arbeiten, ergänzt durch die Untersuchungsergebnisse, die der Verfasser dieses Aufsatzes in Feldstudien in einer spanischen Agrostadt gewonnen hat, erlauben bereits erste Schlußfolgerungen hinsichtlich der gemeinsamen Grundzüge dieses Gemeindetypus. Dazu gehören:

a) eine relativ große Einwohnerzahl;[2]

b) grundlegende Bedeutung der Landwirtschaft; mehr als die quantitative Dominanz des einen oder des anderen Sektors ist hier allerdings von Bedeutung, daß die Aktivitäten im nicht-landwirtschaftlichen Bereich eine Art Überbau des Agrarsektors darstellen;

c) soziale Differenzierung in horizontaler und vertikaler Hinsicht, wobei die Herausbildung zweier voneinander abhängiger Gruppen auffällt: die eine ist dem agrarischen, die andere dem sogenannten "urbanen" Bereich zuzuordnen;

d) Einheit des Wohnsitzes innerhalb einer physiognomisch geschlossenen Gemeinde mit der Plaza und den Hauptstraßen als Zentren des ökonomischen und sozialen Lebens;

e) intensive "face-to-face"-Kontakte; es handelt sich hierbei vor allem um diejenigen Sozialkontakte, die - halb geschäftlicher Natur, halb der Zerstreuung wegen aufgenommen - die Griechen αγοράζειν nannten und die, zusammen mit anderen Komponenten, immer wieder die Analogie von Agrostadt und πόλις oder Plaza und αγορά nahegelegt hat; der entscheidende Unterschied zur Polis beruht naturgemäß auf der völligen politischen Unabhängigkeit der griechischen Städte, die mit ihre Daseinsgrundlage bildete (*Burckhardt* 1977: 60 f.);

f) geringer oder mittelmäßiger Grad an Zentralität; die Austauschbeziehungen der Agrostädte unter sich sind meistens schwach entwickelt, und es geschieht selten, daß eine von ihnen sich bei der Versorgung der umliegenden Gemeinden mit Gütern und Dienstleistungen auszeichnet.

---

[2] Als größere Schwankungsbreite werden sogar 3000 bis 30.000 Einwohner genannt - vgl. *D. Gilmore* (1980): 8 f. - ; andere Autoren dagegen ziehen engere Grenzen: 5.000 bis 18.000 Einwohner - vgl. *R. Monheim* (1969): 151 ff. Wichtiger als die schwer festzusetzende Eingrenzung der Einwohnerzahl ist jedoch das Zutreffen der eigentlichen Strukturmerkmale.

Wichtiger als das mehr oder weniger genaue Zutreffen aller dieser Variablen ist die Tatsache, daß sie sich gegenseitig bedingen. Das Schlüsselmerkmal ist hierbei die Herausbildung einer im landwirtschaftlichen und einer im gewerblichen Sektor tätigen Gruppe, beide von beträchtlichem Gewicht und miteinander verflochten. Das, was die Agrostädte von den kleinen ländlichen Gemeinden unterscheidet, ist das Erscheinen einer nicht unbedeutenden Gruppe von Erwerbstätigen im gewerblichen Bereich; gleichzeitig ist die enge Verflechtung beider Sektoren das Merkmal, das die Agrostadt von der Stadt im eigentlichen Sinne unterscheidet.

2. Integration und Konflikt

Beschäftigt man sich eingehender mit der soziologischen Dimension, so kann man in den Agrostädten eine ausgeprägte soziale Schichtung beobachten, die traditionell auf einer ungleichen Landverteilung beruht, sowie auch auf dem Gegenüber von ländlichem und urbanem Lebensstil, wobei der letztere ein ungleich höheres Ansehen genießt (*Abbad u.a.* 1971, passim; *Blok* 1966: 6; *Boissevain* 1964: 205 f.; *Gilmore* 1980: 51 ff.; *Gregory* 1978: 188 ff.; *King / Strachan* 1978: 114 f.; *López-Casero* 1984: 25 ff.; *Lopreato* 1966: 163 ff.; *Monheim* 1969: 108 ff.; *Mühlmann / Llaryora* 1973: 60 ff.). Ebenso bemerkenswert ist die Komplexität der sozialen Beziehungen: neben Situationen intensivsten sozialen Umgangs bestehen gleichzeitig oder im Wechsel solche geringerer Kommunikation oder gar der Spaltung und des manifesten Konflikts zwischen bestimmten Gruppen und Schichten: klassische Beispiele sind u.a. der häufige Absentismus der Landeigner oder die Distanzierung der "white collar"-Mittelschicht von den darunter liegenden Klassen oder die schon jahrhundertealten sozialen Spannungen in Niederandalusien.

Dieses vielschichtige und fast widersprüchliche Bild von integrativen und konfliktiven Kräften läßt sich nicht als bloße Folge historischer Strukturen und Prozesse erklären, die sehr wohl auch in anderen Formen lokaler Gebilde zu finden sind; es ist vielmehr die typologische Eigenart der Agrostadt selbst, die diesem komplexen Spiel von Eintracht und Spannung die Grundlage bietet. Hier liegt unserer Meinung nach der Ausgangspunkt für einen allgemein-theoretischen Ansatz zur Untersuchung dieser Gemeindeform. Um diesen Gedanken weiter zu verfolgen, sei hier zunächst auf eine bestimmte Kontroverse Bezug genommen, die in einem Großteil der anthropologischen Untersuchungen über Spanien mehr oder weniger offen zutage tritt.

In einer Reihe von Arbeiten angelsächsischer Anthropologen (*Aceves* 1973: 65 f.; *Freeman* 1970: 5; *Kenny* 1969: 76 f.; *Pitt-Rivers* 1971: 76) - einige gelten bereits als klassisch - wurde das Bestehen einer homogenen und egalitären Struktur in den spanischen Kleingemeinden besonders hervorgehoben. Das führte dazu, daß man vielfach den Egalitarismus irrtümlich als einen charakteristischen Grundzug der spanischen "pueblos" ansah. Entbehrt diese Extrapolation schon für die Kleingemeinden (Vgl. *Lisón* 1983: 54 f. u. 251) jeder Grundlage, so ist der Fehler weitaus größer, wenn man bedenkt, daß in einer großen Anzahl spanischer Regionen die sozial differenzierten größeren Gemeinden vorherrschen.

Es ist bezeichnend, daß die schärfsten Einwände gegen die These des Egalitarismus gerade in einer Feldstudie über eine andalusische Agrostadt vorgebracht wurden. Ich beziehe mich hier auf die Arbeit von D. *Gilmore* über Fuenmayor (*Gilmore* 1980). Dem Konzept einer homogenen und solidarischen Gesellschaft als Hauptmerkmal des spanischen "pueblo" - dem "iberian structural type" von Freeman (*Freeman* 1968) - stellt *Gilmore* die Antithesis einer ungleichen und zum Konflikt neigenden Gesellschaft in den Agrostädten gegenüber. Nach Meinung dieses Autors überlagern hier die desintegrativen Kräfte die integrative Wirkung der lokalen Einheit, die unvergleichlich schwächer gesehen wird, was schließlich zum Entstehen einer kulturell und sozial gespaltenen Gesellschaft führt, in der sich Landarbeiter und Großgrundbesitzer als Hauptkontrahenten gegenüberstehen.

Das Verdienstvolle an Gilmore liegt in der Ergänzung der Perspektive und darin, daß er wieder an die ausschlaggebende Rolle erinnert, die die Klassengesellschaft in einer großen Anzahl spanischer Agrargemeinden gespielt hat. Trotzdem meinen wir, daß das von *Gilmore* vorgestellte Modell vom theoretischen Standpunkt aus eher einem Extremfall entspricht, so sehr es auch die Realität in den "pueblos" Niederandalusiens widerspiegeln mag; es ist eher als Idealtypus von hohem kontrastiven und heuristischen Wert anzusehen, der sich, wenn überhaupt, nur in bestimmten historischen Phasen zur Gänze realisiert. Man kann ihn jedenfalls nicht ohne weiteres auf die spanischen Agrostädte im allgemeinen übertragen. Wie *W. L. Bühl* im Rahmen seiner Kritik des dyadischen Konfliktmodells betont, sind eindimensionale, bipolare Konflikte, in denen entweder beide Kontrahenten - ohne Einschaltung einer dritten Partei - sich meiden oder in denen es zur direkten Konfrontation kommt, Grenzfälle, die nur in einem bestimmten Kontext auftreten. Es handelt sich dabei weniger um bestimmte gesellschaftliche Situationen, in denen im Regelfall umstrukturierte, diffuse Beziehungen vorherrschen, als vielmehr um logische Konstruktionen, die die Sozialität des Menschen vernachlässigen (*Bühl* 1972: 9 f.).

Zum Beweis des eben Gesagten möchten wir die Ergebnisse zweier Studien zusammenfassend wiedergeben, die wir in den sechziger bzw. Anfang der achtziger Jahre in einer Agrostadt in der Mancha durchgeführt haben.[3] Auch in dieser Gemeinde fiel im ersten Drittel dieses Jahrhunderts die letzte Phase einer quasifeudalen Gesellschaft mit der fortschreitenden Dynamisierung eines offenen Klassenkonflikts um den Bodenbesitz zusammen; das führte in den dreißiger Jahren zu einer tiefgreifenden Polarisierung der gesamten Gemeinde. Das angestaute Konfliktpotential zeigte spätestens beim Ausbruch des Bürgerkrieges seine wirklichen Ausmaße, sie standen den in Andalusien beobachteten kaum nach. Die dem Bürgerkrieg folgende Phase der Unterdrückung bot zwar der Klassendynamik, wie sie organisierten Kräften eigen ist, Einhalt, konnte aber nicht verhindern, daß eine breite Grundströmung von frustrierten Hoffnungen, Eifersucht, Ressentiments und Haß überdauerte; hier wäre das dichtgeknüpfte Netz von Neidgefühlen hinzuzufügen, wie sie in einer Gesellschaft aufzutreten pflegen, die durch soziale und ökonomische Konkurrenz in einem Rahmen ständiger gegenseitiger Beobachtung gekennzeichnet ist.

Trotz dieses Kontextes haben die erwähnten Studien das folgende gezeigt:

a) Während des gesamten Zeitraums zwischen beiden Untersuchungen bleibt der allgemeine Umgang miteinander, "con unos y con otros", "con cualquiera del pueblo" ("mit diesen oder jenen", "mit irgendeinem der Ortsansässigen") für die Mehrzahl der Bewohner die beliebteste Form der Interaktion, dahinter erst folgt mit Abstand der Freundeskreis. Es ergeben sich selbstverständlich starke Unterschiede hinsichtlich der Umgangsintensität, je nachdem, ob es sich um Mitglieder derselben oder einer verschiedenen Gruppe handelt. Trotzdem läßt sich ein bemerkenswerter Grad der Interaktion zwischen den einzelnen sozialen Schichten beobachten. Es handelt sich um eine oberflächliche "face to face"-Beziehung, um eine Art sozialen Spiels, in dem der Kon-

---

[3] Ein ausführlicherer Überblick als die folgenden Kurzbemerkungen über die Ergebnisse dieser Untersuchungen findet sich in dem Aufsatz, der unter dem Titel "Strukturmerkmale und sozialer Wandel einer Agrostadt in der Mancha" an anderer Stelle des vorliegenden Bandes veröffentlicht ist.

takt zur größtmöglichen Zahl von Personen wichtiger ist als das Thema selbst; die Motive sind nicht nur private Interessen, sondern in erster Linie das simple Bedürfnis nach Zerstreuung. Es entspricht dies eindeutig jenem Idealtypus sozialer Beziehungen, den *G. Simmel* "Geselligkeit" nannte und eingehend beschrieb.

Mutatis mutandis läßt sich hier auch eine gewisse Analogie zur bürgerlichen Gesellschaft des 18. und 19. Jahrhunderts erkennen, als es der Gesellschaft gelang, sich vom Staat zu emanzipieren; es ist die Phase, in der - wie Habermas ausführt - die "Öffentlichkeit" zum "Publikum" wird, d.h. eine mehr oder weniger große Gruppe von Personen, die über ihre Interessen jeglicher Art "räsonieren", sei es in den Salons, in Klubs, Cafés usw. (*Habermas* 1976: 73 ff. u. 173).

b) Weiterhin fällt auf, daß in der untersuchten Gemeinde eindeutig der Ort selbst die Bezugsgruppe ist. Dieses Zusammentreffen von Interaktionskreis und Gesamtgemeinde, sowie die Tatsache, daß es sich um "face to face"-Beziehungen handelt, weisen auf eine gewisse Ähnlichkeit zwischen "pueblo" und Gruppe hin. Andererseits stellt das in den Sozialwissenschaften übliche Konzept der Gruppe auf die Kleingruppe ab, deren Mitglieder in der Regel untereinander durch starke Bande der Solidarität bis hin zur Intimität verbunden sind (*Neidhardt* 1979: 639 f.); dies sind Merkmale, die sich nicht auf einen Ort, geschweige denn auf eine Agrostadt übertragen lassen. Hier macht sich in der theoretischen Soziologie eine kategoriale Lücke zwischen (Klein-)Gruppe und größeren Sozialgebilden wieder einmal bemerkbar. Eine Möglichkeit, sie zu überbrücken, liegt unserer Meinung nach in der Anwendung des moderneren Konzeptes des "social network" (*Schenk* 1983: 88 f.). Bei diesem weiter gefaßten Konzept überwiegen die oberflächlichen, lockeren und sogar indirekten Beziehungen. Unserer Meinung nach sind die in der Agrostadt in der Mancha beobachteten Phänomene als ein soziales Netzwerk aufzufassen, in dem - neben anderen Formen der Interaktion - die Soziabilität eine herausragende Rolle spielt und in dem ein klarer Bezugs- und Identifikationsrahmen besteht, nämlich der Ort selbst.

Die Abweichung dieser Ergebnisse von dem Bild der Trennung und Feindseligkeit, das *Gilmore* für die andalusische Gemeinde zeichnet, ist offensichtlich. Trotzdem geht es hier ganz und gar nicht darum, festzustellen, welches der beiden ausgewählten Beispiele der Realität in den spanischen Agrostädten besser entspricht. Wichtig ist vielmehr, daß der Vergleich dieser beiden Untersuchungen deutlich das Vorhandensein starker sowohl konfliktiver als auch integrativer Einflußfaktoren zeigt, wie auch die Extremformen, zu denen sich die Agrostadt in der einen oder anderen Richtung entwickeln kann.

Kausal gesehen rührt dieses Geflecht aus Annäherung und Entzweiung aus den gleichen Elementen, die die typologische Eigenart der Agrostädte ausmachen. Das Zusammentreffen einer landwirtschaftlichen Basis mit einer horizontal und vertikal gegliederten Gesellschaftsstruktur, in der die verschiedenen Gruppen in hohem Maße voneinander abhängig sind, führt nämlich dazu, daß zwei klassische Variable ambivalenter Wirkung ins Spiel kommen: die Differenzierung und die Homogenität. Beide können sowohl im integrativen als auch im konfliktiven Sinne Einfluß ausüben, je nachdem, welche Form die Differenzierung annimmt. Sie tritt nämlich als Arbeitsteilung und als Ungleichheit in Erscheinung; im ersten Falle verbindet sie und integriert, im zweiten trennt und konfrontiert sie. Arbeitsteilung und damit Interessenverflechtung sind in den Agrostädten zunächst einmal innerhalb des Agrarsektors selbst gegeben, sei es durch den Austausch von Gütern und Dienstleistungen oder auch durch Landverpachtung; von größerem Gewicht aber ist die vielfältige Interaktion zwischen dem agrarischen und dem nicht-agrarischen Sektor. Die Ungleichheit dagegen beruht in vielen Agrostädten vornehmlich auf der stark ausgeprägten Asymmetrie in der Bodenverteilung.

Von besonderer Relevanz ist, daß das gleichzeitige Bestehen bestimmter relativ homogener Strukturen in den Agrostädten die sich aus der Differenzierung ergebenden Impulse sowohl in Richtung der Kontaktaufnahme als auch des Antagonismus in hohem Maße verstärkt. So bilden z.B. gemeinsame Erfahrungen und Interessen, die auf der traditionellen Bedeutung der Landwirtschaft beruhen, ebenso wie die Einheit des Wohnsitzes im geschlossenen Block des "pueblo" eine soziokulturelle Grundlage der Verständigung, die die Kommunikation und die Soziabilität unter den Beteiligten erleichtert. Auf der anderen Seite führen die gleichen Tatsachen - d.h. die Abhängigkeit des Schicksals einer Gemeinde von einem oder wenigen Agrarprodukten, das Zusammenleben am gleichen Ort usw. - automatisch dazu, daß sich die Trennungs- und Konflikttendenzen verschärfen, die sich aus der Ungleichheit ergeben. Außerdem muß man unterstreichen, daß eine relativ homogene Sozialstruktur die Bildung von Blöcken oder Bündnissen entlang einer oder einiger weniger Konfliktachsen erleichtert, was natürlich auch die Chancen einer Polarisation wesentlich erhöht.

3. Die soziokulturelle Identifikation

Manch einen Sozialwissenschaftler mag es paradox anmuten, daß selbst in jenen Agrostädten, in denen gravierende Spaltungstendenzen herrschen, die Ortsbezogenheit und sogar der Lokalstolz sehr stark ausgeprägt sind, Phänomene, die für die Gemeinden der Mittelmeerländer Europas charakteristisch sind und denen man im Falle Italiens die etwas abfällige Bezeichnung "Campanilismus" gegeben hat (*Gregory* 1978: 259; *King / Strachan* 1978: 118; *Lepsius* 1965: 304 f.). Die Erklärung dafür liegt ebenfalls in dem Strukturkomplex, der soeben dargestellt wurde.

Die Differenzierung der verschiedenen Gruppen nach bestimmten sozioökonomischen Funktionen (die untereinander in Beziehung stehen) und ihre Organisation im übergeordneten System der Agrostadt unterstreichen die Rolle, die diese im Leben ihrer Bewohner spielt (*Parsons* 1961: 235 f.; *López-Casero* 1967: 196 f.).

Noch entscheidender aber ist, daß die Bedeutung der Lokalgemeinde als Identifikationsrahmen ihrer Bewohner nicht nur durch diese integrativen Faktoren verstärkt wird, sondern ebenso durch die Tatsache, daß sie der Ort ist, an dem der Streit ausgetragen wird. Man kann sogar sagen, daß je offener und allgemeiner der Konflikt ist, der eine Agrostadt betrifft, desto deutlicher tritt die Gemeinde als Bezugsrahmen in Erscheinung. Außerdem bedeutet Konfliktivität nicht nur Meinungsverschiedenheit, Spaltung, Konfrontation; dazu sind auch ein gemeinsamer Referenzrahmen und Grundregeln erforderlich, damit der Konflikt zu einer Sozialkategorie werden kann. *G. Simmel* hat vielleicht am besten die "sozialen" Aspekte herausgestellt, die in paradoxer Weise mit dem Konflikt verbunden sind. Er gibt eine aufschlußreiche Erklärung zur doppelten Bedeutung des Wortes "Einheit": im engeren Sinne bedeutet es Übereinstimmung, Integration, Harmonie; in einem weiteren Sinne ist Einheit gleichbedeutend mit einer Synthese oder Gesamtheit von zwischenmenschlichen Beziehungen, und zwar nicht nur harmonischer Art, sondern auch dualistischen oder antagonistischen Charakters; Konsens und Antagonismus begegnen sich auf diese Weise im täglichen Geschehen, und *Simmel* meint, es sei schwer, sich das eine ohne das andere vorzustellen (*Simmel* 1972: 67 ff.).

Unter diesem Aspekt muß die soziale Trennung nicht notwendigerweise auch zu einer kulturellen Trennung führen. Die Herausbildung schichtspezifischer kultureller Verhaltensmuster schließt nicht die Existenz einer gemeinsamen Lokalkultur aus, die sich über vielfältige Kanäle ausbreiten kann. Besonders häufig manifestiert sie sich in der Teilnahme an religiösen Festen lokalen Charakters. Daher kann man unserer Meinung nach nicht ohne weiteres eine Opposition zwischen Klassenidentifikation und Identifikation mit dem Wohnort postulieren, um dann daraus zu folgern, daß in einer bestimmten Gemeinde erstere die zweite überlagert oder umgekehrt. Im Grunde genommen handelt es sich um zwei Kräfte, die in verschiedenen Bahnen verlaufen und sich daher nicht notwendigerweise gegenseitig behindern müssen.

4. Vorschläge zur typologischen Differenzierung der Agrostädte

Da sich die systematische Analyse des Idealtypus oder auch des Realtypus der Agrostadt - sogar auch für die eines einzigen Gebietes - noch in den Kinderschuhen steckt, kann es nicht verwundern, daß eine weitergehende Differenzierung zwischen verschiedenen Typen oder Subtypen noch gar nicht erfolgt ist. *Monheim* selbst beschränkt sich in seiner Typologie darauf, neben der "voll entwickelten Agrostadt" zwei weitere Typen anzuführen, den der "kleinen, mäßig differenzierten Agrostadt" und den der "Agrostadt mit gewisser Zentralität" (*Monheim* 1969: 146 ff.); zwischen diesen drei Fällen gibt es praktisch nur graduelle Unterschiede bezüglich der Zahl der Einwohner und der jeweiligen Diversifikation.

Im Grunde genommmen wäre eine flexible oder "offene" Typologie erforderlich, die nicht starren Klassifikationskriterien unterliegt und die Realität nicht einengt. Es könnte genügen, von einem definitorischen Schlüsselmerkmal auszugehen, d.h. von der bereits erwähnten Interdependenz zwischen den Hauptsektoren, dem agrarischen und dem urbanen Bereich, um danach dann aufgrund relevanter Unterschiede, die qualitative Sprünge bedeuten, Subtypen von Agrostädten zu bilden und kontrastierend einander gegenüberzustellen. Bei diesen spezifischen Unterschieden dürften dann sicherlich solche Aspekte eine Rolle spielen wie Zentralität oder die Tatsache, ob eine Agrostadt in einer abgegrenzten Region ein sporadischer Einzelfall oder ein bestimmendes Element ist.

Aber neben diesen Aspekten, die mehr den Sozialgeographen interessieren, möchten wir eher zu Illustrationszwecken drei Unterscheidungsmerkmale herausstellen, die von allgemeiner Bedeutung sind und die soziale Dynamik in den Vergleichsregionen entscheidend beeinflussen können, wie im folgenden Kapitel gezeigt wird.

Das erste Merkmal bezieht sich darauf, ob die Ungleichheit in den Bodenbesitzverhältnissen, die in allen Agrostädten auftreten, sozial gesehen in einer größeren Anzahl abhängig Beschäftigter oder landwirtschaftlicher Pächter zum Ausdruck kommt.

Das zweite Kriterium ist das Entwicklungsniveau der landwirtschaftliche Produkte verarbeitenden Industrie.

Das dritte Unterscheidungsmerkmal beruht auf dem unterschiedlichen Grad der Arbeitsintensität, den die verschiedenen landwirtschaftlichen Anbauarten erfordern.

III. Entwicklungsprozesse

Drei verschiedene Fälle

Die umfangreiche Bibliographie zu dem komplexen Entwicklungsbegriff kreist im wesentlichen um zwei Gruppen von Kriterien: einerseits geht es um ökonomische Aspekte, wie Produktionswachstum, Industrialisierungsgrad usw.; zum anderen setzt man den Akzent auf ausgesprochen soziale Aspekte, wie die Überwindung der Armut oder die Verminderung der Ungleichheit. Diese zweite Dimension ist zweifellos die entscheidende. Jedoch werden hier beide Kriteriengruppen berücksichtigt; nicht nur aus Gründen der thematischen Vollständigkeit, sondern auch deshalb, weil beide Aspekte je nach der Konstellation der sozialen Kräfte sich gleichgerichtet oder gegenläufig entwickeln. Der Begriff Entwicklung hat daher in dieser Arbeit zwei Bedeutungen: auf der einen Seite bedeutet er Mobilisierung der Ressourcen, die sich nicht nur in einer quantitativen Produktionserhöhung erschöpft, sondern auch strukturelle Diversifizierung bewirkt. Andererseits beinhaltet dieser Begriff den Abbau von Ungleichheit, die in Armut und Arbeitslosigkeit ebenso zum Ausdruck kommt wie in den nach Einkommen, Bildungsniveau und Macht gestaffelten sozialen Schichten (*Goetze* 1976: 185 f.; *De Miguel* 1974: 132 f.; *Seers* 1974: 39 f.).

Wendet man dieses Schema auf die Vorgänge während der letzten Jahrzehnte in Süditalien, Niederandalusien und in der Mancha an, so lassen sich drei verschiedene Situationen oder Entwicklungslinien unterscheiden, die einen Vergleich wert sind.

I. Mittelsizilien

Im Zusammenhang mit dem "Mezzogiorno", darunter auch Mittelsizilien, spricht man gewöhnlich von kulturellem Immobilismus und fehlender Entwicklung (*Lepsius* 1965; *Hobsbawm* 1962; *Helga Reimann* 1979; *Reimann / Reimann* 1976). Selten einmal kommt es zu einer Rebellion gegen den Dauerzustand von Armut und Not. Die verbreitete Reaktion ist vielmehr Resignation. *R. Lepsius,* der die gesamte Problematik dieser Region zusammengefaßt und theoretisch erarbeitet hat, führt diese Stagnation auf das Zusammenwirken kultureller und sozialer Faktoren zurück. Da gibt es zum einen eine Art "Subkultur der miseria", das Spiegelbild einer fehlenden, sich ihres Wertes bewußten Bauernkultur. Die Aussichtslosigkeit, das erträumte Ideal, die urbane Lebensform, zu erreichen, wird als Kollektivschicksal hingenommen. Die Tatsache, daß dieses Schicksal die Gesamtheit der Einwohner trifft, ist die einzige Quelle der Genugtuung und der Solidarität auf Gemeindeebene; paradoxerweise erwächst hieraus das Interesse und das allgemeine Bestreben, das sozio-kulturelle System der Gemeinde zu erhalten und so zu verhindern, daß "jemand aus der Reihe tanzt" und einen größeren Teil des nur in begrenztem Umfang zur Verteilung stehenden Kuchens einsteckt.

Zusammen mit diesen kulturellen Faktoren wirken eine Reihe spezifisch sozialer, die unter dem Begriff "Strukturarmut" erfaßt werden. Es fehlen kooperative Strukturen, die mit Konstrollmechanismen ausgestattet sind, auf die man sich verlassen kann. Die Beziehungen unter den Gemeindemitgliedern sind durch einen diffusen Klientelismus geprägt, der aus dem Rentenkapitalismus hervorgegangen ist. Kernfamilie und Klientelwesen sind die einzigen funktionierenden Strukturen. Die Gemeinde als solche, die eine Art von Oberintegration (Campanilismus) bewirkt, hat andererseits als politische Einheit weder Profil noch Autonomie.

In diesem Umfeld kommt es schwerlich zur Ausbildung eines organisierten Klassenkonflikts; nur in den wenigen Gebieten, in denen nicht der Landpächter, sondern der einfache Landarbeiter zahlenmäßig überwiegt, konnten Klassenparteien Fuß fassen. Aus dem gleichen Grund kommt es auch nicht zur Artikulation der Interessen auf nationalem Niveau. All das verhindert, daß dieses System von unten her gesprengt werden kann;

ebensowenig erscheint es möglich, daß es von oben her überwunden wird, weil die Oberschichten mit ihren Interessen nach außen hin orientiert sind und so eine unüberwindliche Barriere zwischen dem lokalen Subsystem und dem gesamtgesellschaftlichen System bilden; ihr Interesse beschränkt sich auf die Aufrechterhaltung des "status quo". Das führt dann im allgemeinen zu einer Spaltung oder einem Dualismus zwischen Gemeinde und Staat, wodurch die umfassenden Entwicklungsprogramme, die durch den letzteren in Gang gesetzt werden, ihre mögliche Wirkung verlieren.

Es bleibt allerdings die Frage, inwieweit diese Diagnose, die in der Forschung über Süditalien weitgehend akzeptiert wird, mit der heutigen Wirklichkeit übereinstimmt. *W. E. Mühlmann* und *R. J. Llaryora* (*Mühlmann / Llaryora* 1968: 47 f.; dies. 1973: 124 f.; *Boissevain* 1964: 205 f.) beobachten nämlich eine Neustrukturierung der sozialen Kräfteverhältnisse als Folge der Emigration besonders der unteren Schichten; das verleiht ihren Angehörigen, den "mezzadri" und den "brachianti", eine bessere Verhandlungsposition und größere Bewegungsfreiheit. Sie stellen auch den Übergang von einer Ständegesellschaft, die auf dem Bodenbesitz beruht, zu einer Klassengesellschaft fest, die sich an den Einkommen orientiert. Doch sind auch diese Autoren der Meinung, daß trotz einer gewissen sozialen Mobilität ein kultureller Immobilismus bestehen bleibt. Allein schon die Tatsache, daß die umfangreichen Entwicklungspläne bis heute noch keine eindeutigen Erfolge brachten, läßt vermuten, daß eine strukturell bedingte Stagnation bei den Empfängern dieser Hilfe immer noch vorhanden ist. Unabhängig jedoch vom Grad ihrer Aktualität bietet die Theorie des Immobilismus sicher ein in sich geschlossenes Interpretationsmodell für einen konkreten Fall, der - als Typus - geeignet ist, den in Spanien gewonnenen Beobachtungen gegenübergestellt zu werden.

2. Die Campiña

Vergleicht man das jeweilige Entwicklungsniveau der verschiedenen spanischen Provinzen, dann schneidet Andalusien zusammen mit der Campiña ausgesprochen schlecht ab. Bezüglich des Prokopfeinkommens hat sich das Mißverhältnis während der letzten Jahre sogar noch vergrößert. Die acht andalusischen Provinzen weisen ein Prokopfeinkommen auf, das deutlich unter dem spanischen Durchschnitt liegt, einige von ihnen rangieren an letzter Stelle. Diese Ungleichheit hat sich während der letzten Jahrzehnte noch verschärft; so sind z.B. die Provinzen Sevilla und Córdoba - die im Rahmen dieser Arbeit besonders interessieren - von den Plätzen 17,

bzw. 35, die sie 1955 einnahmen, im Jahr 1977 auf die Plätze 32, bzw. 44 zu-
rückgefallen.[4]

Auch die ungleiche Einkommensverteilung tritt in dieser Region
deutlicher zutage als im Landesdurchschnitt. Besonders augenfällig ist die
ungleiche Aufteilung des Bodenbesitzes: die Campiña ist die Region
Spaniens, in der der Großgrundbesitz die größten Ausmaße erreicht (*Kötter / Bosque Mauriel* 1971: 50 f.; *Murillo u.a.* 1971: 190 f.).

Es verwundert daher nicht, daß, analog zum Falle des "Mezzogiorno",
entweder von einem Dualismus zwischen einem Großteil Südspaniens und
dem weiter entwickelten übrigen Teil des Landes oder von internem
Kolonialismus die Rede ist (*Hermet* 1965: 103; *Monheim* 1972: 2 f.; *Reimann / Reimann* 1976: 177 f.). Zu diesem Mißverhältnis im Vergleich mit
den anderen Regionen Spaniens kommt eine ausgeprägte Dichotomie
innerhalb der Sozialstruktur Niederandalusiens hinzu. Wie im vorhergehenden Abschnitt ausgeführt wurde, sind Fälle von Polarisation und
Distanzierung zwischen einer kleinen Oberschicht und den breiten
Unterschichten gar nicht selten, wobei die Mittelschichten nur in
bescheidenem Maße einen vermittelnden Einfluß ausüben können (*Pérez
Yruela* 1979: 43 f.). Die Oberschicht, die sich in ihrem Grundkern aus Großgrundbesitzern zusammensetzt und deren Hauptinteresse nicht auf die soziale Entwicklung dieses Gebietes gerichtet ist, konnte hier bis in die jüngste Gegenwart das ökonomische und soziale Leben kontrollieren. Die Zusammensetzung der Elite hat sich kaum geändert, jedenfalls nicht in der
Mehrzahl der Agrostädte der Campiña. Diese Verhärtung und Blockierung
der Sozialstruktur wird - zusammen mit dem Verhalten der Elite - als einer
der entscheidenden, wenn nicht gar als Schlüsselfaktor der Unterentwicklung in Andalusien gesehen (*Abbad u.a.* 1971: 133 f.; *Hermet* 1965: 102 f.;
Kade / Linz 1971: 481 f.; *Moreno Navarro* 1979: 251 f.; *Pérez Yruela* 1979: 47
f.).

Neben den hier skizzierten Analogien lassen sich jedoch auch anhand
der einschlägigen Literatur bedeutende Unterschiede zwischen Andalusien
und Süditalien feststellen: vor allem der, daß Andalusien gerade nicht eine
Region ist, der es an Ressourcen mangelt; die Campiña ist eigentlich als das
Tiefland in Spanien bekannt, das die größten landwirtschaftlichen Nut-
zungsmöglichkeiten bietet (*Bosque Mauriel* 1979: passim.). In früheren

---

[4] Gesamtzahl der spanischen Provinzen: 50. Vgl. dazu: *Banco de Bilbao* (1977): 59 f.;
Joaquín Bosque Mauriel (1979): 185 f.

Jahrhunderten war Andalusien sogar eines der bedeutendsten Wirtschaftszentren Spaniens; erst seit Beginn des 19. Jahrhunderts hat sich das geändert (*Moreno Navarro* 1979: 251). Andererseits ist das auf den ersten Blick paradoxe Zusammenfallen von Reichtum an Ressourcen und Unterentwicklung nichts Außergewöhnliches, man begegnet ihm ja jederzeit und überall auf der Welt.

Von besonderem theoretischen Interesse ist das Verhalten der durch die Ungleichheit benachteiligten Schichten Andalusiens im Vergleich zu ihren Schicksalsgefährten im "Mezzogiorno". Selbstverständlich ist auch in der andalusischen Bevölkerung ein nicht geringer Grad an Resignation, Ritualisierung und Akzeptanz von Ungleichheit vorhanden, aber seit dem Ende des vorigen Jahrhunderts bis in die unmittelbare Gegenwart sind hier immer wieder heftige Protestbewegungen entstanden; sie standen auch, wie kaum ein anderer Faktor, im Mittelpunkt jener sozialen Dynamik, die in den spanischen Bürgerkrieg einmündete (*Bernecker* 1982: 108 f.; *Brennan* 1978; *Díaz del Moral* 1978; *Martínez Alier* 1968; *Pérez Yruela* 1979).

Auf Zeiten stärkster Massenmobilisierung (so in den siebziger Jahren des 19. und zu Beginn des 20. Jahrhunderts, 1918 - 1920, sowie in den Jahren unmittelbar vor dem Bürgerkrieg) folgten - aus welchen Gründen auch immer - Perioden der Ruhe. Der längste "Waffenstillstand" herrschte während der vierzig Jahre der Franco-Diktatur, die die Lage in den ländlichen Gebieten sogar bis zum Ende des Regimes völlig unter Kontrolle hielt; während dieser Zeit gab es für die andalusischen Landarbeiter keine Möglichkeit des offenen, organisierten Protests; als einzige Alternative, ihrer Unzufriedenheit mit den Zuständen Ausdruck zu verleihen, blieb ihnen die Emigration, die ein im Vergleich zum Vorkriegsniveau weitaus höheres Niveau erreichte (*García Barbancho* 1979: 103 f.). Nach der Wiederherstellung der Demokratie sind die Auseinandersetzungen in der Campiña erneut mit großer Heftigkeit ausgebrochen; sie äußerten sich vor allem in der Besetzung von Gütern, Protestmärschen und Hungerstreiks (*Loring Miró / Romero* 1984: 10 f.). Dieses Verhalten hebt sich deutlich von dem in Süditalien ab, wo die Bereitschaft zum Konflikt wenig durchgreift (*Hobsbawm* 1962; *Lepsius* 1965: 339 f.); hier ist in der Regel der Ausweg über die Emigration verbreitet gewesen, wenn man mit dem Stand der Dinge unzufrieden war.

Das Interesse am Vergleich mit Sizilien liegt vor allem darin, daß dabei die strukturelle Differenz zwischen den beiden Regionen zutagetritt, die bereits mit hoher Signifikanz die über Jahre andauernden Landarbeiterproteste in Andalusien erklären kann. Diese Differenz beruht auf der unterschiedlichen Form der Bewirtschaftung des Großgrundbesitzes: während in Italien das Pachtsystem vorherrscht, findet man in Andalusien das System der direkten Bewirtschaftung. Daraus ergeben sich zwei Folgerungen: zum ersten kommt es zur Bildung einer breiten Schicht von Lohnarbeitern ohne Landbesitz, die klar erkennbare homogene Interessen hat und weit weniger dem Klientelismus zuneigt als die italienischen "mezzadri"; der Proletarisierungsgrad in der Campiña liegt zwischen 60 bis 80% der in der Landwirtschaft Beschäftigten. Andererseits ist bei dem System direkter Bewirtschaftung der Adressat der Forderungen von Seiten der Landarbeiter eindeutig bestimmt - weitaus besser als in einer Reihe von Pächtern und Unterpächtern. Außerdem bedingt dieses System die häufigere Anwesenheit oder sogar den ständigen Wohnsitz des Eigentümers in der Agrostadt oder auf den Gütern. So ergibt sich hier ein Umfeld, das die Konfrontation weitaus stärker begünstigt als es der Rentenkapitalismus vermag, da die beiden antagonistischen Gruppen klar definiert und einander näher sind; m.a.W., hier kommt eine konfliktive Kombination von homogenen und differenzierenden Kräften voll ins Spiel, wie sie am Schluß des vorigen Kapitels dargestellt wurde.[5]

Ein letzter Unterschied zwischen Andalusien und Sizilien besteht darin, daß - obwohl ersteres unvergleichlich weniger staatliche Unterstützung erhalten hat als der Süden Italiens - das landwirtschaftliche Produktionssystem einen durchgreifenden Rationalisierungsprozeß durchgemacht hat, wodurch die Erträge in hohem Maße anstiegen. Dem andalusischen Agrarunternehmer wird ein bedeutender Sinneswandel insofern zuerkannt, als er "mit Erfolg verstanden hat, die Produktionsform und den Ertrag der andalusischen Landwirtschaft zu verändern" (*Loring Miró / Romero* 1984: 29) - auch wenn er keine echte Diversifizierung der Produktionsstruktur eingeleitet hat.

Aus dieser ersten und vorläufigen Gegenüberstellung gewinnt man den Eindruck, daß die andalusische Gesellschaft sowohl in der Ober- als auch in

---

[5] Die hier geschilderten Entwicklungen beziehen sich auf die Zeit bis Anfang der 80er Jahre. Neuerdings ist in Andalusien insofern eine neue Lage entstanden, als seit der Einführung des Arbeitsbeschaffungsprogramms in der Landwirtschaft (genannt PER) die Mobilisierung der Landarbeiter nicht zuletzt durch die im Rahmen dieses Programms entstehenden Bindungen neutralisiert wird. Die Analyse dieser neuen Konstellation ist Gegenstand des laufenden Untersuchungsprojekts (vgl. Anm. 1).

den unteren Schichten eine deutlich erkennbare Dynamik aufweist, die sie vom Immobilismus und der Trägheit unterscheidet, von denen man gewöhnlich im Zusammenhang mit Süditalien spricht. Es ergibt sich logischerweise die Frage, warum das gleichzeitige Auftreten des heftigen Protests von unten und der unternehmerische Impuls von oben bis jetzt noch zu keiner eigentlichen sozialen Entwicklung geführt haben, die die Ungleichheit und die mit ihr verbundenen Probleme entschärfen könnte. Bevor wir diese Frage - zumindest hypothetisch - zu beantworten versuchen, möchten wir noch einen dritten Fall darstellen.

3. Die Mancha

Dieses Fallbeispiel bezieht sich auf die Gemeinde in der Mancha-Region, deren soziale Integrationsformen bereits dargestellt wurden. Im Rahmen eines Forschungsprojekts zum sozialen Wandel während der Franco-Zeit, das zu Anfang dieses Jahrzehnts durchgeführt wurde, befaßte sich einer der Beiträge auf einer breiteren Basis objektiver und subjektiver Daten mit den Wandlungs- und Entwicklungsprozessen, die in dieser Agrostadt seit dem Bürgerkrieg bis hin zur Gegenwart abgelaufen sind. Kurz zusammengefaßt, kam es zu den folgenden Veränderungen:[6]

Trotz zunehmender Konfrontation in der Frage der Landverteilung - die bereits in die nationale Diskussionsebene eingebettet war - gab es bis zum Bürgerkrieg bedeutende Strukturelemente einer quasifeudalen Gesellschaft, die in der strikten Befolgung der ständischen Lebensweise zum Ausdruck kam; auf diesem Gebiet waren bis dahin das Werte- und Kontrollsystem nicht in Frage gestellt, weil sie in die ausschließliche Zuständigkeit der Gemeinde fielen. Grob gesagt, wich die soziale Lage der Bevölkerung nicht allzu sehr von der in Andalusien ab, auch nicht von jener Situation in Süditalien, für die - wie schon angedeutet - solche Interpretationsmodelle wie die "Subkultur der miseria" oder etwa die "Theorie des begrenzten Gutes" angewendet worden sind.

Durch die Geschehnisse während des Bürgerkriegs kam es zu einem entscheidenden Einschnitt in der gesamten Konstellation. Die Vielzahl der Kontakte nach draußen und die psychologischen Erfahrungen, die der Krieg bewirkte, "erschlossen" sozusagen die Gemeinde und ihr kompaktes Wertesystem und ermöglichten damit das Eindringen von teilweise

---

[6] Näheres dazu im Aufsatz "Strukturmerkmale und sozialer Wandel einer Agrostadt in der Mancha" des vorliegenden Bandes.

autonomen Verhaltensformen als einen ersten Schritt auf dem Weg zum sozialen Wandel. Aufgrund des Kriegsausgangs verschlossen sich zwar die Möglichkeiten des "organisierten Protests" in den Forderungen nach Landbesitz; auf der anderen Seite aber entstand eine spontane und um sich greifende Bewegung "individueller Reaktionen", die darauf zielten, alle sich bietenden Gelegenheiten zu nutzen, den Lebensstil zu ändern. Wegen der prekären wirtschaftlichen Lage in Spanien während der ersten Nachkriegsjahrzehnte war diese erste Phase eher durch einen auffallenden Mentalitätswandel gekennzeichnet als durch eine effektive Verbesserung des Lebensstandards, jedenfalls für die Masse der Bewohner. Die wirklichen Errungenschaften kamen erst mit der Entwicklung der spanischen Wirtschaft in den sechziger Jahren und mit der Modernisierung der Produktionsformen im Ort selbst.

Am relevantesten im Hinblick auf unseren Ansatz sind die Veränderungen in der Sozialstruktur der Gemeinde, wenn man die Geschehnisse der letzten vierzig bis fünfzig Jahre berücksichtigt: Es fällt auf, daß sich die Abstände innerhalb der Sozialpyramide erheblich verringert haben; das Gewicht der untersten Schichten ging beträchtlich zurück; ihre Hauptkomponente, die Gruppe der unqualifizierten Landarbeiter, die in den vierziger Jahren die Hälfte der erwerbstätigen Bevölkerung bildete, belief sich bereits 1975 auf weniger als 20%. Dem stand eine starke Zunahme der Mittelschicht gegenüber, besonders der nicht im Agrarbereich Tätigen, seien es qualifizierte Facharbeiter oder Unternehmer mit oder ohne fremde Arbeitskräfte. Die Annäherung zwischen den verschiedenen Schichten macht sich weiterhin bemerkbar in der Angleichung der Lebensweise und der Einkommenshöhe, die das Bodeneigentum als entscheidendes Kriterium des sozialen Status verdrängt haben. Diese Fakten finden auch in den subjektiven Meinungen der Bevölkerung ihren Niederschlag; nach den Umfrageergebnissen gingen folgende Gruppen aus dem Wandlungsprozeß als Hauptgewinner hervor, und zwar in der Reihenfolge: Selbständige des gewerblichen Sektors, Arbeitnehmer des gleichen Sektors, Landarbeiter, mittlere Landeigner (falls sie ihren Boden selbst bebauen); als Verlierer erscheinen an erster Stelle die adligen Großgrundbesitzer, gefolgt von den Kleinbauern.

Diesem deutlich erkennbaren Nivellierungsprozeß stehen auf der anderen Seite neue Formen der Differenzierung gegenüber, die vor allem in einer größeren Diversifizierung der Berufe und unterschiedlichen

Bildungsniveaus zum Ausdruck kommen, sowie auch in vielfältigen Kooperations- und Konfliktachsen und einer Neuzusammensetzung der Führungsgruppen. Obwohl der Landadel seinen Besitz bewahren konnte, spielt er, da er vornehmlich nach außen orientiert ist, inzwischen nur noch eine marginale Rolle im politischen Leben der Gemeinde; hier hat u.a. eine neue Gruppe die Initiative ergriffen, die sich vor allem aus Agrarunternehmern zusammensetzt, die aus der Gemeinde selbst stammen und danach streben, die innergemeindlichen Interessen besser zu artikulieren. Insgesamt gesehen gewinnt man den Eindruck, daß die Sozialstruktur weitaus komplexer und flexibler geworden ist. Die Entwicklung, die wir hier kurz dargestellt haben, ist so in den Grundzügen auch in den Nachbargemeinden abgelaufen, allerdings fehlen hier konkrete Studien.

Hervorzuheben bleibt, daß im geschilderten Fall der Prozeß der ökonomischen von einem solchen der sozialen Entwicklung begleitet wurde, der zwar nicht als revolutionär bezeichnet werden kann, aber doch einige deutlich erkennbare, wesentliche Züge aufweist, die durch die Einschätzung der Beteiligten selbst bestätigt werden. Diese Tatsache findet in den andalusischen Agrostädten schwerlich eine Entsprechung, trotz der Modernisierung, die die landwirtschaftlichen Unternehmer dort durchführen. Erste hypothetische Überlegungen im Hinblick auf die strukturellen Differenzen, die diese Diskrepanz in der Entwicklung zweier Regionen erklären könnten, die einander so nahe und in vielfacher Hinsicht recht ähnlich sind, führen uns dazu, die Bedeutung der Faktoren hervorzuheben, aus deren Vorhandensein oder Fehlen sich unterschiedliche Kräfteverhältnisse und damit Unterschiede in der Verteilung der in der Gemeinde erzeugten Güter ergeben können.

Als ausschlaggebender Faktor zeigt sich hier die wesentlich größere Zahl an Arbeitskräften, die der Anbau von Wein - in der Mancha vorherrschend - im Verhältnis zum Getreideanbau - in Niederandalusien wichtiger - erfordert; das Gefälle in der Arbeitsintensität zwischen beiden Kulturen wird mit fortschreitender Mechanisierung noch größer. Hinzu kommt, daß der Weinbau automatisch die Schaffung eines weiterverarbeitenden Gewerbes zur Folge hat, das seinerseits zusätzliche Arbeitskräfte benötigt. In diesem Zusammenhang fällt es nicht schwer sich vorzustellen, daß die starke Abwanderung von Landarbeitern aus der Mancha-Region während der ersten dreißig Jahre der Nachkriegszeit dazu beitrug, den Wert der

Landarbeit zunehmend zu erhöhen und damit die relative Position der Arbeiter auf dem Arbeitsmarkt zu verbessern. Entsprechendes läßt sich von der Position derjenigen Bauern sagen, die ihr Land selbst bebauen, im Gegensatz zu den Landeignern, die auf fremde Arbeitskräfte angewiesen sind. Dieser Wandel im Kräfteverhältnis der Gemeinde und weitere damit verbundene Entwicklungen führten darüber hinaus zu einer besseren Verteilung der Kaufkraft in der Gemeinde, was die Grundlage für das Entstehen weiterer Aktivitäten im gewerblichen Bereich war. Im Gegensatz dazu konnte die Abwanderung aus Andalusien - zahlenmäßig sogar noch stärker als in der Mancha - nur dazu führen, die sozialen Spannungen zu mildern und damit einer herrschenden Elite Probleme zu ersparen, der die Mechanisierung des extensiven Getreideanbaus auf meistens fruchtbaren Böden hohe Gewinne brachte.

Die gemeinsamen und unterschiedlichen Züge der Entwicklung, die sich aus dem Vergleich der drei Regionen ergeben, sind in nachstehendem Schema zusammengefaßt. Dabei kommt die ausschlaggebende Rolle der sozialen Kräfteverhältnisse sowie die Art, wie die einzelnen Gruppen miteinander interagieren, deutlich zum Ausdruck. Derartige Zusammenhänge zwischen sozialer Kräftekonstellation und Entwicklung treffen nicht nur für die Agrostädte zu; sie liefern auch die Grundlage für die soziologische Analyse der Entwicklungsproblematik in anderen Regionen und Gesellschaften. Jedenfalls ist vorerst festzuhalten, daß gerade der Mikrokosmos der Agrostädte eine quasi ideale Gelegenheit für die Untersuchung solcher Zusammenhänge bietet; sind sie doch Gebilde mit hoher innerer Verflechtung, in denen beide Dimensionen sozialen Geschehens - Integration und Konflikt - ein starkes Profil aufweisen.

IV. Zu den Zukunftsaussichten der Agrostädte

Unabhängig vom wissenschaftlichen Interesse am Gegenstand der Untersuchung, der der vorliegenden Darstellung zugrundeliegt, sei noch erwähnt, daß die hier angesprochene Problematik von nicht geringer Bedeutung für die Sozial- und Regionalpolitik des Mittelmeerraums und konkret Spaniens ist.

Da ist zunächst die Tatsache, daß die Agrostädte in den ländlichen Gebieten der Südhälfte Spaniens und Italiens immer noch die vorherrschende Siedlungsform bilden. Es ist bezeichnend, daß der massive Prozeß der Landflucht, der in Spanien zu Beginn der fünfziger Jahre einsetzte, die

Vergleichendes Schema des Entwicklungsprozesses in Sizilien, Andalusien und Mancha-Region

Region	Sizilien	Andalusien	Mancha-Region
Prozeß	Fehlende ökonomische und soziale Entwicklung: geringe Mobilisierung der Ressourcen, Fortdauer der Ungleichheit	Partielle ökonomische Entwicklung bei fehlender sozialer Entwicklung: quantitative Mobilisierung der Ressourcen, Fortdauer der Ungleichheit	Ökonomische und soziale Entwicklung: quantitative Mobilisierung und Diversifizierung der Ressourcen, deutlicher Abbau der Ungleichheit
Erklärungs-modell	1. Kultureller Inmobilismus: Resignation und Interesse an Beibehaltung des Systems 2. Oberschicht: entfremdet 3. Interessen der Unterschicht schwer zu artikulieren (heterogen: Pächter, Landarbeiter) 4. Kräfteverhältnis auf dem Arbeitsmarkt: ungünstig für den Arbeiter	1. Protestbewegungen 2. Oberschicht: entfremdet 3. Interessen der Unterschicht leicht zu artikulieren (homogen: Landarbeiter), jedoch Abbau des Protestpotentials seit dem Bürgerkrieg durch politische Kontrolle und Emigration 4. Kräfteverhältnis auf dem Arbeitsmarkt: sehr ungünstig für den Arbeiter	1. Bruch des traditionellen Wertsystems hinsichtlich Lebensstil und Produktionsmethoden 2. -Umstrukturierung der herrschenden Elite: Vordringen ortsansässiger Agroindustrieller 3. Interessen der Unterschicht bis in die 50er Jahre leicht zu artikulieren, jedoch Abbau des Protestpotentials seit dem Bürgerkrieg durch politische Kontrolle, Emigration und Strukturwandel 4. Kräfteverhältnis auf dem Arbeitsmarkt: günstig für den Arbeiter

Agrostädte weit weniger betroffen hat als die kleineren Gemeinden (*FOESSA* 1976: 88f.; *INE* 1973a: 14; *INE* 1973b: 119). Auf gesamt-spanischer Ebene haben alle Gemeindegrößenklassen mit weniger als 10.000 Einwohnern starke Verluste hinnehmen müssen und zwar sowohl hinsichtlich der gesamten Einwohnerzahl als auch in Bezug auf die Zahl der jeweils in ihnen erfaßten Siedlungen.[7] Im Gegensaatz dazu kann man nicht von einem Bevölkerungsverlust in den Gemeinden der Größenklassen von 10.000 bis zu 20.000 oder von 20.000 bis zu 30.000 Einwohnern sprechen, bei denen es sich überwiegend um Agrostädte handelt; auch wenn diese Gemeinden ebenfalls Wanderungsverluste aufweisen, hat in beiden Ge-meindegrößenklassen sowohl die Zahl der Ortschaften als auch die Ge-samtzahl der Einwohner absolut zugenommen. Diese Entwicklungen lassen sich auch in den für das untersuchte Gebiet repräsentativen Provinzen Ciudad Real, Córdoba und Sevilla feststellen; ebenso ergibt sich im Falle Siziliens eine größere demographische Resistenz der Agrostädte verglichen mit kleineren Ortschaften.

Wichtiger jedoch als die Beharrungskraft der Agrostädte - sie sind nicht nur nicht verschwunden sondern können im Landwirtschaftssektor des Mittelmeerraums an Einfluß gewonnen haben - ist die Tatsache, daß dieser Gemeindetyp zunehmend als ein interessanter Ausgangspunkt für Modelle einer (geographisch) gestreuten Industrialisierung Beachtung findet (Fundación *FOESSA* 1976: 88-93; *Gregory* 1978: 119; *INE* 1973: 16). Es sind dies Modelle, die in Spanien Aufmerksamkeit erregt haben, nachdem die zentral gesteuerte Entwicklungsplanung seit Beginn der sechziger Jahre zu unerträglichen Ungleichgewichten zwischen den einzelnen Regionen ge-führt hatte (*Gabilondo* 1983: 7f.; *King / Strachan* 1978: 120 ff.; *Monheim* 1971: 223; *Sanz Menéndez* 1983: passim.). Damals entschloß man sich, die Industrieansiedlungen in bestimmten urbanen Zentren wirtschaftlich zu begünstigen, weil man hoffte, daß der dort erzielte Erfolg später auf die übrigen Gebiete ausstrahlen würde. Diese Hoffnungen wurden zum größten Teil enttäuscht; konkret gesprochen: es gibt Regionen, die wie z.B. Andalusien, das über reichliche natürliche, menschliche und finanzielle Ressourcen für eine positive Entwicklung verfügt, dennoch zu den Verlierern des spanischen Wirtschaftswachstums während der letzten

---

[7] Einzige Ausnahme sind die Gemeinden mit weniger als 100 Einwohnern, was darauf zurückzuführen ist, daß Gemeinden, die früher größer waren, inzwischen in diese Kate-gorie gefallen sind.

Jahrzehnte gehören; ihr Beitrag zu diesem Wachstum war unvergleichlich größer als der Nutzen, den sie daraus ziehen konnten.

Aus gesamtspanischer Sicht wird gleichzeitig festgestellt, daß die sozialen Kosten der Landflucht und der Bevölkerungskonzentration in einigen wenigen Großstädten auch ökonomische Auswirkungen haben, die den wirtschaftlichen Nutzen des obigen Modells in Frage stellen.

Aus diesen Gründen überrascht es nicht, wenn man von der Notwendigkeit einer weitgehend dezentralisierten Entwicklungsplanung spricht, die das ländliche und städtische Umfeld berücksichtigt. Im Falle Spaniens wird dieses Umdenken von zwei Seiten her unterstrichen: zum einen führt die politische Autonomie, die die Regionen innerhalb des neu strukturierten spanischen Staates erreicht haben, zu einer Dezentralisation der Entwicklungspolitik. Andererseits bewirkt der Beitritt Spaniens zur EG, daß diese Problematik vor dem Hintergrund der gegenwärtigen und zukünftigen Anstrengungen der Gemeinschaft gesehen werden muß, einen besseren Ausgleich dieser großen regionalen Ungleichgewichte zu erzielen.

Hinzu kommt heutzutage die Tendenz der Betriebe selbst, ihre Produktionseinheiten in mehr oder weniger ländliche Gebiete zu verstreuen, die eine attraktive Austattung mit Produktionsfaktoren bieten. Die besseren Transportmittel und die verbesserte Kommunikation über weite Entfernungen begünstigen diese Bemühungen.

Wegen ihrer Größe und ihrer differenzierten Bevölkerungsstruktur scheinen die Agrostädte grundsätzlich dafür geeignet zu sein, dort mittlere und kleinere Unternehmen, hauptsächlich aus den Bereichen Dienstleistung, Verarbeitung landwirtschaftlichen Produkte und gwerbliche Industrie; sie eignen sich aber auch als Wohnsitz für diejenigen Personen, die in relativ nahegelegenen Entwicklungszentren tätig sind. Daher ist es auch von Interesse, diejenigen Faktoren herauszustellen, die von der Agrostadt selbst kommend, diese theoretische Eignung in Frage stellen könnten.

Zusammenfassung

Die Agrostadt als eine spezifische Form der Lokalgemeinde hat ihren Ausgangspunkt in dem räumlichen Zusammenlegen einer ländlich und einer städtisch geprägten Gruppe, die beide untereinander stark verbunden sind. Das bewirkt eine eigentümliche Kombination von Elementen der Differenzierung und der Homogenität, die die Agrostadt zu einem Mikrokosmos ständiger und intensiver Dialektik zwischen Integration und Konflikt machen. Dieses Strukturmerkmal bedingt seinerseits, daß die Entwicklung einer jeden Agrostadt notwendigerweise den Filter der lokalen Kräfteverhältnisse zu passieren

29

hat; das vielleicht bezeichnendste Beispiel dafür ist die jeweilige Lage auf dem Arbeitsmarkt. Diese Hypothese wird erläutert durch den Vergleich der Entwicklung in Mittelsizilien, Niederandalusien und in der Mancha.

Bibliographie

Abbad, F. u.a..: Classes dominantes et société rurale en Basse-Andalousie. In: Publications de la Casa Velázquez. Série "Recherches en Sciences Sociales" 3 (1971).

Aceves, Joseph: Cambio social en un pueblo de España. Barcelona 1973.

Banco de Bilbao: Renta Nacional de España y su Distribución Provincial. 1977.

Bernecker, Walther L.: Strategien der "direkten Aktion" und der Gewaltanwendung im spanischen Anarchismus. In: Wolfgang J. Mommsen / Gerhard Hirschfeld (Hg.): Sozialprotest, Gewalt, Terror. Gewaltanwendung durch politische und gesellschaftliche Randgruppen im 19. und 20. Jahrhundert. Stuttgart 1982.

Blok, Anton: Land reform in a west Sicilian latifondo village: The persistence of a feudal structure. In: Anthropological Quarterly 39 (1966): 1-16.

Blok, Anton / Henk Driessen: Mediterranean Agrotowns as a Form of Cultural Dominance. With Special Reference to Sicily and Andalusia. In: Ethnologia Europea 14 (1984): 111-124.

Boissevain, Jeremy: Poverty and Politics in a Sicilian Agro-Town. In: Internationales Archiv für Ethnographie 2 (1964): 198-236.

Bosque Mauriel, Joaquín: Andalucía. Estudios de Geografía Agraria, Granada 1979.

Brennan, Gerald: Die Geschichte Spaniens. Über die sozialen und politischen Hintergründe des spanischen Bürgerkrieges. Berlin 1978.

Burckhardt, Jakob: Griechische Kulturgeschichte. München 1977.

Bühl, Walther L.: Einleitung: Entwicklungslinien der Konfliktsoziologie. In: Walther L. Bühl (Hg.): Konflikt und Konfliktstrategie. München 1972: 9-64.

Díaz del Moral, Juan: Historia de las Agitaciones Campesinas Andaluzas. Madrid 1977.

Dogan, Mattei / Dominique Pelassy: The choice of countries in comparative research: Five strategies. Papers for the colloquium on "Understanding Political Society", Werner Reimers-Stiftung, Bad Homburg, Mai 1981.

Freeman, S.: Corporate Village Organization in the Sierra Ministra: An Iberian Structural Type. In: Man (n.s.) 3 (1968): 477-484.

Freeman, S.: Neighbors: The Social Contract in a Castilian Hamlet, Chicago 1970.

Fundación Foessa: Estudios sociológicos sobre la situación social de España 1975. Madrid 1976.

Gabilondo, Eduardo u.a.: El proceso de industrialización en áreas rurales: El caso de Puente Genil (Córdoba), Málaga 1983 (ms.).

Ganser, K.: Pendelwanderung in Rheinland-Pfalz. Struktur, Entwicklungsprozesse und Raumordnungs-Konsequenzen. Mainz 1969.

García Barbancho, Alfonso: Las Emigraciones Andaluzas, Hoy. In: Andalucía Hoy. Córdoba 1979: 103-121.

Gilmore, David D.: The People of the Plain. Class and Community in Lower Andalusia. New York 1980.

Goetze, Dieter: Entwicklungssoziologie. München 1976.

Gregory, David: La odisea andaluza. Una emigración hacia Europa. Madrid 1978.

Habermas, Jürgen: Strukturwandel der Öffentlichkeit. Untersuchungen zu einer Kategorie der bürgerlichen Gesellschaft. Neuwied 1976.

Hermet, Guy: Le Problème méridional de l'Espagne. Les facteurs sociaux du développement. Paris 1965.

Hobsbawm, Eric J.: Sozialrebellen. Archaische Sozialbewegungen im 19. und 20. Jahrhundert. Neuwied 1962.

INE (Instituto Nacional de Estadística): Censo Agrario de España, 1972. Córdoba, Nr. 14. Madrid 1973a.

INE (Instituto Nacional de Estadística): Reseña Estadística de la Provincia de Ciudad Real. Madrid 1973.

Kade, Gerhard / Juan Linz: Factores Humanos, Elites Locales y Cambio Social en la Andalucía Rural. In: Estudios del Instituto de Desarrollo Económico: Estudio Socioeconómico de Andalucía II. Madrid 1971.

Kenny, Michael: A Spanish Tapestry: Town and Country in Castile. Gloucester 1969.

King, Russel / Alan Strachan: Sicilian Agro-Towns. In: Erdkunde. Archiv für wissenschaftliche Geographie 32 (1978): 110-123.

Kötter, Herbert / Joaquín Bosque Mauriel: El sector agrario y factores geográficos en el desarrollo de Andalucía. In: Estudios del Instituto de Desarrollo Económico: Estudio Socioeconómico de Andalucía III. Madrid 1971.

Lepsius, Rainer: Immobilismus: das System der sozialen Stagnation in Süditalien. In: Jahrbuch für Nationalökonomie und Statistik 117 (1965): 304-342.

Linz, Juan: "A Spanish Sociologist looks at the Anthropological Research on Contempory Spain". Paper presented at the 66th Annual Meeting of the American Anthropological Association, Washington, Nov. 29, 1967.

Lisón Tolosana, Carmelo: Belmonte de los Caballeros. Anthropology and History in an Aragonese Community. Princeton 1983.

López-Casero, Francisco: Die differenzierte Agrargemeinde als Primärgruppe. Sozialstruktur und Interaktionsprozesse eines spanischen "pueblo". München 1967 (Dissertationsarbeit, Unidruck).

López-Casero, Francisco: La Plaza. In: Ethnica, Revista de Antropología 4 (1972): 87-133.

López-Casero, Francisco: Die Generation des Umbruchs. Veränderung der Lebens- und Produktionsform in einer spanischen "Agrarstadt". In: Peter Waldmann u.a.: Die geheime Dynamik autoritärer Diktaturen. Vier Studien über sozialen Wandel in der Franco-Ära. München 1982: 287-401.

López-Casero, Francisco: Umschichtungsprozess und sozialer Wandel in einer zentralspanischenAgrarstadt. In: P. Waldmann / W.L. Bernecker / F. López-Casero: Sozialer Wandel und Herrschaft im Spanien Francos. Paderborn 1984: 15-48.

Lopreato, I.: Peasants no More. San Francisco 1966.

Loring Miró, Jaime / José-Juan Romero: Andalucía 1983. De nuevo la Reforma Agraria. In: Razón y Fe 209 (1984): 11-32.

Manella, Salvatore: Agricultural reality in Apulia. In: Norsk geogr. Tidsskr. 32 (1978): 173-179.

Martínez Alier, Juan: La estabilidad del latifundio. Ruedo Ibérico (1968).

Miguel, Amando de: Manual de Estructura Social de España. Madrid 1974.

Monheim, Rolf: Die Agrostadt im Siedlungsgefüge Mittelsiziliens. Untersucht am Beispiel Gangi. Bonner Geogr. Abh. Bonn, 1969.

Monheim, Rolf: Die Agrostadt Siziliens. Ein städtischer Typ agrarischer Großsiedlungen. In: Geographische Zeitschrift 59 (1971): 204-225.

Moreno Navarro, Isidoro: Regionalismo y clases sociales: El caso de Andalucía. In: Andalucía Hoy. Córdoba 1979: 249-254.

Mühlmann, Wilhelm Emil / Roberto J. Llaryora: Klientelschaft, Klientel und Klientelsystem in einer sizilianischen Agrostadt. Tübingen 1968.

Mühlmann, Wilhelm Emil / Roberto J. Llaryora: Strummula Siciliana. Ehre, Rang und soziale Schichtung in einer sizilianischen Agrostadt. Meisenheim a. Gl. 1973.

Murillo, Francisco u.a.: Estructura Social. In: Estudios del Instituto de Desarrollo Económico: Estudio Socioeconómico de Andalucía I. Madrid 1971.

Neidhardt, Friedhelm: Das innere System sozialer Gruppen. In: Kölner Zeitschrift für Soziologie und Sozialpsychologie 31 (1979): 639-660.

Newby, Howard / Eduardo Sevilla-Guzmán: Introducción a la sociología rural. Madrid 1983.

Parsons, Talcott: Some Considerations on the Theory of Social Change. In: Rural Sociology 16 (1961): 219-239.

Pérez Yruela, Manuel: La confictividad campesina en la provincia de Córdoba 1931-1936. Madrid 1979.

Pitt-Rivers, Julian: The People of the Sierra. Chicago 1971.

Reimann, Helga: Persistenz kultureller Muster - am Beispiel der agrarischen Entwicklung in Südsizilien (Kurzfassung). In: Soziologische Analysen. Referate aus den Veranstaltungen der Sektionen der deutschen Gesellschaft für Soziologie und der ad-hoc-Gruppen beim 19. Deutschen Soziologentag (Berlin, 17.-20. April 1979).

Reimann, Horst / Helga Reimann: Entwicklungsprobleme im Süden: Sizilien. Erfolge und Fehlschläge der Mezzogiornopolitik im dualistischen System. In: Der Bürger im Staat 26 (1976): 177-184.

Reimann, Horst / Helga Reimann: Sizilien. Studien zur Gesellschaft und Kultur einer Entwicklungsregion. Augsburg 1985.

Sanz Menéndez, Luis: Procesos de industrialización en zonas rurales: Crónica del S.I.A.R. 83. In: Agricultura y Sociedad 29. Madrid 1983: 207-236.

Schenk, Michael: Das Konzept des sozialen Netzwerks. In: Sonderheft 25 der Kölner Zeitschrift für Soziologie und Sozialpsychologie (1983): 88-104.

Seers, Dudley: Was heißt Entwicklungen? In: Senghaas, Dieter (Hg.): Peripherer Kapitalismus. Analysen über Abhängigkeit und Unterentwicklung. Frankfurt/Main 1974: 39-67.

Simmel, Georg: Soziologie der Geselligkeit. In: Verhandlungen des Ersten Soziologentages, Bd. I. Frankfurt/Main 1961: 1-16.

Simmel, Georg: Der Streit. In: Walther L. Bühl (Hg.): Konflikt und Konfliktstrategie. München 1972: 65-112.

Leicht geänderte Fassung des gleichnamigen Aufsatzes in: Kulturanthropologie. Sozialwissenschaftliche Abhandlungen der Görres-Gesellschaft, Bd. 15, 1987, S. 34-65.

Rolf Monheim

DIE AGROSTADT SIZILIENS
EIN STÄDTISCHER TYP AGRARISCHER GROSSIEDLUNGEN

Agrarische Großsiedlungen gibt es in zahlreichen Kulturräumen der Erde und aus verschiedenen Entstehungszeiten. Besonders bekannt sind die europäischen Verbreitungsgebiete in Andalusien, Süditalien und im ungarischen Alföld; daneben werden für Nigerien, den vorderen Orient, Indien, China und Japan derartige Siedlungsformen erwähnt (*Bobek* 1938, *Niemeier* 1969, *Hofmeister* 1969); Eingang in landesplanerische Vorstellungen haben die agrarischen Großsiedlungen durch die Agrogorod der Sowjetunion gefunden.

Bisher liegen nur wenige gezielte Untersuchungen agrarischer Großsiedlungen vor. Besondere Bedeutung kommt den Arbeiten *Niemeiers* zu, durch die der Begriff des Stadtdorfes für größere ländliche Siedlungen mit gewissen städtischen Zügen allgemeine Verbreitung gefunden hat. In seinen siedlungsgeographischen Untersuchungen in Niederandalusien hat *Niemeier* (1935) eine von Stadtdörfern geprägte Siedlungslandschaft physiologisch-morphologisch beschrieben. Entsprechend der Ausrichtung der Geographie zur Zeit der Untersuchung (1929-32) stehen Siedlungsgenese, Lagebeziehungen sowie Grund- und Aufriß im Vordergrund. Anhand physiognomischer Kriterien wird eine Typenreihe Dorf - Stadtdorf - Dorfstadt - Landstadt - Stadt entwickelt, wobei wirtschaftliche und soziale Aspekte erklärend hinzugezogen werden. Auch in seinem vergleichenden Referat über die europäischen Stadtdorfgebiete geht *Niemeier* (1943) von der Physiognomie aus, bezieht dann jedoch stärker funktionale Gesichtspunkte mit ein. Er zeigt, daß das Stadtdorf nicht als Einzelerscheinung innerhalb eines vom Dorf zur Stadt abgestuften Siedlungsgefüges zu verstehen ist, sondern als eine das gesamte Siedlungsgebiet prägende Erscheinung, ohne allerdings die Beziehungen zwischen den Siedlungen näher zu untersuchen.

Bobek (1938) hat unabhängig von *Niemeier* agrarische Großsiedlungen mit städtischen Berufsgruppen unter dem Gesichtspunkt der funktionellen Beziehungen zur umgebenden Landschaft als echte Städte herausgestellt, diese Erscheinung jedoch nicht in eigenen Untersuchungen weiter verfolgt. In jüngster Zeit ist die Diskussion um agrarische Großsiedlungen durch *Weinreuters* (1969) Untersuchung südwestdeutscher Stadtdörfer aufgenommen worden, doch kann diese Arbeit die Ansätze *Niemeiers* kaum weiterführen, da die Verhältnisse in diesem Raum vollkommen anders liegen (s.u.).

Mittelmeerische Stadtdorfgebiete sind seit *Niemeier* nicht mehr systematisch untersucht worden. Die italienischen Autoren heben diese Erscheinung zwar bei der Behandlung süditalienischer Siedlungslandschaften immer wieder hervor, ohne sie jedoch genauer zu fassen.[1] Aus diesem Grunde sollte versucht werden, in einem neuen, von funktionalen Gesichtspunkten ausgehenden Ansatz den Typ der agrarischen Großsiedlung hinsichtlich seiner wirtschaftlichen, gesellschaftlichen und baulichen Struktur und seiner Beziehungen zum Siedlungsgefüge herauszustellen (*Monheim* 1969). Als Untersuchungsgebiet wurden die mittelsizilianischen Provinzen Palermo, Agrigento, Caltanissetta und Enna ausgewählt. Die Siedlungsstruktur dieses Bereichs ist geprägt durch eine spezielle Form der agrarischen Großsiedlung, in deren Struktur sich ländliche Wesenszüge eng mit städtischen verbinden und die im Folgenden als Agrostadt bezeichnet wird. Die vorliegenden Ausführungen sollen einige Aspekte zusammentragen, die sich bei der Untersuchung der Agrostadt ergeben haben.

I. Die Agrostadt als Siedlungstyp

Gestützt auf die detaillierte Untersuchung einer Beispielsgemeinde (Gangi, Prov. Palermo) und die Erfassung ausgewählter Merkmale für alle Gemeinden des Untersuchungsgebietes soll zunächst der Idealtyp der Agrostadt dargestellt werden. Das hier entworfene Bild ist räumlich und zeitlich gebunden und kann nicht ohne weiteres auf andere Länder und Epochen übertragen werden.

Die Agrostädte Mittelsiziliens haben meist die beträchtliche "Größe" von 7 - 18.000 Einwohnern. Nahezu die gesamte Bevölkerung einer Gemeinde lebt in einer einzigen Siedlung. Die in der ausgedehnten Gemarkung (gewöhnlich 50 - 150 km^2) liegenden alten Gutshöfe und die neueren Bauernhäuser sind nur selten ganzjährig bewohnt. (Im ganzen Untersuchungsgebiet leben nur 3% der Bevölkerung außerhalb geschlossener Ortschaften.) Die Bauern und Tagelöhner legen infolge der großen Entfernungen zwischen Ort und Flur und der ungenügenden Verkehrserschließung täglich mehrere Stunden lange Wege zurück. Die lange Reihe vor Sonnen-

---

[1] Vgl. bes. *Maranelli* (1946), *Compagna* (1959 und 1963), *Milone* (1960, 214- 50), *Pecora* (1968, 183-209, 566-574); die Italiener bezeichnen die Eigenart dieser Siedlungsform mit den Begriffen città rurale, città paese, città villaggio, città contadina, dormitorio contadino.

aufgang ausreitender und in der Abenddämmerung zurückkehrender Bauern ist bis heute für die meisten Agrostädte charakteristisch. Während der Arbeitsspitzen bleiben die Bauern z.T. länger in der Flur, und nur in einigen Höhengemeinden zieht im Sommer die ganze Familie aufs Land.

In der "beruflichen Gliederung" dominiert die Landwirtschaft mit 40 - 60% der Beschäftigten; die übrigen arbeiten in Handwerk, Baugewerbe und Dienstleistungen für die Versorgung der örtlichen Bevölkerung. Gelegentlich gibt es auch einen größeren Anteil von Industriebeschäftigten - meist Bergleute in Schwefel- und Kaligruben -, doch entsprechen diese Gemeinden in allen übrigen Merkmalen den Agrostädten.

In der "Sozialstruktur" stellt die agrarische Bevölkerung stärker die unteren, die im sekundären und tertiären Wirtschaftsbereich tätige Bevölkerung stärker die oberen Schichten.[2] Die beiden Unterschichten - sie machen in Gangi 60%, in vielen Agrostädten noch mehr aus - werden vor allem durch Landarbeiter (meist Tagelöhner) und Kleinpächter, daneben durch Handlanger gebildet. In der unteren Mittelschicht (ca. 30%) haben bereits die städtischen Berufe (Händler, Handwerker- und Maurermeister) das Übergewicht gegenüber den selbständigen Bauern. In der Oberschicht und oberen Mittelschicht dominieren die Beamten und Angestellten, die Freiberuflichen und Unternehmer gegenüber den ausschließlich von ihrem Land lebenden Grundrentnern.

Die "Landwirtschaft" ist in Anbau-, Betriebs- und Vertragsformen geprägt durch das Erbe des Latifundiums, des aus der Feudalherrschaft hervorgegangenen rentenkapitalistischen Großgrundbesitzes, dessen absentistische Eigentümer ihr Land nicht selbst bewirtschaften, sondern es, oft unter Einschaltung von Zwischenpächtern, in kleinen Parzellen an die Bauern verpachteten.[3] Obwohl der Großgrundbesitz seit 1950 erheblich zurückgegangen ist, befinden sich immer noch große Teile des Landes in der Hand der nichtagrarischen Bevölkerung. Weiterhin herrschen zersplitterte Kleinbetriebe mit weitgehender Selbstversorgerwirtschaft vor, deren Inhaber versuchen müssen, durch zusätzliche Pachtflächen und Tagelöhnerarbeit ihren Lebensunterhalt zu sichern, und es gibt zu wenige mittelgroße Betriebe, die

---

[2] Die Zahl und Abgrenzung der sozialen Schichten der agrarischen Großgemeinden Süditaliens wird sehr unterschiedlich angenommen (zwischen 2 und 7 Schichten). Zur sozialen Schichtung siehe bes. *Lopreato* (1961), *Weber* (1966).

[3] Einen knappen Überblick über die sizilianische Agrarstruktur gibt *Hammer* (1965); ausführlicher siehe *Prestianni* (1946/47), *Vöchting* (1951), *Rochefort* (1961), *Pecora* (1968).

den notwendigen Strukturwandel in der Landwirtschaft tragen könnten. Nur vereinzelt gewinnen intensivere, marktorientierte Kulturen Bedeutung. - Diese Struktur der Landwirtschaft hat, wie später gezeigt werden soll, entscheidend zur Erhaltung geschlossener agrarischer Großsiedlungen beigetragen.

Die Sonderstellung der Agrostadt unter den agrarischen Großsiedlungen beruht auf ihrem stark entwickelten "städtischen Sektor". Die hierin Beschäftigten arbeiten fast ausschließlich für die Versorgung der am Ort wohnenden Bevölkerung. Sie sind durch Grundbesitz, Arbeit, Verwandtschafts- und Klientelbeziehungen vielfach mit der Landwirtschaft verbunden.

Im "Einzelhandel" gibt es außer zahlreichen Geschäften für den täglichen Bedarf viele Textilgeschäfte sowie mehrere Geschäfte für Eisenwaren, Elektro- und Haushaltsgeräte, Möbel, Schmuck und Uhren. In fast allen Bereichen kann der örtliche Bedarf gedeckt werden. Dennoch zieht ein Teil der Bevölkerung für bestimmte - besonders billige oder repräsentative - Einkäufe die übergeordneten städtischen Zentren vor.

"Zwischenhändler" sammeln die landwirtschaftlichen Erzeugnisse und bringen sie in die städtischen Verbrauchs- und Verarbeitungszentren. Sie übernehmen mit ihrem Wagenpark auch die Anfuhr von Massengütern. Vermittler, die meist zugleich Transportunternehmer sind, besorgen für Einzelhändler, Handwerker und Privatpersonen Aufträge in den Einkaufszentren. Gelegentlich schalten sich örtliche Großhändler in die Versorgung des Einzelhandels ein.

Die zahlreichen "Handwerksbetriebe" arbeiten unrationell und können sich nur schwer gegen die Konkurrenz industrieller Fertigerzeugnisse behaupten. Die Verarbeitung landwirtschaftlicher Produkte beschränkt sich auf Ölpressen, Mühlen und Teigwarenfabriken für den lokalen Markt; leistungsfähige Weinkellereien und Molkereien fehlen noch weithin. Nur der Bausektor blüht durch die Geldsendungen der Gastarbeiter auf und bietet auch Zulieferbetrieben wie Schmieden und Schreinereien neue Arbeit.

Die "öffentlichen und privaten Dienste" sind von erheblicher, seit einigen Jahren noch zunehmender Bedeutung. (Es gibt z.B. mehrere Bankfilialen, zahlreiche Freiberufliche, z.T. auch eine höhere Schule.) Infolge des relativ hohen und regelmäßigen Einkommens der meisten Beschäftigten bilden diese einen wichtigen Wirtschaftsfaktor. Durch ihre beruflichen Kontaktfunktionen innerhalb der Gemeinde und mit den städtischen Steuerungszentren, durch ihre regionale Mobilität sowie durch die Orientierung des Lebensstils an städtischen Vorbildern werden sie besonders stark zu Trägern und Vermittlern städtischen Lebens.

Die wirtschaftliche und gesellschaftliche Struktur der Agrostadt schlägt sich in ihrer "räumlichen Gliederung" nieder. Der äußere Eindruck wird zunächst bestimmt von der scharf gegen die Flur abgegrenzten, lückenlosen, überwiegend mehrstöckigen und insgesamt sehr einheitlich wirkenden Bebauung. Die landwirtschaftlich genutzten Gebäude sind über die gesamte Agrostadt verteilt und gehören nicht nur den Bauern. Physiognomisch treten sie kaum in Erscheinung: Die Ställe für Reittier und Kleinvieh liegen jeweils im Erdgeschoß der Wohnhäuser, und die kleinen Scheunen unterscheiden sich kaum von älteren Wohnbauten. In randlich gelegenen ärmeren Vierteln sind bis heute Menschen, Vieh und Vorräte in kleinen, einstöckigen Häusern mit nur einem Raum untergebracht. Die Handwerksbetriebe liegen in allen Ortsteilen, bevorzugen allerdings z.T. die Ortseingänge. Dort befinden sich auch Baugewerbe und kleine Industriebetriebe, Zwischenhandel und Transportunternehmen. Der Einzelhandel ist auf Corso und Piazza und anschließende Straßen konzentriert, an denen auch die Banken und Behörden, die Gaststätten und Vereine sowie die Hauptkirche liegen. Die Verdichtung der öffentlichen Funktionen im weitesten Sinne um Piazza und Corso trägt ganz wesentlich zum städtischen Charakter der Agrostadt bei (vgl. auch *Grötzbach* 1963, 41).

Die Wohnstandorte sind deutlich nach Berufs- und Sozialgruppen unterschieden. Am begehrtesten sind die Bereiche um Piazza und Corso; hier wohnt seit alters die Oberschicht, wovon die repräsentativen Palazzi der ehemaligen Großgrundbesitzer zeugen. Daran schließt sich eine Mischzone mit Handwerkern, Händlern und Bauern an, die an den Hauptstraßen bis zum Ortsrand reicht. Die landwirtschaftliche Bevölkerung lebt zwar über den ganzen Ort verteilt, überwiegt aber in den äußeren Ortsteilen. Das liegt nicht an ihrem größeren Raumbedarf für Scheunen und Ställe, wie in den Agrostädten des ungarischen Alfölds, sondern an ihrer Armut, die sie zwingt, mit einer Wohnung in den wenig begehrten Außenvierteln vorliebzunehmen, die oft in entsprechend schlechtem Zustand sind. - Die neuere Bauentwicklung führt zur Abwandlung dieser Gliederung besonders im Bereich der Ausfallstraßen: Hier entstehen seit etwa 15 Jahren Mietblöcke des sozialen Wohnungsbaus, und in jüngster Zeit errichten Privatleute einzelne große Stahlbetonbauten als Renditeobjekte, die vor allem an mobile Angehörige der oberen Schichten (z.B. von auswärts versetzte Angehörige des öffentlichen Dienstes) vermietet werden.

Der vielfältige Austausch von Gütern und Dienstleistungen und die gesellschaftliche Differenzierung führen zu "städtischem Leben" (im Sinne von *Bobek* 1938, 89). Dieses kommt vor allem im Bereich von Piazza und Corso in der Zentralisierung der Versorgungseinrichtungen und in entsprechend vielseitigen Verkehrsbewegungen zum Ausdruck. Die Piazza ist jedoch nicht nur Mittelpunkt für Versorgung und Freizeit, sondern sie hat im Rahmen des für Süditalien charakteristischen Gesellschaftssystems des Klientilismus eine besondere Bedeutung.[4] Da man bei jedem Anliegen auf persönliche Verbindungen angewiesen ist, sowohl bei der Vermittlung von Pachtland, Arbeitsstellen und Aufträgen als auch bei Behördenanträgen, muß man regelmäßig auf der Piazza anwesend sein, um vorhandene Beziehungen zu pflegen und neue zu knüpfen. Hier kann man außerdem zeigen, mit wem man welche Beziehungen pflegt, um diese in dem System von Vermittlungen und Empfehlungen seinerseits Dritten gegenüber auszuwerten.

Die "funktionalen Beziehungen" der Agrostadt zu anderen Gemeinden sind meist nur schwach entwickelt. Trotz der vielseitigen Ausstattung des städtischen Sektors ist sie selten Versorgungs- und Verwaltungszentrum, da die Nachbarorte etwa die gleiche Größe und Ausstattung haben und zudem 10 - 20 km entfernt liegen. Z.T. sind die Agrostädte für Behörden und weiterführende Schulen wechselseitig voneinander abhängig. Nur wenn in der Nähe kleinere Orte liegen, bestehen schwache zentralörtliche Bindungen, die jedoch die innere Struktur der Agrostadt nicht verändern. - Die Agrostadt ist ihrerseits für ihre Versorgung weniger auf die nächstgelegene Kleinstadt, als vielmehr auf die Provinzhauptstadt ausgerichtet. Die Arbeitsbeziehungen zu nahegelegenen Gemeinden sind unbedeutend; einige Wochenpendler fahren in die wenigen Verwaltungs- und Industriezentren. Immer mehr Erwerbstätige arbeiten dagegen vorübergehend in Norditalien oder in Mittel- und Westeuropa, eine Erscheinung, von der ganz Süditalien infolge seines wirtschaftlichen Entwicklungsrückstandes betroffen ist.

---

[4] Zum Klientilismus vgl. bes. Lepsius (1965), Mühlmann, Llaryora (1968). Sehr anschaulich beschreibt Berardi (1960) die Funktion der Piazza am Beispiel eines Examensvermittlers.

II. Die Entstehung und Erhaltung der Agrostadt

Die charakteristischen Merkmale der heutigen Agrostadt konnten hier nur kurz typisierend zusammengefaßt werden. Viele sind seit langem unverändert, andere beruhen auf neueren Entwicklungen wie Bodenreform, Ausbau von Verwaltung, Schulen und Fürsorgewesen, Fremdarbeit. Insgesamt ist die Verknüpfung städtischer mit ländlichen Merkmalen bereits seit langem für die agrarischen Großsiedlungen Mittelsiziliens charakteristisch. Doch wann und wie kam es zur Konzentration der Bevölkerung in wenigen großen, kompakten Siedlungen und welche Kräfte bewirkten, daß diese Siedlungsform bis heute beibehalten wurde?

Während in der Zeit der arabischen und normannischen Herrschaft (9. - 12. Jh.) in Sizilien ein dichtes Netz von Weilern, kleinen und großen Dörfern und Städten bestand (*Mack Smith* 1968, 9), fielen durch die zunehmende Verfolgung der Moslems und die lang anhaltenden Kämpfe um die Herrschaft die meisten kleineren und viele größere Siedlungen im 13. - 16. Jh. wüst.[5] Zu Beginn der Neuzeit war die Bevölkerung Siziliens bereits wie heute überwiegend in geschlossenen, mehrere tausend Einwohner zählenden Siedlungen konzentriert: 1570 hatten nur 12% aller Gemeinden weniger als 1000 E., 31% dagegen über 5000 E.! Ende des 16. bis zum 18. Jh. veranlaßten die Feudalherren die Kolonisation verödeter Ländereien. Die Neusiedler wurden in regelmäßig angelegten Landarbeiter-Großsiedlungen konzentriert und erhielten Nutzungsrechte auf dem Feudalland, z.T. auch kleine Landstücke in Verbesserungs-Erbpacht (Enfiteusi) und Allmendflächen, waren aber vollständig von den Feudalherren abhängig. Die Neugründungen wuchsen rasch auf mehrere tausend Einwohner an und wurden zu selbständigen Gemeinden, während die älteren Orte stagnierten. Insgesamt verdoppelte sich in dieser Zeit sowohl die Gesamtbevölkerung Siziliens als auch die Zahl der Gemeinden, ohne daß sich die Grundzüge des Siedlungsmusters wandelten. Da im 19. Jh. die Bevölkerung weiter zunahm, mit dem Ende des Feudalismus aber keine neuen Orte mehr gegründet wurden, wuchsen die bestehenden Orte rasch an: Über 10000 E. hatten in Sizilien

---

[5] *Amari* (1933-1939, 797 f.); er führt den Bereich von Monreale als Beispiel an (801), in dem in arabischer Zeit 50 Siedlungen bestanden und heute nur 12 liegen, die zudem großenteils erst im Laufe der Neuzeit gegründet wurden. Einen siedlungsgeschichtlichen Überblick gibt *Pecora* (1968); allgemein zur Geschichte Siziliens seit dem Mittelalter siehe *Mack Smith* (1968); (Spezialliteratur siehe *Monheim* 1969, 16).

1798: 9%, 1861: 16% und 1911: 29% aller Gemeinden;[6] in ihnen lebten 1798: 40%, 1861: 53% und 1911: 73% der Bevölkerung (*Pecora* 1968, 584). Da es nicht gelang, in entsprechendem Umfang die Landwirtschaft zu intensivieren bzw. industrielle Arbeitsplätze zu schaffen, begann Ende des 19. Jh. eine starke Binnen- und Auswanderung, die bis heute anhält und durch die die Einwohnerzahlen der meisten Gemeinden Innersiziliens stagnieren oder zurückgehen. Nur die Provinzhauptstädte und einige Industrie- und Küstenorte sind weitergewachsen.

Insgesamt gesehen sind die wichtigsten Gründe für die Entstehung agrarischer Großsiedlungen in Sizilien die äußere Unsicherheit (Fehden, Seeräuberüberfälle) und die Politik der Feudalherren, die die größtmögliche Konzentration und Kontrolle landloser Pächter und Tagelöhner zum Ziel hatte und zur Entwicklung einer starren, vom Latifundium geprägten Wirtschafts- und Sozialstruktur führte.

Auffälliger noch als die Entstehung isolierter agrarischer Großsiedlungen ist die Tatsache, daß sie trotz aller Bemühungen der offiziellen Agrarplanung der vergangenen 80 Jahre, die Pächter und Bauern in die Flur auszusiedeln, bis heute unverändert weiterbestehen. Die sowohl unter Mussolini als auch durch die Bodenreform und mit Mitteln des Grünen Plans errichteten Einzelhöfe und Dörfer werden fast alle nur während der ländlichen Arbeitsspitzen bewohnt. Das Beharrungsvermögen dieser Siedlungsform der Feudalzeit, die rechtlich bereits 1812 endigte, geht auf eine Vielzahl untereinander abhängiger sozial-kulturell-ökonomischer Faktoren zurück, die in unterschiedlichem Maße bis heute wirken.[7]

Das Kernproblem ist die extreme Entwicklung der latifundistischen "Wirtschaftsweise" (s.o.). Im 19. Jh. hatte sich die Bevölkerungszahl Siziliens verdoppelt; während jedoch verschiedene Ansätze zur Landaufteilung zugunsten bäuerlicher Kleineigentümer ohne Breitenwirkung blieben, erstarkte der Großgrundbesitz durch die Aufhebung der allgemeinen Nutzungsrechte (usi civici), den Kauf säkularisierten Kirchenlandes und das Vordringen eines geschäftstüchtigen Bürgertums. Ziel der Großgrundbesitzer waren höchstmögliche Pachterträge; sie suchten diese infolge ihrer renten-

---

[6] Die Einwohner einer Gemeinde sind in Sizilien fast stets in nur einer Ortschaft konzentriert.

[7] Am ausführlichsten setzt sich *Block* (1969) mit den Gründen auseinander,die zur Erhaltung der Agrostadt beigetragen haben (und zwar unter dem wissenschaftstheoretischen Gesichtspunkt der Deutungskategorien der Forscher). Weiterhin siehe *Maranelli* (1946, 26-28), *Musatti* (1958), *Compagna* (1963, 76-91).

kapitalistischen Wirtschaftshaltung weniger durch eine intensive Produktionsweise, als durch den Kauf neuen Landes und die Ausnutzung der starken Nachfrage zu erreichen. Die Bevölkerungszunahme führte zur Zersplitterung des geringen bäuerlichen Eigen- und Erbpachtlandes und zu ungünstigeren Bedingungen für Pächter und Tagelöhner. Die Pachtdauer wurde immer kürzer, der Raubbau am Boden stärker. Für die Pächter war und ist es bis heute sinnlos, intensiv zu wirtschaften, solange der Verpächter oder der nächste Pächter den Nutzen davon haben. Da sich die Struktur der Landwirtschaft trotz zahlreicher Veränderungen bisher nicht grundsätzlich gewandelt hat, muß die Masse der Bauern weiterhin versuchen, durch die Verbindung von Eigen- und Pachtland und zusätzlicher Tagelöhnerarbeit ihren Lebensunterhalt zu sichern und sich, wenn ihr dies in schlechten Jahren nicht gelingt, verschulden. Da das zersplitterte Eigenland vorwiegend in Ortsnähe liegt und Pachtland und Tagelöhnerarbeit häufig wechseln und in den verschiedensten Teilen der ausgedehnten Gemarkung vorkommen, ist die zentralgelegene Großsiedlung für die abhängigen Bauern verkehrsmäßig trotz der täglichen langen Anmarschwege der günstigste Wohnplatz. Vor allem können sie die bei der Konkurrenz um Arbeit, Pachtland und Kredite notwendigen Beziehungen am ehesten auf der Piazza anknüpfen (s.o.).

Man möchte auf das Leben in der Agrostadt aber auch aus "sozialen Gründen" nicht verzichten, da es das Prestige hebt; wer dauernd in der Flur lebt, gilt als unzivilisiert (incolto, cafone). Die Frau kann ohnehin kaum in der Landwirtschaft mitarbeiten, da sonst der Eindruck entstünde, der Mann sei unfähig, seine Familie zu ernähren; sie verrichtet höchstens Hilfsarbeiten. Vereine und Feste, abendlicher Bummel des Mannes auf der Piazza, nachbarschaftliche Bindungen der Frau und größere Heiratschancen der Töchter halten die Bauernfamilien heute auch dann im Ort fest, wenn sie z.B. durch die Bodenreform ein Stück Land mit Haus erhalten haben oder wenn Spezialkulturen angebaut werden. - Bis zu Beginn der 50er Jahre machte nicht zuletzt die fehlende öffentliche Sicherheit[8] das Wohnen in der Flur wenig ratsam; auch der Fortfall dieses Hemmnisses hat jedoch nicht zur Aussiedlung geführt.

---

[8] Vor allem mafiose Machtkämpfe führten immer wieder zu Erpressung, Vernichtung von Vieh und Dauerkulturen und zu Morden, wodurch intensiveres Wirtschaften und festes Wohnen in der Flur stark gehemmt wurden.

Die "naturräumliche Ausstattung" wird häufig als Grund der Siedlungs-konzentration angegeben,[9] doch ist sie in vieler Hinsicht dafür eher ungünstig. Wasser ist, zumal in exponierten Lagen, nicht oder nur ungenügend vorhanden und muß unter großen Anstrengungen beschafft werden; die einmal geschaffene Wasserversorgung bedeutet dann allerdings einen Vorteil gegenüber wasserlosen Flurbezirken. Bergrutsche gefährden viele in Schutzlage errichtete Orte, in denen die starke Hangneigung ohnehin den Ausbau erschwert. Die Wegeverbindungen zu den entfernten Feldern sind bei den vorherrschenden tertiären Tonen während der winterlichen Starkregen oft unpassierbar. Die in den Tälern bis nach dem Krieg verbreitete Malaria war nicht Ursache, sondern Folge der Siedlungskonzentration, die zur Vernachlässigung der Gewässerregulierung und damit zur Versumpfung geführt hatte. Zwar schien sie der Grund dafür zu sein, daß die Flur später siedlungsleer blieb, doch ist auch nach ihrer Beseitigung die Bereitschaft, in die Flur zu ziehen, kaum größer geworden.

III. Das funktionale Siedlungsgefüge

Die Agrostadt und die mit ihr verbundenen sozialökonomischen Verhältnisse prägen entscheidend die funktionalen Beziehungen zwischen den Gemeinden Mittelsiziliens. Die "wirtschaftlichen Austauschbeziehungen" zwischen den Gemeinden sind infolge deren überwiegend agrarischen Charakters mit wenig marktorientierter Erzeugung und der geringen industriellen Erschließung und Differenzierung sehr schwach. Ein Netz von Arbeitsbeziehungen (Pendler) ist bisher nur an wenigen Stellen entstanden. Selbst die Provinzhauptstädte beeinflussen kaum die Struktur benachbarter Gemeinden. Die "Verwaltungseinrichtungen" sind stark verstreut, und ihre Einzugsbereiche überschneiden sich vielfach. Dadurch können die einzelnen Standorte nur geringe Anziehungskraft entfalten. Neben den Provinzhauptstädten haben nur wenige Städte stärkere Bedeutung erlangt. Die "Einkaufsbeziehungen" sind gering entwickelt, da die meisten Gemeinden für den niedrigen Lebensstandard ihrer Einwohner mit Geschäften gut ausgestattet sind (bei mehr als 50 Beschäftigten im Einzelhandel, außer in Lebensmittelgeschäften). Bei zusätzlichen Kaufwünschen werden vor allem die entfernten, übermächtigen Zentren Palermo und Catania aufgesucht. Neben ihnen haben sich nur wenige Städte zu echten Einkaufszentren entwickelt. Die Mittelzentren zwischen den Zentren der Einkaufsregionen und

---

[9] Literaturhinweise bei Monheim (1969, 22).

den einzelnen Gemeinden gewinnen erst in jüngster Zeit mit zunehmender Kaufkraft und Mobilität an Bedeutung;[10] in weiten Gebieten fehlen sie ganz.

Die schwachen zentralörtlichen Beziehungen sind sehr stark historisch bedingt durch die Rolle der "parasitären" Städte[11] (vor allem Palermo), die als Sitz der Großgrundbesitzer bis in jüngste Zeit die Produktion des Landes ohne Gegenleistung einnahmen. Als Folge der rentenkapitalistischen Tradition fehlt bis heute eine unternehmerische Bürgerschicht, die sich bemüht, wirtschaftliche und kulturelle Austauschbeziehungen mit dem Umland aufzubauen. Die aufsteigenden Bürger drängen vielmehr in die ständig vermehrten Verwaltungsstellen (impiegomania), die vielfach in ein umfassendes Klientelsystem eingebaut sind und die Kontrolle der Stadt-Land-Beziehungen ermöglichen. Sie begründen eine neue Form der parasitären Stadt, die mit ihrem aufgeblähten Verwaltungsapparat einen großen Teil der für das Land bestimmten Gelder aufbraucht.

Der niedrige Lebensstandard, die geringe produktionswirtschaftliche Differenzierung, die breite Streuung zentraler Verwaltungseinrichtungen, das Nebeneinander vieler gerade hinreichend ausgetatteter Gemeinden, die schlechte Verkehrserschließung und der parasitäre Charakter der Städte hemmen bisher die Überwindung der überlieferten Isolation der einzelnen Gemeinden und die Entwicklung eines ausgewogenen zentralörtlichen Systems (vgl. auch *Pecora* 1968, 566-574).

IV. Gemeindetypen

Die Darstellung der funktionalen Beziehungen hat bereits gezeigt, daß das gesamte Siedlungsgefüge durch die Agrostädte beeinflußt ist und andererseits eben dieses Gefüge die Struktur der Agrostadt prägt. Betrachtet man die Agrostadt im Zusammenhang mit den übrigen Siedlungen, so ergibt sich die Frage nach ihrer Stellung und Abgrenzung zu den Grundtypen Stadt und Dorf. Ausgehend von allgemeinen Begriffsbestimmungen sollen zunächst einige Merkmalsbereiche auf ihre Aussagefähigkeit im Untersuchungsgebiet geprüft werden.

---

[10] Allgemein zu den Einzugsbereichen des Einzelhandels siehe *Tagliacarne* (1968) und *Monheim* (1970).

[11] Die entwicklungshemmende Rolle der parasitären Stadt für ihr Umland stellt *Bobek* (1938 und 1950, 39) heraus. Auf die sozialgeschichtlichen Gründe der Schwäche des süditalienischen Städtenetzes gehen ein *Musatti* (1958), *Morello* (1958), *Compagna* (1959 und 1963).

44

Unter "Stadt" wird eine große, geschlossene Siedlung mit beachtlicher wirtschaftlicher, gesellschaftlicher und baulicher Differenzierung, vielseitigen arbeitsteiligen Marktverflechtungen und entsprechend vielfältigen Verkehrsströmen verstanden. Zentralität wird nicht als erforderlich angesehen.[12]

Als "Dorf" wird eine im Lebensstil voll ländlich geprägte, kaum differenzierte größere Siedlung mit geringer Arbeitsteilung am Ort[13] bezeichnet.

Die Agrostadt läßt sich demgegenüber kennzeichnen als eine geschlossene agrarische Großsiedlung, deren ländliche Lebensform dadurch städtisch überprägt ist, daß sich infolge der großen Einwohnerzahl eine deutlich differenzierte Wirtschafts- und Gesellschaftsstruktur mit arbeitsteiligen Marktverflechtungen entwickelt hat.

Diesen Grundtypen werden die Gemeinden entsprechend der jeweiligen Kombination städtisch bzw. dörflich ausgeprägter Lebensbereiche zugeordnet.[14] Die Merkmale der Größe, Beschäftigtenstruktur, Stärke bestimmter Berufsgruppen, Ausstattung mit Schulen und Behörden sowie der zentralörtlichen Bedeutung sind dabei nur in ihrem Zusammenhang aussagekräftig. So hängt der Grad städtischer Entwicklung nicht einfach von der Einwohnerzahl ab, sondern davon, wie weit zusätzliche Anstöße für die innere Differenzierung einer Gemeinde erfolgen; im Untersuchungsgebiet ist die kleinste Stadt Cefalù mit 12200 E. und die größte Agrostadt Niscemi

---

[12] Zentralörtliche Funktionen werden zwar in fast allen geographischen Begriffsbestimmungen als wesentliches Merkmal der Stadt angesehen (z.B. *Schwarz* 1966, 366; *Hofmeister* 1969, 175), doch hat *Bobek* schon 1938 nachdrücklich darauf hingewiesen, daß es sowohl bei agrarischer als auch bei industrieller Existenzgrundlage voll entwickelte Selbstversorgerstädte gibt.

[13] Die geringe Arbeitsteilung am Ort fehlt sonst bei der Definition des Dorfes, bildet jedoch einen Gesichtspunkt, unter dem auch das Problem des Pendlers leichter zu fassen ist, da dieser ja nicht unmittelbar arbeitsteilig in den Wohnort eingegliedert ist (vgl. auch *Weinreuter* 1969, 15-17).

[14] Auch die vom ISTAT (1963) für ganz Italien durchgeführte Gemeindeklassifikation geht von dem mehr ländlichen bzw. städtischen Charakter aus, den sie anhand sozialökonomischer Quotienten (Bevölkerung, Berufsstruktur, Schulbildung, Siedlungsweise, Wohnverhältnisse) ermittelt. Die Klassifikation (ländlich, ländl.Typ, halbländl., halbstädt., städt.Typ, städtisch) erfolgt entsprechend der Abweichung von den nationalen Mittelwerten. Die Ergebnisse bringen jedoch die Siedlungstypen Siziliens nur ungenügend zum Ausdruck, nicht zuletzt deshalb, weil gesamtitalienische Mittelwerte bei den starken Nord-Süd-Unterschieden Italiens (dualistische Wirtschafts- und Sozialstruktur) wenig aussagen.

mit 24900 E.[15] Auch die Beschäftigtenstruktur erlaubt keine eindeutige
Aussage über den Gemeindetyp: In der Landwirtschaft sind in eindeutigen
Städten z.T. über 50%, in Dörfern unter 30% der am Ort wohnenden Er-
werbspersonen beschäftigt. Diese Unterschiede hängen vor allem von der
Bedeutung des sekundären Sektors ab. Auch hier zeigt sich jedoch, daß verschiedene Beschäftigungsanteile nur wenig Einfluß auf die Lebensform der
Gemeinden haben, da die Anteile, die über das der Lokalversorgung die-
nende Gewerbe hinausgehen, meist auf wenig entwickeltem Bergbau beruhen und sich Land- und Grubenarbeiter in Lebensstandard und Lebensstil
kaum unterscheiden.[16] - Die Zentralität erweist sich ebenfalls als ein nicht
unmittelbar aussagekräftiges Merkmal, da zwei sonst gleiche Siedlungen,
von denen eine zentrale Funktionen hat, nicht verschiedenen Grundtypen
zugerechnet werden sollen. Entscheidend ist die innere Differenzierung;
diese ist allerdings bei zentralen Orten oft deutlich stärker als bei den sie
umgebenden Gemeinden.

Anhand von Einwohnerzahl, Berufsgruppenanteilen und Einzelfunk-
tionen lassen sich die durch den Grad städtischer Entwicklung bestimmten
Gemeindetypen nicht eindeutig voneinander abgrenzen. Als brauchbares
Kriterium erweist sich die absolute Stärke des städtischen Sektors, die am
ehesten faßbar wird in der Zahl der Unternehmer, Freiberuflichen, Beamten und Angestellten als Träger städtischen Lebens und in der Zahl der im
spezialisierten Einzelhandel Beschäftigten als Träger einer differenzierten
Versorgung.

Die oben allgemein definierten Grundtypen von Dorf und Stadt sollen
nun in ihrer für Mittelsizilien charakteristischen Ausprägung der eingangs
beschriebenen Agrostadt gegenübergestellt werden.

Die "Dörfer" Mittelsiziliens müssen wegen ihrer beträchtlichen Einwohnerzahl (meist 2500 - 5000 E.) überwiegend als agrarische Großsiedlungen bezeichnet werden. Im Unterschied zu mitteleuropäischen Dörfern sind

---

[15] Im Überschneidungsbereich von Agrostadt und Stadt liegen im Untersuchungsgebiet
21 A. und 6 S. Die kleinste den Agrostädten zugeordnete Gemeinde ist S. Mauro Cast.
mit 4700 E.; im Grenzbereich zu den Dörfern zwischen 5000 und 6000 E. sind verschiedene Gemeinden als Übergangsformen zubezeichnen, während sich Städte und
Agrostädte auch im Überschneidungsbereich der Einwohnerzahlen an Hand ihrer
Struktur deutlich voneinander unterscheiden lassen. Auch *Niemeier* (1935, 197) weist auf
derartige Überschneidungen seiner Siedlungstypen hin.

[16] Gemeinden mit über 40% Beschäftigten in der Industrie werden deshalb nicht als eigene Typen, sondern als industrielle Variante des jeweiligen Typs aufgefaßt (ähnlich
verfährt *Niemeier* 1935, 199).

sie vollkommen geschlossen bebaut, und die agrarische Bevölkerung besitzt infolge ihrer Armut keine eigentlichen Betriebsgebäude; bei der großen Entfernung und dem häufigen Wechsel der Wirtschaftsflächen kann man kaum noch von einer "unmittelbaren Verknüpfung mit dem Wohnplatz" (*Schwarz* 1966, 47, 55) sprechen. Der Anteil der in der Landwirtschaft Beschäftigten liegt meist über 60%. Im Unterschied zur Agrostadt ist die innere Differenzierung sehr gering und fehlt städtisches Leben.

Die "Kleinstädte" Mittelsiziliens heben sich bei größeren Einwohnerzahlen (20 - 35000 E., Überschneidungen s.o.) durch ihre stärkere Differenzierung von der Agrostadt ab. Die Landwirtschaft hat in fast allen Kleinstädten noch beträchtliche Bedeutung;[17] bei Orten mit Intensivkulturen ist sie oft - in Verbindung mit den entsprechenden Vermarktungs- und Transporteinrichtungen - die Existenzgrundlage. Daneben treten speziellere Wirtschaftszweige wie Bergbau, Hafen, Fremdenverkehr. Die Hälfte der Kleinstädte hat zentralörtliche Funktionen. Die Zentralität oder auch nur die größere Einwohnerzahl bei z.T. gehobenen Konsumgewohnheiten (u.a. traditioneller Wohnsitz rentenkapitalistischer Großgrundbesitzer) lassen einen differenzierten Einzelhandel und zahlreiche Dienstleistungen entstehen. Der lebhafte Verkehr macht öffentliche Verkehrsmittel notwendig. Die große Gruppe leitender Berufe bemüht sich bewußt um städtische Eigenart. Trotz allem tragen die Kleinstädte in dem von Agrostädten geprägten Mittelsizilien mehr ländliche Züge als anderswo, so daß man geradezu von einer "Verländlichung der Städte" sprechen kann.[18]

Innerhalb der Grundtypen von Dorf, Agrostadt und Stadt sind jeweils mehrere Entwicklungsstufen zu unterscheiden, die hier nicht näher erläutert werden sollen (vgl. *Monheim* 1969, 153 - 160). Die 164 Gemeinden des Untersuchungsgebietes lassen sich folgendermaßen zuordnen (in Klammern die Zahl der Gemeinden):

- Kleines, vollagrarisches Dorf (21)
- Größeres Dorf mit kleinen nichtagrarischen Berufsgruppen (36 und 9 Übergangsformen zur Agrostadt)
- Kleine, mäßig differenzierte Agrostadt (39)
- Voll entwickelte Agrostadt (30)

---

[17] Nur in 5 Kleinstädten bleibt 1961 der Anteil der Erwerbstätigen in der Landwirtschaft unter 35%, in 4 (Bagheria, Nicosia, Sciacca, Partinico) beträgt er 50% und mehr!

[18] *Morello* (1958, 486); vgl. auch *Niemeier* (1943, 334).

- Agrostadt mit Zentralität (11)
- Kleinstadt überwiegend ländlicher (8) bzw. industrieller (3) Ausrichtung
- Vielseitig differenzierte Kleinstadt (3)
- Mittelstadt (3)
- Großstadt (1).

Die "Stellung der Agrostadt zwischen Dorf und Stadt" führt zu der Frage, wie sie in dem auf die Polarität dieser Grundtypen aufgebauten System der Siedlungsgeographie einzuordnen ist. Die systematische Einordnung der Agrostädte (bzw. der Stadtdörfer) ist immer wieder unterschiedlich vorgenommen worden: Während z.B. *Schwarz* (1966, 151) und das Westermann Lexikon der Geographie (1968, Bd.I, 841) sie zu den ländlichen Siedlungen im eigentlichen Sinne rechnen, bezeichnen *Bobek* (1938, 89f.) und *Hofmeister* (1969, 52, 147f.) sie bewußt trotz ihrer agrarischen Lebensgrundlage als echte Städte, und *Niemeier* (1935, 216) läßt "physiognomisch die Merkmale der Stadt, physiologisch die des Dorfes gelten".

Die vorliegende Untersuchung hat zu der Auffassung geführt, daß die Agrostadt einen eigenständigen, voll entwickelten Siedlungstyp bildet; sie ist weder aufzufassen als die Mitte zwischen den Polen Dorf und Stadt, in der gerade die ländliche Qualität in eine städtische übergeht (so etwa versteht sie *Niemeier* 1969, 69), noch als eine "zwischen Stadt und Land stehende Siedlung" (im Sinne von *Schwarz* 1966, 255 - 348), die weder das eine noch das andere ist, sondern sie vereinigt in charakteristischer Weise städtische und ländliche Elemente in einer Art "dialektischer Verknüpfung" (*Weinreuter* 1969, 21). Sie befindet sich auch weder in der Entwicklung zur Stadt, noch ist sie eine städtische Kümmerform. Trotz ihrer agrarischen Existenzgrundlage entspricht die Agrostadt weitgehend dem herkömmlichen Stadtbegriff (abgesehen von der fehlenden Zentralität[19]) und steht deshalb der Stadt näher als dem Dorf, doch kann man sie kaum den vollentwickelten Städten zurechnen.

V. Vergleich der Agrostadt mit sonstigen agrar-urbanen Siedlungen

In einem kurzen Überblick sollen Gemeinsamkeiten und Unterschiede zwischen der sizilianischen Agrostadt und einigen ähnlichen, aus der Litera-

---

[19] *Schwarz* ordnet die Stadtdörfer nicht den Städten zu "weil sie kein Umland an sich binden" (1966, 416), wohingegen *Bobek* (1938, 89) sie gerade als Beleg dafür anführt, daß sich trotz fehlender Zentralität aus ländlichen Großsiedlungen echte Städte entwickeln können.

48

tur geläufigen Formen städtischer Siedlungen mit ländlicher Lebensgrundlage angedeutet werden.

Die durch *Niemeiers* (1935 und 1943) Untersuchungen bekannten "Stadtdörfer" (s.o.) sind dem Dorf nahestehende, noch wenig differenzierte Siedlungen städtischen Aussehens ab 1500 E. (*Niemeier* 1969, 69); mit zunehmendem städtischen Charakter spricht *Niemeier* von "Dorfstadt" und "Landstadt", Unterscheidungen, die sich im wissenschaftichen Sprachgebrauch nicht durchgesetzt haben. Die sizilianischen Agrostädte entsprechen jedoch eher den Dorfstädten als den Stadtdörfern (vgl. *Monheim* 1969, 159).[20]

Die "Stadtdörfer Südwestdeutschlands", die neuerdings durch *Weinreuter* (1969) eingehend untersucht wurden, sind Siedlungen, deren dörflicher Charakter trotz zahlreicher städtischer Merkmale nicht gänzlich ausgelöscht wurde.[21] In ihrer örtlichen Wirtschaft spielt die Landwirtschaft noch eine erhebliche Rolle, wenn auch die Mehrzahl der Erwerbstätigen in der Industrie beschäftigt ist. Stadtdörfer kommen hauptsächlich im Umkreis der Großstädte vor, und zwar besonders entlang günstiger Verkehrslinien. Ihre Größe verdanken sie vor allem den Arbeitsmöglichkeiten in den benachbarten Städten, daneben haben sie z.T. eigene Industrie und zentralörtliche Funktionen. "Die städtischen Attribute der Stadtdörfer" stammen "gewöhnlich aus dem 20. Jh." (89), und man kann sie zum Teil als einen Entwicklungstyp der "werdenden Stadt" (91) verstehen; die Mehrzahl bildet jedoch einen eigenen, beständigen Siedlungstyp. Die südwestdeutschen Stadtdörfer unterscheiden sich vor allem hinsichtlich ihrer Stellung im Siedlungsgefüge, aber auch hinsichtlich ihrer Genese, Dynamik und inneren Struktur von der Agrostadt.

---

[20] *Niemeier* selbst gebraucht schon 1943 kaum noch den Begriff Dorfstadt und erwähnt sie 1969 nur kurz als größere Form des Stadtdorfes. Im Westermann Lexikon der Geographie (1970, IV, 368) wird nur noch das Stadtdorf ohne weitere Größendifferenzierung als eine "agrarische Siedlung städtischen Aussehens mit ca. 1500 bis über 50.000" E. erwähnt.

Da der hier beschriebene Siedlungstyp der Stadt näher steht, als dem Dorf, der entsprechende Begriff der Dorfstadt sich jedoch nicht durchgesetzt hat, schien eine Anlehnung an *Niemeiers* Begriffsskala wenig ratsam, und es wurde die das städtische Element stärker betonende Bezeichnung Agrostadt gewählt.

[21] Begrifflich knüpft *Weinreuter* vor allem an *Christallers* Siedlungstypisierung von 1927 und an *Huttenlocher* an; er setzt sich selbst noch einmal ausführlicher mit der Problematik des Begriffs Stadtdorf auseinander (1969, 92-102).

Neben diesen "stadtähnlichen Siedlungen im eigentlichen Sinn" (*Weinreuter*), die auf breiter Basis städtische Merkmale tragen, gibt es zahlreiche ländliche Siedlungen mit einzelnen städtischen Zügen (z.b. Weingärtnerdörfer, Flecken, Gewerbe- und Fremdenverkehrsorte), auf die hier nicht näher eingegangen werden kann (siehe dazu *Weinreuter* 1969). Zu ihnen sind auch die "Zwerg- und Minderstädte" zurechnen, die weder in Größe und Struktur, noch in Genese und Stellung im Siedlungsgefüge der Agrostadt entsprechen.

Die "Ackerbürgerstädte" Mitteleuropas, auch als "ländliche Kleinstädte" bezeichnet, sind Mittelpunkte eines kleinen ländlichen Einzugsgebietes, deren Bewohner zu einem größeren Prozentsatz haupt- oder nebenberuflich in der Landwirtschaft tätig sind (*Ruppert* 1959, *Hartke* 1964). Der landwirtschaftliche Nebenerwerb war früher besonders charakteristisch für zentrale Berufe, die der geringen Nachfrage wegen durch zusätzliche Einnahmen aus der Landwirtschaft ergänzt werden mußten. Dabei führen Zentralitätsschwankungen zu einem größeren oder geringeren Gewicht der Landwirtschaft (*Ruppert* 1959). Die Ackerbürgerstädte liegen inselhaft in bäuerlicher Umgebung und bilden nie, wie die Agrostädte, die Basis der gesamten Siedlungsstruktur. Mit zunehmender Verstädterung kommt es zur beruflich-sozialen Entmischung, und das Land geht großenteils in die Verfügungsgewalt benachbarter Dörfer über, ein Vorgang, zu dem es bei den Agrostädten infolge des grundsätzlich anderen Siedlungsgefüges nicht kommt.

Die "Agrarstädte" und Agrar- und Handwerkerstädte Bulgariens (*Penkoff* 1960) bilden zwar in einigen Landesteilen den vorherrschenden Stadttyp, liegen jedoch innerhalb eines dörflichen Umlandes, so daß sie dem frühen Stadium der Ackerbürgerstädte entsprechen dürften.

Die parasitären "Grundrentnerstädte" (*Bobek* 1938, 98f.) der Länder rentenkapitalistischer Tradition, in denen die absentistischen Großgrundbesitzer leben, sind im weitesten Sinne zentrale Orte innerhalb eines dörflichen Umlandes. Sie verdanken ihre Größe und städtische Struktur dem Wohnsitz privilegierter Gruppen. Die Großgrundbesitzer Siziliens leben - bzw. lebten - jedoch meist gerade nicht in den Agrostädten, sondern in den bedeutenderen Zentren, so daß die Agrostädte nicht als Grundrentnerstädte zu verstehen sind.

Die sowjetischen "Agrogorod" - auch unter dem Begriff Agrostadt bekannt[22] - sind Versuche sowjetischer Planung, den Arbeitern der landwirtschaftlichen Großbetriebe das Leben eines Städters zu bieten (*Meckelein* 1964, 256f., *Wädekin* 1967 und 1968). Sie sollten bis zu 10000 E. erreichen und mit allen städtischen Versorgungseinrichtungen ausgestattet sein. Damit entsprechen die Agrogorod, die allerdings bisher nur wenig Erfolg hatten[23], in ihrer Struktur und Rolle im Siedlungsgefüge grundsätzlich den sizilianischen Agrostädten. Auch in anderen sozialistischen Ländern (z.B. Ungarn) versucht man, durch eine Vergrößerung der ländlichen Siedlungen die Möglichkeiten einer angemessenen Versorgung zu verbessern; in die gleiche Richtung gehen die Überlegungen *Gansers* (1969, 5) für unterversorgte ländliche Gebiete in Rheinland-Pfalz.

Den Unterschieden zwischen den oben aufgeführten Siedlungstypen stehen allerdings auch manche Gemeinsamkeiten gegenüber. Sie gehen sowohl in ihrem äußeren Bild als auch in der inneren Differenzierung über das Dorf hinaus, ohne in den meisten Fällen dem Idealtyp der voll entwikkelten Stadt zu entsprechen. Es fragt sich, ob man sie unter einem Globalbegriff zusammenfassen kann (*Weinreuter* 1969, 96f.). Dagegen spricht vor allem die unterschiedliche Stellung im gesamten Siedlungsgefüge. Man sollte unterscheiden zwischen städtisch geprägten agrarischen Großsiedlungen als vorherrschende Grundform des Siedlungsgefüges (was gelegentliche Zentralität nicht ausschließt) - den Agrostädten - und agrarisch geprägten zentralen Orten - den Ackerbürgerstädten oder ländlichen Kleinstädten. Außerdem sollte zwischen Durchgangstypen mit noch nicht ganz abgeschlossener Entwicklung zur Stadt[24] und eigenständigen Endtypen, die sich nur ausnahmsweise zur Stadt entwickeln, unterschieden werden. Die Klärung dieser Frage muß der weiteren Diskussion überlassen werden.

---

[22] Nach *Wädekin* (briefl. Mitt. 1968) kommt allerdings das Wort Agrostadt in sowjetischen Veröffentlichungen seit Chruschtschows Absetzung nicht mehr vor.

[23] Immerhin konzentriert sich schon jetzt in den dynamischeren Agrarregionen der SU. die Bevölkerung in den Kolchosen und Sowchosen auf Zentralsiedlungen, die *Hahn* (1970) als "Agrosiedlungen" bezeichnet, da sie sich vom Dorf durch zahlreiche städtische Züge unterscheiden (dichtere, differenzierte Bebauung, zentraler Kern, berufl. Differenzierung durch Arbeitsteilung innerhalb der Landwirtschaft, Fluktuation der Facharbeiter). In den Neulandsowchosen ist der städtische Charakter der bis zu 2000 E. zählenden Siedlungen noch stärker, sodaß *Hahn* von "Agrogorodki" (kleinen A.) als Übergangsform zu den Agrogorod spricht.

[24] Daß dies keine kontinuierliche Entwicklung zu sein braucht, zeigt *Ruppert* (1959).

VI. Entwicklungsperspektiven der Agrostadt

Am Ende der Analyse der heutigen sizilianischen Agrostadt und der mit ihr zusammenhängenden Struktur des gesamten Siedlungsgefüges stellt sich die Frage, wie die Zukunft der Agrostadt aussehen könnte. Bisher stand im Mittelpunkt des planerischen Interesses und der wissenschaftlichen Prognosen stets der Wunsch nach einer Aussiedlung aus der Agrostadt in die Gemarkung (z.B. *Niemeier* 1943, 338f., 346; *Musatti* 1958, 12); diese ist jedoch bisher, wie oben gezeigt wurde, bis auf wenige Ausnahmen nicht erfolgt. Mit besser werdender Wegeerschließung in der Flur und der Abnahme der Zahl der in der Landwirtschaft Beschäftigten ist eine Aussiedlung größeren Umfanges, die etwa zur Auflösung der Agrostadt (*Niemeier* 1943, 346) führen würde, nicht mehr zu erwarten[25]. Andererseits dürften die meisten Agrostädte kaum je zu echten Städten werden, selbst wenn der Ausbau des tertiären Sektors und der Rückgang der Landwirtschaft den städtischen Eindruck verstärken.

Das große Zukunftsproblem der Agrostadt sind ihre ungenügenden Lebensgrundlagen. In der Landwirtschaft besteht bis heute eine starke Arbeitslosigkeit bzw. Unterbeschäftigung. Sie wird deshalb noch zahlreiche Arbeitskräfte abgeben müssen. Dieser Prozeß kann nur dort gemildert werden, wo es gelingt, alle Möglichkeiten intensiverer Bewirtschaftung (bes. Bewässerung) auszuschöpfen. Neue Arbeitsplätze außerhalb der Landwirtschaft entstehen bisher weder in der Agrostadt noch in erreichbarer Entfernung in annähernd ausreichendem Umfang. Infolgedessen finden viele Erwerbstätige nur in Norditalien oder im Ausland Arbeit. Die Geldsendungen dieser meist nur vorübergehend Abgewanderten verschleiern die problematische Lage der Agrostadt, ja sie führen sogar zu einer scheinbaren Wirtschaftsblüte, da sie nicht nur den jeweils zurückgebliebenen Familien, sondern indirekt der gesamten Wirtschaft zugutekommen. Die Ersparnisse dienen nur selten der Schaffung neuer Arbeitsplätze; man kauft vielmehr ein kleines Stück Land, von dem man jedoch später unmöglich leben kann, baut ein Haus, gibt den Töchtern eine Aussteuer und bindet sich in vielerlei Weise an den Heimatort, der nur unzureichende Arbeitsmöglichkeiten bie-

---

[25] Man bemüht sich z.B. in Ungarn wieder um die Auflösung der bei einer derartigen Aussiedlung entstandenen Tanjas, soweit sie nicht mit Spezialkulturen verbunden sind (*Lettrich* 1969). Auch in Deutschland wird gelegentlich die Auffassung vertreten, der Bauer solle in Zukunft von größeren, vielseitig ausgestatteten Zentralsiedlungen aus täglich zu seinem Betrieb pendeln (*Ganser* 1969, 5). Selbst in Mittelsizilien versucht eine Gemeinde wie Milena (Cl.), deren Bevölkerung zu einem größeren Teil in Weilern lebt, mit Hilfe städtebaulicher Gutachten ein kompaktes Siedlungszentrum zu entwickeln.

tet.[26] Die Bevölkerungsverluste der Agrostädte sind zwar infolge dieser Mentalität bisher gering, doch wird kaum etwas getan, um die gegenwärtige Scheinblüte der Wirtschaft in eine dauerhafte Entwicklung zu überführen. Käme es zu einer stärkeren Abwanderung, so würde auch ein großer Teil der in Dienstleistungsberufen Beschäftigten seine Existenz verlieren, da die Versorgungseinrichtungen (Geschäfte, Schulen, Krankenhaus) nicht mehr in demselben Umfang beibehalten werden könnten. Da einerseits das Versorgungsniveau gehalten werden sollte, es aber andererseits nicht möglich ist, in jeder Agrostadt die erforderlichen industriellen Arbeitsplätze zu schaffen, müßte ein Planungsmodell zentrale Arbeitsplätze in den Mittelzentren vorsehen, die von möglichst vielen Agrostädten aus durch tägliches Pendeln erreicht werden könnten. Durch diese arbeitsteilige Verbindung von verkehrsgünstig gelegenen Industrie- und Verwaltungszentren und großen ländlich-städtischen Pendlerwohnorten mit weitgehenden Versorgungsfunktionen (ähnlich den Stadtdörfern Südwestdeutschlands) würden die Ballungszentren von übermäßiger Zuwanderung entlastet, die unterentwickelten Mittelzentren gestärkt[27] und die wirtschaftsschwachen Gebiete in die notwendige wirtschaftliche Umstrukturierung miteinbezogen. Diese funktionale Neuordnung könnte der aus der Feudalzeit überlieferten Siedlungsstruktur zukunftsträchtige Entwicklungsmöglichkeiten eröffnen.[28]

Zusammenfassung

Die sizilianischen Agrostädte sind eine besondere Form agrarischer Großsiedlungen, die urbane und rurale Elemente auf engem Raum vereinigt. Mehr als 50% der 7 bis 18.000 Einwohner leben von der Landwirtschaft, der Rest in Dienstleistungsberufen. Agrostädte sind autarke Siedlungen ohne zentrale Funktionen und mit geringen Kontakten zu Oberzentren, was zu einer Unterentwicklung des Siedlungssystems führt. Die gegenwärtige Struktur wird durch das Erbe der Feudalzeit geprägt: Parasitäre Städte, Latifundismus, zerstreuter Kleinbesitz, Pächter und Tagelöhner, Klientelismus. - Als Siedlungstyp ist die Agrostadt autonom und voll entwickelt. Sie ist weder auf dem Wege der

---

[26] Auch die großen Hoffnungen, die man auf die Wirtschaftsbelebung durch die "americani", die mit größeren Geldsummen zu Beginn dieses Jahrhunderts aus Amerika zurückkehrenden Auswanderer setzte, haben sich nicht erfüllt.

[27] Auf die nachteiligen Folgen der Schwäche der Mittelzentren weisen *Compagna* (1959 und 1963) und *Pecora* (1968, 566-574) hin.

[28] Die Aussichten für die Verwirklichung einer solchen vom Modell entwickelter Länder ausgehenden Neuordnung sind allerdings heute noch gering. Immer wieder haben sich einleuchtende Entwicklungsvorschläge auswärtiger Forscher als undurchführbar erwiesen. Entscheidende Ursache hierfür ist der außerordentliche Immobilismus (*Lepsius* 1965) der süditalienischen Gesellschaft. So wirken die Kräfte, die andernorts Träger des Fortschritts sind, nämlich die Städte und die bürgerliche Mittelschicht, ausgesprochen entwicklungshemmend.

Entwicklung zu einer Stadt, noch ist sie eine untergehende Stadt. Ein Vergleich mit anderen agro-urbanen Siedlungstypen zeigt, daß letztere gewöhnlich eine andere Stellung im Siedlungsgefüge innehaben. In der Zukunft, wenn die Landwirtschaft an Bedeutung verliert, könnten die Agrostädte neue Funktionen als Pendlerwohnorte übernehmen.

Literaturverzeichnis

Amari, M.: Storia dei musulmani in Sicilia (1854-1868). 2. Aufl. Catania 1933-1939.

Berardi, R.: Esami in Sicilia. In: Nord e Sud, VII, n. 6 (67), 77-92.

Block, A.: South Italian Agro-Towns. In: Comparative Stud. in Society and Hist., Vol. 11, n. 2, April 1969, Cambridge Univ. Press, 121-135.

Bobek, H.: Über einige funktionelle Stadttypen und ihre Beziehungen zum Lande. In: Comptes Rend. du Congr. Internat. de Géographie (Amsterdam 1938), II, 3, 1938, 88-102.

Bobek, H.: Aufriß einer vergleichenden Sozialgeographie. In: Mitt. der Geogr. Ges. Wien vol. 92, 1950, 34-45.

Compagna, F.: L'evoluzione dei rapporti fra città e campgagna nella realtà meridionale. In: Atti del IV Congr. mond. di Sociologia, Bari 1959, 112-132.

Compagna, F.: La questione meridionale. Milano 1963.

Ganser, K.: Pendelwanderung in Rheinland-Pfalz. Struktur, Entwicklungsprozesse und Raumordnungskonsequenzen. Bearb. vom Geogr. Institut der TH München. Mainz 1969.

Grötzbach, E.: Geographische Untersuchung über die Kleinstadt der Gegenwart in Süddeutschland. Münchener Geogr. Hefte 24. Kallmünz, Regensburg 1963.

Hahn, R.: Jüngere Veränderungen der ländlichen Siedlungen im europäischen Teil der Sowjetunion. Stuttgarter Geogr. Stud. 79, Stuttgart 1970.

Hammer, M.: Probleme der sizilianischen Agrarstruktur. 2. Sonderr. der List Gesellschaft, Bd. 4, Basel 1965.

Hartke, W.: Eine ländliche Kleinstadt im Mittelgebirge im sozialen Umbruch der Gegenwart. In: Raumf. und Raumordnung 22, 1964, 126-135.

Hofmeister, B.: Stadtgeographie. Braunschweig 1969.

ISTAT: Classificazione dei comuni secondo le caratteristiche urbane e rurali. Roma 1963.

Lepsius, R.M.: Immobilismus: das System der sozialen Stagnation in Süditalien. In: Jahrb. für Nationalökonomie und Statistik, Bd. 177, H. 4, 1965, 304-342.

Lettrich, E.: The Hungarian Tanya System: History and Present-Day Problems. In: Research Problems in Hungarian Applied Geography, Budapest 1969, 151-168.

Lopreato, J.: Social Stratification and Mobility in a South Italian Town. In: American Sociological Review, vol. 26, 1961, 585-596.

Mack Smith, D.: A History of Sicily. Medieval Sicily; Modern Sicily. 2 Bde., London 1968.

Maranelli, C.: Considerazione geografiche sulla questione meridionale. (Bari 1908) 2. Aufl. Bari 1946, 1-62.

Meckelein, W.: Jüngere siedlungsgeographische Wandlungen in der Sowjetunion. In: Geogr. Zeitschr. 52, 3, 1964, 242-270.

Milone, F.: Sicilia. La natura e l'uomo. Torino 1960.

Monheim, R.: Die Agrostadt im Siedlungsgefüge Mittelsiziliens. Untersucht am Beispiel Gangi. Bonner Geogr. Abh. 41, Bonn 1969.

Monheim, R.: Die Einzugsbereiche des Einzelhandels in Italien. Einige methodische Überlegungen zur Carta Commerciale d'Italia unter besonderer Berücksichtigung Siziliens. In: Erdkunde XXIV, 3, 1970, 229-234.

Morello, G.: Considerazioni in merito al rapporto città-campagna in un processo di sviluppo socio-economico. In: Atti del I Congr. Naz. di Scienze Sociali, 1958, 477-487.

Mühlmann, W.E. / Llaryora, R.J.: Klientelschaft, Klientel und Klientelsystem in einer sizilianischen Agro-Stadt. Heidelberger Sociologica 6, Tübingen 1968.

Musatti, R.: La via del Sud. 2. Aufl. Milano 1958.

Niemeier, G.: Siedlungsgeographische Untersuchungen in Niederandalusien. Hamb. Univ., Abh. a.d. Gebiet der Auslandskunde, vol. 42, Reihe B, Bd. 22, Hamburg 1935.:

Niemeier, G.: Europäische Stadtdorfgebiete als Problem der Siedlungsgeographie und der Raumplanung. In: Sitzungsber. europäischer Geogr. in Würzburg, Leipzig 1943, 329-352.

Niemeier, G.: Siedlungsgeographie. 2. Aufl. Braunschweig 1969.

Pecora, A.: Sicilia. Le Regioni d'Italia, vol. 17, Torino 1968.

Penkoff, I.: Die Siedlungen Bulgariens, ihre Entwicklung, Veränderungen und Klassifizierung. In: Geogr. Ber., 17, 1960, 211-227.

Prestianni, N.: L'economia agraria della Sicilia. Palermo 1946/47.

Rochefort, R.: Le travail en Sicile. Paris 1961.

Ruppert, K.: Über einen Index zur Erfassung von Zentralitätsschwankungen in ländlichen Kleinstädten. In: Ber. z. dt. Landeskunde, Bd. 24, 1959, 80-85.

Schwarz, G.: Allgemeine Siedlungsgeographie. 3. Aufl. Berlin 1966.

Tagliacarne, G. (Hg.): La carta commerciale d'Italia con le sue 442 aree e subaree di attrazione del commercio al dettaglio e le relative quote di mercato. Milano 1968.

Vöchting, F.: Die italienische Südfrage. Entstehung und Problematik eines wirtschaftlichen Notstandsgebietes. Berlin 1951.

Wädekin, K.E.: Chruschtschows Kampagne gegen den Privatsektor. In: Sowjetstudien, 22, 1967, 34-75.

Wädekin, K.E.: Führt der Weg zur Agrostadt? In: Sowjetstudien 24, 1968, 3-33.

Weber, K.E.: Materialien zur Soziologie Siziliens. Diss. Heidelberg 1966.

Weinreuter, E.: Stadtdörfer in Südwest-Deutschland. Ein Beitrag zur geographischen Siedlungstypisierung. Tübingen Geogr. Stud. 32, Tübingen 1969.

Westermann Lexikon der Geographie. Braunschweig, Bd. I, 1968, Bd. IV, 1970.

Veröffentlicht in: Geographische Zeitschrift 59, 3, S. 204-225. Abdruck mit freundlicher Erlaubnis des Autors und des Verlags.

Anton Blok and Henk Driessen

MEDITERRANEAN AGRO-TOWNS AS A FORM OF CULTURAL DOMINANCE
WITH SPECIAL REFERENCE TO SICILY AND ANDALUSIA

Introduction

During the last decade, anthropologists working in the Mediterranean area have been urged on several occasions to embark upon comparative research in order to answer "why-questions" (e.g. *Davis* 1977; *Boissevain* 1979; *Gilmore* 1982). Instructive examples of systematic comparisons are indeed rare. Although there have been some attempts to define the common features of the area, the cultural unity and homogeneity have been more often assumed than demonstrated. In fact, the since long discarded concept of culture-area is still implicit in the work of many Mediterraneanists. As an alternative for this construct we suggest to reintroduce the notion of "ethnological field of study", i.e.: "an area with a population whose culture appears to be sufficiently homogeneous and unique to form a separate object of ethnological study, and which at the same time apparently reveals sufficient local shades of differences to make internal comparative research worth while".[1]

We will see that comparing Andalusia and Sicily can be instructive: both regions share many features, but also differ in important respects.[2] We focus on a characteristic that has often been pointed out as distinctive of the area.

For centuries travellers from North-Western Europe have been struck by the abruptness by which Mediterranean towns end and countryside begins, a sensation that is reinforced by the hilltop location of many of them. These agglomerations evoke the ancient "polis" and "civitas". The modern word agro-town that has been coined for these compact, nucleated settlements exactly expresses their double face. They are overwhelmingly rural in their basis of subsistence yet urban in size, townscape and orientation.

---

[1] Cf. *De Josselin de Jong* (1977 [1935], 167-68). This theme will be explored more fully elsewhere; see the forthcoming essay "The Mediterranean Area as a Field of Ethnological Study".

[2] For a suggestion of such a comparison, see *Boissevain's* review article of *Cutileiro's* monograph on Southern Portugal (1974, 193).

These urbanesque settlements are the "dominant" habitat in Europe's South in both meanings of the word. They prevail statistically as homes for the majority of peasants and agricultural laborers and at the same time are superior in terms of power and civilization.[3] It does not come as a surprise, then, that one of the first attempts to delimit an anthropology of the Mediterranean area precisely focused on this fundamental characteristic (*Pitkin* 1963; see also *Foster* 1960).

Agro-towns have for at least two millennia dominated the country-side. This remarkable continuity was not only predicated upon ecological and political conditions, but it was also intimately tied to specific economic and cultural processes (cf. *Blok* 1969).[4]

The significance of an urban ethos has often been mentioned, but it has never been systematically elaborated on an empirical or theoretical plane. Townspeople in Mediterranean Europe experience strong conceptual, emotional and evaluative differences between town and country. "Rural" carries a definitely negative meaning as opposed to urban. This opposition is an "emic" category which plays an important role in daily life. What are the main symbols employed to distinguish the urban from the rural world? What does life in agro-towns mean to the various groups of people living there? Comparing ethnographic material from Andalusia and Sicily, we will argue that the notions of "cultura" and "civiltà", respectively, have become an integral part of the cultural dominance of Mediterranean agro-towns over their rural hinterlands.[5]

The ecological, socio-cultural and historical background

It has been casually observed that Andalusia is the "Sicily of Spain" (*Marvaud* 1910; 42). This simple statement invites systematic comparison. To start with, ecotypical similarities between the two regions of Southern

---

[3] Map 1 in Dovring (1965, 14-5) provides a useful overview of settlement size in Europe. Note the preponderance of big villages and agro-towns in Andalusia and Sicily. Sicilian agro-towns are on the whole somewhat larger than Andalusian agglomerations (cf. *Monheim* 1969, 159-60).

[4] Agro-towns emerged as fortified settlements in a highly insecure environment. Their main function was security and self defence. How can one explain the persistence of these agglomerations after the countryside had been largely pacified? Causal links between ecological conditions and settlement type cannot be maintained. What is needed is a more refined analysis of a complex interplay of a wide range of forces, including cultural processes.

[5] This paper is primarily based on field work. For more detailed evidence and bibliographical references see *Blok* (1969) and *Driessen* (1981).

Europe are overwhelming.[6] The long summers are hot and dry, while the winters are short and mild. Rains come mostly in fall and winter, between October and March. Although this climate is favorable for grain-farming - the basic mode of cultivation in both regions - it is a constant source of uncertainty for the cultivators, and the roads, soil and inhabitants suffer from the extremes in temperature, drought and rainfall. Topography is similar. Small coastal plains are enclosed by hills rising to bare mountain chains which are topped by gently rolling, fertile highland plains. On the whole, Sicily is more mountainous than Andalusia. Over 93 percent of the total area exceeds 500 meters in altitude in the former region. The interior plains with their heavy, grey-colored soil are ideal for extensive grain cultivation. They are granaries of the Mediterranean area and constitute the setting of agro-towns. Climate and topography have made for similar agrarian regimes. Wheat, olives and grapes have always been the 'holy trinity' of the inland plains, but a broad gamut of additional crops like beans, chickpeas, vegetables and tree crops, although small in quantity, have played an important role in the local and regional economy. Cereal production has been coupled with livestock raising. Zones of intensive horti- and arboriculture (ruedo, corona) are located adjacent to the nuclear settlements. Beyond these green belts extend the rolling grain, olive and pasture lands. Both are areas in which large landed estates (latifundia, latifondi) dominate local economy and society.[7] The greater part of the agro-towns' territories are extensive and were largely owned by absentee landlords who live in provincial and district capitals. The large estates (cortijos, masserie) are managed by either big leaseholders (labradores, gabelloti) or stewards, and worked by argicultural laborers, tenants or sharecroppers. Recently, emigration and mechanization have stimulated more or less direct management by bourgeois entrepreneurs. Although there have also been landreforms in both regions, their effects on the property structure have been minimal.

Communication has always been difficult and deficient. Except for the provincial and district capitals, the network of roads (and rails) has no nodal points where the main arteries come together. The links between the settlements are lineal. Until recently they were merely mule and cart tracks. This configuration of roads does not favor integration of towns and of

---

[6] Our evidence mainly refers to the interior of Western Sicily and the lower plains (campiña) of Andalusia.

[7] In Western Andalusia more than forty percent of the agricultural land is held in estates of more than 300 hectares (cf. *Maas* 1983, 89).

towns with countryside (cf. *Schneider* 1972). Especially during the rainy season local communication becomes difficult. The heavy clay soil inhibits drainage, and many roads turn into muddy streams.

Sicilian and Andalusian agro-towns are characterized by sharp socio-economic stratification. The great majority of the population still depends on casual wages. "Braceros" and "braccianti", as day-laborers are called, are unemployed during long periods. They are prepared to hire themselves out for any menial odd job. Seasonal migration and getting by on little mark their lives. They glean the fields after harvests, gather wild asparagus and snails, poach birds and rabbits, and hang around in taverns and the "plaza" (piazza). Many of the older day laborers are virtually illiterate. They hold a dual view of their community: on this side are "we, the poor, who must work on the land," on the other are "they, the rich who own the land without working." The local elite of landowners, entrepreneurs and professionals looks down upon the illiterates. The educated consider themselves the carriers of "civilization" ("cultura" and "civiltà"). They despise manual labor and live segregated from the rural proletariat. Metropolitan society is their frame of reference and they pursue its material and spiritual symbols. Between the elite and the proletariat is a growing group of hardworking self-employed tradesmen, cultivators, civil servants and skilled workers.

There is a sharp distinction between town (pueblo, paese) and country (campo, campagna). The countrypeople outside the urban center live in a different world, though in some aspects both worlds are interdependent. Country dwellers are regarded as an inferior category by townspeople. The term with which they are designated (del campo or campesino, contadino or villano) all have a pejorative meaning. Educated townsmen consider them hardly more intelligent than mules, they are "animals with speech". The dual habitat of town and country expresses the cleavage between the landholding elite and the rural proletariat. The most obvious feature of the town-country opposition is the fact that agriculture is controlled by and directed towards the towns (see also *Caro Baroja* 1963). Politically and administratively the country has always been dominated by the town. All bureaucratic and political functions are concentrated in the agglomerations. Townspeople have thus a greater sense of involvement in administration, politics and "civilization" than country folk. For centuries municipal services were monopolized by townsmen. Doctors, teachers, priests, notaries, other professionals and officials, local landowners, artisans and traders lived in urban centers. Power resources are unevenly distributed between town and country.

There are several basic socio-cultural traits which both regions share. The agglomerations are fairly self-contained and to a high degree replic as of each other. Each town boasts a more or less broad gamut of services and trades. Common residence is an important basis for a sense of community. Local patriotism (patria chica, campanilismo) is a strong sentiment in Andalusian and Sicilian agro-towns. This is most dramatically expressed in the relationships of the towns with the outer world, in the contacts between local people and outsiders, and in the main festivals such as the patron saint cults. Local parochialism is intimately tied to ambiance (ambiente), which derives from the meeting of large numbers of people marked by differences inoccupation and personality. Regardless of class, townspeople think of their own community as open, friendly and of a distinct character. If there is one feature of community life that admits of no criticism from outsiders it is precisely ambiance (see also *Gilmore* 1980). In towns of limited size where houses are huddled together on narrow streets and the climate invites people into the open air, it is very difficult to maintain privacy. Almost all public places are exposed to constant scrutiny. Sociability, spontaneity and conviviality are qualities that are highly praised.

At the same time, privacy, the nuclear family and autonomy are highly valied. Andalusians and Sicilians rely upon their nuclear families which are the focus of strong loyalties. Boundaries between private and public space largely coincide with male and female domains. Most men hold that women belong at home with the children. They consider their homes as places to eat and sleep. The cafés, plazas, streetcorners are the main places for men to meet. However, in the class of agricultural laborers, female labor power is of paramount importance to the maintenance of the household. The wife is in charge of the household finances and the socialization of the children. From time to time she works outside for a wage. The ideal sexual division of domains is closely tied to the honor-and-shame complex with its strong emphasis upon masculinity.

The history of Andalusia and Sicily has been a history of successive conquerors and invaders and of subjugation to external powers. In his monumental work on the Mediterranean *Braudel* (1975, part I) has pointed out the close link between this history of submission and the prevaling eco-logical conditions in both regions. The links with outside power have been crucial for intra-regional developments. There are both similarities and significant differences in this respect between the regions. Since the Castilian-Aragonese crown subjugated the regional barons of Andalusia in the late fifteenth and early sixteenth century and incapsulated them into the royal bureaucracy, the latifundist nobility of the South has been part of the centralizing elite. The same holds true for the bourgeois landowners of the nineteenth and twentieth centuries. To be sure, this incorporation of Andalusia into the Spanish state was rather deficient, as endemic banditry and the phenomenon of "caciquismo" (political bossism) clearly indicate. Italy, on the other hand, is an example of late state building. The feudal baronial regime in Sicily could persist well into the nineteenth century, when, as in Andalusia, the transition from feudal to capitalist farming with its concomitant ecological, demographic and power crises was made. Consequently, in Sicily physical violence was a prevailing ingredient of the social relationships through which the "masseríe" were exploited:

"In this way mafiosi kept restive peasants in submission, while opening up avenues for upwardly mobile peasants who qualified in the use of violence" (*Blok* 1975, 75).

In Andalusia this task was increasingly performed by the strong arm of the state, the Civil Guard, in coordination with semi-private estate guards. One of the results of this specific interplay of regional and national forces was that the problem of insecurity in the countryside was much more serious and acute in Sicily than in Andalusia. Besides, a different timing of state and nation building, the more geographically isolated location of Sicily vis-à-vis the center of state power, might be an important factor in explaining socio-cultural differences between the two regions. Another striking distinction is that in Sicily pastoralism in tandem with cereal cultivation prevailed up to the twentieth century, while in the Andalusian plains livestock raising was less crucial to the regional economy. In the former region there was a more solid material basis for the survival of the pastoral code of honor and violence than in Southern Spain (cf. *Schneider* 1971; *Schneider / Schneider* 1976, 66). In the twentieth century attempts at land reform failed in both areas. Following the Second World War, Southern Europe became a large-scale exporter of labor to industrial Europe. Today, Sicily and Andalusia still lag economically and socially behind other regions of Italy and Spain.

Symbols of urbanity and the urban Ethos

Architecturally agro-towns demonstrate the urban aspirations of its past and present inhabitants. The "plaza" (piazza) is the core of the agglomeration and the heart of public life. Most commonly, it is bordered by municipal buildings, the "casino" or "circolo civile" (the gentlemen's social club), two and three-story buildings, cafés, and sometimes the parish church and ancient ramparts. Among the larger buildings are some aristocratic mansions with their coat of arms above the main entrance, built in the sixteenth, seventeenth and eighteenth centuries. The plaza is the main social meeting place where townspeople take their customary strolls (paseo, passeggiata) during the evenings. It is also the main stage of ceremonial and ritual performances. The greater part of local commerce and trade is located on the streets that lead away from the plaza. In general, proximity to the plaza determines the value and desirability of houses and the ambiance of streets. Dwellings at the periphery of the settlement, facing the countryside, are ranked lowest. People clearly prefer the close presence of neighbors, the noise and bustle of the social center. The most urbanesque and desirable streets are demarcated symbolically by the customary strolling and procession routes. The possession of a permanent dwelling in town is a central value in Andalusian and Sicilian society, a major ingredient of a family's status and prestige. *Pitkin*, *Redfield* and *Pitt-Rivers* among others have emphasized that a mystical attachment to land is lacking among the Southern-European peasantry. The counterpoint to this attitude toward the land is a general and strong spiritual attachment to urban space.

There are several physical features that set the town apart from the countryside. The sharp distinction between the built-up area of agro-towns and the surrounding countryside is striking. Agro-town dwellings are huddled together on narrow streets, constituting an unbroken and closed facade. In towns there is a larger variety of buildings and house types, there are more decorations, and most streets are paved and lined by side-walks. A main characteristic of urban as opposed to rural space is the former's cleanliness. An architectonic motif not found in the country is the main entrance of houses which consists of two doors and a hall decorated with flower pots. Even smaller houses in town conform to this pattern. In rural dwellings the main door opens directly into the kitchen-annex-living room, a sign of backwardness in the eyes of townspeople. Finally, vegetable gardens, barns, and animals are common in hamlets and villages, but one rarely finds them in agro-towns. Audio-visually, the noisy and lively social traffic in the streets of agro-towns contrasts with the solitude, slowness and lack of movement in rural settlements.

The townscape constitutes the stage upon which the urban way of life is enacted. The urban ethos is materialized in the culture and behaviour of the people living in town. One crucial feature of the urban ethos is a strong distaste for physical labor. In the status hierarchy of economic activities labor connected with animals and land ranks lowest. Pastoralism is the least respectable, since shepherds and goatherds spend most of their time in the solitude of the "barbarian" countryside, separated from civil life in town (cf. *Schneider / Schneider* 1976, 66). Agricultural laborers, small tenants, owners and sharecroppers who own adwelling in town where they live most of the year, rank higher than their counterparts who live permanently in isolated dwellings or in hamlets and villages. Mechanized agricultural labor enjoys more prestige than backbreaking manual labor.[8] Work done in an urban setting, such as construction and artisanal labor, is generally prefered over agricultural labor. Day-laborers are eager to get a job in construction. In an Andalusian town the establishment of a cooperative textile factory was in part a reaction against women working in the fields. The president, a farm worker, said that one of their main objectives was to keep their wives and daughters off the land, "because land labor makes them ugly". The sexual division of labor in agriculture is less strict among countrydwellers as compared with townspeople. The general rule is that virtually all types of physical work are less prestigious than any type of office work. Valued above all is ownership of land to the extent that one is able to have it worked by others.

Standards of cleanliness likewise serve as a status marker, differentiating townspeople from countrydwellers, and propertied from working-class people. Agricultural laborers living in town share the elite's view that the country is unclean and filthy. As early as the beginning of this century agricultural laborers demanded proper sanitary conditions for their houses (cf. *Díaz del Moral* 1973, 392). Complaints about living arrangements in the Andalusian estates centered upon issues of cleanliness and physical comfort (cf. *Martínez Alier* 1971, 190 - 91). The tidyness of Sicilian and An-

---

[8] Note that there is a counterpoint to this negative view of manual labor. Andalusians display a strong sense of "cumplir": "the obligation to do one's job with the required degree of diligence" (*Martínez Álier* 1971, 174).

dalusian agro-towns and houses clearly contrasts with the conditions prevailing in the "cortijos", "masseríe" and hamlets. Permanent field hands who
traditionally slept in town only once every ten days went to town in order to
wash themselves and change their clothes. When agricultural laborers and
farmers return from the fields in the afternoon, the first thing they do is to
wash the country dust and smell from their bodies with strongly perfumed
soap, and change their clothes before going out for a stroll. Both in Andalusia and Sicily we observed that agriculturalists returning from the fields
avoided the main streets in order not to expose themselves in their working
clothes. Townspeople clearly distinguish among three categories of dress,
i.e. working, leisure and festive clothes. Cleanliness, color, quality, and
fashion are the differentiating criteria. These distinctions are far less
pronounced among countrypeople.

Regardless of class, townswomen constantly clean their houses, sweep
the street and sidewalks, and watch the neatness of their husband's and
children's clothes. Even in the recent past when poverty was extreme among
people of the working class, they took great pains to dress themselves de-
cently. Women monitor standards of cleanliness in house visits.

Town councils also played an active part in the setting and enforcing of
these standards. Over the last two centuries rural elements, like animals,
dung and mud were increasingly considered unclean and removed to rural
space. This process of "urbanization" of settlement space was an integral
part of the advance of "cultura" and "civiltà" in Andalusian and Sicilian
agro-towns.

Literacy is another important component of the urban ethos. The high
value placed upon literacy is by no means confined to the small circle of the
elite. Anarchist and Socialist proletarian movements in Andalusia in the
first decades of this century embraced the value of literacy. Working-class
schools and alphabetizing courses were set up in numerous towns (cf. *Díaz
del Moral* 1973, 291; *Mintz* 1982). The conscious workers or "men with
ideas", as they were called, constituted the vanguard of the labor movement.
They were largely self-educated. Statistical evidence on literacy in an Andalusian township shows that in the 1920's the degree of literacy in the
urban center was twice that of the countryside settlements. There are also
indications that workers in town made use of the opportunity - however
small - to send their children to elementary school (*Driessen* 1981, 204 - 5).
Today, the differences between town and country are less sharp. However,

schoolteachers still complain about the high degree of non-attendance by children who live in the country, and children of countrydwellers rarely receive secondary education.

The educated look down upon both countrypeople and the agro-town proletarians as illiterate ignorants, although they agree that there are exceptions among workers who live in town. "Educación" (educato), the core of "cultura" and "civiltà", has a broader meaning than formal education of instruction. It primarily means that a person has acquired general standards of moral and civic behaviour. It implies displaying good manners, being able to talk eloquently, making a good appearance, possessing a sense of honor and shame, keeping one's face, participating in discussions on important topics, conducting contacts with outsiders, having an own personality, and being able to behave with "formalidad". This is a concept that overlaps with "educación". It means politeness, honorableness, self-discipline, the ability to control one's emotions and stand upon one's dignity. Although a person might acquire "educación", "formalidad" and "cultura" through upbringing, the educated hold that it has much to do with heredity.

First and foremost these concepts are used as ideological dividing-lines between town and country. In the eyes of townspeople, particularly the elite, countrydwellers are a lower sort of people who "do not possess 'cultura'"; peasants are said to lack "civiltà", polite forms, polish, genteel behaviour. The slowness of speech and wit of people living in the country is a recurrent element in jokes about countrypeople. They are said to be devoid of civilized luster (see also *Pitt-Rivers* 1971, 105). To an outsider these images of countrydwellers may seem exaggerations. In fact, they are stereotypes. However, the important fact is that agrotownsmen "perceive" these differences between town and country, they are part of the symbolic dominance of the town over the country. Agricultural laborers use less strong terms. They say that it is boring in the countryside, that there is nothing going on there, which is also a judgement on the inhabitants. Workers are well aware of the lack of prestige of working the land and they believe that literacy and "cultura" are good in and of themselves. They encourage their children to study well.

Elite people, who are addressed with the referential title of "Don", refer to their own group as "we, the educated", or "we, the people with civilization". They belong to the "casino" or "circolo civile", a gentlemen's social club usually located on the main plaza. Landowning families who were "too

rustic" were excluded from membership in these social clubs (cf. *Schneider /
Schneider* 1976: 151). At the turn of last century "casinos" were founded in
most larger Andalusian towns, They became bastions of local landed and
commercial interests. They were the stage upon which local politics were
acted out. Situated in the core of the town, they were the center of gravity
of urbanity and the local shrine of "civilization". They were terminals of
communication with the outside world, the only semi-public place where
newspapers were read. It was there that the first telephone, radio, and
television were installed. In their fashionable lounge with plush arm-chairs,
carpets, and engravings, the best wines were served. Here gentlemen
discussed local and national politics. The "casinos" and "circoli" represented
the town to the outside world. High civil authorities were welcomed there
and important business transactions were settled over a glass of sherry.
Since the early 1960's more and more members of the rising middle-class -
merchants, bureaucrats, and skilled workers - have been admitted to these
clubs. The upwardly mobile find the entrance fee and annual dues cheap for
membership in this civilized place "par excellence".

"Cultura" and "civiltà" are constantly acted out and confirmed in an
atmosphere of intense daily sociability in the "casino", the cafés, the
"piazza", and voluntary associations. "Civilization" is expressed in the desire
to live in the compactness of the town, in the love of human noises and
action, in talking and debate, in the higher esteem for urban residence than
for rural living.[9] This general ambiance sets the agro-town apart from the
surrounding countryside. The town's ambiance is one of the reasons why
small farmers, tenants, and day-laborers prefer town over country life. Life
in the country is, in their view, a life spent away from the pleasures of intense social intercourse. Participation in the luster of civilized life constitutes the primary meaning of living in an agro-town. In this respect, the propertied and working classes depend upon each other for the promotion and
enhancement of their town's ambiance. Although the landless who live in
the agro-towns can not fulfill all of the requirements of a "civilized" way of
life, they indirectly partake in it and share in its "ambiente".

In the past, living in the country as a day-laborer or peasant brought no
extra benefits to compensate for the lack of ambiance. To become a per-

---

[9] It has recently become fashionable among parvenues of agro-towns to buy a "piso"
(apartment) on the Costa del Sol or in one of the provincial capitals. A very recent trend
among the metropolitan wealthy is to boast a fancy countryhouse.

manent laborer on an estate and thereby gain at least the security of full employment was difficult. The insecure terms of tenancy and sharecropping contracts did not act as a stimulus either. Crop failures could easily ruin a smallholder. True, there was a little more to eat in the country, but a smallholder had to work even harder than a day-laborer. Employers exploited their laborers, but a tenant or sharecropper exploited himself (and members of his household) even more for a little more bread, oil and chickpeas in the good years. In the eyes of workers this toil did not result in a dignified life. There was nothing but hard, dirty, backbreaking work in the country. As a result, many tenants and sharecroppers kept their residence in town and commuted between town and fields. Those who grew labor-intensive crops often constructed small huts of straw as a temporary residence.

This attitude towards the land and rural living has deep historical roots. When in the second half of the eighteenth century the reform ministers of Spain's Charles III drew up a plan to colonize the wastelands along the Andalusian highway with the objectives of combatting banditry and encouraging cultivation by creating an independant middle peasantry who lived near or on the land, they considered local peasants and laborers unfit for this project. Instead they recruited thousands of Flemish and Bavarian settlers accustomed to living in a scattered habitat (cf. *Caro Baroja* 1957, 205 - 33). One of the reasons why the authorities failed to decentralize the nuclear settlements in Sicily by settling the peasants on the land, was precisely the peasants' preference for the sociability of the agro-town (cf. *Blok* 1966, 10 - 12).

The intense sociability of agro-towns is linked to economic and political conditions. In the case of agriculture laborers this sociability is, among other things, a function of solidarity in the face of harsh unemployment and political conditions. By being around in the streets and plazas, a man can gather information on work opportunities, wages, prices, odd jobs, all important knowledge where work is scarce and fragmented. A man can also more easily monitor the behaviour of the female members of his family, an important requirement for maintaining his honour. Links of friendship and kinship are essential for obtaining information. Communication between large numbers of people incompact settings is easy, but difficult in the countryside. In Andalusia the informal "unión" (solidarity) of day-laborers acted as a mechanism to maintain or increase wages and to reduce unemployment in a time when labor union were repressed (cf. *Martí-*

nez Alier 1971, 145). The compact habitat facilitates the creation and maintenance of cohesion among the workers. As members of an urban community workers can more easily lay claims on communal services and charity than country-dwellers. Finally, their place of residence is used to claim some dignity and superiority vis-à-vis their country dwelling peers. They derive some selfrespect from the knowledge that there still is a lower category of people beneath them.

For the landowning and professional elite the agro-town is the center where lines of control and influence come together, where they can enjoy a "civilized" life free from manual labor. Sozializing is an essential part of the elite way of life. And it is the frame of reference for their claims of superiority over those who have to work on the land.

In order to understand the impact of an urban orientation on life in agro-towns it is essential to grasp the interdependency of the different classes of people who live there. Centuries of rural insecurity united the walled-in community. In addition, peasants and agricultural laborers were dependent on the local elite for their means of subsistence. This dependency was ritualized in the institution of godparenthood and other forms of patronage. It was also expressed in the charity dispensed by the elite. Although the elite was also dependent on the common people for labor and services, the relationship on the whole was highly unequal. Laborers and peasants, dependent in the material sphere, had to consider the elite's sensibilities in the sphere of manners. The elite used the labor of the common people to maintain a lifestyle in which manual work was ostentatiously denigrated and stigmatized as uncivilized. Because the elite controlled the power resources, the stigmatized laborers not only did not retaliate, they came to believe themselves that manual labor was degrading. There are two mechanisms at work here that are characteristic of "established-outsider configurations" (cf. *Elias / Scotson* 1965, 101 - 2, 152 - 3). Agro-town elites (the "established") successfully claim superior status vis-à-vis the common people (the "outsiders"), which originates in their control over the means of subsistence, but which is phrased in terms of more "civilization" (cultura, civiltà). This is also true in the factual sense as the elite's code of behaviour demands a higher degree of self-restraint (formalidad). Although the peasants and laborers cannot attain the high standards of the elite's code, they identify with the elite's style of life and try to imitate it (cf. *Redfield* 1960, 73). They look down upon country-dwellers (the real outsiders) who are even further removed from the seat of power and "civilization". We maintain that pacified life behind the walls of agro-towns and the specific interdependencies of people who share the same space favoured the development of an urban ethos which served as a model for behaviour. Formal manners, elaborate language and rituals, in their turn, helped to minimize conflicts inherent in the sharp socio-economic stratification.

Our focus on cultural dominance has also made us aware of important complementary oppositions in Andalusian and Sicilian society. These contracts include those between civilized and uncivilized, human and animal, pacified and violent, cleanliness and uncleanliness, leisure and work, literate and illiterate. All these contrasts - each of which can be regarded as a transformation of the opposition between urban and rural - overlap in and are mediated by the "corona" or the "ruedo". Bordering the agro-towns, this zone is clearly different from the countryside in four important respects: small and medium size plots as opposed to fairly homogeneous latifundia; intensive as opposed to extensive cultivation; polyculture as opposed to monoculture; and resident as opposed to absentee ownership. The "ruedo" or "corona" is transitional space, both urban and rural, betwixt and between. Several other phenomena attest to its liminality. Here we encounter engaged couples taking strolls (without being chaperoned); non-peasants tending crops; and women working on the land. Furthermore, this intermediate zone is the site for communication with the other world. It is here that we find the cemetery and shrines, where mortal being communicate with immortal beings, where saints mediate between heaven and earth. Finally, some of the processions pass through this zone. All these liminal dimensions of agro-towns deserve further research.

Conclusion

Architecture, attitudes towards work, literacy, formality, cleanliness, refined manners, and ambiance, all these phenomena reviewed in the preceding section amount to "civiltà" and "cultura". These native conceptions entail ideas about a civilized way of life which may be summarized in our concept of urban ethos. It expresses the cultural dominance of agro-towns over their rural hinterlands. Within the agro-towns a minority claims to be more civilized than the majority who from time to time have to leave civilized space to work on the land for a livelihood. The urban ethos is thus also an ideology that justified and buttresses the position of the landed and also an ideology that justified and buttresses the position of the landed and professional elite.

Post-war emigration of thousands of agro-townspeople paradoxically reinforced and heightened people's awareness of their urban ethos. While in the mountains of Andalusia and Sicily the ambiance of the small towns has been destroyed by the exodus of too many inhabitants, most towns of the plains have proved to be more resilient, even though many day-laborers' families continue on the brink of poverty. In the 1970's state subsidies and emigrants' remittances have been invested in the ambiance of these communities. Streets and houses have been renovated, new voluntary associations have been founded. Considerable funds have been invested in ceremonial pageantry.

The urban ethos, then, acted as a social magnet that prevented most of the peasants and laborers from permanent dispersal in the countryside, just as it now contributes to the viability of small towns in the countryside in an era of massive emigration.

Postscriptum

We would like to call attention to *Keith Thomas*' fine new book on changing perceptions of the natural world in early-modern England. He argues that the growth of industrial towns led to a new longing for the countryside. It is shown that an increasing control over the natural world and a diminishing dependence of animal power and agriculture as a means of subsistence generated new sensibilities in townspeople with respect to landscapes, trees, flowers and animals. This study can offer a significant case for comparative research on attitudes towards nature, land and animals in Mediterranean agro-towns. It is important to stress that, unlike the towns dealt with in *Thomas*' book, this paper deals with agro-towns. Most of their inhabitants are highly dependent upon agriculture, and consequently on the vagaries of nature. This difference in the degree of dependence goes a long way to explain variant sensibilities regarding natural environment.

Summary

As a prevalent settlement type, agro-towns are highly characteristic of Mediterranean societies. Their remarkable continuity was not only predicated upon political conditions (insecurity), but it was also intimately connected with specific economic and cultural processes. The significance of an urban ethos in the configuration of thes forces has often been mentioned but still leaves us with several questions. What does live in agro-

70

towns mean to the various groups of people living there? What are the main symbols employed to distinguish oneself from rural folk? We will argue that the notions of "cultura" and "civiltà", respectively, have become an integral part of the cultural dominance of Mediterranean agro-towns over their rural hinterlands.

References

Blok, A.: Land Reform in a West Sicilian Latifondo Village: The persistence of a Feudal Structure. In: Anthropological Quarterly, 39, 1966, 1-17.

Blok, A.: South Italian Agro-Towns. In: Comparative Studies in Society and History, 11, 1969, 121-136.

Blok, A.: The Mafia of a Sicilian Village 1860-1960. A study of Violent Peasant Entrepreneurs. New York, 1975.

Boissevain, J.: Review Article of Cutileiro's A Portuguese Rural Society. In: Bijdragen tot de Taal-, Land- en Volkenkunde, 130, 1974, 190-94.

Boissevain, J.: Towards a Social Anthropology of the Mediterranean. In: Current Anthropology, 20, 1979, 81-94.

Braudel, F.: The Mediterranean and the Mediterranean World in the Age of Philip II. 2 vols. Glasgow 1975.

Caro Baroja, J.: Razzas, Pueblos y Linajes. Madrid 1957.

Caro Baroja, J.: The City and the Country: Reflections on Some Ancient Commonplaces. In: J. Pitt-Rivers (Hg.) Mediterranean Countrymen. Essays in the Social Anthropology of the Mediterranean. Paris/The Hague 1963, 27-40.

Davis, J.: People of the Mediterranean. An Essay in Comparative Social Anthropology. London, 1977.

De Josselin de Jong, J.P.B.: The Malay Archipelago as a Field of Ethnological Study (De Maleische archipel als ethnologisch studieveld). In: P.E. de Josselin de Jong (Hg.) Structural Anthropology in the Netherlands. The Hague 1977 (1935).

Díaz del Moral, J.: Historia de las Agitaciones Campesinas Andaluzes-Córdoba. Madrid 1973.

Dovring, F.: Land and Labor in Europe in the Twentieth Century. A Comparative Survey of Recent Agrarian History. 3. Aufl., The Hague 1965.

Driessen, H.: Agro-Town and Urban Ethos in Andalusia. Nijmegen 1981.

Elias, N. & J.L. Scotson: The Established and the Outsiders. A Sociological Enquiry into Community Problems. London 1965.

Foster, G.: Culture and Conquest: America's Spanish Heritage. New York 1960.

Gilmore, D.D.: The People of the Plain. Class and Community in Lower Andalusia. New York 1980.

Gilmore, D.D.: Anthropology of the Mediterranean Area, Annual Review of Anthropology, 11, 1982, 175-205.

Mass, J.H.M.: The Behaviours of Landowners as an Explanation of Regional Differences in Agriculture: Latifundists in Sevilla and Córdoba (Spain). In: Tijdschrift voor Economische en Sociale Geografie, 74, 1983, 87-96.

Martinez-Alier, J.: Landowners and Labourers in Southern Spain. London, 1971.

Marvaud, A.: La Question sociale en Espagne. Paris, 1910.

Mintz, J.R.: The Anarchists of Casas Viejas. Chicago & London 1982.

Monheim, R.: Die Agrostadt im Siedlungsgefüge Mittelsiziliens. In: Bonner Geographische Abhandlungen 41, 1969.

Pitkin, D.S.: Mediterranean Europe. In: Anthropological Quarterly 36, 1963, 120-30.

Pitt-Rivers, J.A.: The People of the Sierra. 2. Aufl. Chicago 1971.

Redfield, R.: The Little Community and Peasant Society and Culture. Chicago 1960.

Schneider, J.: Of Vigilance and Virgins. In: Ethnology, 9, 1971,1-24.

Schneider, P.: Coalition Formation and Colonialism in Sicily. In: Archives Européennes de Sociologie, 13, 1972, 255-67.

Schneider, J. & P. Schneider: Culture and Political Economy in Western Sicily. New York 1976.

Thomas, K.: Man and the Natural World. A History of Modern Sensibilities. New York, 1983.

Veröffentlicht in: Ethnologia Europea, Bd. XIV, 1984, S. 111-124. Abdruck mit freundlicher Erlaubnis der Autoren.

II. METHODISCHE ASPEKTE

Petra von Gliscynski

METHODISCHE ÜBERLEGUNGEN ZUR UNTERSUCHUNG VON MACHTSTRUKTUREN IN ANDALUSISCHEN AGROSTÄDTEN

Trotz der beachtlichen Anzahl von Studien, die in andalusischen Gemeinden durchgeführt wurden, bleiben die Kenntnisse über die Art von Machtrelationen in Agrostädten mit vielen Fragezeichen verbunden. Zum einen weil die überwiegende Mehrzahl dieser Studien in kleinen Dorfgemeinschaften durchgeführt wurde, deren Ergebnisse sich nur begrenzt auf die spezifische Sozialkonfiguration von Agrostädten übertragen lassen. Zum anderen beziehen sich die wenigen Untersuchungen über Agrostädte auf die Franco-Periode bzw. auf die unmittelbare Übergangsphase zur Demokratie. Die Rückwirkungen der neueren gesellschaftlichen Veränderungen auf das lokale Machtgefüge sind dadurch bisher völlig ausgespart geblieben. Dies gilt besonders für den Bereich der Kommunalpolitik, die durch die Institutionalisierung von Parteien, Gewerkschaften und anderen Interessenverbänden neuen Spielregeln unterworfen ist. Aber auch die Bedeutung "klassischer" Kristallisationspunkte von Macht, wie der Latifundismus, ist heute weniger denn je eindeutig.

Neben der Frage, wie sich Einflußrelationen heute in Agrostädten charakterisieren lassen, soll es in diesem Aufsatz besonders um das adäquate methodische Instrumentarium gehen, das in der Lage ist, den gewandelten Strukturen kommunaler Macht Rechnung zu tragen. Zu diesem Zweck werden in einem ersten Teil die Leistungsmöglichkeiten und Schwächen der methodischen Konzepte beschrieben, die in der Community Power-Forschung (CPF) zur Operationalisierung von Macht entwickelt wurden. Diese in den Vereinigten Staaten entstandene Forschungsrichtung hat viel zu der Reflexion über Machtkonzepte und dem Bemühen des Nachweises von Machtverteilung auf Gemeindeebene durch eine Vielzahl von empirischen Studien beigetragen. In einem zweiten Teil werden die Ergebnisse der Gemeindestudien zusammengetragen, die in Andalusien durchgeführt wurden, um so die charakteristischen Eigenarten der Machtstrukturen während der Franco-Zeit herauszuarbeiten. Welche Modifikationen sich demgegenüber heute feststellen lassen, wird im dritten Teil behandelt, der schließlich auch einzuschätzen beabsichtigt, inwieweit das Forschungsinstrumentarium der CPF anwendbar ist auf andalusische Agrostädte.

Community-Power-Forschung

Ihren Ausgangspunkt und ihre größte Popularität fand die CPF ab den 50er Jahren in den USA. Die Analyse-Verfahren, die im Verlaufe der mittlerweile unzähligen Feldforschungen angewandt wurden, lassen sich in ihrem Kern unter drei grundlegende Ansätze zur Operationalisierung von Machtverteilung subsumieren.[1]

1. Die sogenannte Positionsmethode sieht in den Amtsinhabern kommunaler Spitzenpositionen - z.B. in Ämtern, Gremien, Unternehmen - die Gruppe der Machtelite. Indem dieses Verfahren Positionen zu identifizieren sucht, die mit legalen Einflußmöglichkeiten ausgestattet sind, zielt es primär auf den institutionellen Rahmen von Macht, in seiner Ausprägung als legale Herrschaft kraft Satzung (*Max Weber*).[2] Zur Ermittlung von lokalen Machtstrukturen stellt diese Methode in den seltensten Fällen ein ausschließlich angewandtes Erhebungsverfahren dar. Weit häufiger wird es als komplementäres Verfahren genutzt, um eine Personengruppe an strategisch wichtigen Schaltstellen zu verorten.

2. Eine weit größere Bedeutung kommt der Reputationsmethode zu, die ebenfalls Macht aus der Verfügung über eine bestimmte Ressource ableitet. Als Kriterium, das Aufschluß gibt, ob eine Person mit Macht dotiert ist, gilt in diesem Fall jedoch nicht die Position sondern die Reputation einer Person als ausschlaggebend. Diese Methode ermittelt also eine Machtelite, ausgehend von dem Ansehen und der Bedeutung, welche einzelnen Personen durch Dritte zugeschrieben werden.

3. Im Unterschied zu den beiden genannten Methoden, die von dem Machtpotential bestimmter als strategisch erachteter Ressourcen ausgehen, basiert das Machtkonzept des dritten Ansatzes auf den Indikator des manifesten Einflusses. Dem sogenannten Entscheidungsansatz gilt der Erfolg einzelner Personen bei kontroversen Entscheidungsprozessen als ausschließliches Kriterium für individuelle Macht.

---

[1] Einen Überblick über die englischsprachige Literatur mit kommentierter Bibliographie geben *Hawley / Svara* 1972. Auf deutsch und mit Bezug auf die Rezeption der CPF in der BRD: *Ammon* 1967; *Haasis* 1978.

[2] Die Positionsmethode kommt wegen ihrer verfahrenstechnisch vergleichsweise leichten Durchführbarkeit besonders in Elitestudien auf nationaler Ebene zum Tragen.

Die beiden zuletzt genannten Ansätze, denen wir uns im Folgenden näher widmen wollen, stellen die zwei wichtigsten Verfahrensmethoden dar, die in geradezu diametraler Weise zu einer unterschiedlichen Einschätzung von Machtverteilung tendieren. Der Reputationsansatz, dessen Vertreter als Elitisten bezeichnet werden, neigte zu dem Nachweis pyramidenförmiger elitärer Machtstrukturen in amerikanischen Gemeinden, während der entscheidungsgenetische Ansatz der sogenannten Pluralisten eher zu einer positiven Bewertung von Macht als pluralistische Interessenfindung führte.[3]. Bevor wir uns mit der Problematik der zugrundeliegenden Machtkonzepte auseinandersetzen, seien zunächst einige Erläuterungen zu den empirischen Verfahrensstrategien des Reputations- und Entscheidungsansatzes angeführt.

Die Reputationsmethode, die auf *Hunter* (1953) zurückgeht, stellt den ersten methodisch systematisierten Versuch dar, die Elitenstruktur[4] in einer 500.000 Einwohner zählenden Stadt aufzudecken. Dieses Verfahren stützt sich in elementarer Weise auf den subjektiven Meinungs- und Wissenszusammenhang von Informanten, deren Einschätzung als ausschlaggebend gilt, um die wichtigsten Gemeindemitglieder - die Machtelite - zu ermitteln. Dies geschieht durch mehrere Selektionsschritte, die in *Hunter*s Studie folgenden Ablauf nahmen. Zur Auswahl der Informanten bediente er sich des Positionsverfahrens, um die Amtsinhaber in den Schaltstellen von Verwaltung, Politik, Wirtschaft und Vereinsleben zu ermitteln. Diese nominellen Führungspersonen wurden gebeten, aus ihrem Aktionsbereich die einflußreichsten Persönlichkeiten zu nennen. Aus der so erstellten Liste mit 175 Namen wurden die vierzig Topleader ebenfalls reputativ herausgefiltert, von denen schließlich 27 interviewt wurden. Neben der Frage "Who is the biggest man in town?" dienten die Interviews auch dazu, die in-

---

[3] Wie stark das Untersuchungsergebnis mit der eingesetzten Methode korreliert, hat *Walton* (1966) durch eine Sekundäranalyse von 33 Gemeindestudien nachgewiesen. In der Wahl der Technik hat *Walton* eine Affinität der Soziologen zum Reputationsansatz festgestellt, während Politologen der Entscheidungsmethode den Vorzug gaben.

[4] In der amerikanischen Literatur wird in Bezug auf "Community Power" häufig dann von Eliten gesprochen, wenn damit ein monolithisches Machtzentrum gemeint ist (*Ammon* 1967: 22). Insgesamt läßt sich jedoch in der internationalen Eliteforschung keine einheitliche Begriffsbestimmung finden. Mit Elite kann sowohl die wertneutral definierte "Funktionselite", als auch die mit negativer Konnotation versehene "Machtelite" gemeint sein.

teraktionale Präferenzstruktur zwischen den zehn genannten mächtigsten Spitzenführern zu bestimmen.

Das Ergebnis präsentierte eine monolithische Machtstruktur, mit einer eindeutigen Dominanz der Sektoren Handel, Finanzwesen und Industrie. Während Institutionen, Verbände und Vereine von untergeordneter Bedeutung waren, prägten aus Wirtschaftsführern zusammengesetzte Cliquen um so nachhaltiger das lokale Machtgefüge. Ihnen gelang es, die wichtigsten Gemeindeprojekte einzuleiten, die Ausschüsse, die die diesbezüglichen Entscheidungen vorformulierten, wurden von ihnen gesteuert und die Lokalverwaltung präsentierte sich als ausführende Instanz der herrschenden Cliquen-Interessen. Diese ungleiche Verteilung von Macht, die im provokativen Widerspruch zu dem Anspruch gelebter Gemeindedemokratie stand, wurde von vielen Wissenschaftlern in ihrer Gültigkeit angezweifelt. Als wichtigster Protagonist dieser Kritik ist *Dahl* zu nennen, der zu den führenden Vertretern der pluralistischen Demokratietheorie in den USA zählt. Als Grundmerkmal eines pluralistischen Systems gilt für *Dahl* die Verteilung von Macht auf eine Vielzahl von politischen und sozialen Gebilden, wie Bund, Länder, Gemeinden, Vereine, Verbände, etc. Die konkurrierenden Interessenorientierungen dieser vielen Einflußzentren tragen dazu bei, "Macht zu zügeln, den Konsens aller herzustellen und Konflikte beizulegen" (*Dahl* 1967: 23). Die sogenannten Pluralisten (*Dahl, Polsby, Wolfinger*) interpretierten die von *Hunter* nachgewiesene Machtkonzentration als Forschungsartefakt, als Resultat seines theoretisch-methodischen Anaylseinstrumentariums. Zu recht wurde angezweifelt, daß Machtreputation ein angemessener Index der Machtverteilung sei, da ein bloßes Kontrollpotential mit manifester Macht verwechselt würde. Nicht jeder, der kraft seines Amtes oder seiner Reputation über die Möglichkeit der Einflußnahme verfügt, muß diese auch zwingend nutzen. Somit sei nicht die zugeschriebene Fähigkeit eine aussagekräftige Meßgröße, sondern nur das tatsächliche beobachtbare individuelle Handeln. Außerdem laufe ein Erhebungsverfahren, das sich ausschließlich auf subjektive Meinungen stützt, Gefahr, ein Alltagsverständnis von Macht zu reproduzieren, das Status mit Machtausübung verwechselt.

Der Kritik am schichtungstheoretischen Machtkonzept[5] folgte die erste empirische Umsetzung des pluralistischen Ansatzes durch *Dahl* (1961). Als Bezugsrahmen zur Operationalisierung von Machtverhältnissen stand die

---

[5] Siehe besonders *Polsby* 1966.

Analyse kommunalpolitischer Entscheidungsprozesse im Mittelpunkt. Der manifeste Einfluß einzelner Personen, der sich ausdrückt in ihrem Erfolg bei kontrovers geführten Entscheidungsfindungen, bildete den Machtindikator, die Einflußrelation zwischen den Akteuren spezifizierte die Machtstrukturen. Hierzu wurden alle Beschlüsse, die in drei Problembereichen (Issues) getroffen wurden - Stadterneuerungsplan, Schulwesen und die Kandidatenaufstellung für das Bürgermeisteramt - näher untersucht. Die Rekonstruktion der Entscheidungsabläufe erfolgte durch Interviews mit den Hauptbeteiligten und durch die Auswertung der Protokolle von Ratssitzungen, von Dokumenten und Lokalzeitungen. Dabei stellte sich heraus, daß auf allen drei Gebieten insgesamt 50 Personen eine führende Rolle gespielt haben, wohingegen die Zahl der Akteure, die an mehr als einer Entscheidung beteiligt waren, auf über die Hälfte sank. Diese Topleader waren jedoch immer nur in einem Issue-Bereich engagiert, ihr Einfluß war somit sektoral spezialisiert. Nur wenige von ihnen gehörten der Wirtschafts- und Statuselite an, dagegen hatten die Politiker, respektive der Bürgermeister, ein deutliches Gewicht. Entscheidungen entstanden durch sich ad hoc formierende kurzlebige Koalitionen in einem und nicht in mehreren Interessenbereichen, so daß es zu keiner kumulativen Machtkonzentration kommen konnte.

Eine kritische Auseinandersetzung mit dem Entscheidungsansatz verweist ebenfalls auf Mängel, die sowohl im methodischen Instrumentarium, als auch im verwendeten Machtkonzept zu verorten sind. So bedingt der Fokus auf Entscheidungsprozesse, die allesamt in politischen Institutionen verankert sind, eine Überschätzung des Einflußgewichts von Personen, die qua ihres formalen Status (Jurist, Gemeinderat, etc.) häufig in Entscheidungen involviert sind. Gewichtiger ist jedoch die Unzulänglichkeit die aus dem zu eng definierten Machtkonzept selbst resultiert. Da der Entscheidungsansatz nur die manifesten Formen der Macht gelten läßt, bleibt ein weites Spektrum von Machtverhältnissen außerhalb seiner Wahrnehmungsmöglichkeit. *Barach* und *Baratz* verweisen mit ihrem Konzept der Non-Decisions auf die im Entscheidungsprozeß unsichtbar gebliebene Macht, die durch bewußte Informationsvorenthaltung und durch informelle Absprachen die Definition von Problemlösungen erst gar nicht aufkommen läßt (*Barach / Baratz* 1963 und 1977). Häufig haben es die ökonomisch Mächtigen auch gar nicht nötig, als Akteure aufzutreten, da der politische Entscheidungsprozeß für die Interessen dieser formal zurückgezogenen Elite bereits sensibilisiert ist und zum Beispiel Firmeninteressen quasi automatisch wahrnimmt. Erst wenn diese Automatik versagt, wird die Machtposition als "Veto-Power" manifestiert. Es kommt somit häufig nicht zu einem offen ausgetragenen Konflikt, sei es, daß Entscheidungen im Vorfeld unterdrückt werden, daß durch den Mechanismus der antizipierten Reaktion eine den Interessen der Mächtigen konforme Entscheidung gefällt wird, oder die Betroffenen ihren Widerspruch erst gar nicht artikulieren, weil sie sich dem Konflikt nicht gewachsen fühlen. So scheint das handlungsorientierte Machtkonzept - mit den Worten *Offes* (1977: 14) zugespitzt formuliert - Macht nur in dem Maße empirisch erkennen zu können "wie die Macht nicht mächtig genug ist, alternative Willenskundgebungen von dem Bildschirm fernzuhalten, auf dem der Wissenschaftler sie zu identifizieren versucht".

Völlig unbeachtet bleibt schließlich auch die subjektlose, von dem institutionellen Gefüge der Gesellschaft ausgehende strukturelle Macht (*Ueltzhöffer* 1975: 106, 107). Das stumme Wirken gesellschaftlicher Normen und Wertvorstellungen, der Ausschluß bestimmter Interessen durch politische Verfahrensweisen und schließlich die Handlungszwänge, die aus einer ungleichen Verteilung und Verfügung über materielle und sozio-kulturelle Ressourcen resultieren, wirken als institutionelle Filter von politischen Prozessen.

Diese Multidimensionalität von Machtverhältnissen verdeutlicht,daß die vorhandenen Methoden zur Operationalisierung von Macht nur Mosaiksteinchen eines weit komplizierteren Gebildes freilegen können. So ermöglicht uns die Positionsmethode eine erste Auswahl der Personen, die aufgrund ihrer formalen Stellung als potentiell einflußreich gelten können. Mit Hilfe des Reputationsansatzes läßt sich der Personenkreis, der eine Disposition zur Machtgeltung besitzt, auch auf die informellen Aktivitätsbereiche ausdehnen. Er vermittelt uns zudem ein Bild, wie Machtverhältnisse in der Gemeinde subjektiv wahrgenommen werden. Die Entscheidungsmethode schließlich erlaubt eine Rekonstruktion von Konfliktfällen im kommunalpolitischen Bereich und die sichtbar gewordene Einflußnahme von Interessengruppen. Keine Methode kann jedoch für sich den Anspruch erheben, kommunale Machtstrukturen in all ihren wechselseitigen, ineinander verschränkten Dimensionen operationalisieren zu können. Wird diese partielle Leistungsfähigkeit des Analyseverfahrens nicht erkannt, so kann es bestenfalls zu einem verzerrten Abbild von kommunaler Macht-verteilung kommen.

In den Folgeuntersuchungen der CPF (siehe *Waste* 1986) wurde das Problem, nur bestimmte Aspekte und Bereiche von Macht aufdecken zu können, durch eine Kombination der Ansätze und durch ihre verfah-renstechnische Verbesserung nur begrenzt gelöst.[6] So hat *Clark* (1971) durch eine vergleichende Untersuchung von 51 amerikanischen Kommunen den Zusammenhang von strukturellen Gemeindecharakteristika (wie Grö-ße, Lage, wirtschaftliche Basis, etc.) und der Form der Machtkonstellation (eher geschlossen, eher konkurrierend) analysiert. Ein wichtiges Resultat - das auch Nachfolgeuntersuchungen erzielten (*Gilbert* 1971, *Walton* 1971) -, ist der Nachweis, daß lokale Machtstrukturen umso dezentralisierter sind, je größer die horizontale und vertikale Differenzierung des Gemeindesy-stems ist. So begünstigt die Diversifizierung des Wirtschaftsektors die Auf-fächerung einer in ihren Interessen heterogeneren Elitestruktur, bewirkt dadurch eine konkurrierende und diffusere Machtkonstellation.

In vielleicht noch größerem Maße stellen heute außerlokale Faktoren relevante Determinanten lokaler Machtartikulation dar. Die erhöhte kommunale Interdependenz mit dem gesellschaftlichen Gesamtsystem ist so umfassend geworden, daß es unablässig geworden ist, die von außen ge-setzten Rahmenbedingungen in ihrem Einfluß auf die Machtstruktur von Gemeinden zu berücksichtigen. Die Gemeindeforschung hat sich diesbe-züglich bemüht, einen variablen Komplex von supralokalen Faktoren auf-zustellen, um die Art und Gewichtigkeit externer Determinanten beurteilen zu können. Die Dependenz der Gemeinden betrifft den verfassungsrecht-lich institutionellen Bereich, der die Kompetenzverteilung gesetzlich fest-legt. Sie manifestiert sich in finanzieller Abhängigkeit und in der uni-formierenden Ausstrahlung gesellschaftlicher Werte und Normen. Im poli-tischen Bereich schließlich kann sich die Außenabhängigkeit durch die Re-levanz personaler Kontakte mit Politikern auf überregionaler Ebene zementieren.

---

[6] Im Positionsverfahren wurde z.B. die unterschiedliche Wichtigkeit einzelner Positio-nen durch die Ermittlung ihrer Funktionalität und Exklusivität ermittelt. Kommunale Entscheidungen wurden, über den offenen Entscheidungsprozeß hinaus, auch in den ihm vor- und nachgelagerten Phasen untersucht. Anhand von Netzwerkanalysen wurde dem Interaktionsgefüge von potentiellen Machtgruppen Beachtung geschenkt.

Dieses wechselseitige Einflußverhältnis von Gemeindestruktur, gesamtgesellschaftlichen Einflußfaktoren und lokalen Entscheidungsstrukturen versuchen insbesondere deutsche Gemeindeforscher durch die Aufstellung eines systemtheoretischen Analysemodells methodisch zu operationalisieren. Nach diesem sogenannten "Input-throughput-output"-Modell prägen äußere Einflüsse und bestimmte Eigenarten der Gemeinde (input) die Eigenschaften des Entscheidungssystems (throughput), welches wiederum vorgibt, welche Issues zur Entscheidung anstehen und welche Ereignisse vermutlich eintreten (output) (*Laumann / Papi* 1973). Ein Nachteil dieses, die Entscheidungsmethode erweiternden Modells ist jedoch der unvermeidbar riesige Forschungsaufwand. Auch ist die Gefahr vorhanden, daß angesichts der überwältigenden Datenfülle wichtige Detailfragen leicht ins Abseits geraten können, besonders wenn sie sich nicht als quantifizierbare Information problemlos in das Modell einspeisen lassen.

Zusammenfassend läßt sich eine vielgestaltige Ausweitung der Machtkonzepte konstatieren, wohingegen der empirische Nachweis von Macht mit vielen Problemen behaftet blieb. Der Anspruch, methodische Zuverlässigkeit durch quantifizierbare Daten sicherzustellen, scheint bewirkt zu haben, daß Problemstellungen, die durch die Erweiterung des Machtbegriffs thematisiert wurden, häufig nicht empirisch aufgegriffen und weiterverfolgt wurden (*Haasis* 1978: 66). Die Beschränkung des Analyseinstrumentariums auf quantitative Methoden läßt notgedrungen viele Dimensionen von Macht unbeleuchtet, deren Urheberschaft nicht oder kaum personell zu verorten ist, sei es, daß die Macht im Verlaufe informeller Einflußkanäle ihr Gesicht verliert, daß sie aus den Zwängen gesellschaftlicher Strukturen erwächst, oder daß die Macht so allumfassend ist, daß sie konfliktive Konfrontationen zu unterdrücken vermag. Diese empirische Sackgasse läßt sich wohl nur dadurch überwinden, daß einer qualitativen Forschungsperspektive, einer ganzheitlichen Betrachtung kommunaler Wirklichkeit mehr Beachtung geschenkt wird, begleitet von dem Bemühen, eine statische Momentaufnahme von Machterscheinungen in ihren historisch-sozialen Kontext zu integrieren.

Aus der kritischen Analyse der CPF folgt, daß es bisher kein Erhebungsverfahren gibt, daß es ermöglicht, die Machtstruktur einer Gemeinde umfassend zu operationalisieren. Vielmehr gibt es Techniken, die Teilaspekte von Macht empirisch belegen können und theoretische Machtkonzepte, die die Grenzen dieser Techniken einzuschätzen vermögen. Macht ist ein gesellschaftliches und somit in seiner Gestalt und seinem Wirkungs-zusammenhang sich wandelndes Phänomen. So banal wie dieser soziolo-gische Tatbestand zu scheinen mag, so basal ist die daraus zu ziehende Schlußfolgerung, daß es weder eine absolute Definition von Macht, noch ein allgemeingültiges Nachweisverfahren geben kann. Die Leistungs-fähigkeit jedweder Forschungsmethode läßt sich somit nur relativ in Bezug auf die konkret zu untersuchende Gemeinde einschätzen. Die Adäquanz der gewählten Technik ist abhängig von der gesellschaftsimmanenten Wirk-samkeit des Machtaspektes, das sie aufzudecken in der Lage ist. Der Wahl der Methode muß somit die Kenntnis über die wichtigsten Wirkungs-zusammenhänge von Macht in der zu untersuchenden Gemeinde vorausge-hen.

Gemeindestudien in Andalusien

Andalusische Gemeinden sind kein unerforschtes Neuland (*Pitt-Rivers* 1954; *Moreno Navarro* 1972; *Fraser* 1973; *Luque Baena* 1974; *Abbad et al.* 1977; *Berger et al.* 1978; *Gregory* 1978; *Navarro Alcalá-Zamora* 1979; *Gilmore* 1980; *Driessen* 1981; *Corbin / Corbin* 1984). Gemeinsam ist allen Studien je-doch, daß sie in den 50er Jahren der Franco-Diktatur erstellt wurden, und somit weder Aufschluß über die neuen Spielregeln der Kommunalpolitik geben können, noch über die Folgen der weiterreichenden Veränderungen des gesamtgesellschaftlichen Demokratisierungsprozesses. Eine weitere Einschränkung erfahren die vorhandenen Ergebnisse durch das Überge-wicht von Studien, die in kleinen Dorfgemeinschaften erstellt wurden (*Pitt-Rivers* 1954; *Moreno Navarro* 1972; *Fraser* 1973; *Luque Baena* 1974; *Berger et al.* 1978; *Navarro Alcalá-Zamora* 1979). In Bezug auf den spezifischen Machttypus, der aus der besonderen Sozialkonfiguration von Agrostädten resultiert, lassen sich diese Untersuchungen nur begrenzt verwerten.

Machtstrukturen in andalusischen Agrostädten während der Franco-Zeit

Die lokale Machtstruktur andalusischer Agrostädte läßt sich nur be-greifen als ein Zusammenwirken von gemeindeinternen und gesamt-gesellschaftlichen Machtverhältnissen. Als ein Eckpfeiler dieses Macht-gefüges ist die durch Staat und Kirche aufgestellte normative und politische Ordnung anzusehen.

Gemeindepolitik war zu jener Zeit durch ihre Einbindung in einen zentralistisch-autoritären Gesamtstaat geprägt, der eine demokratische In-teressenvertretung der Bürger nicht vorsah. Vielmehr wurde die Möglich-

keit einer pluralistischen Meinungsartikulation formal-rechtlich und not-
falls mit Hilfe staatlicher Repression auch auf der Ebene der Kommunen
systematisch unterbunden. Der politische Ausschluß von Bevölkerungsgruppen, die den Status quo in Frage stellten, zeigte sich nicht nur in der
erzwungenen Entpolitisierung durch das Verbot von Parteien, demokratischen Interessenverbänden und politischen Versammlungen, sondern auch
in den institutionalisierten Strukturen von Gemeindepolitik. So konnte aufgrund des Besetzungsverfahrens weder der Bürgermeister, der durch den
Provinz-Gouverneur ernannt wurde, noch der Gemeinderat, der aus einem
korporativen Wahlverfahren hervorging, kaum als Repräsentanten der unterschiedlichen Bevölkerungsschichten gelten. Gewährleistet war dagegen
die Regimetreue der Abgeordneten, die im Falle des Bürgermeisters als
wichtigste formale Autorität ihren symbolischen Ausdruck darin fand, daß
er qua seines Amtes auch Vorsitzender des lokalen "Consejo del Movi-
miento" (Vorstand, Verwaltung, Rat) war. In den Augen der Bürger war
Lokalpolitik deshalb primär Ausdruck einer durch die staatliche Ordnung
und Macht abgesicherten und sie repräsentierenden Kräftekonstellation.
Dadurch reihte sich die Gemeindeverwaltung ein in den weiteren Kreis der
Institutionen, die die "fuerza exterior" (*Moreno Navarro* 1972: 25) symboli-
sierten: Guardia Civil, Hermandad de Labradores und Juzgado Municipal.
Angesichts dieser undemokratisch autoritären Verfaßtheit der Gesellschaft
konnten sich die formalen politischen Strukturen nicht als Medium plu-
ralistischer Interessenfindung präsentieren. Sie galten den meisten For-
schern vielmehr als Ort, an dem einflußreiche Eliten ihre Macht zementieren und reproduzieren.

Eine besondere Bedeutung kommt auch der Kirche in der Beschreibung des Machtgefüges zu, als eine Institution, die im normativen Bereich
wesentlich zu einer Konsolidierung der bestehenden gesellschaftlichen Ordnung beitrug (*Pitt-Rivers* 1954: 134; *Moreno Navarro* 1972: 291; *Gilmore*
1980: 140). Indem die Kirche predigte, Respekt und Gehorsam gegenüber
der Autorität zu zeigen, sich in die Schicksalhaftigkeit des Lebens zu fügen
und die bestehenden Besitzverhältnisse als gegeben hinzunehmen, trug sie
zur Verinnerlichung der Werte der Herrschenden bei. Die Funktionen, die
sie in so vielen praktischen Lebensbelangen der Bürger als alleinzuständig
wahrnehmen konnte (Heirat, Beerdigung, die Ausstellung eines Führungs-
zeugnisses, etc.), gab ihrem Einfluß als eine die weltliche Ordnung religiös
sanktionierende Instanz ein besonderes Gewicht.

Neben diesen, alle Gemeinden betreffenden gesamtgesellschaftlichen Rahmenbedingungen weist der Gemeindetypus der Agrostadt eine innerlokale Machtkonstellation auf, die sich von der kleiner Dorfeinheiten unterscheidet. Diese Strukturbesonderheit läßt sich einerseits aus der, diesen Gemeindetypus kennzeichnenden Siedlungsform erklären, andererseits aus der Eigenart der Sozial- und Wirtschaftsstruktur.

So prägt zwar in allen untersuchten Orten die Landwirtschaft die ökonomische Basis der Gemeinden, ist jedoch in der Aufteilung des Bodenbesitzes durch große Unterschiede bestimmt. Während in den kleinen Agrardörfern (1.300 - 2.600 Einwohner) Großgrundbesitz überhaupt nicht (*Moreno Navarro* 1972; *Navarro Alcalá-Zamora* 1979) oder nur in moderater Form (*Pitt-Rivers* 1954; *Luque Baena* 1974; *Fraser* 1973) vorhanden ist, weisen alle analysierten Agrostädte (5.000 - 29.500 Einwohner) eine in Latifundien konzentrierte extrem ungleiche Bodenverteilung auf (*Abbad* 1974; *Corbin / Corbin* 1984; *Driessen* 1981; *Gilmore* 1980; *Gregory* 1978). Einer kleinen Anzahl von Latifundisten steht hier die große Gruppe der Landarbeiter und Kleinbauern bzw. Pächtern gegenüber, deren Subsistenzdeckung nicht selten sehr prekär ist. Unter solchen ökonomischen Bedingungen stellt die Verfügung über den Boden eine eminent wichtige Machtressource dar, die eine Quelle des Reichtums ist, den Zugang zu Bildung, politischem Einfluß und wichtigen überlokalen Kontakten erleichtert und dadurch ein Netz von asymmetrischen sozialen Beziehungen aufzubauen vermag (*Sevilla-Guzmán* 1980). In allen analysierten Agrostädten finden wir Beispiele von Latifundisten, die als "amo del pueblo" ein oligarchisches Machtsystem zu etablieren vermocht haben (*Gregory* 1978: 200; *Gilmore* 1980: 136; *Abbad* 1977: 102 f). Ein wichtiges Element dieser umfassenden Kontrolle stellte die Akkumulation von wichtigen Gemeindeposten in den Händen weniger in enger Verwandtschaft stehender Personen dar. Ebenso charakteristisch war die Etablierung von Klientelbeziehungen, durch die besonders die Gruppe der "gente de carrera" (Ärzte, Juristen, Lehrer) als Gemeindeabgeordnete in die Einflußstrukturen integriert wurde.

Dieses geschlossene System konzentrierter Macht wurde jedoch in dem Maße aufgebrochen, wie neue ökonomische Gruppen die Bühne betraten. Die Studie von *Gregory* (1978) verdeutlicht, wie durch die Entstehung kleiner Industrie- und Handelsunternehmen nicht nur die politische Einflußnahme der Latifundisten eingeschränkt wurde, sondern auch die einzelnen

Elitegruppen in Fraktionen zerfielen und konkurrierende Interessenkoalitionen bildeten. Wichtiges Datenmaterial liefern auch die Recherchen zu der personellen Besetzung der Stadträte der beiden großen Agrarorte Osuna und Morón de la Frontera durch *Abbad* (1977). In einer historischen Perspektive, die den Zeitraum von 1860-1972 betrifft, wird die ab den 20er Jahren dieses Jahrhunderts steigende direkte Partizipation der Händler und Industriellen im Stadtrat deutlich, wohingegen der Einfluß der Latifundisten sich immer mehr auf die indirekten Kanäle einer Klientel verlagerte.

Aus den Schichtungsanalysen der Gemeindestudien werden bereits die Unterschiede in der Sozial- und Wirtschaftsstruktur von kleineren Dörfern gegenüber Agrostädten in ihren Einfluß auf die Machtverteilung deutlich. Die größere Ungleichheit in der Ressourcenverteilung, bedingt durch latifundiale Bodenkonzentration, und die Herausbildung eines urbanen Sektors bestimmen die hohe wirtschaftliche Interdependenz der Bevölkerungsgruppen in Agrostädten. Die Machtstrukturen tendieren dadurch auf der vertikalen Ebene zu einer Dichotomie von einer herrschenden und einer ökonomische wie politische Machtressourcen entbehrenden Klasse. Auf der horizontalen Ebene dagegen bewirkt die wirtschaftliche Differenzierung eine stärkere Interessenpluralität und Auffächerung der Eliten in teils konkurrierende und teils kooperierende Gruppen.

In den Machtrelationen der untersuchten Agrostädte gewinnt deshalb das Moment der Konfliktivität ein wesentlich stärkeres Gewicht als in den analysierten Dorfgemeinden, wo geringe Statusdivergenz und eine geographische Insellage das Bild von einer egalitären, homogenen Einheit prägen (*Pitt-Rivers* 1954; *Moreno Navarro* 1972; *Luque Baena* 1974; *Navarro Alcalá-Zamora* 1979). Nicht zuletzt legen die heftigen Protestbewegungen und Agrarrevolten am Anfang dieses Jahrhunderts und erneut in den ersten Jahren nach dem Wiederaufbau der Demokratie ein historisches Zeugnis ab von der konfliktiven Dynamik, die in den Klassengegensätzen der Agrostädte angelegt ist.

Die integrative Funktion eines Patronage-Systems, wie sie für kleinere Agrargemeinden beschrieben wurde, schien hier die asymmetrischen Abhängigkeitsbeziehungen auf der vertikalen Ebene nur begrenzt neutralisieren zu können. Soweit es Patronagerelationen zu den Landarbeitern, Kleinbauern und Pächtern gab, waren sie weniger kulturell ritualisiert als ökonomisch erzwungen. Klientelbeziehungen prägten stattdessen die horizontale Ebene der Machtstruktur, wo aufgrund von Freundschaftsbeziehungen und persönlichen Kontakten ein Netz von wechselseitigen Verpflichtungen und Gratifikationen aufgebaut werden konnte (*Gilmore* 1980: 108f). Die antizipierte Reaktion der Klientel und politische Absprachen hinter den Kulissen brachten so wichtige Elemente informeller Machtausübung in Agrostädten hervor (*Gregory* 1978: 208 f).

Die Relevanz informeller Einflußbeziehungen wird deutlich in der hohen sozialen Wertschätzung, die der Pflege eines kommunikativen geselligen Lebens zukommt. Bezogen auf die eigentliche Sphäre informeller Machtstrukturen verliefen die Kommunikationswege jedoch in einem klassenspezifischen exklusiven Rahmen. Gesprächszirkel, Bruderschaften und andere Vereine bildeten als regelmäßige Treffpunkte von Freundesgruppen die Orte, an denen politischer Meinungsaustausch und Absprachen stattfanden (*Gregory* 1978: 192). Politische Entscheidungen fielen nicht in den formalen Gremien des Rathauses, das nur die offizielle Bühne für zuvor beschlossen Deklarationen stellte. Besonders das Kasino, als exklusiver Treffpunkt der Dorfelite, wird als die eigentliche, inoffizielle politische Bühne der Gemeinde bezeichnet (*Pitt-Rivers* 1954: 134; *Blok / Driessen* 1984: 120; *Driessen* 1981: 201).

Soweit betrachtet wiesen die Machtstrukturen in Agrostädte Mechanismen auf, die typisch sind für die Reproduktion von sozialer Ungleichheit in Gesellschaften, die durch tiefe Klassengegensätze geprägt sind. Gleiches gilt für die Konfliktivität, die aus diesen Sozialstrukturen entsprang und deren Ausbrechen nicht unwesentlich durch repressive staatliche Rahmenbedingungen unterdrückt wurde. Der Existenz von Klassengegensätzen und der Herausbildung von klassenspezifischen Kommunikationsstrukturen (*Gilmore* 1980) steht jedoch der hohe Grad an Geselligkeit und die Ortsbezogenheit der Bewohner gegenüber, die in der kompakten Wohneinheit des pueblos ein weitgespanntes Netzwerk sozialer Kommunikation und lokaler Identität entstehen lassen (*López-Casero* 1988). Inwieweit die von *Gilmore* behauptete soziale und kulturelle Segregation durch zumindest punktuell wirksame klassenübergreifende Kommunikationsstrukturen überwunden wird, ist bisher noch kaum erforscht worden. Dies betrifft sowohl eine systematische Analyse der Interaktionsformen, als auch ihre Bedeutung als integrative Faktoren innerhalb einer Klassengesellschaft.

Dagegen ist die so auffällige Verbundenheit der Bewohner mit ihrem Gemeindeort von *Blok / Driessen* (1984) mit dem Konzept des "urbanen Ethos" genauer thematisiert worden. Es beschreibt den wichtigen Stellenwert von Kultiviertheit (cultura) als Ausdruck eines Lebensstils, durch den sich die Bewohner einer Agrostadt gegenüber den Siedlungen ihres ländlichen Umfeldes abgrenzen können. Die Stilisierung eines städtischen Habitus zeigt sich in dem Ambiente der Agrostädte, dessen äußeres Erscheinungsbild alle ruralen Elemente aus dem Bereich des Wohngebietes eliminiert hat und es zeigt sich ebenso in der Geringschätzung manueller Arbeit. Urbane Kultur wird täglich gelebt in der Atmosphäre intensiver Geselligkeit, die Momente sozialer Annäherung und Verbundenheit schafft. Als ein Distinktionsprinzip gegenüber dem ruralen Dorfleben verkörpert der urbane Ethos einen klassenübergreifenden Identifikationsrahmen, da durch den gemeinsamen Wohnort der Agrostadt allen Bewohnern zumindest die fiktive Option der Teilnahme an dem kultivierten Lebensgefühl ermöglicht wird. Dadurch wird die Zugehörigkeit zu dem sozialen Verband einer Agrostadt - in einer Metapher ausgedrückt - zu symbolischem Kapital. Die als gemeinsam erlebte Teilnahme an diesem symbolischen Kapital ließe sich auf der Ebene der Machtstrukturen als integratives Moment interpretieren, das als Pendant zur Konfliktivität ungleicher Machtverteilung existiert.

Fassen wir noch einmal die strukturellen Merkmale kommunaler Machtrelationen zusammen, soweit sie in den in Andalusien durchgeführten Gemeindestudien für die Franco-Zeit beschrieben werden:

Zunächst bestimmte der externe Rahmen der Gesamtgesellschaft die undemokratisch-autoritäre Verfaßtheit institutioneller Lokalpolitik. Auf der Ebene der innergesellschaftlichen Faktoren bewirkte der Gemeindetypus wichtige Unterschiede in der Machtkonstellation zwischen kleinen Dorfeinheiten und Agrostädten. In den letzteren zog die extrem ungleiche Verteilung ökonomischer Ressourcen Handlungszwänge nach sich, die auf die strukturelle Macht wirtschaftlicher Abhängigkeit zurückzuführen sind. Ökonomischer Einfluß tendierte dazu, politische Macht geltend zu machen, durch die direkte Partizipation in politischen Gremien und weit häufiger mittels indirekter Einflußkanäle einer Klientel. Informelle Beziehungen als Strukturprinzip der Machtausübung prägten den Entstehungskontext kommunaler Entscheidungen. Stabilisiert wurde der Status quo lokaler Machtverhältnisse durch die von der Kirche und dem Zentralstaat propagierten Verhaltensnormen. Schließlich verweist das immanente Nebeneinander von sozialer Annäherung und Konflikt auf die Besonderheit von Agrostädten, deren Siedlungsform einen Bezug- und Identifikationsrahmen schafft, der sowohl die trennenden als auch die verbindenden Faktoren vitalisiert.

Deutlich machen die Ergebnisse der Gemeindestudien, daß ein handlungsorientiertes Machtkonzept nur wenig geeignet scheint, die Eigenart von Machtstrukturen während der Franco-Zeit zu erfassen. Die Analyse von Entscheidungsprozessen in den politischen Gremien hätte wohl kaum den wichtigen Stellenwert von informellen Absprachen und Klientelbeziehungen aufdecken können. Überhaupt wäre die im andalusischen Kontext wichtige Dimension von Macht verborgen geblieben, die aus den Zwängen gesellschaftlicher Strukturen erwächst. Da die Korrelation von sozialer und ökonomischer Position mit politischer Macht sehr hoch war, ist es nicht verwunderlich, daß sich die meisten Gemeindestudien, so weit sie überhaupt kommunale Macht operationalisieren wollten, mit der Ermittlung potentieller Machthaber mittels einer Schichtungsanalyse begnügt haben. Die beschriebenen Beispiele des Machtwirkens einzelner Personen lieferten zwar keine repräsentativen oder gar quantifizierbaren Daten, konnten jedoch die strukturellen Merkmale von kommunaler Macht ermitteln. Außerdem war die Anwendung des Stratifikationsansatzes insofern ein legitimierbares Analyseverfahren, weil die Korrelation von sozialer und ökonomischer Position mit politischer Macht in der Tat sehr hoch war.

Eine Ausnahme bildet die 1970 erschienene Studie von *Kade* und *Linz* über lokale Eliten in Andalusien, in der die Analyseverfahren der CPF explizit zur Anwendung kamen. Mit Hilfe umfangreicher Fragebögen wurde in elf Gemeinden eine anhand der Positions- und Reputationsmethode ermittelte potentielle Machtelite interviewt. Die thematisierten Bereiche umfassen neben dem politischen Entscheidungsfindungsprozeß auch eine breite Palette von Fragen, die die Rolle der lokalen Eliten im Entwicklungsprozeß der Gemeinden herausarbeiten sollten. Die umfangreiche Studie liefert in Teilbereichen wichtige Informationen, denen an dieser Stelle nicht die gebührende Beachtung geschenkt werden kann. Insgesamt gesehen jedoch bleibt der Erkenntnisgewinn bezüglich lokaler Machtausübung unbefriedigend[7], da der Focus auf dem politisch-institutionalisierten Machtbereich ein verzerrtes Bild kommunaler Machtartikulation hervorbrachte.

Merkmale kommunaler Machtverteilung in andalusischen Agrostädten seit dem Demokratisierungsprozeß

Mit dem Übergang Spaniens von der Diktatur zur Demokratie (1978) haben sich die gesamtgesellschaftlichen Rahmenbedingungen grundsätzlich geändert und damit auch die lokalen Machtstrukturen in einen neuen Kontext gestellt. Die politischen Umwälzungen, die Modernisierung der Wirtschaft, ein allgemeiner Wertewandel und die Aufgabe eines rigiden Zentralismus zu Gunsten dezentraler Autonomieregionen sind Teilaspekte des Transformationsprozesses der spanischen Gesellschaft, die nicht ohne Einfluß auf das kommunale Leben andalusischer Agrostädte geblieben sind.

So haben die formellen Formen von Kommunalpolitik durch die Einführung demokratischer Wahlen (1979), durch einen Parteien-Pluralismus und die Profilierungsmöglichkeit von Interessenverbänden einen neuen Rahmen erhalten. Es wurden die Weichen gestellt für institutionell verankerte Partizipation und Pluralität von Einflußverteilung. Durch einen Referendumsentscheid wurde Andalusien 1982 der Autonomiestatus zugeschrieben. Seitdem verfügt Andalusien über ein Regionalparlament und eine Regionalexekutive, über eigene finanzielle Ressourcen und legislative Kompetenzen.

Auf der ökonomischen Ebene sind die Gemeinden heute stärker denn je mit der gesamtgesellschaftlichen Entwicklung eines wirtschaftlichen Modernisierungsprozesses verflochten. Obwohl Andalusien noch immer zu den wirtschaftlich unterentwickelten Regionen zählt und die im Rahmen des "Fondo de Compensación Interterritorial" gewährten Ausgleichszahlungen nicht zu einem entschiedenen Abbau des Entwicklungsgefälles ausreichen, besteht dennoch kein Zweifel, daß Impulse für einen wirtschaftlichen Diversifizierungsprozeß der Gemeinden geschaffen wurden. Allerdings werden diese neuen Optionen durch in vielen Agrostädten fortexistierende latifundiale Besitzstrukturen eingeschränkt. Jedoch auch dort, wo die öko-

---

[7] Einerseits läßt die Zahl von 11 untersuchten unterschiedliche Typen repräsentierenden Gemeinden keine repräsentativen Rückschluß über den Zusammenhang von Gemeinde- und Machtstruktur zu, andererseits sind die standardisierten Fragen zu Entscheidungsprozessen nicht geeignet, um Einflußstrukturen erfassen zu können.

nomische Basis der Kommunen weiterhin durch Großgrundbesitz dominiert wird, haben Investitionserleichterungen die Verbindung des landwirtschaftlichen Sektors mit Agro-Industrie und Handel tendenziell dyna-
misiert, die Gründung von Kooperativen erleichtert, oder zumindest über
den Dienstleistungsbereich eine Ausweitung des Beschäftigungsvolumens
ermöglicht.

Im normativen Bereich hat der Demokratisierungsprozeß den bereits
die Spätphase des Frankismus kennzeichnenden fundamentalen Wandel im
Wertesystem fortgesetzt und die Säkularisierung vorangetrieben. Die wachsende Mittelschicht eines neuen Bildungsbürgertums als Träger neuer
Werte und Gesellschaftskonzepte prägt auch in andalusischen Agrostädten
das kulturelle und politische Leben.

All diese hier nur kurz und verallgemeinert angedeuteten Auswirkungen gesamtgesellschaftlichen Wandels auf die Binnenstrukturen von
Agrostädten bilden den neuen Kontext kommunaler Machtausübung. Als
charakteristisches strukturelles Merkmal kann heute eine diffusere Machtstruktur gelten. Sie leitet sich aus drei Faktoren ab: Dem Abbau der
Machtkonzentration mittels einer breiteren Streuung von Einfluß-
ressourcen, der Auffächerung der Elitenstruktur durch Entstehung neuer
Eliten, und einer größeren Interessen-Heterogenität innerhalb der jeweiligen Elitengruppen, ausgehend von dem sozialen Differenzierungsprozeß.

Daraus ergeben sich neue Fragestellungen für die Untersuchung von
Machtstrukturen, die im folgenden thesenartig skizziert werden:

1) In den meisten andalusischen Gemeinden stellt die sozialistische
Regierungspartei (PSOE) die Mehrheit der Gemeindeabgeordneten.
Das sozio-ökonomische Profil dieser neuen politischen Elite hat sich
seit dem Demokratisierungsprozeß ebenso gewandelt, wie die
Politikinhalte. Wie groß die Handlungsautonomie von Kommunalpolitikern hinsichtlich der Festlegung eigener Entwicklungsvorstellungen
ist, wurde für andalusische Gemeinden bisher noch nicht untersucht.
Eine Analyse der Durchsetzungschancen von Handlungszielen hat
nicht nur die jeweilige lokale Kräftekonstellation in Rechnung zu stellen, sondern auch die formale Kompetenzreichweite lokalpolitischen
Handelns. Dadurch rücken die Rahmenbedingungen in den
Vordergrund, die durch die Entscheidungsebenen des Nationalstaates
und der Autonomieregion vorgegeben sind. Durch die steigende Kom-

plexität von Verwaltungshandeln gewinnt zudem die Machtentfaltung der Bürokratie an Relevanz. Die komplizierte Zuordnung von Kompetenzbereichen auf Gemeinde-, Provinz-,Regional- und Nationalebene verleiht den leitenden Beamten die Macht des "Herrschaftswissens", die sich in der Vorbereitung und Vorentscheidung von Entschlüssen ausdrücken kann.

2) Die Mehrheit der andalusischen Agrostädte ist auch weiterhin in ihrer wirtschaftlichen Struktur durch Großgrundbesitz geprägt. Trotz wirtschaftlicher Differenzierung dominiert der landwirtschaftliche Sektor, der durch eine hohe Bodenkonzentration und geringem Arbeitskräftebedarf gekennzeichnet ist, bei dem gleichzeitigen Fehlen alternativer Wirtschaftszweige, die den Arbeitskräfteüberschuß zu absorbieren in der Lage sind. Als Folge ist Arbeitslosigkeit ein Dauerproblem, mit dem sich jede Kommunalpolitik auseinanderzusetzen hat. Auch die seit 1984 eingeleitete Agrarreform wird weder die Bodenkonzentration noch die Arbeitslosigkeit entscheidend lindern können. Die mit der Latifundienwirtschaft seit jeher verbundene soziale Konfliktivität ist daher eine das Gemeindeleben bestimmende Realität geblieben. Bisher gibt es jedoch keine Untersuchungen, die den Verlauf, die Ausdrucksformen und die Kräftekonstellation des Klassenkonflikts im Rahmen der neuen demokratischen Spielregeln analysiert haben. Die seit Jahren schwelenden Konflikte um die staatliche Politik des Arbeitslosengeldes und die Arbeitsbeschaffungsprogramme (plan de empleo rural) für Landarbeiter sind ebenso in diesem Zusammenhang zu nennen, wie die tariflichen Verhandlungen (convenios) um Löhne und Arbeitsbedingungen. Als Ansatzpunkt der Analyse auf Lokalebene lassen sich besonders zwei Konfliktebenen nennen: Zum einen die neuen Abhängigkeitsformen in den Arbeitsbeziehungen, die durch die staatliche Vergabepolitik des Arbeitslosengeldes für Landarbeiter erzeugt wurden. Der vom Arbeitgeber zu bescheinigende Nachweis von 60 geleisteten Arbeitstagen, der als Grundlage des Anspruchs auf Arbeitslosengeld gilt, hat zu einer modernen Form von Patronage-Beziehung geführt. Zum anderen interessieren die Konflikte zwischen Gewerkschaften und Bauernverbände bei der Nichteinhaltung der Tarifabschlüsse, die besonders in Latifundiengebieten des arbeitsintensiven Bewässerungsanbau immer wieder ausbrechen.

3) Der Strukturtypus der Agrostadt wird nicht nur durch die Wichtigkeit der Landwirtschaft geprägt. Vielmehr hat ihre Verbindung mit einem gewerblichen Sektor stets eine entscheidende Rolle in der Zusammensetzung der Wirtschaftselite gespielt. Die Gewichtung von Handel, Landwirtschaft und Industrie ist jedoch ebenso wie die sektorinterne Differenzierung in den einzelnen Agrostädten unterschiedlich ausgeprägt. Bisher liegen noch zu wenige aktuelle Studien über Agrostädte vor, die es erlauben würden, eine, die Unterschiede in der Zusammensetzung der Wirtschaftselite beschreibende Typologie vorzunehmen.

Die vielschichtigen neuen Einflußrelationen erfordern ein empirisches Erhebungsinstrumentarium, das sich nicht mehr, wie die Gemeindestudien während der Franco-Zeit, auf eine Schichtungsanalyse beschränken kann. Die Machtkonzentration, die sich früher in der Koppelung von ökonomischem, sozialem und politischem Einfluß ausdrückte, ist einer breiteren Streuung von Einflußgruppen gewichen. Dadurch wird die Ermittlung potentieller Machtträger unübersichtlicher und erfordert genauere Verfahren, wie sie in der Positions- und Reputationsmethode der CPF entwickelt wurden. Die Entscheidungstechnik bietet den Vorteil, an Hand konkreter Konfliktfällen die tatsächlichen Durchsetzungschancen unterschiedlicher Interessengruppen einschätzen zu können. Auch zur Analyse des Handlungsspielraums von Kommunalpolitik bietet die Entscheidungsmethode erprobte Verfahren, die die unterschiedlichen externen und internen Einflußrelationen zu verarbeiten helfen. Dadurch werden Machtaspekte operationalisierbar, die bisher kaum untersucht wurden. Jedoch auch für den Kontext andalusischer Gemeinden gelten die zuvor aufgezeigten Analysedefizite der CPF. Diese sind besonders relevant in Bezug auf informelle Machtbeziehungen, deren Bedeutung in Agrostädten durch die soziale Kommunikationsdichte hoch einzuschätzen sind.

Zusammenfassung

Der gesamtgesellschaftliche Demokratisierungsprozeß Spaniens hat das lokale Machtgefüge andalusischer Gemeinden weitreichend verändert. Die Machtkonzentration, die sich früher in der Kopplung von ökonomischem, sozialem und politischem Einfluß ausdrückte, ist heute einer breiteren Streuung von Einflußgruppen gewichen. Der Aufsatz beschreibt einerseits die wichtigsten Merkmale dieses neuen Machtgefüges und versucht andererseits einzuschätzen, in welchen Bereichen das im Rahmen der Community-Power Forschung entwickelte Methodeninstrumentarium den gewandelten Strukturen kommunaler Macht Rechnung tragen kann.

94

Bibliographie

Abbad, F. et al.: Classes dominantes et societé rurale en Basse Andalousie. Recherche interdisciplinaire sur la question du pouvoir dans deux villes moyennes: Morón de la Frontera et Osuna. Paris 1977.

Ammon, A.: Eliten und Entscheidungen im Stadtgemeinden. Die amerikanische "Community Power Forschung" und das Problem ihrer Rezeption in Deutschland. Berlin 1967.

Barach, P. / Baratz, M.S.: Decisions and Non-Decisions: An Analytical Framework. In: American Political Science Review 57 (1963), 632-42.

Barach, P. / Baratz, M.S.: Macht und Armut. Frankfurt 1977. (englisch: Power and Poverty. New York 1970.

Berger, H. u.a.: Brot für heute, Hunger für morgen. Landarbeiter in Südspanien. Frankfurt 1978.

Blok, A. / Driessen, H.: Mediterranean Agro-Towns as a form of cultural dominance: with special reference to Sicily and Andalusia. In: Etnologia Europea XIV (1984), 111-124.

Bonjean, C.M./Clark, T.N./Lineberry, R.L. (Hg.): Comunity Politics. New York-London 1971.

Clark, T.N.: Community Structure, Decision-Making, Budget Expenditures and Urban Renewal in 51 American Communities. In:Bonjean, C.M./Clark, T.N./Lineberry, R.L. (Hg.): Community Politics. New York-London 1971.

Corbin, J.R. / Corbin, M.P.: Compromising Relations. Kith, Kin and Class in Andalusia. Aldershot, Hampshire 1984.

Dahl, R.A.: Who governs? Democracy and Power in an American City. New Haven-London 1961.

Dahl, R.A.: Pluralist Democracy in the United States. Chicago 1967.

Driessen, H.: Agro-Town and urban ethos in Andalusia. (Dissertation, Katholische Universität) Nijmegen 1981.

Fraser, R.: The Pueblo. A Mountain Village in the Costa del Sol. London 1973.

Gilbert, D.W.: Some Trends in Community Politics. A Secondary Analysis of Power Structure Data from 166 Communities. In: Bonjean, C.M. / Clark, T.N./ Lineberry, R.L. (Hg.): Community Politics. New York-London 1971.

Gilmore, D.D.: The People of the Plain. New York 1980.

Gregory, D.: La Odisea andaluza. Una emigración hacia España. Madrid 1978.

Haasis, H.-A.: Kommunalpolitik und Machtstruktur. Frankfurt a.M. 1978.

Hawley, W.D. / Svara, J.S.: The Study of Community Power. A Bibliographic Review. Oxford 1972.

Hunter, F.: Community Power Structure. A Study of Decision Makers. Chapel Hill 1953.

Kade, G. / Linz, J.: Factores Humanos, Elites Locales y Cambio Social en la Andalucía Rural. In: Estudios del Instituto de Desarrollo Económico. Estudio Socioeconómico de Andalucía (Madrid 1970) Bd. II.

Laumann, E.O. / Papi, F.U.: New Directions in the Study of Community Elites. In: American Sociological Review, Bd. 38 (1973), 212-230 [deutsche Fassung in: Klevenhörster P. (Hg.): Lokale Politiker unter exklusive Führerschaft. Meisenheim 1977, 281-324].

López-Casero, F.: La agrociudad mediterránea en una comparación intercultural: permanencia y cambio. In: C. Lisón Tolosana u.a.: Antropología social sin fronteras. Madrid 1988, 143-167.

Luque Baena, E.: Estudio antropológico social de un pueblo del sur. Madrid 1974.

Moreno Navarro, I.: Propiedad, clases sociales y hermandades en la Baja Andalucía. Madrid 1972.

Navarro Alcalá-Zamora, P.: Mecina. La cambiante estructura social de un pueblo de la Alpujarra. Madrid 1979.

Offe, C.: Einleitung zu Barach/Baratz 1977.

Pitt-Rivers, J.A.: The People of the Sierra. Chicago 1954.

Polsby, N.W.: Community Power and Political Theory. New Haven 1966.

Sevilla-Guzmán, E.: Reflexiones teóricas sobre el concepto sociológico de latifundismo. In: Alfonso de Barros (Hg.): A agricultura latifundiaria na Península Ibérica. Oeiras 1980.

Ueltzhöffer, J.: Die kommunale Machtelite und der politische Willensbildungsprozeß in der Gemeinde. In: Wehling, H.-G.: Kommunalpolitik. Hamburg 1975.

Walton, J.: Substance and Artifact. The current Status of Research on Community Power. In: American Journal of Sociology, Vol. LXXI (1966) 4, 403-438.

Walton, J.: The Vertical Axis of Community Organization and the Structure of Power. In: Bonjean, C.M./Clark, T.N./Lineberry, R.L. (Hg.): Community Politics. New York-London 1971.

Waste, R.J. (Hg.): Community Power. Directions for further research. Beverly Hills, California 1986.

Andreas Hildenbrand

KOMMMENTAR ZUM VORTRAG VON PETRA
V. GLISCYNSKI

Die nachfolgenden Überlegungen und Vorschläge konzentrieren sich direkt auf diejenigen Aspekte, die für die Durchführung zukünftiger Forschungsvorhaben von Nutzen sein können. Hierbei stütze ich mich u.a. auf Erfahrungen, die ich in der Forschungsarea Andalusien im Rahmen meiner laufenden Untersuchung zur Regionalpolitik und Raumordnung im spanischen Autonomiestaat gewinnen konnte. Mein erster Vorschlag ist ein Plädoyer zugunsten der gleichzeitigen und kombinierten Anwendung aller drei Analyseverfahren, die Frau von Gliscynski in konziser Form und mit kritischem Verständnis für die Vorteile bzw. Schwächen der jeweiligen Verfahren uns hier vorgetragen hat. Obwohl die begrenzten zeitlichen und finanziellen Ressourcen sowie die aus den Spezifika der Forschungsarea für die praktische Forschungsarbeit sich ergebenden Probleme stets Eingrenzungen und Schwerpunktbildung erforderlich machen, gibt es eine Reihe von guten Gründen, bei der Erforschung andalusischer Agrostädte vorerst mit Positions-, Reputationsmethode und Entscheidungsansatz gleichermaßen zu operieren.

Eine erste Begründung hierfür ergibt sich aus der Tatsache, daß man in diesem Bereich "Neuland" der Forschung betritt. Für das heutige Spanien mit Demokratie, politischer Dezentralisierung und Wirtschaftskrise als neuen sozio-ökonomischen und politischen Rahmenbedingungen liegen nämlich, wie die Referentin zu Recht betont hat, bislang noch keine sozialwissenschaftlichen Studien vor, die mit den Analyseinstrumentarien der Community-Power-Forschung die kommunalen Machtstrukturen in andalusischen Agrostädten untersuchen. Es würde sich um wissenschaftliche Pionierarbeit handeln, die - der Fallstudientypologie von *Lijphart* (1971) folgend - sowohl deskriptiv-explorativen wie auch Hypothesen generierenden Charakter hat. Die bisherigen Erfahrungen, etwa im Bereich der Implementationsforschung (vgl. als ein Beispiel die Studie von *Konukiewitz* 1985 zur Implementation räumlicher Politik in drei Bundesländern), zeigen, daß bei Fallstudien des deskriptiv-explorativen und Hypothesen generierenden Typs ein Methodenmix sich empfiehlt und heuristisch am fruchtbarsten ist. Durch die gleichzeitige und kombinierte Anwendung von mehreren, verschiedenen Methoden kann ein Maximum an wechselseitiger

Kontrastierung und Komplementarität erzeugt werden, das es uns erlaubt, in iterativen Schritten und ausgehend von verschiedenen theoretisch-methodischen Startpunkten ein Bild der lokalen Machtstrukturen zu skizzieren, das sich der Realität am meisten annähert und der Komplexität und Multidimensionalität von lokalen Machtstrukturen am besten gerecht wird.

Ein zweiter Grund für die Anwendung aller drei Analyseverfahren der Community-Power-Forschung wurzelt in der historischen Genese dieser Verfahren. Sie wurden in den USA entwickelt und fanden später auch in der lokalen Politikforschung der Bundesrepublik Anwendung und Fortentwicklung, d.h. also in Forschungsareas, deren gesellschaftliche, ökonomische und politische Bedingungen zu denjenigen der area Andalusien äußerst verschieden sind. Somit gilt es mittels der gleichzeitigen Anwendung aller drei Analyseinstrumentarien und im Sinne des "trial and error" zunächst zu testen, welche Modifizierungen und Verfeinerungen der Analyseinstrumente im spezifischen sozio-ökonomischen, kulturellen und politischen Kontext Andalusiens erforderlich werden, und herauszufinden, welches Analyseinstrument im speziellen Fall Andalusiens praktisch am besten anwendbar und/oder am erfolgversprechendsten bzw. fruchtbarsten ist.

Ein drittes Argument für die Anwendung aller drei Analyseinstrumentarien besteht in der Hypothese des Kommentators, daß zwischen den potentiellen Machtgruppen, die durch Positions- und Reputationsmethode ermittelt werden, und den durch die Entscheidungsmethode bestimmbaren Machtgruppen, die tatsächlich auf kommunale Entscheidungsprozesse einen empirisch beobachtbaren manifesten Einfluß besitzen und dabei mit Erfolg ihre Interessen durchsetzen können, möglicherweise nur geringe Kongruenz besteht. Eine derartige denkbare Diskrepanz zwischen durch Ansehen und Status bestimmten potentiellen Machtgruppen und den auf den kommunalen politischen Entscheidungsprozeß real Einfluß nehmenden Machtgruppen wird erst erkennbar, wenn man alle drei Analyseinstrumentarien kombiniert anwendet. Für die Vermutung, daß in den Gemeinden Andalusiens eine derartige Diskrepanz besteht, sprechen die vielfältigen gesellschaftlichen und politischen Veränderungen, die sich in Spanien und in Andalusien durch die Rückkehr zur Demokratie und die politische Dezentralisierung des Staates mittlerweile ergeben haben. Insbesondere sind neue Machteliten entstanden, die auf den politischen Entscheidungsprozeß nicht nur auf lokaler sondern auch auf regionaler

(Comunidades Autónomas) und staatlicher Ebene Einfluß nehmen. Hierzu gehören zum einen die Spitzenfunktionäre von Parteien, Gewerkschaften, Unternehmerverbänden und anderen Interessengruppen und zum anderen die leitenden Beamten der Verwaltung ("neue Bürokratien" v.a. im Falle der Autonomen Gemeinschaften), die eine mit Informationsmacht und Herrschaftswissen ausgestattete Machtelite bilden. Da diese neuen Machteliten im Vergleich zu der durch Reputation definierten alten bzw. traditionellen Machtgruppe der Agrostädte, zu der beispielsweise die Großgrundbesitzer, Ärzte, Notare und Rechtsanwälte sowie Lehrer und kirchliche Amtsträger zu zählen sind, noch relativ junge Phänomene sind, und darüberhinaus die Bevölkerung der Agrostädte in Bezug auf Wertvorstellungen und Fragen von Ansehen und Status eher konservativ-traditionell orientiert sein dürfte, könnte es durchaus der Fall sein, daß die lokalen Informanten diese neuen Machteliten erst mit Verspätung ("time lag") und mit einer gewissen Unterbewertung ihrer bereits vorhandenen Macht perzipieren. Somit würde die alleinige Anwendung der Reputationsmethode eventuell zu einer Verzerrung der Realität im Sinne einer Übergewichtung der Bedeutung der traditionellen Machtgruppen führen, welche nur durch die gleichzeitige Anwendung der Positionsmethode und v.a. des Entscheidungsansatzes festgestellt und verhindert werden könnte.

Nach diesen überwiegend auf die drei Ansätze der Community-Power-Forschung bezogenen Überlegungen wendet sich mein zweiter Vorschlag einer Fragestellung zu, die unter Anwendung des Entscheidungsansatzes und der Methoden der Aktenanalyse der Befragung von Aktoren der Kommunal- und Regionalverwaltung und gegebenenfalls der teilnehmenden Beobachtung zu untersuchen wäre. Es handelt sich um die Frage, welche Entscheidungsmacht und Handlungsspielräume besitzen im Kontext der Rahmenbedingungen bzw. Determinanten Wirtschaftskrise und politisch dezentralisierter Staat (Autonomiestaat) die zu untersuchenden Gemeinden, um in den für die kommunale Entwicklung relevanten Materien bzw. Politikfeldern ihre Interessen und Entwicklungsziele durchzusetzen. Hiermit ist die bereits von Frau von Gliscynski am Ende ihres papers kurz angerissene Frage nach dem Ausmaß der Handlungsautonomie von Kommunalpolitikern hinsichtlich der Festlegung eigener Entwicklungsvorstellungen erweitert und inhaltlich näher konkretisiert. Gerade in Andalusien, das nicht nur zu den unterentwickelten Regionen Spaniens gehört sondern auch die höchste Arbeitslosenquote (1986: 31,3%) in Europa besitzt, dürfte diese Fragestellung, die auf die Rolle und Möglichkeiten der lo-

kalen Verwaltung bei der ökonomischen Entwicklung der Gemeinden abhebt, von größter Relevanz sein. Internationale Organisationen (z.B. die
OECD mit ihrem Programm Lokale Initiativen der Beschäftigung) und die
neueren Theorien und Strategien für die Regionalpolitik unter den Bedingungen der ökonomischen Krise (vgl. hierzu etwa *Friedmann* 1979, *Stöhr*
1985, *Vázquez Barquero* 1984a, 1984b), bei denen die Philosophie der Entwicklung von unten ("development from below") und die Mobilisierung des
endogenen (lokalen bzw. regionalen) Ressourcen- und Entwicklungspotentials im Mittelpunkt stehen, haben immer wieder mit großem Nachdruck
betont, daß die vielfältigen sozialen, ökonomischen und räumlich-ökologischen Folgen der Wirtschaftskrise sowie die Probleme der Entwicklung nur
dann zufriedenstellend gelöst werden können, wenn die regionalen und
lokalen politischen Institutionen gegenüber der Wirtschaftskrise eine aktive
Rolle spielen und durch eigene Initiativen als dynamische Elemente für die
Entwicklung ihrer jeweiligen Ökonomien und Territorien agieren. Vor allem wird die Bedeutung der Lokalverwaltung hervorgehoben, da diese diejenige politische Entscheidungsebene ist, welche aufgrund ihrer Nähe zu
den Auswirkungen der Wirtschaftskrise (z.B. Stillegung eines Betriebes in
einer Kommune) und den hiervon Betroffenen die direktesten, detailliiertesten und umfassendsten Informationen und Kenntnisse über die Bedürfnisse und Interessen der Gemeindebevölkerung sowie das jeweils disponible Entwicklungspotential besitzt. Dementsprechend wird angenommen,
daß von der Kommunalverwaltung ausgehende lokale Initiativen der Entwicklung die rascheste, unmittelbarste und den einzelnen Problemen am
meisten adäquate Strategie der Entwicklung und Problemlösung darstellen.
Was nun die Entscheidungsmacht und die Handlungsspielräume der Lokalverwaltung betrifft, so ist darauf hinzuweisen, daß diese im politischen System des Autonomiestaates in Spanien relativ begrenzt und nur von geringer Reichweite sind. Ohne dies hier näher vertiefen zu können, zeigt sich
der Befund, daß die politische Dezentralisierung des Staates auf regionaler
Ebene mit der Schaffung von 17 Autonomen Gemeinschaften (Comunidades Autónomas) eine neue und über umfangreiche Gesetzgebungskompetenz politische Entscheidungsebene institutionalisiert hat, welche
ebenso wie die Zentralregierung Entscheidungen trifft, die für die ökonomische Entwicklung der Gemeinden relevant sind. Aus Verfassung, Autonomiestatut Andalusiens sowie dem zentralistischen Charakter zeigenden
Rahmengesetz über das System der Lokalregierung und -verwaltung (Ley
7/1985, de 2 de abril, Reguladora de las Bases del Régimen Local) ergibt

sich, daß die Kompetenzverteilung den Autonomen Gemeinschaften und dem Staat praktisch vollständig die Befugnisse in ökonomischen Materien bzw. Politikfeldern zuweist, und die Gemeinden dagegen nur über minimale Befugnisse verfügen, um in ökonomischen Materien aktiv zu werden. Beispielsweise können in dem aufgrund der hohen Arbeitslosigkeit (v.a. Jugendarbeitslosigkeit) für die kommunale Entwicklung so außerordentlich wichtigen Politikfeld Arbeitsmarktpolitik die Gemeinden zwar durchaus beschäftigungspolitische Aktionen initiieren, aber die wichtigsten Aspekte der Arbeitsmarktpolitik sind Kompetenzen des Staates und der Autonomen Gemeinschaften. Diese Kompetenzverteilung in den für die kommunale Entwicklung relevanten ökonomischen Materien, aber auch andere Faktoren wie die bescheidenen finanziellen Ressourcen der Gemeinden und das Fehlen von Erfahrung und Fachleuten in der Lokalverwaltung bedeuten, daß die erfolgreiche Realisierung von ökonomischen Entwicklungsinitiativen (u.a. Arbeitsbeschaffungsmaßnahmen, Förderung von Klein- und Mittelbetrieben des Industriesektors) in starkem Maße von den Entscheidungen der Zentral- und Regionalregierung abhängt. Die Gemeinden sind somit auf die Unterstützung "von oben" angewiesen, und die Kooperation zwischen den Gemeinden und den beiden anderen politischen Entscheidungsebenen wird zu einer unabdingbaren Voraussetzung und Notwendigkeit. Erste Ansätze einer Zusammenarbeit zwischen der Lokalverwaltung und den Behörden der Regionalregierung Andalusiens, der Junta de Andalucía, bei Initiativen zur Mobilisierung des endogenen lokalen Entwicklungspotentials zeigen sich beispielsweise in den Gemeinden Alcalá de Guadaira und Lebrija (vgl. hierzu *González Portal* 1986).

Aus diesen Überlegungen ergibt sich die Schlußfolgerung, daß die Macht von Gemeinden unter den rechtlichen, finanziellen und politisch-institutionellen Bedingungen des Autonomiestaates sich v.a. dadurch definiert, ob und inwieweit sie die Entscheidungen der Zentralregierung und der Regierung der jeweiligen Autonomen Gemeinschaft, welche ihre ökonomische Entwicklung betreffen, mit Erfolg beeinflussen können. Erfolgreiche Beeinflussung von Entscheidungsprozessen auf staatlicher und regionaler Ebene ist dabei im doppelten Sinne zu verstehen; denn sowohl die Durchsetzung der eigenen Interessen und Zielvorstellungen wie auch die Blockierung oder Verhinderung von Entscheidungen des Staates oder der Regionalregierung, die den Interessen der betreffenden Gemeinde zuwiderlaufen, sind ein Kriterium für erfolgreiche Beeinflussung. Es gilt erstens herauszuarbeiten, ob, inwieweit und mit welchen Mitteln die Gemeinden die Entscheidungsprozesse der staatlichen und regionalen Ebene mit Erfolg beeinflussen können, und zweitens sind die jeweiligen Determinanten bzw. Gründe sichtbar zu machen, die den Erfolg oder aber auch Mißerfolg dieser Einflußnahme erklären.

Bibliographie:

Friedmann, J. / Weaver, C. E.: Territory and Function. The Evolution of Regional Planing. London 1979.

González Portal, M. I.: La dinamización económica de los entes locales en Andalucía. In: CEUMT / la revista municipal 94/95 (1986), 54-59.

Konukiewitz, M.: Die Implementation räumlicher Politik: eine empirische Untersuchung zur Koordination des Vollzugs raumwirksamer Maßnahmenprogramme. Opladen 1985.

Lijphardt, A.: Comparative Politics and the Comparative Method. In: American Political Science Review 65 (1971), 682-693.

Nohlen, D.: Fallstudie. In: Nohlen, D. / Schultze, R.-O. (Hg.): Politikwissenschaft. Theorien - Methoden - Begriffe (Pipers Wörterbuch zur Politik Bd. 1) München 1985: 224-225.

Stöhr, W.: Selective Self-Reliance and Endogenous Regional Development - Preconditions and Constraints. In: Nohlen, D. / Schultze, R.-O. (Hrsg.): Ungleiche Entwicklung und Regionalpolitik in Südeuropa. Bochum 1985: 229-249.

Vázquez Barquero, A.: Desarrollo con iniciativas locales en España. In: Ministerio de Obras Públicas y Urbanismo (Hg.): El territorio de los ochenta. Madrid 1984 a: 225-242.

Vázquez Barquero, A.: La política regional en tiempos de crisis. Reflexiones sobre el caso español. In: Estudios Territoriales 15-16 (1984 b), 21-37.

Francisco López-Casero

METHODISCHER ANSATZ ZUR UNTERSUCHUNG DER SOZIALEN SCHICHTUNG IN AGROSTÄDTEN

I. Einführung

Das Studium der sozialen Schichtung oder der Ungleichheiten, die in vertikaler Hinsicht unter Menschen zu beobachten sind, ist immer schon eine der zentralen Aufgaben der Soziologie und ihrer Nachbarwissenschaften gewesen. Soziale Unterschiede zeichnen sich in allen Gesellschaften durch eine starke Beharrungskraft aus, obwohl sie in Abhängigkeit von Raum und Zeit die verschiedensten Formen annehmen. Das gilt insbesondere für die Agrostadt, deren Sozialstruktur - zumindest im Mittelmeerraum -, stark von Ungleichheiten geprägt ist. Die unterschiedliche Zusammensetzung und die gegenseitige Abhängigkeit von ländlichen und städtischen Elementen, die die Agrostädte in sich bergen - vielfach begleitet von einer sehr ungleichen Verteilung des Bodenbesitzes - bewirken darüber hinaus, daß die sozialen Unterschiede und die Kräfteverhältnisse zwischen den einzelnen Gruppen eine entscheidende Rolle in der Entwicklung dieser lokalen Einheiten spielen. Daher ist es äußerst wichtig, ihre Schichtungsstrukturen zu untersuchen, und es haben sich in der Tat auch alle bisher veröffentlichten Arbeiten über die Agrostadt mit diesem Aspekt befaßt und in vielen Fällen mit beachtlichem Erfolg.

Die dabei verwendeten Methoden sind jedoch praktisch die gleichen, die bei der Untersuchung anderer sozialer Gebilde angewandt werden, ohne daß sie speziell an die charakteristischen Eigenarten der Agrostadt angepaßt wurden. Im folgenden möchten wir hier nun eine Methode in ihren Grundzügen vorstellen, die den Besonderheiten der Agrostadt Rechnung trägt und bereits auch Verwendung findet. Wie jede andere Methode, die es sich zum Ziel setzt, die soziale Schichtung eingehender zu behandeln, ist sie sicher nicht frei von Unvollkommenheiten, zumal sie die erste Phase des Experimentierens gerade überwunden hat. Anderseits dürfte jeder Versuch, die reiche und vielfältige Realität der sozialen Schichtung in allen ihren Dimensionen und Abstufungen zu erfassen, einer Utopie gleichkommen; es ist dies nämlich eine Welt, die nur die Mitglieder der zu untersuchenden Gruppe selbst beherrschen; sie sind es, die wissen, wie man sich in bestimmten Situationen zu verhalten hat, und sie machen es fast immer automatisch, ohne daß sie darüber nachdenken müßten. Für den Forscher kommt es darauf an, eine Form des Zugangs zu dieser Wirklichkeit zu finden, zumindest zu einigen ihrer bedeutsamsten Aspekte, die es ihm dann ermöglichen, signifikante Schlußfolgerungen zu ziehen.

Um die Besonderheiten dieser Methode besser beurteilen zu können, empfiehlt sich eine kurze Übersicht über die Hauptrichtungen der Vorgehensweisen in der Untersuchung der sozialen Schichten. Allgemein gesprochen, sind alle diese Methoden in ein zweidimensionales Schema einzuordnen. Auf der einen Seite gibt es den Gegensatz zwischen der objektiven und der subjektiven Ebene (*Pappi* 1973: 23; *Warner* 1960): die Methoden, die den Schwerpunkt auf die sogenannte Objektivität legen, beziehen sich auf eine Kombination äußerer Indikatoren - wie z.B. Beruf und Stellung im Beruf, Höhe des Einkommens, Vermögen, Bildung, Wohnbezirk, Zugehörigkeit zu bestimmten Clubs usw.; ihr direktes Ziel ist, den Platz auszumachen, den bestimmte soziale Schichten oder Personengruppen auf der vertikalen Achse der Gesellschaft einnehmen. Die Vertreter des subjektiven Ansatzes dagegen legen den Akzent auf die Art, wie die Gruppenangehörigen den sozialen Aufbau der eigenen Gruppe wahrnehmen; mehr als die Position bestimmter sozialer Schichten interessiert hier meistens die individuelle Position. Die objektiven Methoden sind eher für eine makrosoziologische Analyse geeignet, während die subjektiven vorrangig in der Untersuchung kleinerer sozialer Gebilde angewandt werden - ein klassisches Beispiel sind die sozialanthropologischen Gemeindestudien; das ist selbstverständlich, da sich wegen der geringen Durchschaubarkeit und der Anonymität in den großen Kollektiven die Wahrnehmung von Strukturen und Situationen dort schwieriger gestaltet als etwa in kleineren Gemeinden. Jedoch werden häufig beide Vorgehensweisen simultan verwendet. Ebenso muß man eine spezielle Art der Subjektivität anführen, die häufig in Umfragen in größerem sozialen Gebilden oder nationalen Gesellschaften zur Anwendung kommt; es handelt sich um das Verfahren der Selbsteinstufung, das auf der Vorstellung basiert, die die einzelnen Personen hinsichtlich ihrer eigenen sozialen Lage oder ihrer Zugehörigkeit zu einer bestimmten sozialen Schicht haben.

Der zweite Gesichtspunkt, unter dem sich bestimmte Methoden gliedern lassen, ist die Unterscheidung zwischen dichotomen und graduell abgestuften Strukturen (*Ossowski* 1972). Einige Autoren gehen von der Vorstellung aus, daß die Gesellschaft praktisch in zwei Gruppen geteilt ist: die "oben" und die "unten", oder ausdrucksvoller gesagt, die Reichen und die Armen, die Regierenden und die Regierten, die Ausbeuter und die Ausgebeuteten, die Bedrücker und die Bedrückten. Andere sehen im Gegensatz dazu in der Gesellschaft eine ausdifferenzierte Gesamtheit, die durch eine Gradation oder stufenweise Schichtung gekennzeichnet ist, deren Abgrenzungen nicht immer leicht zu bestimmen sind. Auf die Entscheidung, ob der eine oder andere Ansatz anzuwenden ist, hat nicht nur der Typus der zu untersuchenden Gesellschaft einen Einfluß, sondern auch die persönliche Perspektive des Autors, so daß es nicht selten vorkommt, daß ein und dieselbe Gruppe von den einen als eine deutlich abgegrenzte Dichotomie angesehen wird, während die anderen sie als ein weitaus komplexeres Gebilde betrachten, in dem die sozialen Unterschiede graduellen Charakter haben.

Die beiden aufgezeigten Achsen: Objektivität - Subjektivität und Dichotomie - Gradation können nun in jeder Weise kombiniert werden. So gibt es z.b. dichotome Ansätze, die ursprünglich auf objektiven Kriterien basieren, wie es in der klassischen Interpretation von Marx der Fall ist, der von den Besitzverhältnissen ausgeht, während andere von der Sicht der betroffenen Personen selbst ausgehen, wie es bei *Ossowski* (*Ossowski* 1972) und *Giordano* (vgl. den Beitrag in diesem Band) der Fall ist. Ähnliches läßt sich auch in Hinsicht auf die Gradationsansätze sagen, die in den westlichen Industriegesellschaften vorherrschen und die sich zuweilen an rein objektiven Merkmalen orientieren, manchmal aber auch am Bewußtsein oder dem "Emischen" der zu untersuchenden sozialen Gruppe.

II. Merkmale und Aufbau des gewählten Ansatzes

Wie bereits erwähnt, stehen die Hauptkriterien, die die hier vorgestellte Methode bestimmen, in einem engen Zusammenhang mit den strukturellen Eigentümlichkeiten der Agrostadt. An erster Stelle wäre der hohe Grad gegenseitiger Bekanntschaft zu nennen sowie das dichte Netz von Kontakten der Einwohner untereinander; auf diese Weise bildet sich in ihnen eine klare Einschätzung hinsichtlich der sozialen Position heraus, die die verschiedenen Gruppen in der Gemeinde einnehmen, und des zugrundeliegenden Wertesystems. Es ergibt sich somit die Möglichkeit, auf der subjektiven oder Wahrnehmungsebene zu arbeiten, eine Möglichkeit, auf die man nicht verzichten sollte, denn die Bewertung und Interpretation der objektiven Gegebenheiten durch die Mitglieder der untersuchten Gruppe selbst ist weitaus erhellender als die durch den außenstehenden

Beobachter, und sie beeinflußt darüber hinaus auch das soziale Geschehen der Gemeinde.

Man sollte an dieser Stelle hervorheben, daß es bei der Untersuchung der Frage, wie die Beteiligten die Sozialstruktur des Ortes wahrnehmen, mindestens zwei Perspektiven gibt: erstens die eigene Meinung des Interviewten über den sozialen Aufbau der Gemeinde und zweitens die im Ort diesbezüglich herrschende Meinung, so wie sie der Befragte wahrnimmt. Diese wichtige methodische Unterscheidung wird in der Praxis durch die Befragten selbst bestätigt, die nicht selten eine Präzisierung der Fragestellung wünschen, indem sie sich spontan äußern: "Möchten Sie meine eigene Meinung erfahren oder die des Ortes?" Diese sogenannte "Ortsmeinung" (la opinión del pueblo), die wegen der relativen Durchschaubarkeit der Agrostadt und der engen Kommunikation in ihr so wahrgenommen wird, wäre - um mit E. Durkheim zu sprechen - mit jenen "social facts" zu vergleichen, die das kollektive Bewußtsein eines Sozialgebildes prägen und an denen sich das Verhalten der Mitglieder orientiert. Bei der hier referierten Methode wird vor allem nach dieser anscheinend im Ort herrschenden Meinung gefragt; nur als eine Art Kontrast- oder Kontrollfrage berücksichtigt man danach auch die eigene Meinung des Gesprächspartners. Im Grunde genommen ist die Frage nach der "Ortsmeinung", die wir hier gewählt und explizit erörtert haben, keine andere als jene, die z.B. *Mühlmann* und *Llaryora* implizit in ihrer Studie über die soziale Schichtung in der sizilianischen Agrostadt Campopace verwenden, wenn sie wissen wollen, "wer im O r t [1] das größte Ansehen genießt" (chi sono piu in vista nel paese) (*Mühlmann/Llaryora* 1973: 8).

Das, was man auf alle Fälle immer wieder in der Feldforschung bestätigt findet, ist, daß die Bewohner der Agrostädte glauben, in der Lage zu sein, das widerzugeben, was man in der Bevölkerung über den sozialen Status der verschiedenen Gruppen in der Gemeinde denkt. Ein andere Frage ist natürlich, ob die Wahrnehmung der einzelnen Befragten der allgemein im Ort verbreiteten Meinung in der Tat entspricht; es könnte sogar vorkommen, daß es eine solche allgemeine Meinung nicht einmal gibt. Die Bewahrheitung oder Falsifizierung des Wahrgenommenen hängt aber letzten Endes vom Grad der Übereinstimmung zwischen den Antworten ab, der sich bei der späteren Auswertung der Interviews herausstellt.

---

[1] Sperrung durch den Verfasser dieses Aufsatzes.

Auf der anderen Seite läßt es die relativ große Einwohnerzahl der Agrostädte (in vielen Fällen schwankt sie zwischen 10.000 und 30.000) nicht ratsam erscheinen, bei der Analyse der sozialen Schichtung von konkreten Individuen als Repräsentanten bestimmter sozialer Kategorien - wie etwa Berufsgruppen - auszugehen. Die Anzahl der Personen, die für jede Kategorie in Frage kommt, ist im Prinzip viel größer als in den kleinen ländlichen Gemeinden; dies kann zu bedeutenden Unterschieden hinsichtlich des Bekanntheitsgrades führen, den die einzelnen Befragten in Bezug auf diejenigen Individuen haben, deren soziale Position man gerade ermitteln möchte; man läuft außerdem Gefahr, Merkmale, die nur bestimmten Personen eigen sind, einer größeren Gruppe zuzuschreiben. Nur in den schwach besetzten Kategorien, wie etwa im Falle der Oberschicht, ist es sinnvoll, die Position konkreter Individuen als zusätzliche Information zu ermitteln.

Aus diesen Gründen wird in unserem Fall nicht das Individuum, sondern die Sozialkategorie selbst, d.h. der Beruf, als Bezugseinheit gewählt. In den in zahlreichen Ländern durchgeführten Untersuchungen kommt immer wieder die hohe Korrelation zum Ausdruck, die zwischen dem Beruf und den übrigen Faktoren besteht, die ebenfalls dazu beitragen, die soziale Position einer Person zu bestimmen. Es handelt sich um eine Tatsache, die sich in den unterschiedlichsten Gesellschaften und Gruppen immer wieder bewahrheitet (*Kahl* 1957: 46; *Pappi* 1973: 24; *Svalastoga* 1964: 537). Nach G. *Kleining* und *H. Moore* dürfte es kaum einen anderen soziologischen Sachverhalt geben, der besser abgesichert ist (*Kleining/Moore* 1968: 512). Außerdem wird der Beruf nicht nur als eine konkrete Tätigkeit aufgefaßt, sondern auch als eine Situation, in der Aspekte wie der Besitz, der Abhängigkeitsgrad, die Art der Arbeit (manuell oder nicht) usw. zum Tragen kommen. Schließlich darf man nicht vergessen, daß der Beruf eine Größe von universeller Geltung ist, die den interkulturellen Vergleich ermöglicht, auch wenn diese Universalität nur auf einem höheren Abstraktionsniveau gilt und die konkreten Inhalte jeder beruflichen Situation direkt vom sozialen Kontext abhängen, den man jeweils untersucht.

Die Berufsgruppen, die sich - aufgrund der weiter unten geschilderten Vorgehensweise - als repräsentativ für die zu untersuchende Agrostadt herausstellen, werden unter zwei Gesichtspunkten analysiert: der erste ist das Ansehen, das jede dieser Gruppen im Ort genießt. Mehr noch als ein Bestimmungsgrund der sozialen Position ist das Ansehen ein Ausdruck der-

selben, in ihm spielen sich praktisch alle Faktoren wider - seien sie ökonomischer, politischer sozialer, moralischer usw. Art -, die die soziale Lage
einer Person oder einer Berufsgruppe bedingen.

Der zweite Gesichtspunkt ist das Ausmaß an Interaktion oder Kontaktintensität zwischen den verschiedenen Berufsgruppen. Es ist dies ein
Punkt von besonderer Relevanz, denn er knüpft direkt an die sozialen Beziehungen an und ermöglicht es zu überprüfen, inwieweit die Ergebnisse
statischen oder klassifikatorischen Charakters, die man mittels der Untersuchung des Prestiges erhält, sich in der dynamischen Sphäre des Umgangs
widerspiegeln (*Pappi* 1973: 25). Der Bereich der Interaktion bietet außerdem eine ausgezeichnete Gelegenheit, der subjektiven Ebene die objektive
gegenüberzustellen und zu sehen, ob die Interaktionsgrade und die Formen
der sozialen Beziehungen, die die Interviewten zwischen den verschiedenen
Gruppen wahrzunehmen glauben, durch die Realität bestätigt werden.

Schließlich sei darauf hingewiesen, daß die hier vorgestellte Methode
die Existenz dichotomer Gruppen oder gradueller Strukturen nicht von
vornherein präjudiziert; sie läßt vielmehr den Weg offen zur Entdeckung
der wirklichen Situation.

Aufbauend auf den soeben dargestellten allgemeinen Kriterien kommen bei der Anwendung der Methode in einer bestimmten Agrostadt folgende konkrete Schritte in Frage:

- Die (für die zu untersuchende Agrostadt) typischen Berufe sind
herauszufinden und in einer Liste zusammenzustellen, damit man bei
der späteren Erarbeitung des sozialen Aufbaus der Gemeinde über ein
weit gefächertes Angebot verschiedener Tätigkeiten verfügt.

- Aus dieser Liste sind diejenigen Berufe auszuwählen, die man für
die typischsten hält und die eine Art Kristallisationspunkte der Sozialstruktur darstellen. Die Anzahl der Berufe in dieser kürzeren Liste
darf nicht zu groß sein, d.h. nicht größer als 20 oder höchstens 25, denn
sie hat den Zweck, die Aufmerksamkeit des Interviewpartners auf die
grundlegenden Strukturen der Agrostadt zu lenken und daran eine
Reihe tiefergehender Fragen zu knüpfen. Daher empfiehlt es sich, ihm
eine überschaubare und handhabbare Zusammenstellung beruflicher
Situationen vorzulegen, damit er ohne allzugroße Schwierigkeiten
diese Fragen beantworten kann.

- Es soll geprüft werden, wie die Bezeichnung für jeden der Berufe in der Alltagssprache der Bewohner lautet, damit sie möglichst genau und eindeutig von allen verstanden werden kann.

- Es ist weiterhin festzustellen, welche Redewendungen in der Bevölkerung in Zusammenhang mit dem Berufsprestige gebraucht werden, damit die diesbezügliche Frage entsprechend formuliert werden kann.

- Bei der Auswahl der Informanten, die in die Befragung einbezogen werden, ist dafür zu sorgen, daß es sich um Personen handelt, die das soziale Leben und die Mentalität der Bevölkerung zur Genüge kennen. Es ist nicht unbedingt notwendig, daß sie im Ort selbst geboren sind, aber sie müssen doch dort aufgewachsen sein und ihre Berufstätigkeit dort entfaltet haben.

- Auch wenn die Befragung vor allem qualitativen Charakter hat und das Interesse sich nicht so sehr auf die Meinung des Befragten, sondern auf die öffentliche Meinung richtet, sollte die Gesamtzahl der Informanten mindestens 30 Personen in jeder Agrostadt betragen. Ebenfalls ist es wichtig, daß in ihr die Ober-, Mittel- und Unterschichten vertreten sind; das gleiche gilt für den agrarischen und den urbanen Sektor der Bevölkerung, denn wenn beide in ihren jeweiligen Antworten ein ähnliches Bild der Struktur und der Dynamik der sozialen Schichten im Ort vermitteln, wäre dies ein bedeutsamer Beweis für die gegenseitige soziokulturelle Durchdringung der Agrostadt und daher für die Existenz derselben.

- Mit dieser Reihe von Daten und Strategien, die sozusagen das Basisinstrumentarium darstellen, kann nun die systematische Durchführung der Interviews beginnen, deren Fragenkatalog folgendermaßen gegliedert ist:

- Die ersten Fragen dienen der Feststellung des sozialen Ansehens, das die Berufe, die zur allgemeinen Liste gehören und die jeweils auf kleinen Kärtchen verzeichnet sind, im Ort genießen. Bei diesem Item wird von zwei Vorgehensweisen Gebrauch gemacht, die üblicherweise als "Ranking" bzw. "Rating" bezeichnet werden. Beim Ranking bittet man die Interviewten, die Kärtchen entsprechend dem Ansehen zu ordnen, das die darauf verzeichneten Berufe genießen. Beim Rating geht es darum, jedem der Berufe entsprechend ihrem Ansehen eine bestimmte Punktezahl zuzuordnen. Die Punkteskala kann z.b. zwischen 1 und 6 oder zwischen 1 und 7 schwanken, obwohl auch oft andere Skalen gewählt werden, wie z.b. von 1 bis 5 oder von 1 bis 20. Die Technik des Rating wird in letzter Zeit häufiger angewendet und dient auch in unserem Falle als Basis; sie ist in der Tat leichter anzuwenden, denn der Befragte braucht sich weniger anzustrengen, wenn er die Kärtchen einer bestimmten Punktzahl zuordnen soll als wenn er eine Rangfolge erstellen muß, insbesondere dann, wenn es sich um eine beträchtliche Anzahl von Berufen handelt. Das Ranking bietet aber auf jeden Fall Zusatzinformationen und kann sogar dazu beitragen, die Ergebnisse des Rating zu präzisieren, wenn diese nicht ganz deutlich ausfallen.

- Bevor die erste Phase der Interviews abgeschlossen wird, die dazu dient, das Sozialprestige jeder Berufsgruppe zu ermitteln, fügt man noch eine Reihe zusätzlicher Fragen zu verschiedenen weiteren Punkten hinzu, vor allem die nach den Gründen, aus welchen dieser oder jener Beruf an eine bestimmte Stelle gesetzt wurde, und die nach den möglichen Änderungen, die einige der Berufe während der letzten Zeit erfahren haben, - sofern die befragte Person sich nicht zuvor selbst spontan darüber geäußert hat.

- Die nachfolgende Phase des Interviews ist dem Aspekt der Interaktion zwischen den verschiedenen Berufsgruppen vorbehalten. Zu diesem Zweck gibt man die Kärtchen der kürzeren Liste - d.h. der mit den charakteristischsten Berufen - noch einmal aus. Nun soll der Interviewpartner Gruppen aus denjenigen Berufen zusammenstellen, die unter sich einen intensiveren Sozialkontakt (nicht nur beruflicher Art) pflegen als zu anderen.

- Schließlich folgen weitere Fragen, insbesondere zur Häufigkeit der Kontakte zwischen den verschiedenen Gruppen, die der Befragte gebildet hat, sowie zu den Orten, an denen jede Berufsgruppe sich allein oder mit anderen zusammen trifft.

III. Konkrete Anwendung der Methode

Die hier vorgestellte Methode hat ihren Ursprung in einigen ersten Versuchen, die anläßlich der Untersuchung einer Agrostadt in der Mancha während der sechziger Jahre durchgeführt wurden. Als eine eher zusätzliche Aufgabe wurde damals etwa ein Dutzend von Personen gebeten, einige typische Berufe dieser Gemeinde ihrem sozialen Ansehen entsprechend nach dem Ranking-Verfahren zu ordnen. Etwas Ähnliches wurde anläßlich einer neueren Untersuchung derselben Gemeinde zu Beginn der achtziger Jahre durchgeführt, als der soziale Wandel in ihr erforscht wurde (*López-Casero* 1984: 25/26, Anm. 33). Bei diesen Gelegenheiten handelte es sich mehr um punktuelle Arbeit; es wurde damit nur bezweckt, gewisse objektive Kriterien, die bei der Erarbeitung der sozialen Schichtung einer Gruppe oder Gesellschaft immer wieder angewendet werden, subjektiven Bewertungen gegenüberzustellen, die aus der Gemeinde selbst kamen. Trotzdem konnte man damals schon einige interessante Erfahrungen sammeln: die erste war die relative Mühelosigkeit, mit der die Informanten Fragen nach dem Sozialprestige der verschiedenen Berufsgruppen beantworten konnten, die ihnen, auf Kärtchen geschrieben, vorgelegt wurden; die zweite war die klare Unterscheidung, die sie selbst zwischen ihrer eigenen Ansicht und der im Ort verbreiteten machten; und letztlich waren damals keine fundamentalen Abweichungen zu erkennen zwischen der Sozialstruktur, wie sie sich einerseits aus den Äußerungen der Informanten aus dem agrarischen Sektor und andererseits aus der Sicht der Angehörigen des urbanen Sektors ergab. Beide Gruppen bildeten offenbar eine einzige Gesellschaft, die in der Agrostadt zum Ausdruck kam, und es hätte keinen Sinn gehabt, zwei Sozialpyramiden nebeneinander zu stellen, eine für den Agrarsektor und eine zweite für den urbanen, wie es z.B. - und zwar mit Recht - in Arbeiten über andere Ortschaften oder Gesellschaften geschieht (*Bolte/Hradil* 1988: 204-205; *de Miguel* 1974: 369 ff.). Angesichts dieser ersten Erfahrungen entschied man sich, die in dieser Methode enthaltenen Möglichkeiten in einer folgenden Studie über Agrostädte weiter zu entwickeln und zu systematisieren.

Diese Gelegenheit bot sich durch das Forschungsprojekt der Universität Augsburg[2], das das Ziel hat, in einer vergleichenden Studie die Sozialstruktur und Entwicklung zweier Agrostädte in Niederandalusien zu

---

[2] Interdisziplinäres Forschungsprojekt des Instituts für Spanien- und Lateinamerikastudien der Universität Augsburg, vgl. S. 5 dieses Bandes, Anmerkung 1.

analysieren, die - obwohl sie nur 50 km voneinander entfernt liegen - zwei verschiedenen Typen von Agrostadt zu entsprechen scheinen.

Die erste von ihnen - hier "Agrostadt A" genannt - hat ungefähr 17.000 Einwohner und ist durch die Vorherrschaft der extensiven Landwirtschaft, in der Hauptsache Anbau von Weizen, und durch eine ausgeprägt latifundistische Sozialstruktur gekennzeichnet; die Hauptpersonen in diesem Kontext sind der besitzlose Landarbeiter und der Großagrarier, der nicht nur den Boden besitzt, sondern auch selbst den Betrieb führt - der "Rentenkapitalismus" mit dem Rentier und dem Pächter oder Unterpächter als Hauptpersonen ist in Niederandalusien nur schwach ausgeprägt.

In der "Agrostadt B" mit etwa 27.000 Einwohnern spielt die Landwirtschaft eine beachtliche Rolle, aber ihre Bedeutung verdankt sie vornehmlich dem sekundären Sektor, der bereits im vergangenen Jahrhundert klar hervortrat und vom agroindustriellen Bereich angeführt wird. Auch der Handel hat ein beträchtliches Gewicht; in letzter Zeit hat sich sogar eine Gruppe von Großhändlern gebildet, die gegenwärtig die größte Dynamik im wirtschaftlichen Leben der Stadt entfaltet. Die Sozialstruktur scheint auf den ersten Blick viel komplexer und differenzierter als die der Agrostadt A.

Als man die vorgestellte Methode in beiden Ortschaften anzuwenden begann, war der erste Schritt ein Interview mit dem für die Einwohnerkartei und für den Zensus zuständigen Beamten; glücklicherweise hatte in beiden Gemeinden die in Frage kommende Person bereits lange Zeit dieses Amt inne. Beide wurden gebeten, die jeweils dreißig oder vierzig der für die betreffende Gemeinde besonders typischen Berufe anzugeben, wobei man jeweils auf eine Liste von mindestens vierzig kam. Die angegebenen Berufe wurden auf ebensoviele Kärtchen geschrieben und dienten als Grundlage für erste Probeinterviews, die mit etwa acht bis zehn Informanten in jeder der beiden Agrostädte durchgeführt wurden.

Diese ersten Probeinterviews waren vor allem dazu bestimmt, die Berufe, die der Beamte des Einwohneramtes angegeben hatte, hinsichtlich ihrer aktuellen Relevanz, der Änderungen, die in ihnen vorgehen und der Bezeichnungen, die sie in der Alltagssprache des Ortes haben, einer kritischen Prüfung zu unterziehen. Ebenso bat man - wie im vorigen Abschnitt geschildert - um die genaue Angabe der von den Einwohnern an häufigsten verwendeten Redewendungen in Bezug auf das Sozialprestige. Als die gebräuchlichsten Ausdrücke stellten sich "estar mejor o peor considerado", "estar mejor o peor visto" oder "estar mejor o peor mirado" [deutsch etwa:

"mehr oder weniger Ansehen genießen"] heraus; alle drei Redewendungen können unterschiedslos verwendet werden, obwohl die letztgenannte die ausdrucksstärkste und deutlichste zu sein schien. Des weiteren bat man die Informanten, die verschiedenen Berufe entsprechend ihrem Ansehen in der Gemeinde (según estuviesen mejor o peor miradas) zu ordnen. Gleichzeitig nutzte man diese Gelegenheit auch, um zu sehen, wie die Methoden des Ranking und des Rating funktionierten, und um die Möglichkeit einer Reihe anderer, bereits im vorigen Abschnitt angedeuteter Fragen zu erproben. Im allgemeinen konnte man feststellen, daß das angewendete Instrumentarium leicht verständlich und sogar unterhaltsam für die Informanten war; sie sahen in ihm ein konkretes, "plastisches" Schema von Fragen, die sie dazu anregten, Ideen zu formulieren und Meinungen zu einem Gebiet zu äußern, das sie anscheinend gut zu kennen glaubten.

Die Daten und Informationen dieses ersten Versuchs wurden ausgewertet und dann im engeren Kreis sowie später auch mit Wissenschaftlern, die auf diesem Gebiet arbeiten, diskutiert (vor allem mit Mitgliedern des Soziologischen Instituts der Universität München). Diese ersten Erfahrungen wurden auch auf dem Internationalen Symposium über Agrostädte vorgetragen, das im Mai 1987 in Bad Homburg stattfand, und wo eine Reihe von Vorschlägen und kritischen Anmerkungen zu bestimmten Punkten aufgenommen werden konnte. Die Kritik vor allem trug dazu bei, a) die Unterscheidung zwischen der Sicht des Interviewten selbst und der "Ortsmeinung" zu klären; b) die Mindestzahl von Interviews, die in jeder der beiden Städte durchzuführen wären, zu bestimmen; c) die Probleme im Auge zu behalten, die sich aus der Komplexität bestimmter Berufe, wie z.B. der des Staatsbediensteten ("funcionario público") ergeben und ihre Definition erschweren. Die entsprechenden Abänderungen und Erweiterungen wurden sodann vorgenommen - in den Ausführungen des vorigen Abschnitts sind sie bereits berücksichtigt - und es folgten neue Probeinterviews in beiden Gemeinden, bevor man zur endgültigen Befragung überging.

Dabei wurde zu Beginn eine Basisliste von klar definierten Berufen aufgestellt, die einen großen Teil des Berufsspektrums in jeder der beiden Gemeinden abdeckt: 34 im Falle der Agrostadt A und 39 in der Agrostadt B. Aus dieser Liste wurden jeweils die 22 Berufe ausgewählt, die gegenwärtig als besonders repräsentativ angesehen werden.

Für die Vorgehensweise des Rating wurde eine Skala gewählt, die von 6 Punkten (Maximum) bis zu einem Punkt (Minimum) reicht. Vorher war auch an die Möglichkeit gedacht worden, 5 Punkte als Maximum vorzugeben, aber bei den diesbezüglichen Probeläufen stellte sich heraus, daß es in jeder der beiden Agrostädte leichter war, mit 6 anstelle von 5 Punkten zu arbeiten. Die entsprechenden Kommentare waren bezeichnend: So sagte z.B. in der Agrostadt B ein Informant, der angefangen hatte, mit 5 Punkten zu arbeiten, plötzlich, daß in der Punkteskala eine Stufe fehle, um bestimmte Berufe einordnen zu können, die nicht in die Einstufungsniveaus der übrigen Berufe paßten. In der Agrostadt A ließ ein Informant, der mit 6 Punkten operierte, die Stufe mit der Bewertung 5 unbesetzt. Befragt, ob es dann nicht besser sei, mit weniger Punkten zu arbeiten, antwortete er sofort mit "nein", denn daß er die Stufe 5 unbesetzt gelassen habe, sie gerade ein Ausdruck für den großen sozialen Abstand zwischen den Gruppen, die den höchsten Platz (6) einnehmen, und denen auf Platz 4.

Obwohl man sich grundsätzlich dazu entschlossen hatte, die Methode des Rating anzuwenden, wurde zusätzlich auch auf das Ranking zurückgegriffen, so etwa bei der kürzeren Liste mit den besonders repräsentativen Berufen, um so beide Techniken anzuwenden. Es stellte sich heraus, daß die einfachste Form, diese beiden Vorgehensweisen zu kombinieren, darin besteht, zuerst mit dem Rating und zwar mit der kürzeren Liste zu beginnen; hat der Interviewpartner die ersten 22 Kärtchen den verschiedenen Punkteniveaus (von 6 bis 1) zugeordnet, dann bittet man ihn, die Kärtchen mit den Berufsbezeichnungen innerhalb eines jeden Punkteniveaus, wiederum beginnend mit dem jeweils angesehensten, zu ordnen, wodurch sich automatisch eine gesamte Rangfolge - d.h. ein Ranking - ergibt. Sodann gibt man die restlichen Kärtchen aus (bis die Liste von 34 bzw. 39 Berufen erschöpft ist), diesmal bittet man aber nur darum, sie entsprechend dem Rating-Verfahren einzustufen. Ist diese erste Phase des Interviews abgeschlossen, werden alle Kärtchen eingesammelt. Dann gibt man die ersten 22 (d.h. die der kürzeren Liste) wieder aus, sorgfältig gemischt, als ob es sich um ein Kartenspiel handele, damit der Interviewpartner Fragen zum Sozialkontakt beantworten kann.

Im allgemeinen handelt es sich um Intensivinterviews mit einer durchschnittlichen Dauer von zwei Stunden. Gegenwärtig sind bereits 36 Interviews in der Agrostadt B durchgeführt worden, womit die Befragung hier praktisch beendet ist. In der Agrostadt A wurden bis jetzt 26 Interviews durchgeführt, weitere 6 sind bereits fest verabredet.

IV. Vorläufige Ergebnisse und Anwendungen

Obwohl in einer der Agrostädte die Befragungen noch nicht abgeschlossen sind und mit den ersten Auswertungen gerade erst angefangen wird, halten wir doch einige vorläufige Ergebnisse für mitteilenswert.

Erstens fällt die hohe Übereinstimmung in der Zuweisung bestimmter Berufe zu den verschiedenen Prestige-Niveaus auf. In beiden Agrostädten werden fast alle Berufe jeweils zu mehr als 70% in zwei benachbarte Bewertungsstufen eingeordnet (in jeder der beiden Gemeinden gibt es nur drei Berufe, für die diese Prozentzahl nicht zutrifft, sondern leicht darunterliegt). Mutatis mutandis läßt sich zum Vergleich die Arbeit von *G. Kleining* und *H. Moore* über die soziale Schichtung in der Bundesrepublik Deutschland heranziehen, die konsequent die Rating-Methode anwendet; hier liegt das entsprechende Ergebnis, das bereits als gut angesehen wird, bedeutend niedriger, nämlich bei 60%. Mit der Annäherung an die beiden Enden der sozialen Skala wird der Prozentsatz in beiden Agrostädten immer höher, in einigen Fällen beträgt er sogar 100%; es handelt sich dabei aber um einen normalen Vorgang, da die soziale Position der höchsten und der niedrigsten Schichten deutlicher wahrgenommen wird als die der dazwischenliegenden.

Wenn man anstelle von nur zwei benachbarten Einstufungen jeweils drei betrachtet, wie es *Mühlmann* und *Llaryora* in ihrer Arbeit über Campopace (einer sizilianischen Agrostadt mit 13.000 Einwohnern) machen, dann erhält man eine Übereinstimmung von mindestens 85%. In Campopace ist das entsprechende Ergebnis 80%, obwohl man dabei anmerken muß, daß die von *Mühlmann* und *Llaryora* angewendete Methode nicht völlig mit der hier vorgestellten übereinstimmt, denn sie gehen von der sozialen Position konkreter Individuen und nicht von Berufsgruppen aus. Im großen und ganzen scheinen jedoch die ersten Ergebnisse der weiter oben formulierten Hypothese einer konvergierenden Wahrnehmung der sozialen Schichtung, die sich an dem Beruf orientiert, nicht zu widersprechen.

Die Grafik 1 soll zeigen, welche Position die einzelnen Berufsgruppen in beiden Agrostädten gemäß ihrem Sozialprestige einnehmen. Daraus lassen sich vorerst die folgenden Schlüsse ziehen:

Grafik 1:

Vergleichende Darstellung des Sozialprestiges der verschiedenen Berufsgruppen
(Rating)

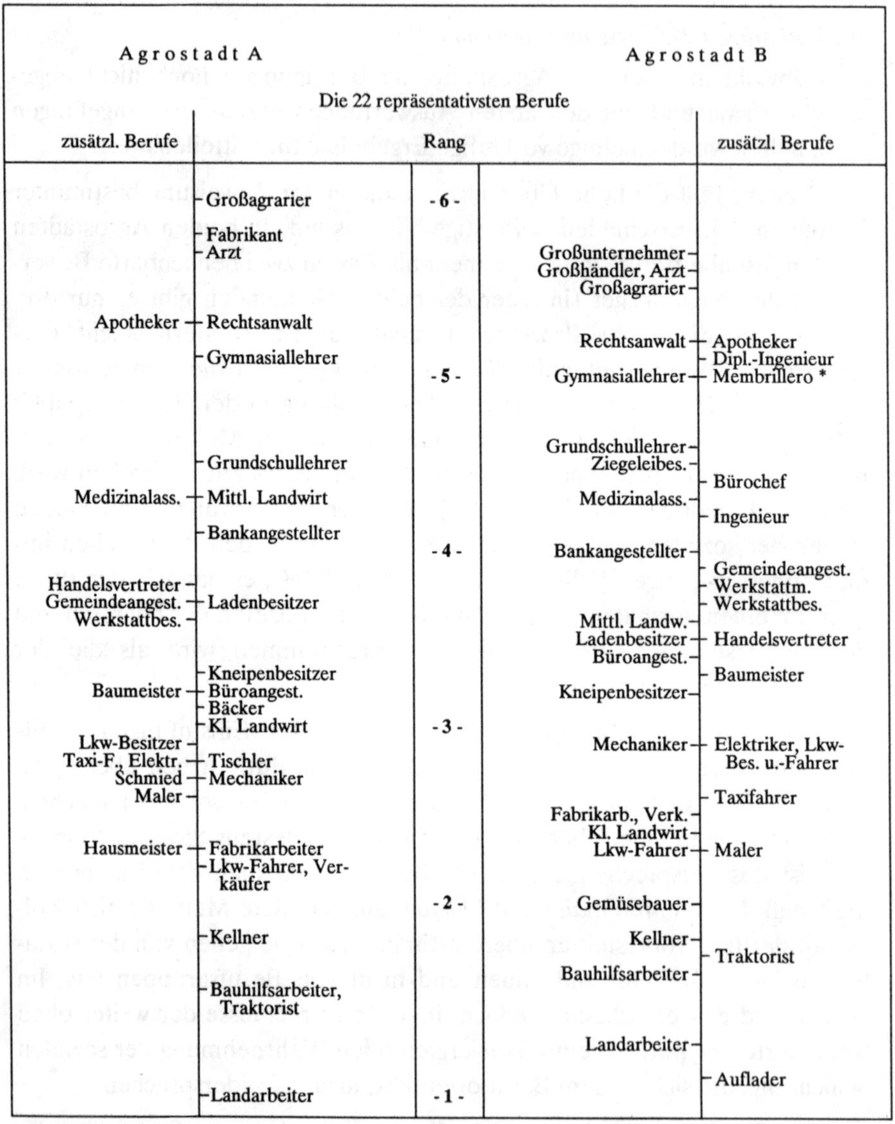

Agrostadt A   Agrostadt B

Die 22 repräsentativsten Berufe

zusätzl. Berufe | Rang | zusätzl. Berufe

- 6 -
- Großagrarier
- Fabrikant
- Arzt

Großunternehmer –
Großhändler, Arzt –
Großagrarier –

Apotheker — Rechtsanwalt

Rechtsanwalt — Apotheker
– Dipl.-Ingenieur
– Gymnasiallehrer
- 5 -
Gymnasiallehrer — Membrillero *

- Grundschullehrer
Grundschullehrer –
Ziegeleibes. –
– Bürochef
Medizinalass. — Mittl. Landwirt
Medizinalass. –
– Ingenieur
- Bankangestellter
- 4 -
Bankangestellter –
– Gemeindeangest.
Handelsvertreter
Gemeindeangest. — Ladenbesitzer
– Werkstattm.
Werkstattbes.
– Werkstattbes.
Mittl. Landw. –
Ladenbesitzer — Handelsvertreter
Büroangest. –

- Kneipenbesitzer
Baumeister — Büroangest.
- Bäcker
- Kl. Landwirt
Kneipenbesitzer — Baumeister
- 3 -
Lkw-Besitzer –
Taxi-F., Elektr. — Tischler
Mechaniker — Elektriker, Lkw-
Schmied — Mechaniker
Bes. u.-Fahrer
Maler –

Fabrikarb., Verk. –
– Taxifahrer
Kl. Landwirt –
Hausmeister — Fabrikarbeiter
Lkw-Fahrer — Maler
- Lkw-Fahrer, Ver-
käufer
- 2 -
Gemüsebauer –

- Kellner
Kellner –
– Traktorist
Bauhilfsarbeiter –
- Bauhilfsarbeiter,
Traktorist

Landarbeiter –
– Auflader
- Landarbeiter
- 1 -

---

* Hierunter ist der für diese Agrostadt typische Beruf des Quittengelee-Herstellers zu verstehen.

1. Sowohl in der Agrostadt A als auch in der Agrostadt B erkennt man eindeutige Ballungen von Berufsgruppen, die in mehreren Fällen durch deutliche Abstände von einander getrennt werden, so daß sich verschiedene soziale Schichten herausbilden. Ballungen erkennt man, um nur einige Besispiele zu nennen, im Falle der Agrostadt A deutlich um die Rangstufe 3 vom Beruf des Kneipenbesitzers bis hin zum Maler, für die Agrostadt B gilt entsprechendes für die Berufe Bankangestellter (Rangstufe 4) bis hin zum Kneipenbesitzer (3.2). Ebenso sind in beiden Agrostädten im Bereich der Oberschichten jeweils zwei klare Ballungen auszumachen. Deutliche Abgrenzungen zwischen Schichten zeigen sich besonders ausgeprägt im Falle der Agrostadt A zwischen dem Gymnasiallehrer (5.1) und dem Grundschullehrer (4.5); ähnlich - wenn auch nicht so betont - ist der Abstand zwischen diesen Berufen in der Agrostadt B (0,4 Intervallstufen).

2. In der Agrostadt A fällt der Abstand ins Auge, der die Gruppe der Großagrarier (mit 5.96 Punkten in der Sozialeinschätzung) von der der Landarbeiter (1.04 Punkte) trennt; es ist praktisch der maximal mögliche. Berücksichtigt man neben den Landarbeitern (die allein schon mehr als 40% der Bevölkerung ausmachen) die ihnen benachbarten Gruppen, dann erhält man das Bild einer Gesellschaft, die durch eine breite Unterschicht und eine kleine aber mächtige Oberschicht bestimmt ist und in der die mittleren Schichten eine Minderheit bilden. Das Gesellschaftsmodell, wie es die Interviewten wahrnehmen, zeigt so das Profil einer dichotomen Struktur.

3. Im Falle der Agrostadt B ist der Abstand zwischen der obersten und der untersten Schicht weniger ausgeprägt. Die Elite und die mittleren Schichten zeigen eine komplexere Struktur. Die größte Häufung von Personen befindet sich in den Schichten, die in der üblichen Terminologie gewöhnlich als die untere Mittelschicht oder obere Unterschicht bezeichnet werden.

Noch ist es nicht möglich, in ähnlicher Weise die Ergebnisse bezüglich der Kontaktintensität zwischen den einzelnen Berufsgruppen bereits vorzustellen. Man kann nur sagen, daß sie die Tendenzen, die wir bereits herausgestellt haben, zu bestätigen scheinen: eine dichotome Gesellschaft in der Agrostadt A und eine zwar klar geschichtete aber differenziertere und flexiblere Gesellschaft in der Agrostadt B. Diese hier angeführten Resultate sind jedoch nicht mehr als erste quantitative Auswertungen, die nur der

Veranschaulichung dienen. Ihre detailliertere Vorstellung bleibt einer späteren Veröffentlichung vorbehalten.

Ursprünglich, d.h. als man an die Anwendung einer solchen Methode im Forschungsprojekt über andalusische Agrostädte dachte, waren die Ziele relativ bescheiden. Eigentlich wollte man nur über eine Reihe von Kriterien aus der Gemeinde selbst verfügen, um dann ihre Sozialpyramide herausarbeiten zu können, ohne ihr von außen ein ihr fremdes Werteschema aufprägen zu müssen. Als aber die ersten Probeinterviews stattfanden, erkannte man, daß sich eine gute Gelegenheit bot, eine Vielzahl von Informationen zu erhalten, sowohl beim systematischen Vorgehen als auch mittels der zahlreichen spontanen Bemerkungen, die die Interviewpartner hervorbrachten. Angesichts dessen wurden die Fragen zur sozialen Position weiter entwickelt, und es kamen dann die entsprechenden zur Häufigkeit der Kontaktaufnahme und den Orten und Gelegenheiten, an denen sie stattfinden, hinzu. Praktisch verlagerte sich der Schwerpunkt des Forschungsprojekts; und die hier vorgestellte Methode, die zunächst nur Nebenziel war, bekam ihre eigene Bedeutung, indem sie zum Kern der Untersuchung des sozialen Aufbaus der beiden Agrostädte wurde. Da aber diese Methode einen eminent perzeptiven Charakter aufweist, demzufolge die Bewohner gewissermaßen ihre Sicht der in der Gemeinde herrschenden Kräfteverhältnisse zum Ausdruck bringen, halten wir es für notwendig, diese Methode durch eine Reihe von objektiven Daten zu ergänzen; dabei kommen auch ihre Anwendungsmöglichkeiten zum Vorschein.

An erster Stelle steht natürlich die möglichst genaue Feststellung der Anzahl der Personen, die zu jeder Berufsgruppe gehören; die Zahlen der Volkszählung reichen im allgemeinen nicht aus und bedürfen einer Gegenüberstellung oder Ergänzung mit spezifischen Informationen über die verschiedenen Berufszweige. Wenn man die so erhaltenen Zahlen entsprechend der Sozialposition, die die Einwohner jedem Beruf beimessen, anordnet, erhält man die Sozialstruktur des Ortes in ihrer vertikalen Dimension. Hier kommt ebenfalls die Untersuchung der Wichtigkeit jedes Tätigkeitsfeldes im ökonomischen und sozialen Rahmen der Agrostadt zum Tragen. Ein weiterer interessanter Schritt ist die Analyse der sozialen Zusammensetzung der wichtigsten Gremien oder Organe der Gemeinde und besonders der soziokulturellen Vereinigungen wie Bruderschaften, Casinos, Clubs usw., wenn man die Prestige-Skala, die sich aus den Befragungen ergibt, auf die jeweiligen Mitgliederlisten anwendet. Gleichzeitig sollte man die Formen der Interaktion beobachten, wie sie in den verschiedenen Vereinigungen und anderen Orten der Begegnung auftreten. Dies alles bietet eine weitere Gelegenheit zu überprüfen, inwieweit die Meinung, die sich im Bewußtsein der Bewohner herauskristallisiert, der Wirklichkeit, wie man sie von außen beobachtet, entspricht.

Zum Schluß wollen wir auf eine weitere besondere Möglichkeit hinweisen, die hier vorgestellte Methode anzuwenden. Es handelt sich um Befragungen, in denen man die subjektive Schichtenzugehörigkeit ermitteln möchte. Bekanntlich bittet man bei diesen Befragungen den Interviewpartner darum, die soziale Schicht anzugeben, der er sich zugehörig fühlt, nachdem man ihm eine Reihe von klassischen Antwortmöglichkeiten geboten hat wie: Oberschicht, obere Mittelschicht, untere Mittelschicht, Unterschicht. Neben der Problematik solcher a-priori-Klassifikationen ist der Informationswert solcher Befragungen gering, denn es hat sich herausgestellt, daß die Leute dazu neigen, sich selbst in die Mittelschicht einzuordnen. Eine Lösungsmöglichkeit für dieses Problem bestände darin, die Frage anders zu formulieren, die globalen Bezeichnungen wie Oberschicht usw. durch ortsbezogene Berufsgruppen zu ersetzen, die - gemäß der hier beschriebenen Vorgehensweise - eine ähnliche soziale Position innehaben, die dem Interviewpartner aber nicht bekannt ist (vgl. dazu *Kleining/Moore* 1968: 509). Dieser sieht sich daher so einem anscheinend neutralen Schema gegenübergestellt, das zugleich einen konkreteren Bezugsrahmen bietet, um die Frage zu beantworten. Wenn die Mittel und die Zeit, die für die Untersuchung einer bestimmten Agrostadt zur Verfügung stehen, es gestatten, diese Methode anzuwenden, dürfte sich die Erforschung ihrer Sozialstruktur um eine neue Dimension erweitern; außerdem könnte man sehen, ob die Zusammensetzung der Bevölkerung, die über die Selbsteinstufung in eine bestimmte Berufsgruppe ermittelt wird, mehr oder weniger von den Ergebnissen abweicht, die man erhält, wenn man nur die objektiven Daten der Volkszählung oder aus anderer Quelle gemäß der bereits erhobenen Prestigeskala gliedert.

Zusammenfassung

Der hohe Grad an Ungleichheit und Verflechtung, der die Agrostädte prägt, verleiht der Untersuchung der in ihnen wirkenden sozialen Kräfte eine besondere Bedeutung. In diesem Aufsatz wird eine Methode vorgestellt, die den strukturellen Eigentümlichkeiten dieses Gemeindetyps Rechnung trägt. Einerseits nützt sie die Wahrnehmungsmöglich-keiten der Bewohner in einem sozialen Kontext, der durch intensive Kommunikation und einen hohen gegenseitigen Bekanntheitsgrad geprägt ist, andererseits werden die repräsentativsten Berufsgruppen jeder Agrostadt als Bezugseinheit gewählt, um sie sowohl unter dem Gesichtspunkt des Sozialprestiges als auch unter dem der Kontaktin-tensität zu analysieren. Die so auf subjektive Weise gewonnenen Informationen werden objektiven Daten gegenübergestellt.

Bibliographie

Bolte, K.M. / Hradil, St.: Soziale Ungleichheit in der Bundesrepublik Deutschland. Opladen 1988.

De Miguel, A.: Manual de estructura social de España. Madrid 1974.

Giordano, Chr.: Schichtungsstrukturen der süditalienischen Agrostadt im Spiegel des kollektiven Bewußtseins. Veröffentlicht in diesem Sammelband.

Kahl, J.A: The American Class Structure. New York 1957.

Kleining, G. / Moore, H.: Soziale Selbsteinstufung (SEE). Ein Instrument zur Messung sozialer Schichten. In: Kölner Zeitschrift für Soziologie und Sozialpsychologie 20 (1968), 502-552.

López-Casero, F.: Umschichtungsprozeß und sozialer Wandel in einer zentralspanischen Agrostadt. In: P. Waldmann / W.L. Bernecker / F. López-Casero (Hg.): Sozi-aler Wandel und Herrschaft im Spanien Francos. Paderborn 1984.

Mühlmann, W.E. / Llaryora, R.J.: Strummula siciliana. Ehre, Rang und soziale Schich-tung in einer sizilianischen Agrostadt. Meisenheim am Glan 1973.

Ossowski, St.: Die Klassenstruktur im sozialen Bewußtsein. Neuwied - Berlin 1972.

Pappi, F.U.: Sozialstruktur und soziale Schichtung in einer Kleinstadt mit heterogener Bevölkerung. In: Kölner Zeitschrift für Soziologie und Sozialpsychologie 25 (1973), 23-74.

Svalastoga, K.: Social Differentiation. In: R. Faris (Hg.): Handbook of Modern Socio-logy. Chicago 1964.

Warner, W. Lloyd u.a.: Social Class in America. New York 1960.

Übersetzung: Hildegard Kühlmann

III. STRUKTURELLE BESONDERHEITEN

Christian Giordano

SCHICHTUNGSSTRUKTUREN DER SÜDITALIENISCHEN AGROSTADT IM SPIEGEL DES KOLLEKTIVEN BEWUßTSEINS

Mehrere Reiseberichte aus dem XVII. und XVIII. Jahrhundert - darunter auch die berühmte "Italienische Reise" von *Goethe* - lassen den Eindruck entstehen, daß mediterrane Gesellschaften sozusagen "gentle societies" (*Gorer* 1974: 56) sind, die psychologisch durch das genießerische Element und soziologisch durch die horizontale und solidarische Symmetrie der Sozialbeziehungen gekennzeichnet werden.

Ob und inwieweit der Typus der "sanften" Gesellschaft tatsächlich empirisch vorkommt oder eine Idealisierung utopisch orientierter Denker ist, soll in diesem Zusammenhang nicht erörtert werden. Es soll lediglich festgehalten werden, daß mediterrane Gesellschaften - wie *M.-E. Handmann* anhand ihrer Untersuchung in einer griechischen Gemeinschaft gezeigt hat - geradezu ein Gegenstück zu den "gentle societies" darstellen (*Handmann* 1983: 158).

Goethe - um weiterhin mit diesem Autor zu argumentieren - war ein äußerst sorgfältiger Beobachter, so daß seine Berichterstattung subtile Ambivalenzen enthält, die bezeichnenderweise gerade am Ende seines Sizilienaufenthaltes explizit werden, als er von der "hämischen Tücke der Zeit" und dem "Groll der feindseligen Spaltungen" spricht (*Goethe* 1982, XI: 314).

Unter diesem Aspekt wird sich auch dieser Beitrag mit sozio-kulturellen Erscheinungen befassen, die gewiß nicht als "sanft" bezeichnet werden können und die im wesentlichen von der "hämischen Tücke der Zeit" sowie vom "Groll der feindseligen Spaltungen" als historisch geprägter Dimension des kollektiven Bewußtseins der Einwohner süditalienischer Agrostädte beeinflußt sind.

Die dichotomische Gesellschaftsauffassung

Die hierarchische Ontologie der Einwohner süditalienischer Agrostädte

Es ist das Verdienst des polnischen Soziologen *Ossowski*, energisch darauf hingewiesen zu haben, daß das Bild der geschichteten Gesellschaft nicht nur auf die theoretische Reflexion der Sozialwissenschaftler zurückgeführt werden kann (*Ossowski* 1962: 33). Die räumliche Metapher, wonach die Gesellschaft sich durch eine vertikale Ordnung charakterisieren läßt, in welcher einige Menschen "oben" und die anderen "unten" sind, entspringt also nicht lediglich der intellektuellen Tätigkeit von Wissenschaftlern, sondern auch den lebensweltlichen Erfahrungen der Gesellschaftsmitglieder selbst (*Ossowski* 1962: 33 ff.).

Für Ossowski als heterodoxen Marxisten stellt nun die Vorstellung der hierarchisch gegliederten Gesellschaft im Endeffekt eine transkulturelle Konstante dar, die als Bestandteil des universell vorhandenen "sozialen Bewußtseins" betrachtet werden kann.

In diesem Beitrag will ich mich nicht in erster Linie mit denjenigen Schichtungsstrukturen befassen, die in der Regel das Resultat theoretischer Konzeptualisierungen sind. Das Phänomen der Schichtungsstruktur im Spiegel des kollektiven Bewußtseins darf also nicht mit einem Schichtungsmodell verwechselt werden. Solche Modelle - Gradationsschemata, wie *Ossowski* sagen würde (*Ossowski* 1962: 55 ff.) - stellen Klassifikationsbestrebungen der Sozialwissenschaftler dar, wonach Gesellschaften in mehrere Schichten unterteilt werden. Eine Schicht besteht wiederum aus der "Gesamtheit der Individuen, die unter dem Gesichtspunkt eins oder mehrerer objektiver Kriterien der Klassifikation vergleichbar sind" (*Touraine* 1953, I: 25). Ob sich hinter diesem Anspruch auf Objektivität doch letztendlich die "Willkürlichkeit der getroffenen Einteilungen" (*Mühlmann* und *Llaryora* 1973: 5) versteckt, sei hier im Moment dahingestellt.

In diesem Beitrag soll dagegen die Gesellschaftsauffassung "von innen" erforscht werden, die aus einer "emischen" (*Goodenough* 1970: 108 f.) bzw. "intentionalen" (*Mühlmann* und *Llaryora* 1973: 5) Betrachtungsweise resultiert. Es geht also nicht darum, die "objektive" Stratifikationsstruktur festzustellen, sondern darum, die Rezeption und die Interpretationen der hierarchischen Gliederung nach dem "subjektiv gemeinten Sinn" der Handelnden selbst zu untersuchen.

Das Bild der geschichteten Gesellschaft ist nun ein wesentliches Element mediterraner Denkvorstellungen. Kritische Stimmen könnten freilich einwenden, daß die ethnographischen Quellen und die anthropologische Literatur die Existenz von egalitären Vorstellungen in diesen Regionen ausdrücklich erwähnen (*Davis* 1977: 110 ff.; *Ravis-Giordani* 1983: 295). Solche Gesellschaftsauffassungen scheinen jedoch im Endeffekt eine Ausnahme zu sein. Außerdem kann man sich des Eindrucks nicht erwehren, daß es sich dabei um eine "self-presentation" vor dem "Fremden" handelt. Es ist deshalb nicht ganz abwegig, anzunehmen, daß die Devise "hier sind

wir alle gleich" (it.: "qui siamo tutti uguali") eine von den "Unter-
suchungsobjekten" im Hinblick auf die Erwartungen des Forschers konstru-
ierte Version der bestehenden Gesellschaftsverhältnisse darstellt.

Dagegen sind die mediterranen Agrostädte geradezu durch eine Kultur der sozialen Ungleichheit charakterisiert. In Sizilien ist diese Kultur als
Paradigma mediterraner Gesellschaften und als Epizentrum mediterraner
Geschichtsprozesse so wesentlich, daß *Mühlmann* und *Llaryora* den Begriff
der "hierarchischen Ontologie" geprägt haben, den sie folgendermaßen
definieren: "ein durchgehendes Prinzip der axiologischen Geistesverfassung,
eine Denkweise, die wertend alles durchdringt und die zum Kriterium der
Bewertung von Menschen und Dingen schlechthin wird" (*Mühlmann* und
Llaryora 1973: 85). Anders formuliert: Hierarchische Ontologie ist demnach
die spezifische "Seinslehre", die Personen und Objekte in ein stufenartiges
System eingliedert, wobei jede Stufe mit einer bestimmten Bewertung verbunden ist (*Giordano* 1982: 65). Hier muß gleich betont werden, daß die
hierarchische Ordnung aus der Sicht der Mitglieder der Untergruppen nicht
unbedingt als ein idealer, sondern als ein unausweichlicher Zustand betrachtet wird. *Belluardo* hat für Sizilien auf Grund einer empirischen Untersuchung deutlich zeigen können, daß die dortige Bewertung von Autorität -
und daher auch von Hierarchie - sehr ambivalent ist. Rollen, die mit Macht,
Herrschaft und hohem Status versehen sind, d.h. Rollen, die im hierarchischen System eine hohe Position einnehmen, werden oft - insbesondere von
den Mitgliedern der Unterschichten - mit "Antipathie", "Ungerechtigkeit",
"Bestrafung" usw. assoziiert (*Belluardo* 1977: 85).

Die sizilianischen Unterschichten würden allerdings - wie *Belluardo*
hinzufügt - aktiv nichts unternehmen, um diese soziale "Ungerechtigkeit" zu
beseitigen. Zwar empfinden sie die vorgegebene hierarchische Struktur als
eine unabänderliche Gegebenheit, sie stellt jedoch kein Positivum dar
(*Belluardo* 1977: 95).

Hierarchische Ordnung als Konstante der Sozialwelt ist auch das
Leitmotiv der Lebensgeschichte eines lukanischen Bauern, die von *Scotel-*
laro gesammelt und literarisch aufgearbeitet wurde. Die Quintessenz dieser
Erzählung eines für die süditalienischen Agrostädte typischen Bewohners
ist in folgender Aussage zusammengefaßt:

"Jetzt müssen wir, die wir hier geblieben sind, mit den wirklichen
Sozialisten zurechtkommen, nicht mit den Kommunisten, die alle gleich
sein wollen, denn die Stellung einer Person muß respektiert werden. Es gibt

Unterschiede bei den Menschen und es gibt Unterschiede bei den Äckern und bei den Tieren: Wer groß und schön ist, verdankt dies einer naturgegebenen Eigenschaft" (*Scolletaro* 1977: 185).

Diese Passage zeigt - nebenbei bemerkt - nochmals, daß auf Grund dieser "natürlichen" Hierarchie demokratische Partizipation bzw. Emanzipation nicht möglich ist. Solche Strategien beruhen zwar auf ehrenwerten, jedoch weltfremden Utopievorstellungen, oder sie stellen absichtliche Betrugsversuche "schlauer" Politiker dar, die ihre Vormachtspositionen sichern, ausbauen und legitimieren wollen. Wie bereits gesagt, kann nun die Vorstellung der vertikal gegliederten Gesellschaft in Übereinstimmung mit *Ossowski* als Bestandteil des "sozialen Bewußtseins" angesehen werden. Allerdings ist die kulturanthropologische bzw. soziologische Konzeptualisierung der Schichtungsstruktur in der Regel differenzierter als die Gesellschaftsauffassung der Mitglieder eines bestimmten Sozialgebildes. Als Abbild der sozialen Realität konstruiert der Sozialwissenschaftler also komplizierte Schichtungssysteme, die durch einfache bzw. synthetische Gradationsschemata gekennzeichnet sind (*Ossowski* 1962: 58 ff.). Die Mitglieder der meisten Gesellschaften zeigen dagegen die Tendenz, die soziale Realität als zweigliedrig aufzufassen (*Ossowski* 1962: 38 ff.). Nach diesem dichotomisch-asymmetrischen Modell wird die Gesellschaft einfach in zwei Gruppen aufgeteilt, die hierarchisch geordnet sind.

Ossowskis Auffassung kann auch für die Gesellschaft der süditalienischen Agrostädte gelten, denn es wäre falsch, von einer vielstufigen "hierarchischen Ontologie" auszugehen. Ein aufschlußreiches Beispiel für das bipolare Bild der Sozialwelt in der genannten Region ist die von *Sciascia* zitierte Redewendung aus seinem Geburtsort, einer Agrostadt der Provinz Agrigento: "Wer unten ist, knotet die Fäden." ("Cu è sutta aggruppa li fila", *Sciascia* 1984: 49). Dies besagt wörtlich, daß derjenige, der unter dem Webstuhl die Fäden der Teppiche verknotet, minderwertige Arbeit verrichten muß.

Es gibt also Menschen, die lediglich die Fäden knoten, und Menschen, die weben und daher auch das Teppichmuster bestimmen. Auf die Sozialwelt übertragen ergibt sich daraus ein Hinweis auf die hierarchische Gliederung der Gesellschaft. Sie besteht aus zwei Gruppen, einer unteren von Beherrschten, Schikanierten und Diskriminierten und einer oberen von Herrschern, Ausbeutern und Unterdrückern. Der Webstuhl mit dem Teppich steht als Symbol für die horizontale Grenze zwischen "unten" und "oben".

In diesem Zusammenhang könnte man viele weitere ethnographische Belege anführen, die - wie beispielsweise die Sprichwörter zum Thema der sozialen Ungleichheit (*Pitrè* 1978, I: 247 ff.) - die Existenz einer dichotomisch strukturierten "hierarchischen Ontologie" im kollektiven Bewußtsein der süditalienischen Gesellschaft bestätigen würden.

Es ist jedoch interessanter festzuhalten, daß die hierarchische Ontologie der süditalienischen Gesellschaft aus einem ganzen System von Bipolaritäten besteht, wobei, in Übereinstimmung mit verschiedenartigen Einstufungskriterien, nach sozial "Besseren" und sozial "Schlechteren" unterschieden wird.

Es könnte nun entgegengehalten werden, daß die hierarchische Ontologie nicht nur ein konstitutives Element der kollektiven Denkinhalte im "Mezzogiorno", sondern eine viel allgemeinere Erscheinung ist. Ein solcher Einwand - wie auch die generalisierende Betrachtungsweise *Ossowskis* bestätigt - kann gar nicht bestritten werden. Es muß aber zugleich betont werden, daß die süditalienische Spezifität nicht in der bipolaren Gesellschaftsauffassung, sondern in der inhaltlichen Gestaltung der Gegenüberstellungen zu suchen ist.

Diese Dichotomien im kollektiven Bewußtsein der Einwohner süditalienischer Agrostädte werden nach unterschiedlichen Gesichtspunkten festgelegt. So gibt es zum einen soziale Kriterien wie etwa im Falle der grundlegenden Bipolaritäten, die in diesem Beitrag vorgestellt werden, zum anderen aber auch sozialmoralische Kriterien wie etwa bei der Dichotomie zwischen "Ehrbaren" und "Schamlosen" und biologische, z.B. bei der Gegenüberstellung von Männern und Frauen. In den süditalienischen Agrostädten prägen die sozialmoralischen und biologischen Kriterien freilich auch die hierarchische Gesellschaftsauffassung sowie die konkrete Sozialwelt als geschichtete Wirklichkeit.

In der Folge werden daher drei Dichotomien vorgestellt, wobei es zunächst um jene bipolare Vorstellung gehen soll, die die Gesellschaft in Personen, für die man arbeitet, und in Personen, die arbeiten, unterteilt.

Jene, für die man arbeitet, und jene, die arbeiten

Ossowski betrachtet diese Dichotomie als ein Phänomen des sozialen Bewußtseins mit transkulturellem Charakter. Diese bipolare Gesellschaftsauffassung ist darüber hinaus so verbreitet, daß sie von mehreren Sozialphilosophen und Dichtern mit der Metapher der "Bienen und Drohnen" thematisiert wurde (*Ossowski* 1962: 40 ff.). Der eigentliche Theoretiker dieser dichotomischen Vorstellung war allerdings *Saint-Simon* mit seiner klassischen Unterscheidung zwischen der "classe paresseuse" und der "classe travailleuse" (*Ossowski* 1962: 42 f., 155 f.; *Schluchter* 1985: 20 ff.). Auch aus der Sicht der Einwohner süditalienischer Agrostädte und insbesondere aus der Sicht der Bauernschichten ist die Gesellschaft in zwei Gruppen gespalten: in Menschen, die arbeiten, und in Menschen, für die man arbeitet und die demzufolge selbst nicht zu arbeiten brauchen (*Colclough* 1969: 117).

Nach einer solchen Gesellschaftsauffassung stellt die Verrichtung von Arbeit das hierarchisch gliedernde Prinzip dar. Unter Arbeit versteht man in der süditalienischen Gesellschaft allerdings körperliche Arbeit, die auf Grund des agrarischen Charakters der Region noch immer mit Landarbeit gleichgesetzt wird. Dabei ist entscheidend, daß eine solche körperliche Tätigkeit zwar als notwendig, jedoch gleichzeitig auch als erniedrigend und unwürdig betrachtet wird (*Tentori* 1971, III: 110). *Sciascia* berichtet in diesem Zusammenhang von einer institutionalisierten Redewendung (siz.: "Buono facisti ca ti nni isti") aus seinem sizilianischen Geburtsort, wonach diejenigen, die sich von der "Sünde" des körperlichen Tuns - in welcher Form auch immer - befreien, immer auf Zustimmung ihres sozialen Umfelds rechnen können, d.h. positiv sanktioniert werden (*Sciascia* 1984: 35).

Man könnte diese Haltung gegenüber der körperlichen Arbeit nun für ein Spezifikum der süditalienischen Oberschichten, d.h. der Klasse der "civili" oder "galantuomini", halten; es wäre andererseits vergeblich, z.B. bei rural orientierten Unterschichten ein Ethos der Landarbeit zu suchen. *Gasparini*, der eine Untersuchung zum "Image" der eigenen Arbeit bei nord- und süditalienischen Landwirten durchgeführt hat, mußte beispielsweise feststellen, daß die Landarbeit im "Settentrione" in signifikanter Weise positiver als im "Mezzogiorno" bewertet wird (*Gasparini* 1978: 280). Im Gegensatz zu den süditalienischen Landwirten betrachten die Bauern im Norden ihre zwar heutzutage weitgehend mechanisierte, jedoch noch immer zum manuellen Bereich gehörende Tätigkeit als sicher, einfach und gesund (*Gasparini* 1978: 281). Schließlich zeigt diese Untersuchung explizit, daß die Aversion gegen die Landarbeit in Süditalien vielleicht gerade auch auf Grund des geringen Mechanisierungsgrades ziemlich ungebrochen weiterbesteht. Trotz dieser grundsätzlichen Abneigung erscheint es besser, arbeiten zu müssen, als nicht arbeiten zu können (*Di Bella* 1987). Arbeitslosigkeit empfinden die unteren Schichten als einen unerträglichen

Zustand, mit demjenigen des Bettlers vergleichbar. Der Bettler steht entsprechend - wie auch *Pitt-Rivers* beobachtet hat - auf der niedrigsten Position im Statussystem der süditalienischen Gesellschaft (*Pitt-Rivers* 1977: 103). Der Bettler und der Arbeitslose, die konstant auf die Fürsorge anderer Menschen angewiesen sind, dürfen weder mit dem armen Latifundienarbeiter, der beim Wandern von Großgrundbesitz zu Großgrundbesitz ab und zu karitative Hilfeleistungen in Anspruch nimmt, noch mit dem "schlauen Schelm", der die raffinierten Regeln der Kunst des Überlebens (it.: "arte di arrangarsi") perfekt beherrschaft, verwechselt werden. Bettler und Arbeitslose besitzen letztlich keine Ehre, sie gehören in der Regel zu den "Schamlosen". Sie sind keine "uomini d'onore", vor allem weil sie ihrer Familie keine sichere und würdige Existenz bieten können.

Bettler und Arbeitslose stellen als gesellschaftliche "Parias" die negative Bezugsgruppe für die anderen sozialen Schichten dar, nach der man sich keinesfalls richten sollte. *Di Bella* hat also recht, wenn sie behauptet, daß die Chance einer manuellen Tätigkeit die Berechtigung zur "Kursnotierung an der Reputationsbörse" süditalienischer Gemeinden verschafft (*Di Bella* 1987).

Es muß jedoch gleichzeitig darauf hingewiesen werden, daß das Selbstbild der ruralen Unterschichten in süditalienischen Agrostädten im Gegensatz zu dem der klassischen "peasant societies" (*Redfield* 1973: 60 ff.) nicht positiv ist. Wie wissenschaftliche Untersuchungen (*Lopreato* 1965: 306) und belletristische Zeugnisse (*Levi* 1978; *Silone* 1980) hervorheben, fühlt sich der meridionalitalienische "contadino" letztendlich minderwertig, denn er verrichtet eine manuelle Tätigkeit, die mit der Arbeit von Lasttieren vergleichbar ist.

Auf Grund dieses negativen Selbstbildes, dessen Entstehung in Zusammenhang mit der Verachtung körperlicher Arbeit gesehen werden muß, sucht der süditalienische "contadino" seine positive Bezugsgruppe stets außerhalb der eigenen Schicht (*Wichers* 1964). Er identifiziert sich mit Idealen und Verhaltensmodellen, die einerseits geradezu eine Umkehrung seiner Lebensweise darstellen und andererseits typisch für die "classe paresseuse" sind. So ist dieses Phänomen in der Gesellschaft des "Mezzogiorno" besonders ausgeprägt, die dortigen bäuerlichen Schichten sehen ihre positive Bezugsgruppe in den rentenkapitalistisch orientierten "galantuomini" bzw. "civili".

Das Handeln der süditalienischen "galantuomini" bzw. "civili" richtet sich nun nach absentistisch-urbanen Leitbildern. Das moralische und zugleich materielle "Otium" (*Tentori* 1954: 7) in den Großstädten, d.h. in den Zentren, wo - aus der Perspektive der erwähnten Schicht - die geistige Tätigkeit sowie die guten Manieren der "Menschen von Welt" herrschen, also die "Kultur" schlechthin stattfindet, bildet ein so ausgeprägtes Lebensideal, daß man bereit ist, dafür sogar die langsam fortschreitende Dekadenz der eigenen Familie in Kauf zu nehmen.

Die spezifisch sizilianische Konzeption des "ozio dignitoso" bzw. der "dignità oziosa" (*Giordano* 1982: 66) beinhaltet insbesondere die Vorstellung, daß man geistige und manuelle Arbeit erst im Falle äußerster ökonomischer Not verrichten sollte. Das Land, das Leben auf dem Lande und vor allem die körperliche Arbeit sind somit die drei "Schreckgespenster" des süditalienischen "galantuomo", denen man nur durch urbanes "Otium" entgegenwirken kann. Die bäuerliche Fixierung auf die "classe paresseuse" kollidiert deshalb zweifelsohne auch mit einer positiven Einstellung zur Arbeit im allgemeinen und speziell zur Landarbeit als manueller Tätigkeit, die die Hände schmutzig macht. *Di Bella* ist also nicht uneingeschränkt zuzustimmen, wenn sie in der süditalienischen Gesellschaft eine gegensätzliche Bewertung der Arbeit, vor allem manueller Beschäftigungen, durch die "classe paresseuse" einerseits und die "classe travailleuse" andererseits feststellen will (*Di Bella* 1987).

Für die bäuerlichen Schichten des "Mezzogiorno" gilt, wie bereits angedeutet, das Prinzip, daß es immer noch besser ist, arbeiten zu müssen, als nicht arbeiten zu können, denn nur so kann die materielle Existenz gesichert werden. Optimal erscheint jedoch nach wie vor der Zustand, bei dem auf Grund ausreichender ökonomischer Ressourcen keine Notwendigkeit mehr besteht, zu arbeiten.

Wie *Mosca* bereits in Anlehnung an den biblischen Satz "molti sono i chiamati, sempre pochi sono gli eletti" festgestellt hat (*Mosca* 1980: 63), kann nur eine kleine Minderheit, die aus einem Teil der "galantuomini" und der wenigen Parvenus besteht, es sich leisten, das Ideal des "Otium" tatsächlich zu verwirklichen. Die anderen müssen arbeiten, und ihre Beschäftigung wird unterschiedlich bewertet, denn Arbeit ist nicht gleich Arbeit. Generell gilt, daß die "saubere", geistige Arbeit in einem urbanen Milieu der manuellen Landarbeit im Freien überlegen ist.

Man könnte nun meinen, daß diese Hierarchie der Arbeit auch mit der finanziellen Entlohnung korreliert. Tatsächlich ist ein urbaner Beruf, der nicht direkt mit manuellen Tätigkeiten verbunden ist, im Normalfall finanziell einträglicher als Landarbeit. Die materielle Seite sollte allerdings nicht allzu stark betont werden, denn sie ist in den Augen der Betroffenen zwar wichtig, jedoch nicht ausschlaggebend. Der schlecht bezahlte Pedell einer Schule bzw. der ebenso schlecht bezahlte Aktenträger einer Gemeinde besitzt auf Grund seines "sauberen" Berufes mehr Prestige als der reiche Bauer, der seinen Hof selbst führt. Die beschriebenen Kulturmuster sind allerdings weder als Anachronismen noch als endgültig vergangene Tradition archaischer Gesellschaftsformen zu betrachten.

Als Alternative zum "verfluchten" Schicksal im ruralen Milieu gelten heutzutage mehr und mehr die Tätigkeiten im Tertiärsektor. Dabei spielt freilich die Arbeit im öffentlichen Dienst eine herausragende Rolle. Die Maßnahmen im Rahmen der "economia assistita" und speziell die großzügige Verteilung von Renten und Subventionen sowie die staatlich tolerierte Aufblähung der öffentlichen Verwaltung, die die italienische Wirtschaft, wie häufig beklagt wird, erheblich belastet, stellen somit eine besonders gute Gelegenheit dar, das erwähnte Arbeitsideal realisieren zu können. Einerseits garantieren die Renten und Subventionen zwar nur eine bescheidene Existenz nach dem Leitbild des "Otium", andererseits ist die sogenannte "terziarizzazione pubblica" die beste Chance, der verpönten manuellen Arbeit zu entfliehen. Das erbitterte Ringen um die Leistungen des Staates im Zusammenhang mit der "economia assistita" darf daher nicht ausschließlich als ein Kampf um finanzielle Ressourcen interpretiert werden. Dieser Antagonismus ist zugleich ein Zeichen für die auf den erwähnten Kriterien beruhende aktuelle "politics of reputation" (*Bailey* 1971: 2) innerhalb der süditalienischen Gesellschaft.

Die dichotomische Auffassung einer Einteilung der Menschen in jene, für die man arbeitet, und jene, die arbeiten, beinhaltet in der süditalienischen Gesellschaft neben der spezifischen Einstellung zur manuellen Arbeit noch ein weiteres wesentliches Leitbild. Die erwähnte Bipolarität wird nämlich von den Handelnden selbst nach Urbanitäts- bzw. Ruralitätskriterien umformuliert. Auf Grund dieser Kriterien wird die Gesellschaft im kollektiven Bewußtsein konsequenterweise zweigeteilt, nämlich in die sozial "Besseren", diejenigen, für die man arbeitet, d.h. die "gente di città", und die sozial "Schlechteren", diejenigen, die arbeiten, d.h. die "Menschen vom Lande" (*Belluardo* 1977: 62 ff.).

Die süditalienischen "galantuomini" als spezifisch urbane Menschentypen sind demnach Personen, die das Sitten-, Konventionen- und Normensystem durchgängig erfüllen. Sie wissen in jeder Situation genau, wie sich der "Mann von Welt" verhalten muß. Wohlanständigkeit, kosmopolitischer Geist und vor allem humanistische Bildung sind weitere wesentliche Qualitäten. Der "galantuomo" besitzt demzufolge "cultura", so daß ihm - besonders in Sizilien - ein "zivilisierter" Charakter schlichtweg zugeschrieben wird. "Cultura", d.h. "Zivilisation" als positiver Begriff im Sinne der romanisch-mediterranen Tradition, ist daher von Urbanität nicht zu trennen.

Das urbane Ideal der humanistischen "cultura" als Quintessenz der "Zivilisation" bedeutete für den "Mezzogiorno" letztlich eine gravierende Entwicklungsbarriere, die den Erfolg der Reformstrategien - vor allem der staatlich gelenkten Industrialisierungsbestrebungen - erheblich beeinträchtigte, denn solche Projekte wurden als "tecnica" abgewertet (*Friedmann* 1960: 79 ff., 148 ff.; *Giordano* 1986).

Das Gegenbild des beschriebenen Menschentypus ist der "contadino". Als typischer Vertreter der "gente di campagna" gilt er, wie *Belluardo* in seiner Untersuchung in der Provinz Ragusa (Sizilien) festgestellt hat, als dreckig, tierisch, ignorant und fatalistisch (*Belluardo* 1977: 72). In Süditalien wird er auch "villano" bzw."cafone" genannt, womit der ländliche Grobian gemeint ist, der keine Erziehung und keine guten Manieren kennt. Diese Bezeichnungen haben eine deutlich pejorative Konnotation, in der die Stigmatisierung der "gente di campagna" explizit zum Ausdruck kommt (*Silone* 1980).

Die dichotomische Spaltung zwischen "galantuomini"/"civili" und "villani"/"cafoni" läßt sich in den sizilianischen Agrostädten auch an der Kleidung festmachen. Die "galantuomini", d.h. die zivilisierte "classe paresseuse", trugen bis vor kurzem noch Hüte und werden dementsprechend als "cappeddi" tituliert. Die "gente di campagna", d.h. die primitive "classe travailleuse", hatten dagegen nur eine Mütze auf, so daß sie oft mit dem stigmatisierenden Spitznamen "birritta" bezeichnet werden (*Gower-Chapman* 1973: 53; *Mühlmann* und *Llaryora* 1973: 73).

Die bipolare Gegenüberstellung von "gente di città" und "gente di campagna" deutet darauf hin, daß in der Gesellschaft des "Mezzogiorno" Urbanität einen zentralen Wert darstellt (*Silvermann* 1968: 16; *Pitkin* 1963: 128). *Redfield* betont nun, daß "peasant cultures" sich durch ihre Ambivalenz gegenüber Urbanität auszeichnen. Die Bauern begegnen städtischen Lebensformen mit gemischten Gefühlen, nämlich mit Mißtrauen und Wertschätzung zugleich (*Redfield* 1956: 140). Die süditalienischen "contadini" weichen von *Redfields* Charakterisierung allerdings insofern ab, als sie - ähnlich wie die übrigen Gesellschaftssegmente - das urbane Siedlungsgefüge als Zentrum der "cultura" und des "zivilisierten" Lebensstils bedingungslos bewundern (*Silverman* 1968: 17). Wie der Spaltung zwischen der "classe paresseuse" und der "classe travailleuse" liegt auch der Bipolarität zwischen den "gente di città" und den "gente di campagna" eine urbane Ideologie zugrunde, die den "contadini" suggeriert, die "Menschen aus der Stadt" als positive Bezugsgruppe zu definieren. So versuchen die "Menschen vom Lande" stets, die Urbanität des anderen Pols der Dichotomie zu imitieren und zu assimilieren.

Bestimmte hypermodernistische Verhaltensorientierungen und Konsumgewohnheiten der Unterschichten in den süditalienischen Agrostädten scheinen eine aktuelle Variante dieser Nachahmungsbestrebungen zu sein. In ihrer oft übertriebenen Form stellt diese Transformation der Chiffren letztlich ein überprägnantes Imitationsmuster dar, das - wie *Belluardo* psychologisch formuliert - als Kompensation für das jahrhundertelange Statusdefizit interpretiert werden kann (*Belluardo* 1977: 56). In Anbetracht der genannten Fakten können die Zeichen für den von den Agrarreformplanern postulierten "contadino autonomo" nur schlecht stehen (*Greverus* 1986: 490 f.).

Die zentrale Bedeutung von Urbanität, die die ideologische Grundlage der vorgestellten Dichotomie darstellt, läßt sich nun anhand weiterer Aspekte, die hier lediglich skizziert werden können, untermauern. In diesem Zusammenhang muß angemerkt werden, daß die Agrostadt, d.h. die spezifische Siedlungsform im meridionalitalienischen Raum, geradezu als eine "Materialisierungsform" der urbanen Aspirationen der Gesamtbevölkerung betrachtet werden kann (*Blok* und *Driessen* 1984: 115).

Vom soziologischen Standpunkt aus sind also in den Agrostädten des "Mezzogiorno" sämtliche Elemente der Schichtungsstruktur als "gedachter Ordnung" vertreten. Man begegnet folglich sowohl "jenen, für die man arbeitet", als auch "jenen, die arbeiten" bzw. anders formuliert: Man trifft sowohl auf die "gente di città" als auch auf die "gente di campagna".

Die Entstehung der Agrostädte in Süditalien und im Mittelmeerraum resultiert sicherlich auch aus psycho-historischen Ursachen, wie der Angst vor feindlichen Überfällen, aus ökonomischen Kalkülen, wie bei der Gründung der sizilianischen "città nuove" im Laufe des Ausdehnungsprozesses der Latifundienwirtschaft während der "Preisrevolution" im XVII. Jahrhundert, aus geomorphologischen Bedingungen, wie der Nähe von Wasserquellen, und schließlich aus gesundheitlichen Zwängen, wie dem Rückzug aus malariaverseuchten Gebieten (*Blok* 1969: 121 ff.). Dies erklärt zwar in sinnvoller Weise die Genese, jedoch nur teilweise die Persistenz der Agrostadt als urbanem Siedlungsgefüge in der heutigen Zeit, in der die genannten Voraussetzungen nur noch partiell Gültigkeit besitzen. Die genetischen Motive, die zweifelsohne als "inkarnierte Erfahrungen" (*Mühlmann* 1962) in den Tiefenschichten des "kollektiven Gedächtnisses" nachwirken, müssen daher in Kombination mit den aktuellen Kontinuitätsursachen gesehen werden. Prima facie ist es insofern plausibel, einen Zusammenhang zwischen der Persistenz von Agrostädten und der Urbanität als kulturellem Leitbild sämtlicher sozialer Gruppen herzustellen. Neben den wenigen großstädtischen Gebilden scheint demnach diese typisch süditalienische Siedlungsform auf Grund bestimmter äußerlicher Merkmale sowie sozialer Institutionen ("passeggiata", "corso", "piazza", "casino", "circolo" usw.), die den Agrostädten den ausgeprägt "zivilisierten" Charakter verleihen, einer Verwirklichung der urbanen Aspirationen aller Schichten am besten zu entsprechen (*Blok* und *Driessen* 1984: 115).

Sowohl die "classes travailleuses" als auch die "classes paresseuses" wohnen immer noch lieber in der Agrostadt selbst als in den Außenbezirken (*Giordano* und *Greverus* 1986). Insbesondere diese urban orientierte Präferenz bestätigt nochmals, daß die "Menschen vom Lande" aus dem "Mezzogiorno" - um auf die Terminologie von *Halbwachs* zurückzugreifen - mehr mit den "hommes des villes" als mit den "villageois" gemein haben.

Die gescheiterte Umsiedlungspolitik der Agrarreforminstanzen bestätigt nochmals die aktuelle Vorliebe der "classe travailleuse" für urbane Siedlungsmuster. Bekanntlich weigerten sich die "Menschen vom Lande", in die vor allem im "Mezzogiorno" neugeschaffenen ruralen Dörfer zu ziehen. Es ist möglich, daß die "borghi" der italienischen Agrarreform technisch unzureichend geplant und nur bruchstückartig verwirklicht worden sind. Die fehlende Urbanität dieser Siedlungen, die sogar dem oberflächlichen Betrachter auffällt, spielte bei der eindeutigen Ablehnung seitens der "gente di campagna" zweifelsohne eine maßgebliche Rolle. Die Differenz zwischen dem projektierten Modell, das auf norditalienischen Ruralitätsvorstellungen beruhte, und dem Bedürfnis nach urbaner Tradition war eindeutig zu groß. Dies unterstützt *Silverman* mit dem Argument, daß selbst die wenigen "contadini", die in den "borghi" wohnhaft sind, die alte urbane Orientierung beibehalten haben, indem sie nach wie vor sowohl am politisch-administrativen als auch am sozialen Geschehen ihrer angestammten Agrostädte regelmäßig teilnehmen (*Silverman* 1971: 74).

Die aktuelle Vorliebe der Süditaliener für die Großstadt bzw. für die Agrostadt kommt auch in den Ergebnissen der vom Institut für Kulturanthropologie und Europäische Ethnologie in Sizilien durchgeführten Untersuchung deutlich zum Ausdruck. Unser "Siedlungstest", den wir im Jahre 1983 in fünf sizilianischen Gemeinden sowie in einer deutschen Kleinstadt mit starker Präsenz von Migranten anwandten, ergab, daß die große Mehrheit der Befragten, unabhängig von der jeweiligen Schichtzugehörigkeit, die urbane, von der Piazza dominierte Siedlung vor den großstädtischen Hochhausvierteln als ideale Wohnmöglichkeiten präferieren. Eine ausgesprochen negative Beurteilung erhielten dagegen Siedlungstypen, die mit Ruralität assoziiert wurden (*Giordano* und *Greverus* 1986).

Die Reichen und die Armen

Im ersten Augenblick wirkt diese dichotomische Spaltung wie ein banaler Gemeinplatz. Die Bipolarität zwischen Reichen und Armen ist im sozialen Bewußtsein so vieler Gesellschaften verankert, daß sie selbst dem Forscher als fraglos gegeben erscheint (*Ossowski* 1962: 38). *Ossowski* macht in diesem Zusammenhang auf ein zweites Phänomen genereller Art aufmerksam; er betont nämlich, daß die Gegenüberstellung von "reich" und "arm" innerhalb eines konkreten Systems kollektiver Denkinhalte durchaus mit anderen zweigliedrigen Spaltungen zusammenhängen kann (*Ossowski* 1962: 39).

Dies gilt auch für die süditalienische Gesellschaft, denn hier lassen sich ebenso Kausalitäten zwischen der Dichotomie von "classes paresseuses" und "classes travailleuses" einerseits und von Reichen und Armen andererseits feststellen. So gelten im "Mezzogiorno" folgende Überzeugungen: "Wenn

Leute reich sind, brauchen sie nicht zu arbeiten" und "wenn Leute nicht arbeiten müssen, dann sind sie reich".

Der angeführte Kausalzusammenhang ist keine linguistische Spitzfindigkeit, sondern ein Hinweis darauf, daß Reichtum als wesentliche Voraussetzung für die Realisierung des urbanen Lebensideals betrachtet wird. Grundsätzlich gilt die Annahme, daß die "cultura" der "gente di città" ohne ökonomischen Wohlstand nicht verwirklicht werden kann. In diesem Sinne stellt Reichtum in der süditalienischen Gesellschaft ein zentrales statusbildendes Kriterium dar (*Davis* 1977: 75). Die ethnographischen Quellen bestätigen den hohen Stellenwert von Reichtum insbesondere bei den süditalienischen Unter- und Mittelschichten, für die er noch vor anderen positiv priviligierenden Attributen, wie etwa Schönheit bzw. aristokratischem Ursprung, rangiert. Wenn ökonomischer Wohlstand fehlt, erscheint sogar Gesundheit fast als Krankheit (*Pitrè* 1978, III: 36).

Selbstverständlich wird Reichtum stets in Kontrast zu Armut gesehen. Armut ist somit das negative Pendant zu ökonomischem Wohlstand und wird entsprechend bewertet. Im Gegensatz zum Reichen, der mit positiven Qualitäten wie "erfolgreich", "mächtig", "geschätzt", "gebildet" und "schlau" ausgestattet ist, gilt der Arme als "verachtenswert", "ignorant", "dumm", "lästig" usw. (*Pitrè* 1978, III: 251 ff.; *Pitrè* 1978 a: 187 f.). Reichtum wird schließlich auch manchmal im Zusammenhang mit und als Konsequenz aus der geistigen Überlegenheit der Wohlhabenden gesehen. Im kollektiven Gedächtnis der "meridionali" wird Armut demzufolge meist mit einem intellektuellen Defizit assoziiert (*Di Bella* 1984: 197). Obwohl das ethnographische Material in einigen Fällen etwas widersprüchlich ist, läßt sich für die süditalienische Gesellschaft keine grundsätzliche Ausrichtung nach dem Leitbild der "heroischen Armut" konstatieren, wie dies von *Gesemann* für das agro-pastorale Montenegro herausgearbeitet wurde (*Gesemann* 1943: 93 ff.). Im "Mezzogiorno" kann die stigmatisierende Armut kaum durch Tugenden wie Tapferkeit, heldenhaftes Verhalten, Mut usw. ausreichend kompensiert werden.

Es stellt sich nun die Frage, was die Bewohner süditalienischer Agrostädte unter Reichtum und Armut verstehen, nach welchen Prinzipien also die bipolare Spaltung der Gesellschaft in Reiche und Arme aus der Sicht der Betroffenen vollzogen wird.

Besitz gilt in der süditalienischen Gesellschaft als das eigentliche Kriterium, um ökonomischen Wohlstand sowie sein Gegenteil zu definieren, so daß die gesamte Dichotomie auch als Gegenüberstellung von "Besitzenden" und "Besitzlosen" interpretiert werden kann. Um mit der Terminologie von *M. Weber* zu sprechen, bestimmen primär die Besitzunterschiede und nicht die Chancen der Marktverwertung von Gütern und Leistungen die Klassenlage der Bewohner süditalienischer Agrostädte (*Weber* 1956: 177 f.).

Nimmt man nun Bezug auf die positiv priviligierten Gruppen, d.h. auf die "Reichen", dann ist es naheliegend, daß im meridionalitalienischen Gesellschaftsgefüge der Typus des Rentiers und nicht der des rationalkapitalistisch orientierten Unternehmers vorherrschend ist.

Bei der Definition des sozialen Ranges einer Person sind Erwerbschancen also nicht so wichtig wie Besitzchancen; Geld ist daher weniger bedeutungsvoll als unbewegliche Güter (Ländereien, Häuser usw.) bzw. Tiere.

Besitz als konstitutives Einstufungskriterium für die Bipolarität zwischen "reich" und "arm" spielt also im kollektiven Bewußtsein der süditalienischen Gesellschaft eine außerordentlich wichtige Rolle. Es ist deshalb kaum erstaunlich, daß im "Mezzogiorno" ein "sentimento quasi mistico del possesso" (*Simioni* 1970: 30) vorherrscht.

Mühlmann und *Llaryora* vertreten dieselbe Meinung, wenn sie dem Besitz die Qualität einer "überwertigen Idee" zuschreiben (*Mühlmann* und *Llaryora* 1973: 114; *Fiore* 1978: 75). Der kalabrische Schriftsteller *Strati* hat dieses Thema literarisch meisterhaft verarbeitet. Er betont, daß "man" erst dann "ist", wenn "man hat". Das "Haben" bestimmt also das "Sein" und demnach letztendlich auch die gesamte Identität einer Person.

Diesem Leitbild folgend, sucht jeder Handelnde mit besessener Obstination die Besitzchancen an sich zu reißen und für sich zu monopolisieren. Im italienischen "Mezzogiorno" und besonders in Sizilien, wo dieses Verhaltensmuster anscheinend am stärksten verbreitet ist, spricht man in diesem Zusammenhang von "roba". "Roba" als Inbegriff für beweg- und unbewegliche Güter enthält stets die Konnotation von Raff- und Raubgier. Dementsprechend wird "roba" nicht einfach erworben, sie wird zugleich immer weiter angehäuft, auch wenn dafür keine direkte Notwendigkeit besteht.

Literarisch ist dieses Verhaltensmuster bekanntlich von mehreren Schriftstellern wie etwa *Verga, Tomasi di Lampedusa* und *Strati* beschrieben worden. Die Argumentation *Stratis*, der sich auf die Verhältnisse im modernen Kalabrien bezieht, ist in vielerlei Hinsicht interessant. Dieser Autor

zeigt in seinem sozialkritischen Roman "Il Diavolaro", daß die Übersteigerung des Besitzmotives als raffgieriges Anhäufen von "roba" nicht alle
Mitglieder der Gesellschaft gleichermaßen erfaßt. Erst wenn schon ein
Stückchen Land bzw. Hosen, die die "Arschbacken bedecken" (*Strati* 1979:
77) vorhanden sind, wird man von der fast krankhaften Sucht nach "roba"
befallen. "Roba"-Gier ist also soziologisch formuliert ein schichtspezifisches
Phänomen, denn es betrifft eher die bereits "Besitzenden" als die "Besitzlosen". Die Beschreibung Stratis deckt sich mit den ethnographischen
Materialien und vor allem mit den sozialgeschichtlichen Daten. Für Sizilien
wollen *Mühlmann* und *Llaryora* einen Zusammenhang zwischen der Entstehung der "roba"-Mentalität und dem Aufstieg der "gabelloti" und "massari"
sehen, die seit dem XVII. Jahrhundert die Latifundien der absentistischen
Aristokratie gepachtet bzw. übernommen hatten (*Mühlmann* und *Llaryora*
1973). Der schichtspezifische Charakter des "roba"-Motivs kommt auch in
der süditalienischen Sozialgeschichte des XIX. Jahrhunderts deutlich zum
Ausdruck. Die "roba"-Mentalität war somit ein Charakteristikum der
aufsteigenden Agrarbourgeoisie, die sich, dank geschickter Manipulations-
praktiken bei den Umverteilungsmaßnahmen feudaler, kirchlicher und
dominaler Güter eines Latifundiums nach dem anderen bemächtigen
konnte (*Giordano* 1986).

Sich für materielle Güter abzuarbeiten, erschien dem absentistischen
Hochadel unwürdig. Die landlosen Unterschichten waren mit ihrem täglichen Existenzkampf zu sehr beschäftigt, um ernstlich an "roba" denken zu
können. Die "roba"-Mentalität scheint daher - wie dies *Strati* auch für das
moderne Kalabrien festgestellt hat - zur spezifischen Wertorientierung aufsteigender Schichten zu gehören. In Sizilien färbt das "roba"-Motiv insbesondere auch das Handeln mafioser Parvenus.

Bis zu diesem Punkt wurde der Begriff "roba" absichtlich nur vage definiert. Als übersteigertes Besitzmotiv aufsteigender Mittelschichten kann
er nun weiter präzisiert werden. "Roba" sind für die "gabellotti" und "massari" des XVII. und XVIII. Jahrhunderts sowie für die Agrarbourgeoisie des
XIX. Jahrhunderts in erster Linie Ländereien, aber auch andere Güter wie
Häuser und Geräte sowie vor allem Personen. Im Laufe des XX. Jahrhunderts verliert jedoch das Land im "Mezzogiorno" allmählich seine Bedeutung als begehrte Besitzressource. Man könnte nun annehmen, daß dieser
Modernisierungsprozeß der süditalienischen Wirtschaftsstruktur die fast
numinose Faszination der "roba" einschränken würde. So hat sich das Motiv

des "Besitzes" zwar gewandelt, es ist jedoch keineswegs ein obsoletes Relikt geworden. Ganz im Gegenteil, dieses Leitbild zeigt gegenwärtig in der post-ruralen Gesellschaft Süditaliens eine erstaunliche Beharrungstendenz, "roba" ist lediglich neu definiert worden. In diesem Zusammenhang kann man wahrscheinlich von der zunehmenden "Urbanisierung" bzw. der "Bürokratisierung" des übersteigerten Besitzmotivs sprechen. Als "roba" werden nicht mehr die materiellen Güter der ruralen Welt, sondern die (groß)städtischen Besitzchancen betrachtet.

Diese Umwandlung des "roba"-Motivs zeigt sich vor allem in der gewaltigen Bauspekulation, die auch die süditalienischen Agrostädte skrupellos überfallen hat.

Wenn man nun von der "Bürokratisierung" des "roba"-Motivs spricht, dann ist damit gemeint, daß auch die gegenwärtigen Mittelschichten als diffuse "classe impiegatizia" von einem ausgeprägten Besitzstreben charakterisiert sind. Die Beschäftigten des extrem aufgeblähten Tertiärsektors, d.h. die "Begnadeten" der "terziarizzazione pubblica", versuchen nicht nur, von den Transaktionen um die Bauspekulationen als wesentlichem Bereich der blühenden "economia sommersa" zu profitieren. Ziel ihres Besitzstrebens sind auch die Angebote des Staates im Zusammenhang mit der "economia assistita": die "classe impiegatizia" macht geradezu Jagd auf Zuschüsse, Renten, zusätzliche Arbeitsmöglichkeiten usw., die sie als persönlichen "Besitz" betrachten. Generell kann gesagt werden, daß diese Schicht danach trachtet, die Leistungen des Staates, die eigentlich auf das Gemeinwohl der Bürger abzielen, zu "privatisieren", so daß die öffentlichen Mittel und Maßnahmen letztlich wie die eigene "roba" behandelt werden. Ist das Streben nach "roba" ein Muster, das die Besitzenden betrifft, dann stellt der "Hunger nach Land" (it.: "fame di terrra") ein Leitbild der Besitzlosen dar. Um den Anspruch auf ein kleines Stück Land zu verwirklichen, ist man - falls erforderlich - bereit, erbittert zu kämpfen.

Diese Einstellung kommt in folgender Aussage eines sizilianischen "contadino" in fast idealtypischer Weise zum Ausdruck: "Wird das Land erworben oder erobert? ... Für uns Bauern war das nie eine Frage, erworben oder erobert, es ist immer Land. Das Wichtigste ist immer, daß man es hat, nicht wie man es bekommen hat" (*Saladino* 1977: 30).

Wie *Mendras* betont, erscheint selbst das kleinste Stück Land, das man besitzt, als alleinige Möglichkeit der Befreiung aus den materiellen Zwängen sowie aus den persönlichen Abhängigkeitsverhältnissen (*Mendras* 1976:

163). Landbesitz garantiert also zumindest teilweise die Ernährung der eigenen Familie, vermittelt Sicherheit im Hinblick auf schlechte Zeiten und bietet die Chance, den Unterdrückungspraktiken der Großgrundbesitzer zu entgehen.

Im Hinblick auf die traditionelle Agrargesellschaft des "Mezzogiorno" ist die sozial- und argrargeschichtliche Relevanz des erwähnten Musters nicht zu bestreiten. Bekanntlich ist die Bedeutung des sozialen Protestes im Laufe des XIX. und der ersten Hälfte des XX. Jahrhunderts in Süditalien zunehmend gestiegen. Eines der wichtigsten Spezifika der zahllosen Landbesetzungen, der bäuerlichen Streiks und der gewaltsamen Rebellionen besteht darin, daß die "contadini" auf ideologische Motive, die das kollektive Streben auf eine gemeinnützige Zielsetzung festlegten, stets abweisend reagiert haben. Dazu kommt, daß in der meridionalitalienischen Gesellschaft, obwohl bei manchen Rebellionen chiliastisch-messianische Vorstellungen auftraten, ein generalisierter Skeptizismus gegenüber Sozialutopien vorherrschte, den *Mosca* im Hinblick auf Sizilien als "politische Demoralisierung" bezeichnet hat (*Mosca* 1980: 68). Die "contadini" der Vergangenheit sowie die "metalmezzadri" der Gegenwart waren und sind von einer durchgängigen "Tradition der Skepsis und Verweigerung" (*Sciascia* 1979, XIII) gegenüber sozialen Entwürfen säkularer sowie religiöser Prägung gekennzeichnet.

Die Verwirklichung einer sozialen Idee bzw. einer neuen gesellschaftlichen Ordnung war also niemals eines der Hauptziele bäuerlicher Unruhen im "Mezzogiorno". Der Erwerb eines in Privatbesitz geführten Stückes Land spielte dagegen eine zentrale Rolle. In diesem Sinne stellt der "Hunger nach Land" stets ein äußerst individualistisches, ja privatistisches Leitbild dar. Dieser spezifische Charakter des Besitzmotivs süditalienischer "contadini" kann anhand von zahlreichen Beispielen nachgewiesen werden. Als paradigmatischer Fall können die Schwierigkeiten der sozialistischen Genossenschaftsbewegung in Sizilien um die Jahrhundertwende gelten (*Giordano* und *Hettlage* 1975).

Der "Hunger nach Land" als individualistisches und privatistisches Leitbild sowie als ideologiefeindliche Haltung zeigte sich auch bei dem Prozeß der Agrarreform im "Mezzogiorno" nach dem zweiten Weltkrieg. Die süditalienischen "contadini" folgten in einer ersten Phase den kommunistischen Anführern, so daß der "Kampf ums Land" (it.: "lotta per la terra") als eine gut organisierte und ideologisch artikulierte Massenbewegung erschien. Dieser Eindruck war jedoch eine bittere Illusion, denn die "contadini" wandten sich in dem Moment von den Initiatoren der Bewegung ab, als die Großgrundbesitzer die schlechtesten Anteile ihrer Ländereien, in kleine Parzellen aufgeteilt, freiwillig zum privaten Kauf anboten bzw. als die christdemokratische Regierung mit der individuellen Vergabe der enteigneten Latifundien begann.

Die jahrhundertelang andauernde "fame di terra" war somit endlich zumindest teilweise gestillt, und der Mobilisierung folgte eine rapide Demobilisierung (*Tarrow* 1967), die selbst von den enttäuschten kommunistischen Intellektuellen zugegeben wurde (*Saladino* 1977: 5 ff.).

Diese Beispiele zeigen letztlich, daß der "Hunger nach Land" ein Hemmfaktor bei der Entstehung von Bewegungen oder Umwälzungen mit sozialem Charakter bedeutete. Viele bäuerliche Unruhen im süditalienischen Raum stellten sich als ephemere Erscheinungen heraus, die "endeten, wie sie angefangen hatten", "ohne zu wissen warum", nicht weil sie "archaisch" oder "präpolitisch" waren, sondern weil die Bauern durch ihren "Hunger nach Land" als einem individualistischen und privatistischen Leitbild sowie auf Grund ihrer letztlich anti-politischen Haltung von gemeinsamen Zielsetzungen sozialer Art abgesehen hatten. Ruraler Protest in Süditalien beinhaltete im Endeffekt sozusagen eine Konvergenz von Egoismen auf der Basis von kurzfristigen Koalitionen, die nur funktionierten, wenn die Befriedigung der Einzelinteressen der Betroffenen als garantiert galt.

Der Boden hat nun im "Mezzogiorno" - wie bereits gesagt - seinen Wert als Symbol für Status und ökonomischen Wohlstand weitgehend verloren. Ähnlich wie beim "roba"-Motiv scheint es deshalb gerechtfertigt, zu fragen, ob und inwieweit in der post-ruralen Gesellschaft des "Mezzogiorno" das Besitzstreben in Form von "Hunger nach Land" noch aktuell ist.

Die Situation in den ökonomisch fortschrittlicheren Regionen Süditaliens deutet darauf hin, daß das Besitzstreben der niedrigeren Gesellschaftsklassen nach wie vor sehr ausgeprägt ist. Die Nachfolger der "contadini", d.h. die Migranten und die "part-time"-Landwirte, arbeiten genauso hart wie ihre Väter, um etwas Besitz zu erlangen. Allerdings haben sich - ähnlich wie im Falle der "roba" - die Objekte des Besitzstrebens geändert. Es hat also auch in diesem Zusammenhang eine Transformation der Chiffren stattgefunden, die aber lediglich die Besitzinhalte umfaßt, das Stückchen Land ist durch das eigene Haus ersetzt worden. Die "fame di terra" hat sich in eine "fame di case" verwandelt.

Die neuere Gestaltung des hier untersuchten Besitzmotivs wird insbesondere durch die Verwendung der Gastarbeiterrimessen bestätigt, die speziell in Süditalien mit Vorliebe in den Hausbau investiert werden (*Giordano* 1986). Außerdem gibt es im "Mezzogiorno" die verbreitete Tradition, ohne Genehmigung zu bauen (it.: "abusivismo") (*Giordano* und *Greverus* 1986). Man muß allerdings zwischen dem spekulationsorientierten "abusivismo" und dem "abusivismo" aus Not unterscheiden (La Repubblica 18.2.1986; La Repubblica 21.2.1986). Während das erste Phänomen mit dem "roba"-Motiv zusammenhängt, ist das zweite der genuine Ausdruck von "fame di case". In einem solchen Fall kann also "abusivismo" sozusagen als eine Art von individualistischem und privatistischem Protest betrachtet werden, der, etwas überspitzt formuliert, ein Äquivalent zu den Landbesetzungen darstellt. Bei gleichbleibendem Besitzstreben hat demzufolge, wie auch die Protestaktionen gegen die Baugesetze in Sizilien im Sommer 1986 gezeigt haben, der "Kampf um das Haus" den "Kampf um das Land" ersetzt.

Mendras hat nun als Experte für Agrargesellschaften mit Nachdruck unterstrichen, daß zwischen dem Besitzstreben nach ländlichen Gütern und dem "attachement au sol" eine enge Relation besteht (*Mendras* 1976: 162 f.). Dem Autor zufolge ist das Besitzstreben nach Land als "roba"-Motiv bzw. als "fame di terra" in ein System kollektiver Denkinhalte eingebettet, die in entscheidender Weise vom Wert der Ruralität geprägt sind. Nach diesem Konzept zeigt das Wertsystem der süditalienischen Gesellschaft einen Widerspruch, denn das urbane Lebensideal scheint mit dem traditionellen Besitzmotiv unvereinbar. Man könnte diesen Widerspruch als die Paradoxie der "ruralen Urbanität" bzw. der "urbanen Ruralität" bezeichnen.

Barbera, der die Lage der sizilianischen "contadini" während des Erdbebens im Belice-Tal im Jahre 1967 nachzuempfinden versuchte, hat diese Widersprüchlichkeit formuliert, wenn er schreibt, daß der Boden manuelle Arbeit, Mühseligkeit und Elend, aber auch Muße, Sicherheit und Reichtum bedeutet (*Barbera* 1980: 55). Diese Kontradiktion, die die dichotomische Spaltung der Gesellschaft in Reiche und Arme sowie in Besitzende und Besitzlose implizit in sich trägt, ist jedoch nur scheinbar. Um die Paradoxie der "ruralen Urbanität" aufzulösen, muß der von Barbera thematisierte Kontrast einfach in eine prozeßhafte Sequenz umformuliert werden, wonach Landbesitz als das beste Mittel gilt, um von der Welt der "armen Menschen vom Lande", bestehend aus "lavoro", "fatica" und "miseria", zur Welt der reichen "Menschen aus der Stadt", die durch "riposo", "certezza" und "richezza" charakterisiert ist, zu gelangen.

Abschließend soll das Verhältnis der Bewohner süditalienischer Agrostädte zum Boden kurz präzisiert werden. Es handelt sich dabei um eine Beziehung, die nicht bloß negativ, sondern zugleich auch funktional ist. Das Land stellt demzufolge ein Objekt dar - ein "impersonal good", mit dem keine besonderen Werte verbunden werden, wie *Pitt-Rivers* gesagt hat - , das jedoch für den sozialen Aufstieg und daher auch für die Verwirklichung des ersehnten urbanen Lebensideals praktisch unentbehrlich erscheint.

Die Regierenden und die Regierten

Bis hierher wurde Macht als hierarchisierendes Prinzip in mediterranen Gesellschaften ausgeblendet. Macht und ihre institutionalisierte Form, d.h. Herrschaft, spielen jedoch in den kollektiven Denkinhalten der süditalienischen Gesellschaft eine herausragende Rolle. Laut *Sciascia* nimmt das Thema der Macht und Herrschaft als "potere" in den historischen Erfahrungen der Sizilianer und demzufolge in der Belleristik wie in der Volksliteratur der Insel eine zentrale Position ein.

Es ist nicht von der Hand zu weisen, daß das kollektive Bewußtsein in der süditalienischen Gesellschaft durchgängig von der Problematik der sozialen Differenzierung durch Macht und Herrschaft geprägt ist. Im "Mezzogiorno" herrscht die Vorstellung, daß ein Sozialgebilde definitionsgemäß aus Menschen, die "potere" besitzen und deshalb "den eigenen Willen auch gegen Widerstreben" durchsetzen bzw. "für einen Befehl Gehorsam finden" (*Weber* 1956, I: 28 f.), und Menschen, die sich diesem Willen bzw. Befehl fügen müssen, besteht. Diese zweigliedrige gesellschaftliche Spaltung deckt sich mit der Dichotomie zwischen Regierenden und Regierten, die *Ossowski* zu den grundlegenden Konzeptionen der Sozialstruktur im kollektiven Bewußtsein rechnet (*Ossowski* 1962: 38).

Analog der Auffassung *Ossowskis* besteht auch im "Mezzogiorno" eine Korrespondenz zwischen dieser dichotomischen Gesellschaftsauffassung und den zuvor thematisierten Bipolaritäten. Nach den kollektiven Denkinhalten der Bewohner süditalienischer Agrostädte sind daher die Regierenden oft mit der "classe paresseuse", den Menschen aus der Stadt, den Reichen bzw. den Besitzenden identisch. Dementsprechend decken sich genauso oft die Regierten mit der "classe travailleuse", den Menschen vom Lande, den Armen bzw. Besitzlosen. So gehört der "galantuomo" zu den "potenti", die befehlen, während der "contadino" die klassische Figur des "senza potere", d.h. des Gehorchenden, darstellt.

Es ist gleichzeitig anzumerken, daß die Instrumente der Regierenden besonders in den Augen der Regierten zwar als sozio-ökonomisch vorteilhaft, jedoch als moralisch verwerflich gelten. "Potere" wird ausschließlich auf Kosten der anderen Gesellschaftsmitglieder und für rein partikularistische Zwecke eingesetzt. Im "Mezzogiorno" fehlt also die Idee, daß die Regierenden für das "Gemeinwohl" handeln (*Behrmann* und *Abate* 1984: 109 f.). In diesem Sinne ist der Mächtige niemals ein "Staatsmann", der an gesinnungsethischen Motiven oder dem Prinzip der Verantwortung orientiert ist. (*Weber* 1968: 175 ff.; *Jonas* 1984: 190). Diese Beobachtung konkretisiert *Sciascia* im Hinblick auf Sizilien, wo "potere" als eine Erscheinung gilt, "die nichts aufbaut, die nichts errichtet, die nicht für das Gemeinwohl handelt" (*Sciascia* 1980, XI).

Diese Passage führt nun fast zwangsläufig zum Thema der praktischen Politik als der gegenwärtig typischen Tätigkeit des Mächtigen. In Sizilien als Paradigma der süditalienischen Gesellschaft gilt Politik dementsprechend vornehmlich als "schmutziges Geschäft" und nicht als ethisch orientierte Teilnahme am öffentlichen Staatsleben. So wird daher - wie wiederum *Sciascia* treffend bemerkt hat - das Regieren mit einer Todsünde oder mit einem Putrefaktionsprozeß verglichen. In seinem Theaterstück "L'Onorevole" beschreibt *Sciascia* die unausweichliche und verheerende Wirkung von praktischer Politik auf die Menschen. Der Protagonist, ein ehrlicher und gebildeter Lateinlehrer an einem Gymnasium einer süditalienischen Agrostadt, verwandelt sich im Laufe seiner Karriere als Abgeordneter in Rom in einen gierigen und korrupten Verwalter der eigenen Interessen und derjenigen seiner Klientel.

Man könnte nun annehmen, daß die Vorstellung von der Politik als Depravationsprozeß eher der persönlichen Meinung der Literaten als den kollektiven Denkschemata der Betroffenen entspricht. Es handelt sich dabei aber nicht um eine bloße literarische Fiktion bzw. eine verfälschende Übersteigerung. Ganz im Gegenteil, die Befunde der Sozialwissenschaftler weisen auf verblüffende Übereinstimmungen zwischen Belletristik und empirischer Sozialforschung hin. Wenn Politik korrumpiert, dann müssen Politiker korrupt sein: "governo" ist in Süditalien stets "malgoverno" (*Giordano* und *Greverus* 1986: 360). So sind sich die Bewohner von Palma di Monte-chiaro, die typische Agrostadt der "miseria" in Sizilien, einig, daß Politiker, um ihre Machenschaften erfolgreich zu managen, fast nie ehrliche Perso-nen sein können (*Boissevain* 1966: 218). Der "politico" ist daher in der Regel ein "politicante", der seine Karriere auf Kosten des Staates und der anderen Bürger aufbaut.

Allerdings werden Politiker für ihre nicht ganz transparenten Strate-gien nicht besonders getadelt. Die Tatsache, daß der Mächtige bzw. der Regierende im allgemeinen so handelt und so handeln muß, gilt in me-diterranen Gesellschaften als sanktionsfreie Selbstverständlichkeit. Diese Einstellung hat der sizilianische Anthropologe *Buttitta* in einem Interview folgendermaßen kommentiert: "Es war noch nie ein Verbrechen, vom Staat zu stehlen" (Interview mit *Antonio Buttitta* vom 23.9.1983).

Eigene Untersuchungen zeigten, daß die Befragten zum Thema der Aktivitäten von "politicanti" in sizilianischen Genossenschaften oft mit dem Sprichwort "Wer den Honig rührt, hat zu lecken" (siz.: "cu firria u meli ave a liccari") antworteten. Ein fähiger "politicante", der auf Grund von "potere" viele staatliche Subventionen für die Genossenschaft sowie viele "favori" für die einzelnen Mitglieder organisiert und vermittelt, wird und darf sogar einen "Anteil" für sich behalten. Für die Genossenschaftsmitglieder ist es daher völlig "normal", daß der erfolgreiche "leader" einer Kooperative auch ein "mangiatore" ist. Andererseits muß hinzugefügt werden, daß die Politi-ker, die sich ausdrücklich bemühen, keine "Karrieremacher", "Gauner", "Be-trüger", "furbi" und "mangiatori" zu sein, meist nicht ernst genommen wer-den. Sie gelten als unfähig oder aber äußerst suspekt, denn dann wird an-genommen, sie folgten einer besonders raffinierten Handlungsstrategie. Diese ambivalente Haltung gegenüber den Herrschenden, speziell den Poli-tikern, wirft schließlich das Problem des bipolaren Antagonismus zwischen Regierten und Regierenden auf.

Während bei den ersten beiden dichotomischen Gesellschaftsauf-fassungen - d.h. bei der Unterscheidung zwischen jenen, die arbeiten, und jenen, für die man arbeitet, sowie bei derjenigen zwischen Armen und Rei-chen - die "Oberen" sogar die positive Bezugsgruppe für die "Unteren" bil-den, ist dagegen die zuletzt zu untersuchende bipolare Gegenüberstellung durch eine manchmal explizite Ablehnung der Herrscher durch die Be-herrschten gekennzeichnet. Es kann also der Eindruck entstehen, daß die

Relation zwischen den beiden Gliedern der Dichotomie als Oppositions-verhältnis zwischen klassenartigen Gebilden aufgefaßt wird.

Zwischen Herrschenden und Beherrschten besteht allerdings kein of-fener Konflikt, sondern ein transaktionales Verhältnis. Es wäre also grund-falsch, von einer günstigen Klassenkampfsituation im *Marx*schen Sinne zu sprechen. Aus der Sicht der Mitglieder der süditalienischen Gesellschaft handelt es sich vielmehr um eine asymmetrische Relation zwischen zwei korrelativen Schichten (*Ossowski* 1962: 46 f.).

Als Grundlage dieser Perspektive kann die kollektive Vorstellung gel-ten, die das Verhältnis zwischen Regierenden und Regierten im Grunde auf das Patronage-System zurückführt. Dieser Überzeugung folgend bein-halten daher die Beziehungen zwischen denen, die befehlen, und denen, die gehorchen, stets auch Patron - Klient - Relationen. Ich werde mich hier nicht mit der "objektiven" Struktur solcher Verhältnisse auseinandersetzen, denn dieses Thema ist bereits von zahlreichen Autoren behandelt worden. Es soll lediglich darauf hingewiesen werden, daß es - aus der Sicht der Süd-italiener - zwischen den Akteuren mit unterschiedlichen Chancen an Macht, Herrschaft, Einfluß und Prestige stets einen regen Austausch von Leistungen und Gegenleistungen gibt, der durch vertraglich verankerte bzw. informelle Normen geregelt ist (*Mühlmann* und *Llaryora* 1968).

Li Causi geht von der Annahme aus, daß Patronage in der süditalieni-schen Gesellschaft nicht nur ein konstitutives Element der Sozialstruktur, sondern zugleich auch eine kollektive Attitüde ist, die die "objektiven" Klas-sengegensätze überlagert. Anhand seiner ethno-historischen Untersuchung zum politischen Leben in Lampedusa (Provinz Agrigento) kommt er zu fol-gender Definition von Patronage: "eine 'ideologische' Struktur, welche so-zusagen Beziehungen zwischen den Klassen 'abdeckte', die auf wirtschaftli-cher Ausbeutung und politischer Beherrschung beruhen" (*Li Causi* 1979: 49).

Funktionalistisch formuliert kennzeichnet Patronage - und daher auch die damit verbundenen kollektiven Denkmuster - eine ausgeprägt stabilisie-rende, ja sogar anti-revolutionäre Tendenz (*Mühlmann* und *Llaryora* 1968: 40 f.). In diesem Sinne werden die Beziehungen zwischen Regierenden und Regierten, die durch Patron-Klient-Transaktionen charakterisiert sind, stets als harmonisch präsentiert. In der Öffentlichkeit würde man niemals von der Leistung eines Patrons bzw. eines Klienten sprechen. Man sagt viel-mehr: Der Freund X bzw. der Verwandte Y hat mir in der Situation Z geholfen (*Signorelli* 1983: 137). Dies ist nicht bloß Heuchelei, denn zwischen Patronen und Klienten sowie auch zwischen Regierenden und Regierten bestehen tatsächlich oft mehrsträngige Beziehungen, die zugleich freundschaftlich bzw. verwandtschaftlich geprägt sein können.

Es ist hier nicht notwendig, die Bedeutung dieses Phänomens weiter auszuführen, denn *Boissevain* hat in seinem Buch mit dem bezeichnenden Titel "Friends of Friends" insbesondere anhand seiner süditalienischen Erfahrungen auf die engen Zusammenhänge zwischen Patronage als Handlungsstrategie und Familismus, Parentelismus sowie Amizismus hingewiesen (*Boissevain* 1974).

Die Gestaltung der Beziehungen zwischen Regierenden und Regierten in Form von Patron-Klient-Verhältnissen wird nun in der Gesellschaft des "Mezzogiorno" besonders aus der Sicht der "Unteren" zwar als ungerecht bzw. unerfreulich, jedoch stets als unausweichlich empfunden. Der Patron ist demnach im Extremfall auch notwendig ein Ausbeuter. Die soziale Organisation der süditalienischen Gesellschaft als Patronage-System gilt somit als fraglos gegeben. Die Selbstverständlichkeit von Patron-Klient-Relationen als Grundlage des bestehenden sozialen Gefüges läßt sich an dem sizilianischen Ausspruch "Ohne Schutzheilige kommt man nicht ins Paradies"(siz.: "Senza Santi nun si va 'n Paradiso") (*Boissevain* 1966 a: 30) paradigmatisch nachweisen. "Hier erreicht man nichts ohne Empfehlungen" (*Signorelli* 1983: 17) ist lediglich eine prosaischere Umschreibung desselben Sachverhalts.

Patron-Klient-Beziehungen gelten im öffentlichen Leben der süditalienischen Gesellschaft als so unabdingbar, daß jeder Handelnde sich um den Aufbau bzw. die Aufrechterhaltung solcher Verhältnisse zwischen Regierenden und Regierten bemüht. *Signorelli* scheint also recht zu haben, wenn sie im Hinblick auf Kalabrien von der "clientela onnipervasiva" spricht, d.h. von dem alle öffentlichen Strukturen infiltrierenden Patronage-System (*Signorelli* 1983: 73 f.). Diese Erfahrungen decken sich grosso modo mit meinen eigenen, die sich allerdings auf das Genossenschaftswesen als Entwicklungsinstrument in Sizilien beziehen.

Kooperativen werden im Prinzip durch Beziehungen zwischen "Gleichen" charakterisiert, so daß man von einer vorwiegend "horizontalen" Solidarität zwischen den verschiedenen Verbandsmitgliedern sprechen kann. Selbstverständlich liegt die Genossenschaftsleitung in den Händen einer Person oder einer kleinen Personengruppe, der es durch besondere Fähigkeiten gelungen ist, die übrigen Verbandsmitglieder an Prestige zu übertreffen. In Übereinstimmung mit der Genossenschaftstheorie bleibt allerdings der Leiter einer Kooperative stets eine Art "Primus inter pares". Auf Grund der "horizontalen" Struktur von Genossenschaften wurden sie - wie die Beispiele der süditalienischen Agrarreform und der "community-development"-Projekte im "Mezzogiorno" deutlich zeigen - von den Planern bevorzugt als Entwicklungsinstrumente eingesetzt, um gerade die traditionellen Macht- und Herrschaftsverhältnisse zwischen Regierenden und Regierten zu beseitigen bzw. zu mildern.

Meine Untersuchungen konnten dagegen eindeutig belegen, daß die sizilianischen Kooperativen im Gegensatz zu den theoretischen Konzepten in der Regel durchaus "vertikal" organisierte Verbände sind, in die sich überall das Patronage-System eingeschlichen hat. Die "clientela onnipervasiva" ist sogar ein so wesentliches Charakteristikum des sizilianischen Genossenschaftswesens, daß selbst die interne Studie eines Regionalministeriums in Palermo die "sindrome clientelare" zugeben mußte (*Giordano* und *Hettlage* 1979: 185).

Man konnte außerdem nicht den Eindruck gewinnen, daß die Genossenschaftsmitglieder und zugleich Klienten diese "vertikale" Organisation der Kooperativen als "anormal" oder als "pathologisch" empfinden. Für sie ist der "leader" immer auch Inhaber überragender Macht- und Herrschaftschancen, an den man sich einerseits wenden kann, wenn man Hilfe braucht, dem man andererseits aber auch selbst Dienstleistungen zur Verfügung stellen muß, wann immer dies verlangt wird. Die folgenden Passagen aus zwei Interviews mit Genossenschaftsmitgliedern aus der Provinz Trapani scheinen mir besonders bezeichnend zu sein: Der "ideale" Genossenschaftsleiter "soll eine fähige Persönlichkeit sein, aufgeschlossen und gebildet, und muß gute Verbindungen auf regionaler und staatlicher Ebene haben", und er "muß eine kompetente Persönlichkeit sein, interessiert und gebildet und muß gute Bekannte in der Regionalverwaltung haben. Wenn ich zur Region gehe, hilft mir bestimmt keiner, wer würde mir schon einen 'favore' tun?"

Unsere Erfahrungen mit dem sizilianischen Genossenschaftswesen bestätigen letztlich nochmals die Annahme, daß die Verhältnisse zwischen Regierenden und Regierten, die in der Regel den Charakter von Patron-Klient-Relationen besitzen, nicht als antagonistisch aufgefaßt werden. Aus der Sicht der Handelnden selbst beruht das Beziehungssystem zwischen

"Oberen" und "Unteren" in diesem Fall auf einer "balancierten" Rezi-
prozität, die weder schichtspezifische Solidaritätsstrukturen noch Klassen-
kämpfe aufkommen läßt.

Zur Rationalität der hierarchischen Ontologie als "gedachter Ordnung"

Mit der hierarchischen Ontologie als "gedachter Ordnung" wurde im
Grunde ein wesentlicher Komplex der Kulturtraditionen des "Mezzogiorno"
berührt. Auf eine Formel reduziert, läßt sich sagen, daß in den drei
vorhergehenden Abschnitten die Grundrisse der "Sozialphilosophie", die
das Denken und Agieren der Mitglieder der süditalienischen Gesellschaft
noch heute prägen, beschrieben wurden.

Man könnte weiter hinzufügen, daß sich die dargestellten Leitbilder
konstant an dem "Prinzip Skepsis" orientieren (*Giordano* 1982). Für den am
"Verstehen" interessierten Sozialwissenschaftler geht es nun darum, zu zeigen, daß die Schichtungsstrukturen im Spiegel des kollektiven Bewußtseins
keine willkürliche Konstruktion der Betroffenen sind, denn das "Prinzip
Skepsis" besitzt eine letztlich nicht übersehbare Kohärenz und Plausibilität.
Um dies zu belegen, ist es unerläßlich, die Rolle der Geschichte in der
süditalienischen Gesellschaft zu berücksichtigen.

Geschichte wird in diesem Zusammenhang nicht nur als prozeßhafte
Sequenz "objektiver" Fakten aufgefaßt; als "sedimentierte Tradition" und als
Bestandteil des "kollektiven Gedächtnisses" ist sie zugleich "innere Geschichte", die als Grundlage der - wie französische und englische Autoren
formulieren - "mentalité historique" bzw. "historical mindedness" eines
sozialen Aggregats angesehen werden kann (*Le Goff* 1982: 33 f.). Geschichte beinhaltet somit auch die Deformation, ja sogar die Umkehrung
von Geschichte.

Man könnte nun mit Leichtigkeit nachweisen, daß der "Mezzogiorno"
ein ausgeprägtes "Überlagerungsgebiet" ist. Das "historische Bewußtsein",
das den Erfahrungsraum und Erwartungshorizont der Bewohner süditalienischer Agrostädte prägt, ist durch die "chocs sourds, violents répétés"
(*Braudel* 1985: 171) charakterisiert, die eng mit dem unaufhörlichen Erobe-
rungs-, Kolonisations-, Unterwerfungs- und Abhängigkeitsschicksal durch
"fremde Mächte" verbunden sind. Zum "Prinzip Skepsis" gehört also auch
die Vorstellung von "Geschichte als Feind".

Die hierarchische Ontologie mit ihren dichotomischen Gesellschafts-
bildern gilt nun für die "Betrogenen der Geschichte" in Süditalien als

schlüssiges Interpretationsschema der sozialen Differenzierungsprozesse, die sich in dieser Region seit Jahrhunderten, ja seit Jahrtausenden abspielen und abgespielt haben. Dazu kommt, daß die hierarchische Ontologie explizit oder implizit die tatsächlich empfundene Spaltung der Gesellschaft in Schichten von Überlagerern und Überlagerten beinhaltet.

Jene, für die man arbeitet, die Menschen aus der Stadt, die Reichen, die Besitzenden, die Regierenden, d.h. alle sozial "Besseren" bzw. die "Oberen" in der dichotomischen Gesellschaftshierarchie werden als Individuen kategorisiert, die in der Vergangenheit bzw. in der Gegenwart entweder tatsächlich "objektive" Überlagerer waren oder aber durch ihr Verhalten als solche empfunden worden sind. Es handelt sich dabei einerseits um die unterschiedlichen fremden Gruppen und Eliten, die die süditalienische Gesellschaft periodisch überfallen und erobert haben, und andererseits um die Vielzahl einheimischer Feudalschichten, absentistischer Aristokratien, latifundistischer Agrarbourgeoisien, Lokalhonoratioren, Politikerfraktionen, Bürokratie- und Technokratieapparate, die den "Mezzogiorno" nacheinander bzw. parallel mit ihrem überlagerungsähnlichen Handeln unterworfen und systematisch ausgeplündert haben.

Jene, die arbeiten, die Menschen vom Lande, die Armen, die Besitzlosen, die Regierten, d.h. alle sozial "Schlechteren" bzw. die "Unteren" in den bipolaren Denkschemata, sind eigentlich die ewig Überlagerten, die nur individuell, aber niemals kollektiv ihr Schicksal der "miseria" überwinden können.

Für die hierarchische Ontologie als kohärentem Komplex eines überlagerungsgeprägten kollektiven Bewußtseins ist die skeptische Haltung gegenüber Politik und Politikern besonders symptomatisch. Politiker erscheinen als Überlagerer par excellence, denn sie verfolgen ausschließlich die Durchsetzung ihrer Privatinteressen und derjenigen ihrer engsten Gefolgsleute, ohne auf das Wohl aller Gesellschaftsmitglieder zu achten. Als Überlagerer gelten Politiker vor allem auch deshalb, weil sie Ressourcen und Menschen in der Regel als "Beute", d.h. als" Eroberungs"- bzw. "Unterwerfungsobjekte", behandeln.

Obwohl die hierarchische Ontologie mit ihren bipolaren Gesellschaftsauffassungen sicherlich nicht die Präzision eins soziologischen Schichtungsmodells erreicht, muß betont werden, daß diese Vorstellungen unter Berücksichtigung der internalisierten historischen Erfahrungen auch vom Standpunkt des fremden Beobachters aus als eine sehr plausible, durchaus realistische und ziemlich genaue Wiedergabe der verschiedenen Formen sozialer Ungleichheit in der süditalienischen Gesellschaft erscheinen.

In diesem Sinne wird auch die als solche empfundene Unausweichlichkeit der hierarchischen Ordnung letztlich durch die Tatsache bestätigt, daß die Vergangenheit von einem sich ständig wiederholenden "Überlagerungsschicksal" bestimmt wurde.

Ein solches Schicksal führt zu immer neuen Überschichtungen, die als Selektionsmechanismen die Entstehung von sozialer Rangstaffelung und Distanz sowie die Kristallisation von sozialen Barrieren fördern. Unter solchen Umständen ist eine egalitäre Gesellschaftsauffassung praktisch unmöglich, so daß der Egalitarismus im Erfahrungsraum und im Erwartungshorizont der Mitglieder der süditalienischen Gesellschaft absolut nicht präsent sein kann. Die hierarchische Ontologie ist mit ihrer skeptischen Betrachtung der gesellschaftlichen Organisation im Grunde die "normale" Reaktion auf die beschriebenen Überlagerungserfahrungen.

Das "Prinzip Skepsis" und das "Prinzip Hoffnung" schließen sich gegenseitig aus, so daß es geradezu erstaunlich und überraschend wäre, wenn sich im "Mezzogiorno" die Vorstellung oder gar das Ideal eines auf sozialer Gleichheit beruhenden Sozialgebildes durchgesetzt hätte. In einem solchen Fall könnte man sogar eher von der fehlenden Kohärenz, ja von der Irrationalität der Denk- und Handlungsmuster sprechen.

Zusammenfassung

In dem vorliegenden Beitrag wird das Phänomen der "hierarchischen Ontologie" in sizilianischen Agrostädten untersucht. Es handelt sich also dabei um die Beschreibung und Deutung der komplexen Schichtungsvorstellungen im kollektiven Bewußtsein der Mitglieder solcher spezifisch mediterranen Siedlungsformen. Es läßt sich feststellen, daß das kollektive Bewußtsein in Übereinstimmung mit dem theoretischen Vorschlag von Ossowski durch eine Reihe von dichotomischen Bildern der sozialen Stratifikation der Gesellschaft geprägt ist. In diesem Artikel werden also drei wesentlichen Bipolaritäten präsentiert, nämlich die Unterteilung zwischen jenen, die arbeiten und jenen, für die man arbeitet; diejenige zwischen Armen und Reichen sowie diejenige zwischen Regierten und Regierenden. Aus diesem konstitutiven Elementen der hierarchischen Ontologie mediterraner Gesellschaften lassen sich auch weitere wichtige Denkschemata der Bewohner sizilianischer Agrostädte ablesen, wie etwa das Arbeitsethos, das urbane Lebensideal, das Verhältnis zum Boden und zur Natur, den Stellenwert des Besitzes, die Einstellung zur Politik, die Auffassung der Gesellschaft als Patronage-System. Abschließend wird noch versucht, die vorgestellten Dichotomien auf die spezifischen historischen Erfahrungen, d.h. auf das ausgeprägte Überlagerungsschicksal der sizilianischen Gesellschaft, zurückzuführen.

Bibliographie

Bailey, F.G. (Hg.): Gifts and Poison. The Politics of Reputation. Oxford 1971.

Barbera, L.: I ministri dal cielo. I contadini del Belice raccontano. Milano 1980.

Behrmann, M. / Abate, C.: Die Germanesi. Geschichte und Leben einer süditalienischen Dorfgemeinschaft und ihrer Emigranten. Mit einem Nachwort von Norbert Elias. Frankfurt 1984.

Belluardo, G.: Contadini in Sicilia. Problemi psicosociologici del sottosviluppo nell'area iblea. Milano 1977.

Blok, A.: South Italian Agro-Towns. In: Comparative Studies in Sociology and History II (169): 121-135.

Blok, A. / Driessen, H.: Mediterranean Agro-Towns as a form of Cultural Dominance. With Special Reference to Sicily and Andalusia. In: Ethnologia Europea. Journal of European Ethnology 14 (1984) 2: 111-124.

Boissevain, J.: Poverty and Politics in a Sicilian Agro-Town. In: International Archives of Ethnography (1966): 198-236.

Boissevain, J.: Patronage in Sicily. In: Man, New Series I (1966 a): 18-33.

Boissevain, J.: Friends of Friends. Networks, Manipulators and Coalitions. Oxford 1974.

Braudel, F.: La Méditerranée. L'espace et l'histoire. Paris 1985.

Colclough, N.T.: Land, Politics and Power in a Southern Italian Village. London 1969.

Davis, J.: People of the Mediterranean. An Essay in Comparative Social Anthropology. London 1977.

Di Bella, M.P.: La "violence" du silence dans la tradition sicilienne. In: Études Rurales (1984) 95/96: 195-203.

Di Bella, M.P.: La lutte pour la reputation: les paysans de l'Italie du Sud. In: Giordano, C. / Hettlage, R. (Hg.): Bauerngesellschaft und Industriesystem. Zur sozialen Konstruktion ruraler Lebensform. Berlin 1987 (in Vorbereitung).

Fiore, T.: Un popolo di formiche. Bari 1978.

Friedmann, F.: The Hoe and the Book. An Italian Experiment in Community Development. Ithaca - New York 1960.

Gasparini, A.: Images du travail chez les paysans italiens. In: Sociologia Ruralis 17 (1978) 4: 275-284.

Gesemann, G.: Heroische Lebensformen. Zur Literatur und Wesenskunde der balkanischen Patriarchalität. Berlin 1943.

Giordano, C.: Geschichte und Skepsis: Das Überlagerungsmotiv in mediterrane Agrargesellschaften. In: Schweizerische Zeitschrift für Soziologie 8 (1982): 63-84.

Giordano, C.: Die Betrogenen der Geschichte. Überlagerungsmentalität und Überlagerungsrationalität in mediterranen Gesellschaften. (Habilitationsschrift). Frankfurt 1986.

Giordano, C. / Hettlage, R.: Mobilisierung oder Scheinmobilisierung? Genossenschaften und traditionelle Sozialstruktur am Beispiel Siziliens. Basel 1975.

Giordano, C. / Hettlage, R.: Persistenz im Wandel. Das Mobilisierungspotential sizilianischer Genossenschaften. Eine Fallstudie zur Entwicklungsproblematik. Tübingen 1979.

Giordano, C. / Greverus, I.-M. (Hg.): Sizilien - die Menschen, das Land und der Staat. (Notizen 24). Frankfurt/M. 1986.

153

Goethe, J.W.v.: Werke. München 1982.

Goodenough, W.H.: Description and Comparison in Cultural Anthropology. Cambridge-London 1970.

Gorer, G.: Der Mensch hat keinen "Tötungs"-Instinkt. In: Ashley Montague, M.F. (Hg.): Mensch und Agression. Weinheim, Basel 1974.

Gower-Chapmann, C.: Milocca. A Sicilian Village. London 1973.

Greverus, I.-M.: Tradition der Traurigkeit und anarchische List. Zu einer sizilianischen Identitätsarbeit. In: Giordano, C./Greverus, I.-M. (Hg.): Sizilien - die Menschen, das Land und der Staat. (Notizen 24). Frankfurt/M. 1986.

Handmann, M.E.: La violence et la ruse. Hommes et femmes dans un village grec. La Calade - Aix-en-Provence 1983.

Jonas, H.: Das Prinzip Verantwortung. Versuch einer Ethik für die technologische Zivilisation. Frankfurt/M. 1984.

Le Goff, J.: Storia e memoria. Torino 1982.

Levi, C.: Cristo si è fermato a Eboli. Torino 1978.

Li Causi, L.: "Patronage" e clientelismo in una società mediterranea: Lampedusa (1896-1976). In: Uomo e cultura 23/24 (1979): 45-76.

Lopreato, J.: How Would You to Be a Peasant? In: Human Organization 24 (1965) 3: 298-307.

Mendras, H.: Sociétés paysannes. Éléments pour une theorie de la paysannerie. Paris 1976.

Mosca, G.: Uomini e cose di Sicilia. Palermo 1980.

Mühlmann, W.E.: Homo Creator. Abhandlungen zur Soziologie, Anthropologie und Ethnologie. Wiesbaden 1962.

Mühlmann, W.E. / Llaryora, R.J.: Klientschaft, Klientel und Klientelsystem in einer sizilianischen Agrostadt. Tübingen 1968.

Mühlmann, W.E. / Llaryora, R.J.: Strummula Siciliana. Ehre, Rang und soziale Schichtung in einer sizilianischen Agrostadt. Meisenheim/Glan 1973.

Ossowski, S.: Die Klassenstruktur im sozialen Bewußtsein. Neuwied - Berlin 1962.

Pitkin, Donald: Mediterranean Europe. In: Anthropological Quarterly 36 (1963) 3: 120-129.

Pitrè, G.: Proverbi siciliani. Palermo 1978.

Pitrè, G.: Proverbi, motti e scongiuri del popolo siciliano. Palermo 1978 a.

Pitt-Rivers, J.: The Fate of Shechem or the Politics of Sex. Essays in the Anthropology of the Mediterranean. Cambridge - London - New York - Melbourne 1977.

Ravis-Giordani, G.: Bergers corses. Le communautés villageoises du Niolu. La Calade - Aix-en-Provence 1983.

Redfield, R.: Peasant Society and Culture. Chicago 1956.

Redfield, R.: The Little Community, Peasant Society and Culture. Chicago 1973.

Saladino, G.: Terra di rapina. Torino 1977.

Schluchter, W.: Aspekte bürokratischer Herrschaft. Studien zur Interpretation der fortschreitenden Industriegesellschaft. Frankfurt 1985.

Sciascia, L.: La Sicilia come metafora. Intervista di Marcelle Padovani. Milano 1979.

Sciascia, L.: Presentazione. In: Cocchiara, G.: Il paese di cuccagna. Torino 1980, IX-XII.

Sciascia, L.: Occhio di capra. Torino 1984.

154

Scotellaro, R.: Contadini del Sud. Bari 1977.

Signorelli, A.: Chi può e chi aspetta. Giovani e clientelismo in un'area interna del Mezzogiorno. Napoli 1983.

Silone, I.: Fontamara. Milano 1980.

Silverman, S.: Agricultural Organization, Social Structure and Values in Italy: Amoral Familism Reconsidered. In: American Anthropologist 70 (1968): 1-20.

Silverman, S.: The Italian Land Reform: Some Problems in the Development of a Cultural Tradition. Anthropological Quarterly 44 (1971): 66-77.

Simioni, C.: Introduzione. In: Verga, G.: Mastro-Don Gesualdo. Milano 1970.

Strati, S.: Il diavolaro. Milano 1979.

Tarrow, S.G.: Peasant Communism in Southern Italy. New Haven - London 1967.

Tentori, T.: Letter of Tullio Tentori to Robert Redfield. In: The Peasant. a Symposium Concerning the Peasant Way of Life. 1 (1954) Oktober. (Unveröffentl. Manuskript).

Tentori, T.: Il sistema di vita della comunità materana. In: Tentori, T. (Hg.): Scritti antropologici. Bd. 3. Roma 1971, 101-185.

Touraine, A.: Rapport sur la préparation en France de l'enquête internationale sur la stratification et la mobilité sociale. In: Association Internationale de Sociologie, Congrès de Liège 1953. Communications II (1954): 1 ff.

Weber, M.: Wirtschaft und Gesellschaft. Tübingen 1956.

Weber, M.: Soziologie, Weltgeschichtliche Analysen, Politik. Stuttgart 1968.

Wichers, A.J.: Amoral Familism Reconsidered. In: Sociologia Ruralis 4 (1964) 2: 167-181.

Eduardo Moyano

ZUR AUSWIRKUNG DES SOZIOÖKONOMISCHEN UND INSTITUTIONELLEN WANDELS AUF LOKALE MACHTSTRUKTUREN: DAS BEISPIEL DER SPANISCHEN LANDWIRTSCHAFTSKAMMERN

Der folgendende Beitrag liefert einige Überlegungen zu der Frage, wie die institutionellen Veränderungen, die in Spanien seit Beginn des Demokratisierungsprozesses vonstatten gehen, auf die Machtstrukturen in den Agrostädten einwirkten. Diese Überlegungen sind nicht das Ergebnis einer besonderen Untersuchung zu diesem Thema - sie resultieren vielmehr aus mehr oder weniger systematischen Beobachtungen, die im Rahmen anderer Studien zu Andalusien gemacht wurden. Es geht darum, einen Beitrag zur politischen Dynamik in den Agrostädten zu leisten und einige methodische Ansätze zu deren Analyse vorzustellen.

Der Beitrag weist folgende Gliederung auf: Zuerst werden Grundzüge des Demokratisierungsprozesses skizziert und dabei besonders auf die Landwirtschaft und die ländliche Gesellschaft abgehoben. Sodann werden die Veränderungen untersucht, die in bestimmten Institutionen erfolgten, welche wegen ihrer Bedeutung bei der Kanalisierung der Machtbeziehungen in den Agrostädten besonders aussagekräftig sind. Schließlich wird über die Methode reflektiert, mit der der Einfluß untersucht werden kann, den diese Veränderungen möglicherweise auf die lokalen Machtstrukturen in den genannten Gemeinden ausgeübt haben.

1. Der spanische Demokratisierungsprozeß in Bezug auf Landwirtschaft und Agrargesellschaft

1.1. Allgemeine Aspekte

Der Demokratisierungsprozeß, der in Spanien Ende 1975 eingeleitet wurde, ist im Rahmen der sogenannten "politischen Reform" abgelaufen; mit dieser Bezeichnung soll darauf hingewiesen werden, daß ein bestimmter Grad an Kontinuität zur Rechtsordnung des Franco-Regimes beibehalten wurde. Vom juristischen Standpunkt aus hat es somit keinen formalen Bruch mit dem vorhergehenden Regime gegeben; es haben aber sehr wohl derart weitreichende institutionelle Reformen stattgefunden, daß das Ergebnis eine parlamentarische Demokratie ist, die mit den politischen Systemen Westeuropas vergleichbar ist.

Die reformistischen Charakteristika des spanischen Demokratisierungsprozesses und dessen schließliche Einmündung in die weitverbreitete Akzeptierung eines monarchischen Systems werden kaum in Zweifel gezogen. Durchaus Gegenstand von Diskussionen allerdings ist der Weg, den der Demokratisierungsprozeß in den verschiedenen Bereichen und Sektoren der spanischen Gesellschaft eingeschlagen hat. Betrachtet man etwa die Reichweite des Wandels, der in den verschiedenen Institutionen des politischen oder wirtschaftlichen Systems oder auch in anderen Institutionen stattgefunden hat, dann fällt auf, daß der Wandel sehr unterschiedlich ausgefallen ist. In einigen Fällen waren die Reformen derart tiefgreifend, daß sie zur vollständigen Auflösung der alten Institutionen führten; in anderen Fällen kam es demgegenüber lediglich zu eher kosmetischen als tatsächlichen Reformen; außerdem gibt es noch jene Fälle, in denen Institutionen des alten Regimes in die Demokratie hinübergeführt wurden, ohne daß sie eine wesentliche formale oder inhaltliche Veränderung erlebt hätten.

Diese Verschiedenartigkeit des Demoraktisierungsprozesses liegt in seinem reformistischen Charakter: Da es keinen Bruch mit dem vorhergehenden politischen System gab, mußte die Reichweite des demokratischen Wandels von sehr unterschiedlichen Faktoren abhängen. Zu diesen Faktoren gehörten etwa der politische Wille der einzelnen Regierungen, den Rhythmus des Wandels in bestimmten Institutionen durchaus, in anderen aber nicht zu beschleunigen, die interne Dynamik einer jeden Institution, der mehr oder minder stark ausgeprägte Widerstand ihrer Eliten dagegen, daß die Institution in Übereinstimmung mit dem neuen demokratischen Wertesystem transformiert wurde oder die Komplexität des Bereiches, in dem jede Institution ihre spezifischen Funktionen ausgeübt und die bürokratischen Strukturen, die sie hervorgebracht hatte. Diese Faktoren nun sind von einer Institution zur anderen in sehr unterschiedlicher Weise zum Tragen gekommen; deshalb war der Demokratisierungsprozeß auch nicht gleichartig, sondern außerordentlich vielfältig.

Was nun die Landwirtschaft und die ländliche Gesellschaft betrifft, so wird man behaupten können, daß der institutionelle Wandel in diesen Bereichen langsam vorangeschritten ist und wenig tiefgreifend war. Sicherlich haben die Landwirte und die Agrararbeiter in ihrer Eigenschaft als Staatsbürger vom allgemeinen Wandel des politischen Systems Nutzen davongetragen und die formalen Freiheiten wiedererlangt, die einem demokratischen System eigen sind. Zugleich sind sie, als Bewohner einer Gemeinde und einer Region, ebenso wie die anderen Bürger vom allgemeinen Demokratisierungsprozeß der Gemeindeverwaltungen und vom Regionalisierungsprozeß betroffen worden, den der neue Staat der Autonomien durchlief. In ihrer Funktion als Beschäftigte im Agrarsektor und als Landwirtschaftsarbeiter waren für sie die Auswirkungen der Demokratisierung allerdings ganz anders geartet als in anderen Tätigkeitsbereichen.

Es läßt sich sagen, daß die Institutionen im Landwirtschaftsbereich während des Demokratisierungsprozesses wenig tiefgreifende Veränderungen durchlaufen haben. Im Unterschied etwa zum Industriesektor, in dem es zur vollständigen Auflösung der Vertretungsinstitutionen kam, die aus dem Vertikalsyndikalismus des Frankismus hervorgegangen waren, ist im Landwirtschaftssektor das alte institutionelle Repräsentationssystem praktisch intakt geblieben; es hat nur unbedeutende Änderungen erfahren, die sein Wesen in keiner Weise tangiert haben.

1.2. Das institutionelle Erbe des Frankismus in der Landwirtschaft

Der vertikale Syndikalismus war bekanntlich ein Repräsentativsystem, das auf der Ideologie des Korporativismus fußte; Unternehmer und Arbeiter eines bestimmten Sektors waren gezwungen, gemeinsam öffentlich-rechtlichen Körperschaften zur Verteidigung ihrer jeweiligen Interessen und zur Harmonisierung möglicher Differenzen beizutreten. Außerhalb dieser Körperschaften - der "vertikalen Syndikate" - bestand keine Möglichkeit zur freien Artikulation von Interessen in Klassenorganisationen, wie sie für demokratische Repräsentativsysteme charakteristisch sind.

In der Landwirtschaft artikulierte sich der vertikale Syndikalismus in Institutionen, die zwangsmäßig Landwirtschaftsunternehmer und Agrararbeiter auf Lokal-, Provinzial- und Landesebene vereinigten. Am klarsten kam dieses System in den "Bruderschaften für Landwirte und Viehzüchter" als Vertretungskörperschaften der Landwirtschaftsinteressen und in den sogenannten Branchensyndikaten zum Ausdruck, die in exklusiver Form die Interessen der Landwirte und Arbeiter in jedem Zweig oder Sektor repräsentierten. Auf lokaler Ebene etwa war jeder Landwirt oder Agrararbeiter automatisch Mitglied der "lokalen Bruderschaft für Landwirte und Viehzüchter"; nur diese Institution war befugt, die entsprechenden Interessen in den höheren Instanzen zu repräsentieren und zu schützen. Dasselbe war der Fall mit den lokalen Branchensyndikaten, denen der Landwirt oder

Agrararbeiter obligatorisch angehörte - je nachdem, in welchem Zweig oder Sektor er tätig war. Diese institutionelle Verflechtung setzte sich auf Provinzebene in den sogenannten offiziellen landwirtschaftlichen Syndikatskammern und den entsprechenden Branchensyndikaten fort; auf gesamtstaatlicher Ebene schließlich gab es die "nationale Bruderschaft für Landwirte und Viehzüchter" sowie die entsprechenden "nationalen Branchensyndikate".

Durch dieses Korporativsystem wurden die Interessen einer jeden gesellschaftlichen Gruppe ausschließlich über die Vermittlung von Institutionen organisiert, auf die die öffentliche Gewalt durch die nicht-demokratische Form der Ernennung ihrer jeweiligen Repräsentanten Einfluß nahm. Außerdem verhinderte dieses System, daß sich auf lokaler Ebene zwischen den verschiedenen Interessengruppen eine offene soziale Dynamik entfaltete. Einerseits wurde ja verhindert, daß jede Gruppe ihre Interessen frei über Organisationen artikulierte; andererseits bestand keine Möglichkeit, daß diese Gruppen ihre Interessen denen anderer Sektoren in den örtlichen politischen Institutionen gegenüberstellten. In einer Agrostadt etwa wurden die Interessen der agrarischen Gruppen durch die ständestaatlich ausgerichteten Institutionen - die Bruderschaft und die Branchensyndikate - kanalisiert; sie konnten daher den nicht-agrarischen Gruppen in der Gemeinde nicht gegenübergestellt werden, wenn es um die Klärung der lokalen Kräfteverhältnisse ging. Die Interessen der agrarischen Gruppen waren somit vor der Konkurrenz anderer sozialer Gruppen "geschützt", und die politische Institution der Gemeinde verlor ihre Funktion als Schauplatz von Interessenaustragung zwischen den verschiedenen lokalen Gruppen, sie beschränkte sich vielmehr auf geschäftsführende Tätigkeiten. Bedenkt man außerdem, daß die Vertreter in den Gemeindeverwaltungen und den korporativen Institutionen auf nicht-demokratische Weise, nach Kriterien politischer Zuverlässigkeit und wirtschaftlicher Macht, ernannt wurden, dann ergibt sich ein Bild, in dem die Machtstrukturen der Agrostädte das herrschende politische und gesellschaftliche System widerspiegelten und nicht das Ergebnis einer offenen Gegenüberstellung von Interessen.

Noch ein weiterer wichtiger Aspekt ist zu berücksichtigen: Die in der Landwirtschaft bestehenden korporativistischen Institutionen übten - außer den Repräsentativfunktionen - noch andere Aufgaben aus, die für die Landwirte und Agrararbeiter von großer Bedeutung waren. Hervorzuheben sind die bürokratischen- und Verwaltungsfunktionen, die die dort ansässigen Funktionäre als Vertreter der öffentlichen Gewalt ausübten. In der Praxis lief dies auf die Sicherstellung vieler Dienstleistungen unterschiedlichster Art hinaus, die für die in diesen Körperschaften integrierten Gruppen von unterschiedlichem Nutzen sein konnten. Die ständischen Institutionen monopolisierten somit nicht nur die Vertretung und den Schutz der Interessen der agrarischen Gruppen in den Agrostädten und diskriminierten sie gegenüber den nicht-agrarischen Gruppen; darüberhinaus verhielten sie sich wie Verwaltungszentren für eben jene Gruppen und beeinträchtigten damit die Funktionen, die die Gemeindeverwaltung auf diesem Gebiet hätte ausüben können.

1.3. Die Reform der korporativistischen Institutionen und ihre Auswirkung auf die soziale Dynamik der spanischen Agrostädte

Es ist schon darauf hingewiesen worden, daß der Demokratisierungsprozeß in den mit der Landwirtschaft verbundenen Institutionen außerordentlich langsam und wenig tiefgreifend war; er hat das alte Institutionensystem praktisch unverändert gelassen. Konzentriert man die Analyse auf die bereits erwähnten korporativistischen Vertretungskörperschaften, so läßt sich feststellen, daß die demokratische Reform lediglich unwesentliche Veränderungen zur Folge hatte, die nicht im geringsten die lokalen Machtstrukturen in den Agrostädten tangiert haben.

Die Veränderungen, die die lokalen Bruderschaften, die offiziellen Kammern und die nationale Bruderschaft durchmachten, schlugen sich einerseits in ihrer Bezeichnung nieder: Seit dem königlichen Dekret 1336 von 1977 heißen sie lokale Landwirtschaftskammern, Provinz-Landwirtschaftskammern bzw. Nationaler Bund von Landwirtschaftskammern; ihren früheren Funktionärskörper und ihr Vermögen behielten sie allerdings bei. Andererseits üben diese "neuen" Kammern dieselben Funktionen wie früher aus (Vertretung und Schutz der Landwirtschaftsinteressen, bürokratische und Verwaltungsfunktionen), wenn auch die Agrararbeiter jetzt ausgeschlossen sind, deren Forderungen nunmehr durch freie und demokratische Gewerkschaften vorgetragen werden. Möglicherweise war dies der wichtigste Aspekt der Reform, da er die Anerkennung des Interessenkonfliktes zwischen Unternehmern und Arbeitern in der Landwirtschaft bedeutete, was die korporativistische Ideologie aus Prinzip abgelehnt hatte.

Die neuen Landwirtschaftskammern üben somit weiterhin ihre Funktion als korporativistische Institutionen in den Agrostädten aus; allerdings vertreten sie jetzt als Körperschaften nurmehr die Landwirte und nicht mehr die gesamte Agrarbevölkerung. Außerdem haben sie in ihre Innenstruktur die demokratische Bestellung ihrer Leitungsorgane eingeführt. Seit der Verabschiedung des Gesetzes 19/1977 haben die Landwirte die Möglichkeit, freiwillig Interessenorganisationen beizutreten - den sogenannten landwirtschaftlichen Berufsorganisationen (Organizaciones profesionales agrarias, OPAS) -, da jedoch die korporativistischen Institutionen beibehalten worden sind, fehlte es an Anreizen, den neuen Verbänden beizutreten, deren Funktionen (Repräsentation, Dienstleistungen, Interessenvertretung) außerdem weiterhin von Landwirtschaftskammern ausgeübt werden. Das freie und demokratische Gewerkschaftswesen hat sich daher in den letzten zehn Jahren nur unbedeutend im Landwirtschaftssektor ausgebreitet, und entsprechend gering war seine Auswirkung auf die soziale Dynamik in den Agrostädten.

Es läßt sich somit sagen, daß im Hinblick auf die Interessengruppen der Landwirte der Demokratisierungsprozeß keine wesentlichen Änderungen mit sich gebracht hat; vielmehr ist ein korporativistisches Institutionengefüge beibehalten worden, das - wie früher schon - die offene Auseinandersetzung zwischen agrarischen und nicht-agrarischen Gruppen bei der Herausbildung der Machtstrukturen auf lokaler Ebene verhindert hat.

Dieses Phänomen der "Korporatisierung" agrarischer Interessen hat in jenen Kommunen größere Auswirkungen gehabt, die man als Agrostädte bezeichnen kann. Die Tatsache nämlich, daß in diesen Gemeinden gegenseitig voneinander abhängige agrarische und nicht-agrarische Gruppen bestehen, die um die Zuteilung von Ressourcen konkurrieren und die sie betreffenden politischen Entscheidungen zu beeinflussen versuchen, hat die Existenz korporativistischer Institutionen für die Landwirte zu einer Barriere werden lassen, zu einer Art Barrikade, hinter der diese Gruppen Zuflucht suchen und sich zugleich von der sozialen Dynamik isolieren, die in der Gemeinde insgesamt vonstatten gegangen ist. Ein weiteres Ergebnis dieses korporativistischen Phänomens besteht darin, daß die Landwirte nichts mit den politischen Vertretungskörperschaften der Agrostädte (den Gemeindeverwaltungen) zu tun haben wollen, da sie in ihnen Institutionen erblicken, die durch ihre zunehmenden Kompetenzen den Status bedrohen, den die Landwirte traditionellerweise genossen. Der Landwirtschaftskammer, die als "Haus der Landwirte" betrachtet wird, wird somit die Gemeindeverwaltung entgegengestellt, die als der Ort betrachtet wird, an dem "Politik gemacht wird" - und zwar häufig gegen die Interessen des Landwirtschaftssektors, etwa durch Gemeindesteuern, die Eintreibung von Abgaben für ländlichen Grundbesitz, die städtebauliche Planung, die gesundheitspolizeilichen Vorschriften für den Verkauf landwirtschaftlicher Produkte usw.

Diese Konstellation kann bedeutende Auswirkungen auf den theoretischen Rahmen der Analyse von Agrostädten haben.[1] Im Hinblick auf die Hypothese zur Typologie von Agrostädten läßt sich sagen, daß die Agrostadt als Gemeinde erscheint, die weniger integriert ist, als im allgemeinen angenommen wird. Die Differenzierungselemente zwischen agrarischen und nicht-agrarischen Gruppen können Elemente der Segregation sein, und das dichte soziale Netz würde mehr innerhalb einer jeden Gruppe als in der Agrostadt insgesamt entstehen.

Da es keine offene Konfrontation zwischen agrarischen und nicht-agrarischen Interessen gibt, reflektiert die lokale Machtstruktur möglicherweise nicht das tatsächliche Gewicht einer jeden Gruppe im Gesamtzusammenhang der Agrostadt. Das Gewicht der Landwirte hat zuviel Relevanz erfahren, da in ihren korporativistischen Institutionen eine Parzelle von Macht und Einfluß "geschützt" erhalten geblieben ist, die sie in Ermangelung derartiger Institutionen nicht oder in weit geringerem Umfang gehabt hätten. Das Fehlen offener Konfrontationen kann außerdem bewirken, daß die möglichen Interessenkonflikte zwischen agrarischen und nicht-agrarischen Gruppen in latentem Zustand bleiben und die agrarischen Gruppen versuchen, über ihre eigenen korporativistischen Institutionen den Einfluß zu kanalisieren, den sie möglicherweise auf andere Gremien ausüben, um der Macht nicht-agrarischer Gruppen in der Agrostadt entgegenzuwirken.

Im Hinblick auf die Hypothesen, die sich auf den Bedingungsrahmen für die Entwicklung der Stadt beziehen, läßt sich sagen, daß das Vorhandensein eines Institutionengefüges korporativistischer Art für die Landwirte als Beeinträchtigung für die Mobilisierung von Ressourcen wirken kann, da es die Herausbildung einer Elite erschwert, die sich "mit der Gemeinde

---

[1] Die folgenden Ausführungen knüpfen an den Aufsatz von *F. López-Casero*: Konstanz und Wandel der mediterranen Agrostadt im interkulturellen Vergleich an, der im Teil I dieses Bandes, S. 5 ff. abgedruckt ist.

identifiziert und in der Lage ist, deren Grundinteressen zu artikulieren". Die Segregation zwischen agrarischen und nicht-agrarischen Gruppen kann in der Tat eine lokale Machtstruktur dualer Art hervorbringen, bei der ein jedes Teilsystem seine entsprechenden Eliten hat, die bei der Verteidigung gemeinsamer auf die Gesamtgemeinde bezogener Interessen nicht immer übereinstimmen.

2. *Mögliche Auswirkungen neuerer institutioneller Veränderungen auf die lokale Machtstruktur in Agrostädten: Das neue Gesetz für Landwirtschaftskammern*

Das Gesetz 23/1986 vom 30. Dezember 1986 setzt die rechtlichen Grundlagen für die Landwirtschaftskammern fest. Dieses Gesetz kann einen wesentlichen Wandel in den korporativistischen Institutionen nach sich ziehen, die bis dahin als Erbe des früheren vertikalen Syndikalismus in der Landwirtschaft bestanden. Deswegen kann das Gesetz auch erhebliche Auswirkungen auf die lokale Machtstruktur in den spanischen Agrostädten haben. Von daher erscheint es von Bedeutung, einige Grundzüge des neuen rechtlichen Rahmens zu skizzieren. Zum besseren Verständnis der möglichen Auswirkungen dieses Gesetzes wird anschließend zuerst der politische und soziale Kontext dargelegt, in dem es entstand; anschließend werden Inhalt und mögliche Auswirkungen des Gesetzes erläutert.

2.1. *Der Kontext*

Es ist schon darauf hingewiesen worden, daß in der spanischen Landwirtschaft die demokratische Reform die Beibehaltung eines korporativistischen Institutionengefüges für die Landwirte bedeutete; in diesem System wurden nur unwesentliche Veränderungen gegenüber dem aus dem vorhergehenden Regime übernommenen System vorgenommen. Eine der unmittelbaren Folgen dieser Kontinuität war die geringe Entwicklung und Akzeptanz der neuen Interessenorganisationen unter den Landwirten, da es keine Anreize gab, diesen Verbänden beizutreten und ihre Interessen durch sie vertreten zu lassen. Es läßt sich sagen, daß in den rund zwölf Jahren, die seit der Wiedereinführung der Vereinsfreiheit in Spanien vergangen sind, die neuen Interessenorganisationen der Landwirte (OPAS [2]) kaum über einen selbständigen Handlungsspielraum verfügt haben; ihre Verbreitung war daher auch äußerst gering.

---

[2] Die spanischen Bezeichnungen dieser und der nachfolgenden Abkürzungen erscheinen am Ende dieses Aufsatzes zusammen mit der deutschen Übersetzung.

Aus diesen Gründen bestand unter den landwirtschaftlichen Berufsorganisationen auf Landesebene allgemeines Einverständnis im Hinblick darauf, daß ein neues Gesetz verabschiedet werden sollte, das die Befugnisse der Landwirtschaftskammern reduzierte und ihnen selbst eine neue Rolle zuwies, die der Entwicklung eines modernen Verbandswesens nicht im Wege stehen sollte. Trotz dieser allgemeinen Übereinstimmung gab es erhebliche Diskrepanzen zwischen den Verbänden im Hinblick auf die Festlegung eines neuen legalen Rahmens. Einige schlugen die vollständige Auflösung der Landwirtschaftskammern und die Übertragung ihrer Funktionen auf Verbände, Genossenschaften und Gemeindeverwaltungen vor; andere wiederum plädierten für ein neues Modell, das zwar nicht die Auflösung der bestehenden Institutionen nach sich ziehen, aber eine Präzisierung ihrer Funktionen im Verhältnis zu den neuen Agrarverbänden bedeuten sollte.

Die Gruppen, die für eine Auflösung der Landwirtschaftskammern plädierten (COAG und UPA), waren diejenigen, die ideologisch als "links" zu bezeichnen sind; es waren diejenigen, die den geringsten Nutzen aus diesen Institutionen hatten ziehen können, da ihre soziale Basis aus Kleinbauern bestand, die traditionellerweise von diesen lokalen Machtzentren ausgeschlossen waren. Die Befürworter einer Beibehaltung der Landwirtschaftskammern (allerdings bei Durchführung grundlegender Reformen) waren die ideologisch in der "Mitte" (CNJA und UFADE) oder auch der "Rechten" (CNAG) des soziopolitischen Spektrums angesiedelten Verbände. Vor allem in Andalusien stellten diese Verbände die Kontinuität der Agrareliten innerhalb der Gemeinde dar; als solche haben sie in den korporativistischen Institutionen wichtige Machtpositionen innegehabt.

2.2. Der Inhalt des neuen Gesetzes

Im folgenden sollen nicht die juristischen Probleme untersucht werden, die bei der Ausarbeitung des Gesetzes zutage traten; zumeist hingen diese Probleme mit der Kompetenzverteilung zwischen Zentralstaat und autonomen Gemeinschaften zusammen. Es geht vielmehr um eine Skizze der Grundzüge des neuen Gesetzes.

Als allgemeines Prinzip und zuvörderst schreibt das Gesetz vor, daß es auf Provinzebene nur eine einzige Landwirtschaftskammer geben darf; es ermächtigt die Regierung, die lokalen Landwirtschaftskammern und den "Nationalen Bund von Landwirtschaftskammern" (CONCA) aufzulösen.

Dieses Prinzip bedeutet eine grundlegende Veränderung des bis dahin bestehenden korporativistischen Systems; diese Veränderung kann auch die größten Auswirkungen auf die Machtverhältnisse in den Agrostädten haben, da für die Landwirte auf lokaler Ebene die korporativistische Struktur verschwindet. Das Gesetz sieht zwar vor, daß jene autonomen Gemeinschaften, die mit Kompetenzen in Bezug auf Landwirtschaftskammern ausgestattet sind, diese auf den von ihnen angemessen erscheinenden Ebenen beibehalten können; trotzdem dürfte von dieser Kompetenz nicht allzu häufig Gebrauch gemacht werden, da keine Finanzierung seitens des Staates vorgesehen ist.

Sodann eliminiert das Gesetz das frühere Prinzip der Zwangsmitgliedschaft der Landwirte in den neuen Provinz-Landwirtschaftskammern (CAP); damit ist die ständisch-korporativistische Struktur aufgehoben. Nach dem neuen Gesetz werden nur diejenigen Landwirte Mitglieder der Provinz-Landwirtschaftskammern sein, die - insgesamt fünfundzwanzig - in allgemeinen, direkten und geheimen Wahlen gewählt worden sind. Diese Wahlen sollen auch dazu dienen, die Repräsentativität der Agrarverbände festzustellen; die Wahlergebnisse sollen es den Zentral- und Regionalregierungen ermöglichen, bestimmte Verbände als Gesprächspartner anzuerkennen und anderen diese Anerkennung zu verweigern.

Des weiteren räumt das Gesetz die Funktionen der neuen Landwirtschaftskammern - und zwar sowohl der Kammern auf Provinzebene als auch der möglichen Lokalkammern, die einige Regionalregierungen vielleicht beibehalten - vollständig aus. Das Gesetz spricht ihnen die Funktion zu, als beratende Organe der Verwaltung zu agieren - allerdings nur auf deren Aufforderung hin und nicht aufgrund eigener Initiative. Es verweigert ihnen zugleich jegliche Möglichkeit, die Interessen der Landwirte zu vertreten und zu verteidigen. Die Möglichkeit, Dienstleistungen anzubieten, wird insofern erheblich eingeschränkt, als diese Funktion auch die Gemeindeverwaltungen ausüben können.

Viertens und letztens sieht das Gesetz vor, daß das Vermögen der aufgelösten lokalen Landwirtschaftskammern je nach Art entweder an die Genossenschaften oder an die Verbände der Landwirte übergeht. Diese Mittelübertragung kann faktisch die Einrichtung von Verbänden auf lokaler Ebene bedeuten, was bis dahin in vielen Gemeinden wegen fehlender wirtschaftlicher Mittel nicht möglich war. Möglicherweise wird damit unter den Landwirten der Agrostädte eine Verbandsdynamik und eine bessere sowie autonomere Strukturierung auf lokaler Ebene gefördert; bis dahin mußte der Landwirt, der einem Verband beitreten wollte, Mitglied eines Provinz- anstelle eines Lokalverbandes werden.

2.3. Einige Schlußfolgerungen über den neuen gesetzlichen Rahmen und seine Auswirkung auf die Agrostädte

Zusammenfassend können einige Auswirkungen skizziert werden, die der neue gesetzliche Rahmen (Gesetz 23/1986) auf die lokale Macht- struktur in den Agrostädten haben kann:

a) die Auflösung der korporativistischen Agrarinstitutionen auf lokaler Ebene kann den Aufbau einer offenen Beziehung zwischen den Inter- essen der agrarischen und der nicht-agrarischen Gruppen fördern, de- ren Zentrum die Gemeindeverwaltung ist. Auf diese Weise kann die Kräftebeziehung innerhalb der Agrostädte das tatsächliche Gewicht einer jeden Gruppe im wirtschaftlichen, sozialen und kulturellen Bereich widerspiegeln und das Weiterbestehen von institutionell "ge- schützten" Parzellen verhindern.

b) Die Auflösung dieser korporativistischen Institutionen kann auch dazu beitragen, die Dualität der lokalen Machtstruktur aufzubrechen und die Herausbildung intersektoraler und homogener Lokaleliten zu ermöglichen, die ein gemeinsames Projekt für die Gemeinde verfolgen.

c) Die Übernahme von Funktionen, die früher die Landwirtschafts- kammern ausübten, durch die Gemeindeverwaltungen kann eine An- närung der Landwirte an diese Lokalinstitutionen erleichtern, nach- dem sie von diesen ja notwendige und manchmal sogar für ihre Berufs- tätigkeit unentbehrliche Dienstleistungen erhalten. Die Landwirte können es als "interessant" erachten, am lokalen politischen Leben teilzunehmen und sich in städtische Partizipationsstrukturen zu inte- grieren. Damit aber wäre ein Beitrag zur Herausbildung intersekto- raler Eliten geleistet.

d) Die Entwicklung lokaler Landwirtschaftsverbände kann zu einer besseren Artikulation der Gruppe der Landwirte und zu einer wirk- lichen sozialen Konzertierung mit anderen Interessengruppen, wie etwa den Agrararbeitern oder den agroindustriellen Unternehmen, beitragen. In Agrostädten, in denen eine starke gegenseitige Abhän- gigkeit von Agrarsektor und Ernährungsindustrie besteht, kann die

Möglichkeit einer derartigen sozialen Konzertierung für die zukünftige ökonomische und soziale Entwicklung von großer Bedeutung sein.

3. Methodische Vorschläge

Da die korporativistischen Institutionen in den spanischen Agrostädten bisher noch nicht aufgelöst worden sind, wäre es von Interesse, die tatsächliche Bedeutung dieses Phänomens in den entsprechenden Untersuchungsgemeinden zu analysieren. Auf diese Weise könnte der allgemeine theoretische Rahmen durch neue Hypothesen erweitert werden. Darauf aufbauend, sollte untersucht werden, inwieweit die Existenz korporativistischer Institutionen vom Typ der Landwirtschaftskammern in diesen Agrostädten eine soziale, wirtschaftliche und politische Dynamik besonderer Art hervorruft, die sie vom allgemeinen Modell unterscheidet, das auf der Grundlage anderer Fälle erarbeitet worden ist, in denen besagtes Phänomen nicht existiert. Ist erst einmal der Einfluß dieser Institutionen festgestellt, müßte auch untersucht werden, welche möglichen Auswirkungen das Verschwinden dieser korporativistischen Institutionen auf die lokalen Machtstrukturen und auf die Mobilisierung von Ressourcen für die Entwicklung der Agrostädte haben kann.

Zusätzlich zu diesen allgemeineren Überlegungen seien noch folgende konkretere Vorschläge unterbreitet:

1) Da die lokalen Landwirtschaftskammern als Dienstleistungsbetriebe große Unterschiede von einer Gemeinde zur anderen aufweisen, müßte die Tätigkeit untersucht werden, die diese Institutionen in jeder Agrostadt entfalten. Hierbei gilt es, folgende Aspekte zu berücksichtigen:

a) Die Art, Quantität und Qualität von Dienstleistungen, die die Landwirtschaftskammern den Landwirten bieten.

b) Die Art, in der sich die Landwirtschaftskammer finanziert. Hierbei gilt es festzustellen, ob sie als zusätzliche Finanzierungsquelle häufig die unter Landwirten übliche Umlage verwendet.

2) Um die Repräsentativfunktion der Landwirtschaftskammern feststellen zu können, gilt es, folgende Aspekte zu berücksichtigen:

a) Die Teilhabe der Landwirte an den Leitungsorganen der Landwirtschaftskammern und die Art, wie sich innerhalb der Kammer
der Entscheidungsfindungsprozeß abspielt. Durch diese Analyse
soll ermessen werden, inwieweit diese Institution als Ort der Konfrontation zwischen den Interessen der verschiedenen agrarischen
Gruppen fungiert.

b) Die Art, in der sich die Landwirte an der Landwirtschaftskammer beteiligen: nämlich über die Verbände, in denen sie organisiert sind, oder unabhängig. Auf diese Weise ließe sich feststellen, ob eine Korrelation zwischen der Dynamik innerhalb der
Landwirtschaftskammer und der Verbandsdynamik besteht.

3) Um den Grad der Entfernung bzw. Isolierung festzustellen, die die
Landwirte vom lokalen politischen Leben haben, sollten etwa folgende
Aspekte berücksichtigt werden:

a) Die subjektive Bedeutung, die für sie die Gemeindeverwaltung
hat und deren mögliche Entgegenstellung zur Landwirtschaftskammer.

b) Die Zusammensetzung der verschiedenen Wahllisten für die
bisher durchgeführten Kommunalwahlen und die Anwesenheit
von Landwirten auf diesen Listen; hierbei gilt es zu unterscheiden,
ob es sich um Landwirte handelt, die eine bestimmte Aktivität in
der Landwirtschaftskammer ausüben.

c) Die Mitgliedschaft von Landwirten in politischen Parteien.

d) Die Art, Quantität und Qualität von spezifisch agrarischen
Dienstleistungen durch die Gemeindeverwaltung.

e) Die Eintreibung der landwirtschaftlichen Grundsteuer und die
Verwendung, die die Gemeindeverwaltung von dem ihr zustehen-
den Teil macht.

4) Um den dualen Charakter der lokalen Machtstruktur zu untersuchen, müßten folgende Faktoren Berücksichtigung finden:

a) Die Zusammensetzung der lokalen Elite und der Grad ihrer
wirtschaftlich-sozialen Heterogenität.

b) Die Existenz einer Agrarelite, die sich in ihrem kulturellen Verhalten vom Rest der in der Agrostadt dominierenden Gruppen unterscheidet.

c) Die gemeinsame Teilnahme agrarischer und nicht-agrarischer Gruppen an wirtschaftlichen Entwicklungsprojekten in der Gemeinde.

5) Schließlich müßte untersucht werden, wie die agrarischen und die nicht-agrarischen Gruppen der Agrostadt Veränderungen sehen, die die Anwendung des neuen Gesetzes über Landwirtschaftskammern - mit der Folge der Auflösung dieser Institutionen auf lokaler Ebene - mit sich bringt.

Verzeichnis der spanischen Abkürzungen:

CAP: Cámaras Agrarias Provinciales -
Provinzial-Landwirtschaftskammern

CNAG: Confederación Nacional de Agricultores y Ganadores -
Landesverband der Landwirte und Viehzüchter

CNJA: Centro Nacional de Jóvenes Agricultores -
Zentralverband der Junglandwirte

COAG: Coordinadora de Organizaciones de Agricultores y Ganadores -
Dachverband der Organisationen der Landwirte und Viehzüchter

CONCA: Confederación Nacional de Cámaras Agrarias -
Landesverband der Landwirtschaftskammern

OPAS: Organizaciones Profesionales Agrarias -
Landwirtschaftliche Berufsverbände

UPA: Unión de Pequeños Agricultores -
Vereinigung der Kleinbauern

Übersetzung: Walther L. Bernecker

Michel Drain

AGROSTADT-UMLAND - BEZIEHUNGEN AM BEISPIEL SPANIENS UND PORTUGALS

Das Umland der Agrostädte kann auf zwei verschiedenen Ebenen betrachtet werden: zum einen rein lokal, zum anderen allgemeiner im Rahmen der regionalen Entwicklungsprobleme. Im Falle der Iberischen Halbinsel, insbesondere ihres südlichen Teils, muß man von gemeinsamen sozioökonomischen Bedingungen ausgehen. Sowohl die Region Alentejo als auch Andalusien gehören zur Semi-Peripherie Europas mit ihren speziellen Problemen ungleicher und unzureichender Entwicklung, wenn auch die Unterschiede zwischen beiden Regionen beachtlich sind. Einerseits sind sie Teile zweier Staaten, deren wirtschaftlicher und sozialer Entwicklungsstand deutliche Unterschiede aufweist. Andererseits ist darauf hinzuweisen, daß auf der Iberischen Halbinsel starke demographische Kontraste zwischen Binnen- und Küstenregionen zu registrieren sind; der Alentejo zählt bei geringer Bevölkerung und Prädominanz landwirtschaftlicher Tätigkeiten zu der ersten Gruppe, während Andalusien größtenteils zur aktiven und bevölkerten Peripherie der Halbinsel gehört. Die Bevölkerungsdichte etwa reicht zu Beginn der 80er Jahre von 50 Einwohnern pro Quadratkilometer in den Niederungen des Guadalquivir bis zu unter 20 Einwohnern pro Quadratkilometer in der Gegend von Beja. Andere Unterschiede zwischen Spanien und Portugal sind auf die Organisation der Lokalverwaltung zurückzuführen. Der portugiesische Kirchsprengel, der im Hinblick auf seine Ausdehnung und Relevanz in etwa dem spanischen Munizipium (Gemeinde) entspricht, hat nur geringe administrative Bedeutung; das Zentrum der lokalen Macht liegt vielmehr am Sitz eines "Rates" (consejo), der in der Regel mehrere Kirchsprengel umfaßt und dessen Gebiet mit dem eines spanischen Amtsbezirks vergleichbar ist.

Der folgende Beitrag widmet sich den Beziehungen zwischen der Agrostadt und ihrem lokalen Umfeld; der Schwerpunkt liegt dabei auf drei Aspekten: zuerst geht es um eine Untersuchung des Gemeindegebiets der Agrostadt, da man sich diese nicht als reinen Punkt im Raum vorstellen darf. Es pflegt eine Beziehung zwischen der Größe des Gemeindegebiets und den Funktionen des städtischen Hauptkerns zu geben. Im Süden der Halbinsel ist die Agrostadt nahezu immer im Zentrum eines großen Gemeindegebiets gelegen. Historische Dokumente verweisen auf die Gründe für eine derartige Lage und lassen es verständlich erscheinen, wieso diese Lage sich bis heute gehalten hat.

Sodann erfolgt eine Darlegung des sozial-agrarischen Aspekts der großen Gemeindegebiete. Das Gemeindegebiet als rechtliche Einheit kann nicht nur als Unterstützung der sozialen Aktivitäten, sondern muß vielmehr als eine richtige soziale Konstruktion gesehen werden. Unter Beschränkung auf die landwirtschaftlichen Aktivitäten werden drei Aspekte untersucht: die landwirtschaftliche Organisation des Gemeindegebiets, der Bodenbesitz und die landwirtschaftliche Arbeit.

Schließlich wird in einem dritten Teil, auf der Grundlage von Beispielen aus verschiedenen Epochen, der Versuch unternommen, die Logik eines Systems und die Formen seiner Reproduktion zu ermitteln.

Das rechtliche Gemeindegebiet

Das Gemeindegebiet hat ebenso juristische wie symbolische Bedeutung. Seine Abgrenzung und Vermarkung erfolgen üblicherweise mit bestimmten Riten und Bittprozessionen. Allerdings fallen die Unterschiede in der Größe zwischen einem Gemeindegebiet und dem anderen auf. Die Agrostädte haben zumeist eine große Gemarkung; wenn im Laufe der Zeit neue rechtliche Einheiten entstanden, handelte es sich eher um kleine Gebiete, die am Rande der bereits bestehenden lagen und deren Zentren auf kleinere Dörfer entfielen, die im Einflußbereich einer Agrostadt liegen.

1) Die großen Gemeindegebiete

In beiden Staaten der Iberischen Halbinsel erfolgte die Verwaltungsorganisation im Zuge der Reconquista. Daher sind in Spanien wie in Portugal die gleichen Unterschiede in der Abgrenzung der kleineren Verwaltungseinheiten zwischen den Regionen, die in etwa nördlich und denen, die südlich des Tajo liegen, anzutreffen. Im nördlichen Teil ergeben die zahlreichen kleinen Bezirke ein homogenes und dichtes Raster, während im Süden ausgedehnte Bezirke bestehen, die nicht selten größer als 500 Quadratkilometer sind. Die durchschnittliche Fläche eines portugiesischen Kirchsprengels umfaßt 23 Quadratkilometer, ein spanisches Munizipium 59 Quadratkilometer. Zwischen der Fläche eines Gemeindegebiets und dessen Bevölkerung besteht eine bestimmte Beziehung; die acht größten Gemeindegebiete der Provinz Sevilla entsprechen den größten

Siedlungszentren (abgesehen von der Stadt Sevilla und ihrem Einzugsbereich) und dementsprechend ebenso vielen Agrostädten (Tabelle 1).

Tabelle 1:
Die acht größten Gemeindegebiete der Provinz Sevilla

Agrostadt	Fläche in km^2	Bevölkerung 1970[*]		1900	1857
		insgesamt	Hauptort		
ECIJA	974	36	27	24	28
CARMONA	924	24	22	17	18
UTERA	681	35	28	15	14
OSUNA	590	21	17	18	17
CONSTANTINA	480	10	10	9	8
MORON	430	29	25	14	15
LEBRIJA	402	21	15	11	10
MARCHENA	377	20	16	12	13

[*] Bevölkerung in 1000

Das dichte Gemarkungsmuster entspricht früheren Zentren von großer Bevölkerungsdichte, etwa in der portugiesischen Region Minho oder im Falle der zahlreichen Dörfer, die die Christen in Alt-Kastilien, vor allem im 11. und 12. Jh. gegründet haben. Die großen Gemeindegebiete im Süden sind demgegenüber auf eine Phase der Reconquista zurückzuführen, in der das Gebiet verwüstet und die Bevölkerung massiv vertrieben wurde, dessen Wiederbevölkerung seitens der Christen sodann in Ermangelung demographischer Ressourcen unvollständig blieb. Viele Siedlungszentren weisen eine alte Geschichte auf; einige sind sogar älter als die römische Kolonisation, die noch mehr zu einer einheitlichen Urbanisierung beigetragen hatte. Es läßt sich feststellen, daß das Vorhandensein der großen Gemeindegebiete sowohl in Andalusien wie im Alentejo mit einem Gebiet starker und alter Urbanisierung zusammenfällt.

Als Beispiel für das Alter und die Dauer der großen Gemeindegebiete wurde für den vorliegenden Beitrag in der Provinz Sevilla ein Raum ausgewählt, der durch die Reconquista klar abgegrenzt wurde: im Süden erhielt sich die Grenze mit dem islamischen Reich von Granada mehr als zwei Jahrhunderte. Daher erscheint es auch gerechtfertigt, daß Morón den Zunamen "de la Frontera" (frontera [span.]: Grenze) erhielt (Abb. 1). Im Osten war die Grenze zwischen den Königreichen Córdoba und Sevilla eher verwaltungsrechtlicher Art; im Westen schloß sich als Abgrenzung das Gemeindegebiet von Sevilla an. Im Norden gibt es nur Gemeindegebietsgrenzen zwischen dem Flachland (Campiña) und dem Schwemmlandbereich (Ribera) des Guadalquivir-Tals. Das gesamte Gebiet, das zwischen 1240 und 1247 zurückerobert wurde, umfaßt etwas mehr als 5000 Quadratkilometer. Alte Grundbücher verweisen auf Ruinen kleiner Orte auf dem Land; heute bestehen und sind bevölkert nur noch die ehemaligen Festungen Ecija, Carmona, Osuna, Marchena, Morón und das Schloß von Estepona. Der Raum wurde somit auf sechs Gemeindegebiete aufgeteilt; der Grenzraum wurde den Militärorden zugewiesen, während die anderen Teile zu weltlicher Grundherrschaft (Marchena) oder königlichem Besitz wurden. Zur Kontinuität der militärischen und Verwaltungsfunktionen - zumindest Ecija, Carmona und Morón waren arabische Verwaltungszentren gewesen - kommt die Kontinuität in der Abgrenzung der Gemeindegebiete. Aus alten Grundbüchern ist auch bekannt, daß die königlichen Urkundsbeamten "alte Mauren, die die Orte und die Grenzen der Umgebung kannten", baten, ihnen bei den Gemarkungsarbeiten behilflich zu sein (*González* 1951). Mehrere Angaben lassen die Annahme zu, daß die Abgrenzungen an verschiedenen Stellen dieselben wie die der Römer waren. Zumindest läßt sich nachweisen, welche Bedeutung die Grenze eines Gemeindegebiets als tatsächliche Wirtschaftsgrenze haben konnte. Am 1. Mai 1282 etwa verbot der König die Einfuhr von Wein nach Ecija, wenn dieser nicht aus seinem eigenen Bezirk stammte (*González* 1951). Protektionistische Maßnahmen wurden später wiederholt auch auf andere Produkte angewandt. Die großen Gemeindegebiete hatten die Funktion einer tatsächlichen Region und das Bevölkerungszentrum übte die Rolle einer kleinen Hauptstadt aus; diese Funktion hatte sie bestimmt in der Zeit der [nach 1031 entstandenen] Teilreiche (reinos de taifa).

Abbildung 1:

Die großen Gerichtsbezirke der Campiña von Sevilla zu Beginn des 14. Jh.

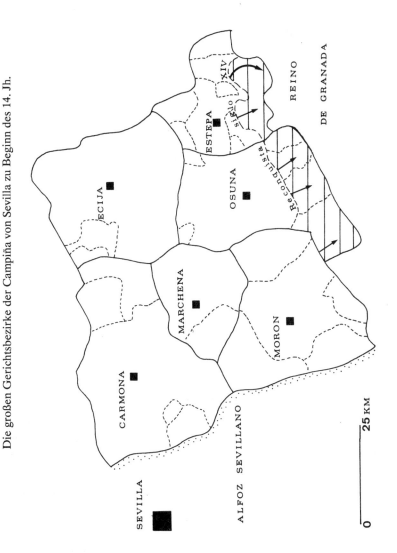

2. Die neuen Zuständigkeitsbereiche

Die neuen Bevölkerungszentren, die aus einer Politik der Wiederbesiedelung, der Kolonisierung oder aus spontanen Neugründungen hervorgegangen sind, erhielten allmählich ihren eigenen Zuständigkeitsbereich und ihr eigenes Gebiet. Aber auch wenn dieser Prozeß in Spanien und Portugal unterschiedlich verlief, so verloren die großen Gemeindegebiete und ihre entsprechenden Zentren doch nicht ihre Bedeutung.

a) Die spezifische Rolle der portugiesischen "Räte" (consejos)

Der "consejo" ist eine Form territorialer Organisation, die sich bereits Ende des 14. Jahrhunderts über das gesamte portugiesische Reich erstreckte. Er umfaßt zumeist mehrere Kirchsprengel; sein Sitz ist das Zentrum der lokalen Macht. Es handelt sich um eine Institution, die in der Geschichte Portugals stark verankert ist und durch die Dezentralisierungselemente der neuen portugiesischen Verfassung von 1976 noch verstärkt worden ist. In diesem System können die neuen Siedlungskerne nur versuchen, einen Kirchsprengel zu bilden, d.h. eine Autonomie zu erlangen, die - vor allem hinsichtlich des lokalen Finanzgebarens - nicht ganz einem spanischen Munizipium gleichzusetzen ist. In einigen Fällen kann ein Kirchsprengel sich aus seinem "consejo" lösen, um einen eigenen "consejo" zu erhalten; allerdings bleibt die Verwaltungseinheit dann auf die Fläche des früheren Kirchsprengels beschränkt. Die Verlegung des Sitzes eines "consejo" von einem Bevölkerungszentrum zum anderen ist nur äußerst selten vorgekommen und ging dann mit derart heftigen Reaktionen seitens der Bewohner des aufgelösten "consejo" einher, daß die Regierungen solche Maßnahmen nicht durchzuführen wagten. Daher unterlag die territoriale Organisation in den portugiesischen "consejos" nur geringfügigen Veränderungen, und die neuen Einheiten (1835 Schaffung von Distrikten, nach der Verfassung von 1956 schließlich Regionen) veränderten die Struktur der "consejos" nicht grundlegend. Diese Starrheit, die einer urbanen Hierarchie entgegensteht, erhält - vor allem in den Gegenden im Inneren Portugals - eine große Anzahl kleiner, halbautonomer urbaner Zentren aufrecht, die ebenso viele Agrostädte sind.

Der "consejo" von Montemor-o-Novo etwa ist mit 1.225 Quadratkilometern einer der größten in Portugal, obwohl 1962 durch ein Gesetzesdekret der Regierung der Kirchsprengel Vendas Novas abgetrennt wurde, der infolge der Industrialisierung eine Bevölkerungszunahme erfahren und ganz andere Probleme als Montemor hatte. Montemor, dessen Rechtsstatut auf 1203 zurückgeht, war eine königliche Festung auf der Strecke von Lissabon nach Spanien. Es verfügt über sechs Kirchsprengel, von denen zwei eigentlich Teile derselben Agrostadt mit ihrer Umgebung an Feldern sind, während die anderen vier große Gemeindegebiete aufweisen (Cabrela etwa 306 Quadratkilometer), die aber nur geringe lokale Macht haben. Außerdem gibt es in ein und demselben Kirchsprengel zumeist mehrere Weiler. Im "consejo" insgesamt ist die erwerbstätige Bevölkerung weiterhin überwiegend im Primärsektor (1970 zu 69%) beschäftigt; der sehr reduzierte sekundäre Bereich besteht vor allem aus der Bauwirtschaft, der tertiäre aus der öffentlichen Verwaltung. Vor allem diese öffentliche Verwaltung, die sich am Sitz des "consejo" konzentriert, gibt der portugiesischen Agrostadt mit ihrem Rathaus, dem Feuerwehrhaus, dem Gymnasium und dem Krankenhaus ihr spezifisches Gepräge.

b) Die Schaffung neuer Zuständigkeitsbereiche in Spanien

Zurück zum Flachland (Campiña) der Provinz Sevilla und dem weiter oben abgegrenzten Raum: Heute umfaßt er 29 Munizipien mit ihren Gemeindegebieten anstelle der sechs Siedlungszentren und Gemeindegebiete von Mitte des 13. Jahrhunderts. Die dreiundzwanzig neuen Gemeindegebiete umfassen 35% der ursprünglichen Fläche[1], so daß die sechs ersten Gemeindegebiete jetzt noch eine durchschnittliche Ausdehnung von 581 km^2 haben, während die neuen Gebiete nur auf 70 km^2 kommen. Obwohl die großen Gebiete die größten Bevölkerungszentren aufweisen, war die Bevölkerungsdichte in den kleinen Gebieten viel höher: Sie lag 1970 bei 77 Einwohnern pro km^2 anstatt 40, was bereits einen wesentlichen Unterschied im Hinblick auf den verfügbaren Ackerboden in beiden Fällen ausmacht. Außerdem liegt der größte Teil der kleinen Gemeindegebiete am Rande der großen. Im Kataster von La Ensenada aus der Mitte des 18. Jahrhunderts wurden die sieben Zentren, die am Rande des Gemeindegebietes von Osuna lagen, als "Straßen" von Osuna bezeichnet. Diese Bezeichnung bringt die engen Beziehungen zwischen Osuna und den genannten Ortschaften gut zum Ausdruck. Auf diese Weise behielten die großen Gemeindegebiete ihren Raum und Einfluß bei. Trotzdem ließen sie die Gewährung von Gemeindegebiet und rechtlicher Zuständigkeit nur sehr unwillig zu. Die 1480 vom Herzog von Arcos auf dem Weg von Ecija nach

---

[1] 1248 betrug die Fläche 4.588 km^2; weitere 494 km^2 wurden zu Beginn des 14. Jh. in der Sierra zurückerobert, wodurch acht neue "términos" entstanden.

Abb. 2:

Ackerland und Ödland in Osuna Mitte des 18. Jh. (s. Abb. 3)

Gemeindegebiet von Osuna

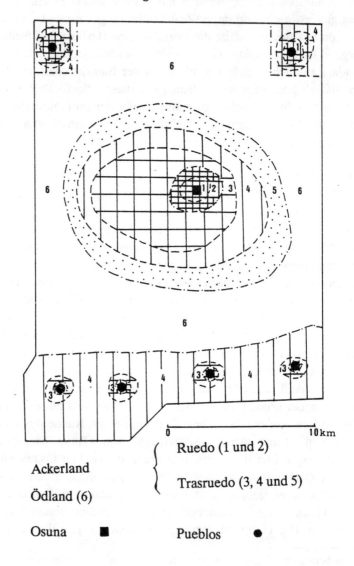

Ackerland

Ödland (6)

Ruedo (1 und 2)

Trasruedo (3, 4 und 5)

Osuna ■

Pueblos ●

177

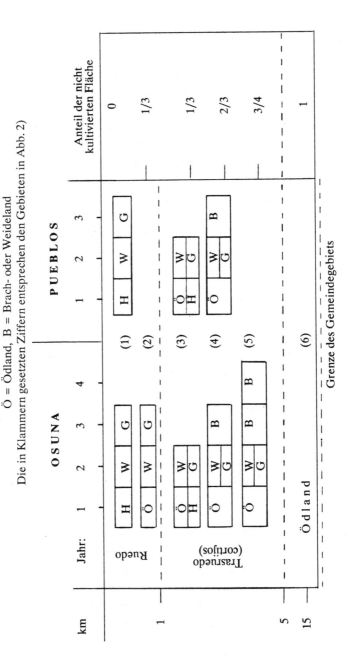

Abbildung 3:

Aufteilung der landwirtschaftlich genutzten Flächen im Herzugtum Osuna Mitte des 18. Jh.

(H = Hülsenfrüchte, W = Weizen, G = Gerste
Ö = Ödland, B = Brach- oder Weideland
Die in Klammern gesetzten Ziffern entsprechen den Gebieten in Abb. 2)

Cádiz geschaffene Station zur Ablösung der Pferde erhielt erst 1774 eine eigene Zuständigkeit (Paradas). Auch Pablo de Olavide sah sich mit starkem Widerstand seitens der 24 Ecija-Einwohner konfrontiert, als er von den Ödflächen Ecijas 68 Hektar abtrennen mußte, um 1767 das Kolonisationsdorf La Luisiana gründen zu können. Die sieben Satellitendörfer Osunas (Abb. 2 u. 3) gaben ihren Status als Unterbezirke mit "Vize"-Bürgermeistern erst nach 1835 als Folge von Verwaltungsreformen auf, die auf gesamtstaatlicher Ebene stattfanden; ein eigenes Verwaltungsgebiet wurde ihnen aber deswegen nicht zugesprochen. Dem Handbuch von Madoz aus dem Jahre 1849 zufolge wurden sie noch von den Steuerbehörden Osunas verwaltet. Obwohl somit theoretisch Gleichheit zwischen den Munizipien besteht, entsprechen die sechs großen Gemeindegebiete, die im Zuge der Reconquista im Fachland der Provinz Sevilla entstanden waren, heute sechs Agrostädten, die ihren lokalen Einflußbereich aufrecht zu erhalten verstanden haben (Tabelle 2).

II. Das Landwirtschaftsgebiet

Das Gemeindegebiet stellt primär das Land zur Verfügung; dieses ist die Grundlage der Agrarproduktion. Es handelt sich dabei aber nicht nur um eine bestimmte Fläche Land, sondern um die ganze technische und soziale Organisation seiner Bewirtschaftung.

1) Die alte Bodenorganisation

Viele gegenwärtige Züge der Landschafts- und Sozialstruktur lassen sich auf eine lange Geschichte zurückführen; die Agrostadt selbst bleibt unverständlich, wenn nicht auf diese Vergangenheit zurückgegriffen wird. Die Organisation des landwirtschaftlichen Bodens wurde sowohl im Alentejo als auch in Andalusien bis zu Beginn des 20. Jahrhunderts von einem in der Welt sehr verbreiteten Modell beherrscht. Es handelt sich um einen Kranz von Anbauflächen, die bei zunehmender Entfernung vom bevölkerten Zentrum immer extensiver genutzt werden; schließlich bleiben die Ländereien am Rande des jeweiligen Gemeindegebiets unbewirtschaftet; sie befinden sich auch nicht in Privateigentum. Die einzige bemerkenswerte Ausnahme von dieser Regel, nämlich das Gebiet des Gemeindeverbands von Sevilla, wo die kleinen Gemeindegebiete intensiv bewirtschaftet wurden, läßt sich dadurch erklären, daß der Markt einer sehr bevölkerten Stadt in der Umgebung eine intensive Agrarproduktion benötigte; dies umsomehr, als ein Teil auch exportiert wurde und Sevilla sowie die nächstgelegenen Dörfer

Tabelle 2:

Gemeindegebiete Ausdehnung in km² ursprüngl. heute		Ausdehnung in km²	Bevölkerung in 1000 1960 1970		Bevölkerungs- dichte 1960 1970	
CARMONA	Carmona La Campana Fuentes Mairena El Viso	924,4	28,2	24,3	30,5	26,3
1.289,7		365,3	34,9	36,6	95,6	100,2
ECIJA	Ecija La Luisiana	974,5	49,7	36,0	51,0	36,9
1.042,1		67,6	6,8	6,3	101,8	93,5
MARCHENA	Marchena Paradas	337,4	20,6	20,9	54,5	55,4
486,1		108,7	9,9	10,2	91,4	93,9
MORON DE LA FRON- TERA	Morón Algámitas El Arahal Coripe Montellano Pruna Puebla de C.	430,2	35,2	29,4	81,9	68,5
1.108,3		678,1	48,0	41,5	70,8	61,3
OSUNA	Osuna Los Corrales La Lantejuela Martín Jara El Rubio El Saucejo Villanueva SJ	590,9	20,7	21,6	35,1	36,6
870,7		279,8	22,2	19,6	79,4	70,3
ESTEPA	Estepa Aguadulce Badolatosa Casariche Gilena Lora de Est. La Roda de A. Marinaleda Pedrera	187,3	9,4	9,7	50,5	51,7
581,9		394,6	33,0	29,2	83,6	74,1
HAUPTSIEDLUNGEN NEBENSIEDLUNGEN INSGESAMT		3.487,7 1.894,2 5.381,9	164,0 155,0 319,0	142,2 143,6 285,9	47,0 81,8 59,2	40,7 75,8 53,1

keinen Mangel an Weideflächen hatten, zumal die der Marismas [sumpfiges Küstengebiet in der Provinz Huelva] benutzt werden konnten.

Der "ruedo" stellt einen Kranz intensiver, in kleine Parzellen aufgeteilter Anbauflächen in der Nähe der Ortschaft dar, die manchmal durch Wälle vor den Viehherden geschützt wurden. Die kleineren Gemeindegebiete mit einem dicht besiedelten Zentrum bezogen den größten Teil ihrer Getreideproduktion aus den "ruedos" - in Marinaleda etwa waren es 100% der Ernte, während es - dem Handbuch von Madoz aus der Mitte des 19. Jahrhunderts zufolge - in Osuna nur 3,9% und in Carmona gar nur 0,7% waren.

Die am Rande des Gemeindegebiets gelegenen Ödländereien (baldíos periféricos) entsprechen dem mediterranen "saltus"; sie hatten eine äußerst wichtige Funktion als Reserve für Weideland, zur Urbarmachung, zum Holzschlagen für die Dorfarmen, schließlich als Raumreserve, um in Zeiten von Bevölkerungszunahme neue Weiler bauen zu können, wie es etwa im Mittelalter an der Peripherie des Gemeindegebiets von Osuna geschah. Aber schon Mitte des 18. Jahrhunderts blieben nurmehr wenige Ödländereien übrig. Ein Dokument jener Zeit (Razón de los baldíos, L. 2845) läßt ihr Ausmaß im Flachland der Provinz Sevilla erkennen: 41.000 ha, somit lediglich 8% der Gesamtfläche, von denen außerdem ein Großteil sehr schlechte Bedingungen aufwies: kalkhaltige Terrassen des Guadalquivir in La Campana und Ecija sowie bergige Ländereien in Osuna und Estepa. Der Prozeß des Rückgangs an Ödland fand im Alentejo zu Beginn des 20. Jahrhunderts seinen Abschluß, als kleine Parzellen an Kleinstbauern und Kätner vergeben wurden; da es sich aber um das schlechteste Land handelte, verkauften diese es bald weiter; so gelangte das letzte Ödland im Süden in die Hände von Großgrundbesitzern (s. dazu die Luftaufnahme von Serpa).

Mit "trasruedo" bezeichnet man die Fläche, die zwischen dem "ruedo" und dem Ödland liegt. Da die "ruedos" nur geringe Ausmaße aufweisen und die Ödländereien verschwunden sind, stellt der "trasruedo" in den großen Gemeindegebieten den bedeutendsten Teil der Landwirtschaftsfläche dar. Die technische Funktion des "trasruedo" bestand darin, den Ochsengespannen, die bei den landwirtschaftlichen Tätigkeiten eingesetzt wurden, als Weideland zu dienen. Das geläufigste System war ein Dreijahresrhythmus, wobei der Teil, auf dem im darauffolgenden Jahr Getreide angebaut werden sollte, brach blieb, und nach der Ernte das Stoppelfeld als Weideland Verwendung fand. Dieses Brachland (manchón) konnte diese

Luftaufnahme von Serpa, einer Agrostadt im Alentejo, links des Guadiana
(August 1978).
Alter Stadtkern mit seinem "castillo" und sternförmig angelegten Vorstädten. Die
Eisenbahnlinie wurde nicht fertiggestellt und die große Landstraße umgeht den Ort.

Funktion zwei oder mehr Jahre lang haben; in der Abb. 3, die aufgrund der Angaben des Katasters von La Ensenada für Osuna erstellt worden ist, läßt sich die Vielfalt der Intensitätsgrade erkennen.

2) Der Bodenbesitz

Sowohl Mitte des 18. Jahrhunderts als auch im 20. Jahrhundert entfällt der gewählte Untersuchungsraum von 5.000 km^2 auf Großgrundbesitz. Ein Dokument aus dem 18. Jahrhundert läßt deutlich werden, daß auf diesem Gebiet (abgesehen vom Gemeindegebiet Paradas, für das keine Angaben vorliegen) die Gutshöfe (cortijos) damals eine Fläche von 171.000 ha, d.h. über ein Drittel des Untersuchungsraumes einnahmen. Außerdem läßt sich erkennen, daß das durchschnittliche Ausmaß 200 ha überschritt und etwas über ein Viertel der Kirche gehörte. Das Interessanteste aber dürfte die Angabe der Gutshöfe sein, die das Privileg der Einhegung erhielten. Dieses Privileg verlieh das Recht, sich der Pflicht zur Allmende zu entziehen, d.h. die ländliche Gemeinde und ihre ärmsten Bewohner verloren das Grundrecht auf gemeinschaftliche Weiden zugunsten einiger weniger privater Großgrundbesitzer. Es war eine Etappe im Prozeß des Sieges des Agrarindividualismus zugunsten der Großgrundbesitzer (Tab. 3). Damals bereits hatten in diesem Raum die reichsten und größten Grundbesitzer des Königreichs Sevilla ihre Ländereien. Die bedeutendsten unter ihnen, im Hinblick auf Ländereien und Vermögen, waren die Herzöge von Arcos und die von Osuna.

In der Gegenwart - die Angaben beziehen sich auf das Jahr 1972 - umfaßt dieser Raum, obwohl er nur ein Drittel der Provinz Sevilla darstellt und über wenig bewässertes Land verfügt, 45% der Ländereien, deren Besteuerungsgrundlage nach dem damaligen Zensus 100.000 Peseten überstieg. Wenn sich der Großgrundbesitz und das Recht auf Einhegung seit dem 18. Jahrhundert auch auf kleine Gemeindegebiete (wie etwa Mairena) erstreckten, so blieb doch der Anteil am Großgrundbesitz in den großen Gemeindegebieten, in denen der "trasruedo" gewaltige Flächen einnahm, am höchsten. Nur in den Bevölkerungszentren der großen Gemeindegebiete erreichten die Großgrundbesitzer einen hohen Anteil unter den Bewohnern, wodurch die Agrostädte ein urbanes Gepräge und eine spezifische Funktion erhielten. Seit Mitte des Jahrhunderts wanderten viele Großgrundbesitzer in die großen Städte ab; damit gerieten die Agrostädte in eine Krise.

Tabelle 3:

Anzahl und Ausdehnung der Gutshöfe ("cortijos") in einigen
Gemeindegebieten der Campiña von Sevilla Mitte des 18. Jahrhunderts

Bezirke	Gutshöfe					
	Anzahl	durch- schnittl. Fläche	absolute Fläche	in % des Gemeinde- gebiets	kirchl. Gutshöfe	Gutshöfe mit Einhegungs- privileg
		in ha			in % der Fläche aller Gutshöfe	
CARMONA	164	233	36 613	39	54	0
LA CAMPANA	20	102	2 040	16	12	0
FUENTES DE A.	16	434	6 949	46	18	61
MAIRENA DE A.	26	144	3 758	54	32	0
ECIJA	165	356	58 903	56	19	0
MARCHENA	78	263	20 521	54	31	39
MORON	124	162	20 134	36	10	29
OSUNA	92	156	14 356	16	9	14
LA PUEBLA C.	16	87	1 394	7	0	15
ESTEPA	64	104	6 670	25	33	0
INSGESAMT	765	233	171 338	32	27	12

Tabelle 4:

Großgrundbesitz und Entfernung vom Sitz des "consejo" im Alentejo 1938;
drei Kirchsprengel des "consejo" von Beja.

Kirchsprengel	Entfernung zu Beja in km	Katastermäßig errech- neter Ertrag von mehr als 400 Escudos, in %	Anzahl der Groß- grundbesitzer mit mehr als 400 Escudos Ertrag
SAN SALVADOR	1	0,0	0
NEVES	7	40,8	10
POMARES	15	59,1	7

Quelle: Instituto Geográfico e Cadastral, Lissabon.

Eine 1969 duchgeführte Umfrage unter den Eigentümern von Landgütern mit 500 und mehr ha in den Provinzen Sevilla ergab, daß nahezu die
Hälfte ihren Wohnsitz in der Provinzhauptstadt hatte. Übertrug man die
Angaben auf eine Karte, so konnte man feststellen, daß fast alle
Großgrundbesitzer, deren Landgut sich in einem Radius von 80 km um die
Provinzhauptstadt befand, ihren Hauptwohnsitz in Sevilla hatten. Dies gilt
etwa für Carmona und zum Teil für Morón (68 km Entfernung von Sevilla)
und Marchena (60 km Entfernung von Sevilla). Im Fall von Ecija (94 km)
und Osuna (87 km) aber wohnte die Mehrzahl der Großgrundbesitzer noch
in ihren jeweiligen Agrostädten.

3) Die Arbeit

Der an die Stelle der früheren "trasruedos" getretene Großgrundbesitz
bildet einen weiten Kranz, auf dem außer den Gutshöfen keine weiteren
Gebäude stehen; seine Funktion war eine doppelte: Einerseits wurden in
dem Hauptort, der zugleich auch fast immer der einzige war, sowohl die
Landarbeiter als auch die Kleinstbesitzer untergebracht. Andererseits
wurden sowohl der Markt der Ländereien in Pacht als auch der Arbeitsmarkt segmentiert. Trotz der Bedeutung der saisonalen Migrationsbewe-
gungen oder - in Portugal - der Wanderungen der "seareiros" (Erntearbei-
ter) auf der Suche nach einer kleinen Ackerfläche für ein Jahr, hatten die
armen Bauern und Tagelöhner lange Zeit keine andere als eine rein lokale
Alternative. Sie hatten kaum einen Ausweg, und im Falle demographischen
Wachstums verfügten sie nicht einmal über einen Bauplatz, um ihr Haus zu
errichten. Als daher die Weidewege für die Wanderherden nicht mehr erforderlich waren, waren sie die einzige Stelle, wo eine Hütte aufgestellt
werden konnte. Erst Ende des 19. Jahrhunderts schrieb ein portugiesischer
Forscher bezüglich des "consejo" von Cuba im Alentejo: "Der Ort Cuba be-
fand sich in der ersten Zeit in der gleichen Lage wie der größte Teil der
Ortschaften des Alentejo; er verfügte weder über Weide- noch über
Ackerland; die großen Ländereien engten ihn wie einen eisernen Ring ein."
(*Pery* 1884) Trotzdem waren die großen Bezirke wegen der Ausdehnung der
Ländereien die geeignetsten - vor der Entwicklung der Bewässerungswirt-
schaft -, um landwirtschaftliche Arbeiten zu ermöglichen. Deswegen gibt es
in den Agrostädten immer einen hohen Anteil an Landarbeitern. Außerdem sorgen einige wenige Betriebe der Nahrungsmittelindustrie für eine
gewisse Diversifizierung der Arbeitsplätze. In den sechziger Jahren war
deshalb die Abwanderung aus den kleinen Dörfern des Alentejo nach

Lissabon viel intensiver als die aus den Agrostädten. Andererseits führen die Sachzwänge der Raumorganisation und die Anwesenheit der Großgrundbesitzer in demselben städtischen Raum wie das Proletariat zu äußerst konfliktgeladenen Situationen.

Das Flachland Andalusiens erlebte eine demographische Entwicklung, die sich mit der des Alentejo vergleichen läßt: Seit Ende des 19. Jahrhunderts fand ein bedeutendes Bevölkerungswachstum statt, dem seit den 50er Jahren des 20. Jahrhunderts eine massive Abwanderungswelle folgte. Aber der Bevölkerungszuwachs im Alentejo war zu einem großen Teil auf die bedeutende Binnenwanderung zurückzuführen - nämlich auf Bevölkerungselemente, die, von den Beiras kommend, von Großgrundbesitzern, die nach Arbeitskräften Ausschau hielten, angeworben wurden - , während die Zunahme der andalusischen Bevölkerung ausschließlich auf natürliches Wachstum zurückzuführen war. Die Wirkung war dementsprechend anders: Während es in Portugal zur Gründung neuer Ortschaften im Rahmen großer Besitzungen kam, der sogenannten "pueblos de foros", erfolgte in Andalusien eine spektakuläre Ausweitung der bereits bestehenden Zentren. Die Agrostädte verdoppelten ihre Bevölkerungszahl: Ecija etwa von 24.000 Einwohnern im Jahr 1910 auf 50.000 im Jahr 1960 - mit all den damit zusammenhängenden Problemen der Urbanisierung wie Elendsquartiere, denen manchmal weniger Beachtung als in den großen Städten geschenkt wurde.

III. Herausbildung und Reproduktion des Modells

Die Agrostädte im Süden der Iberischen Halbinsel lassen sich schlecht in ein hierarchisiertes urbanes Netz einfügen; sie haben untereinander auch wenig Beziehungen. Sie scheinen aber ein und demselben Modell der Organisation von Raum und Gesellschaft zu entsprechen. Ihre großen Gemeindegebiete wirken wie kleine Bezirke, und ihre Einflußbereiche basieren auf der Kontrolle der lokalen Märkte für Boden- und Landwirtschaftsarbeit. Ein Kranz an Großgrundbesitz, der zum Teil aus der privaten Aneignung von Ödland herrührt, isoliert den Ortskern und läßt nicht zu, daß seine Bewohner freien Zugang zum Acker- und Weideland haben. Im Falle der Bevölkerungszunahme besteht keine andere Möglichkeit, als eine intensivierte Bearbeitung des schmalen "ruedo"-Streifens, der allerdings nicht allen Arbeit und Auskommen geben kann. Andererseits garantiert dieser Organisationstypus, der jegliche Art bäuerlicher Gemeinschaft erstickt, den Großgrundbesitzern und Großpächtern eine hohe Grundrente und genügend Arbeitskräfte; er ermöglicht ihnen außerdem einen bequemen städtischen Lebensstil. Es geht somit nicht darum, die Agrostadt als irgend einen Ort zu untersuchen, sondern als ein Zentrum, das einen landwirtschaftlichen Raum organisiert und ihm Stabilität verleiht. Es handelt sich um eine soziale Konstruktion, die für den größten Teil derer, die auf dem Land arbeiten, zu Zwangslagen führt und die sich außerdem seit Jahrhunderten erhält und reproduziert.

1) Das Modell

Die Campiña der Provinz Sevilla liefert ein historisches Beispiel für die Art, wie sich das Organisationsmodell eines Gemeindegebiets durchsetzt, das die Beziehung zu einer Form sozialer Organisation verständlich macht. Es geht um die Aufteilung Ecijas einige Jahre nach seiner Wiedereroberung im 13. Jahrhundert; diese Aufteilung basierte eindeutig auf einem Ordnungskonzept.

Der Bezirk von Ecija war in zahlreichen kastilischen Razzias überrannt, seine Felder waren verwüstet und seine Weiler zerstört worden. Die Bewohner von Ecija ergaben sich im Jahr 1240 und verließen 1262 den Ort. Erst nach ihrer Abwanderung fand eine systematische Aufteilung ihrer Häuser und Felder statt. Zuerst wurde der Ort selbst kreuzförmig in vier Sektoren aufgeteilt. Sodann wurde die Umgebung, ein Gürtel kleiner Ländereien, der damals "legua" hieß, parzelliert. Nachdem der gesamte Bereich abgegrenzt worden war, gründeten die "Aufteiler" schließlich einige Weiler. Eigentlich handelte es sich eher um größere Landgüter, da die Anzahl der Bewohner zehn nicht überschritt und häufig darunter blieb. Es waren große, autonome Ländereien; jedem wurde (in der Regel) Baugrund, Weideland und Ackerboden zwischen 5 und 20 Tagwerk (100 - 500 ha) zugesprochen. Nachdem diese Arbeiten erledigt waren und der "consejo" sich konstituiert hatte, gewährte der König seiner Stadt das Stadtrecht (fuero) und wenig später das Marktrecht. So entstand eine befestigte Stadt mit Markt auf agrarischer Grundlage; es erfolgte eine klare Trennung zwischen dem "ruedo" mit kleinen Parzellen und dem sehr weiten "trasruedo" mit großen Ländereien, wobei in einer Einheit Ackerböden und Weideland zusammengefaßt wurden (*González* 1951).

Es ist interessant zu beobachten, wie fünf Jahrhunderte später in demselben Gemeindegebiet der Versuch unternommen wurde, ein anderes Organisationsmodell für den Raum anzuwenden, das unterschiedlich und zum großen Teil entgegengesetzt war. Die Gründung von La Luisiana durch Pablo de Olavide im Jahre 1767 war weit mehr als ein Siedlungsvorhaben auf freiem Feld, wie es der König angeordnet hatte; es war vielmehr ein Versuch zur Bekämpfung der gravierenden Probleme, die sich aus der außerordentlichen Konzentration von Grundeigentum und Wohnraum ergaben. In seinem "Bericht zum Argrargesetz" hatte Olavide die Hauptmängel des Ackerbaus in jener Region dargelegt: "Die zu großen Flächen, die ein jeder bearbeitet; die Verwahrlosung dieser Flächen, die öd sind, ohne Häuser und Pfege; ihre Entfernung von den Ortschaften ..." (*Carande* 1956). Um diese Mängel zu beheben, beschränkte sich Olavide nicht darauf, nur ein Zentrum zu gründen. Er schuf vielmehr drei weitere kleine Dörfer und errichtete sogar vereinzelte Häuser. Was das Land betraf, verteilte er an die 200 Parzellen zu je 33 ha. Aber bereits Mitte des 19. Jahrhunderts waren ein Weiler und die alleinstehenden Häuser wieder verschwunden; zwei Drittel des gesamten Gemeindegebiets waren ohne Bewirtschaftung und in die Hände der Großgrundbesitzer von Ecija übergegangen. La Luisiana ist heute eine Gemeinde von 6.500 Einwohnern, deren erwerbstätige Bevölkerung nahezu vollständig von der Landwirtschaft lebt, ohne selbst über Boden zu verfügen. Wenn auch ein bis dahin "freies Feld" bevölkert wurde, war es aus der Sicht der geplanten Reform ein Mißerfolg sowie ein Beispiel für die Fähigkeit des Modells, jede Form entgegengesetzter Organisation zu verhindern.

2) Portugiesische Modalitäten

In der frühen Neuzeit und der neuesten Geschichte gab es wenige Versuche von privater Seite, neue Orte in Andalusien zu gründen. Im 18. Jahrhundert war ein solcher Versuch des Marqués de Serrezuela bei Lugar Nuevo, in der Nähe von Dos Hermanas, ein Fehlschlag. Von Seiten der Grundbesitzer bestand eher Abneigung gegen die Absicht, daß sich Ansiedler auf ihren Ländereien niederließen. Wenn auch einige Grundbesitzer zu Beginn des 20. Jahrhunderts in Marchena, Paradas, El Arahal und Fuentes de Andalucía oder, seit den dreißiger Jahren, in den neuen Bewässerungsgegenden des unteren Guadalquivirtales Ländereien parzellierten, so handelte es sich doch um rein konjunkturelle Ereignisse, und zumeist wurden die Kolonisten zurückgewiesen, sobald der direkte Anbau lohnender erschien.

Im Alentejo gibt es demgegenüber zahlreiche Beispiele neuer Ortschaften, die aus der Parzellierung eines Grundbesitzes in kleine Anteile mit Erbpachtverträgen (foros) hervorgegangen sind. Schon im 17. Jahrhundert gab es keinen Mangel an Ortsgründungen. Im Jahr 1611 gründete ein Verwaltungsbeamter Philipps II., Esteban de Faro, der bei Beja ein Majorat hatte, einen Weiler, der sofort mit dem Namen Faro de Alentejo in die Kategorie einer Stadt (villa) erhoben wurde, die lediglich 56 ha für den Ort, den Gemeindeanger und einige schmale Stücke Ackerlands (courelas) hatte. An diesem Beispiel wird deutlich, wie gering die Menge an Ackerboden (25 ha) war, die einer Bauerngemeinde mit 354 Einwohnern im Jahr 1878 zukam (Abb. 4).

Gegen Ende des 19. und zu Beginn des 20. Jahrhunderts führten die hohen Preise, die im Schutz protektionistischer Barrieren für Weizen erzielt wurden, zu einer stärkeren Urbarmachung des Alentejo, der zu einem großen Teil nicht bestellt und entvölkert war. Viele Grundbesitzer, die auf der Suche nach Arbeitskräften oder nach einem Grundrenteneinkommen waren, parzellierten damals einen Teil ihrer Ländereien, um sie zu verpachten. Es kamen damals viele Ansiedler aus nördlicheren Gegenden und schlossen sich auf den parzellierten Ländereien zu kleinen Dörfern zusammen, deren Name stets die Bezeichnung "foros" mit der der jeweiligen Lokalisierung verbindet (z.B. Foros de Vale de Figueira). All diese Neugründungen weisen immer zwei Eigentümlichkeiten auf: Zum einen befinden sie sich auf dem Gebiet des "trasruedo", in großer Entfernung von der Agrostadt. Zum anderen reicht ihre geringe Ausdehnung nicht für den Unterhalt einer Familie aus; die Neugründungen dienen eher zur Unterstützung und als Behausung. Somit bleiben diese Verhältnisse, auch wenn es auf den ersten Blick nicht so erscheinen mag, im Rahmen des beschriebenen Zwangsmodells. Es handelt sich in der Tat um Dörfer von Landarbeitern, die nicht einmal die Möglichkeit haben, Landstücke innerhalb des "ruedo" zu pachten, wie es für die Tagelöhner möglich erscheint, die in der Agrostadt wohnen.

Die Gründung einer Agrostadt bleibt demgegenüber immer die Ausnahme, wie es etwa der Fall der Stadt Cuba war. Die Nähe königlicher Jagdreviere - die Könige erbauten dort ein kleines Schloß - verschaffte dem Ort die königliche Gunst. Der König gewährte dem Ort ein Gemeindegebiet, sprach ihm Weideland zu und kaufte weitere Ländereien um den Ort herum hinzu, damit er den für diese Ortschaft typischen großen "ruedo" hatte.

189

Abbildung 4:

Der "consejo" von Cuba

Südlicher Teil mit dem Kirchsprengel Faro gegen Ende des 19. Jh.. Faro liegt inmitten von Großgrundbesitz, der 1883 noch ein Majorat war, daher fehlt diesem Ort der "ruedo".

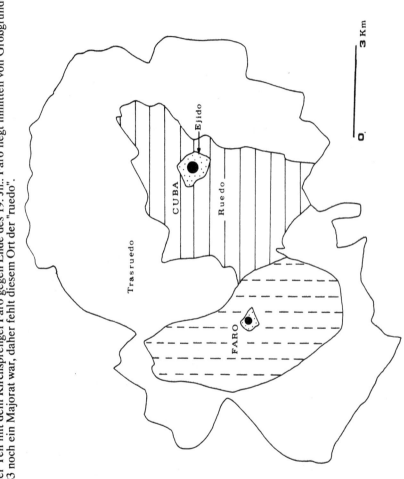

3) Das Aufkommen neuer Modelle

Das bisher untersuchte Organisationsmodell ist seit einigen Jahren einer Reihe von Änderungen unterworfen; einige dieser Änderungen finden allmählich statt, andere machten sich in radikalerer Form bemerkbar, wie dies in Portugal während der Nelkenrevolution der Fall war.

a) Entwicklung

Unter den Aktivitäten der Agrostädte verlieren diejenigen, die direkt oder indirekt mit der Landwirtschaft zu tun haben, an relativer Bedeutung, während sich allmählich andere, vor allem im Dienstleistungssektor, entwickeln. Dies steht in Beziehung sowohl mit der Bevölkerungszunahme und/oder dem höheren Lebensstandard als auch mit der größeren Rolle in der Lokalverwaltung und der besonderen Bedeutung der ins Ausland Ausgewanderten.

Als Folge der Bevölkerungszunahme entsteht selbst in Dörfern von Tagelöhnern und kleinen Bauern eine Nachfrage nach elementaren Dienstleistungen wie Primarschulunterricht, die schließlich ein kleines Zentrum urbaner Kategorien entstehen lassen. In der untersuchten andalusischen Campiña hatten im Jahr 1960 schon sieben Dörfer mehr als 8.000 Einwohner; diese Zahl weist Estepa auf, die Agrostadt der Region mit der geringsten Zahl an Einwohnern. Das große Dorf El Arahal könnte mit seinen 15.000 eng zusammenwohnenden Einwohnern ohne weiteres als Agrostadt betrachtet werden. Da es im Hinblick auf das Straßennetz besser gelegen ist als Morón oder Marchena, mag es sich besser als diese beiden Orte in ein modernes urbanes Netz einfügen. Außerdem brachte die Auswanderung ins Ausland, die in jener Gegend zwischen 1960 und 1974 von so großer Bedeutung war, eine Rückkehr in den Heimatort mit neuen Ressourcen und möglicherweise neuen Verhaltensformen mit sich. Es verdient in Erinnerung gerufen zu werden, daß in den Jahren der größten Auswanderung alljährlich tausend Arbeiter den Untersuchungsraum verließen, um fünf oder mehr Jahre in den Fabriken Deutschlands oder Frankreichs zu arbeiten; außerdem gab es ebensoviele Zeitwanderer, die für einige Monate auf die Felder Frankreichs zum Arbeiten gingen. Aus den Dörfern mit kleinen Gemeindegebieten wanderten viel mehr ab als aus den größeren Agrostädten, so daß die Dörfer gewissermaßen in eine Erholungsphase eintreten und eine Dynamik entwickeln konnten, die sie zuvor nie gekannt hatten.

b) Die Auswirkung der Agrarreform in Portugal

Vor der Agrarreform von 1975 befand sich in den meisten Kirchsprengeln des Alentejo, unabhängig davon ob sie aus einem oder zwei Dörfern bestanden, das Land in sehr wenigen Händen. In einem großen "consejo" wie dem von Beja war die Landaufteilung eindeutig kranzförmig und nur die in der unmittelbaren Umgebung jener Agrostadt gelegenen Kirchsprengel waren in kleine, gut bewirtschaftete Grundstücke aufgeteilt. In den großen, an den Rändern gelegenen Grundbesitztümern gab es noch Trockenfeldanbau (Weizen und etwas Färberdistel) auf den fruchtbaren Böden Bejas.

Aber seit den 70er Jahren wurden viele Ländereien des Alentejo nicht mehr bestellt, und die Agrostädte verloren allmählich ihre Funktion als Wohnort der Grundbesitzer. Gestützt auf das neue Gesetz organisierten sich Ende 1975 die Landarbeiter in neuen Produktionseinheiten, nachdem sie über eine Million ha besetzt hatten. Diejenigen Einheiten, die mehr als 10.000 ha umfaßten, setzten sich aus mehreren Grundstücken (heredades) verschiedener Eigentümer zusammen. In der Abb. 5, die sich auf den "consejo" von Montemor-o-Novo im Distrikt von Evora bezieht, läßt sich die Entsprechung zwischen den Dörfern und den neuen Produktionseinheiten klar erkennen. Nur die Agrostadt Montemor selbst hat mehrere kleine Einheiten in ihrem Umland, in denen Arbeiter zusammengeschlossen sind, die in den zentral gelegenen Vierteln des Hauptortes wohnen. Es läßt sich somit erkennen, daß alle Dörfer - unabhängig davon, ob es sich um Kirchsprengel handelt oder nicht - aufhörten, lediglich die Funktion eines Wohnortes für Arbeitskräfte auszuüben und zu Zentren landwirtschaftlicher Zellen wurden. In diesem Fall verblieb das Eigentum am Boden beim Staat, und seine Nutznießung entfiel auf die Gesamtheit der Dorfbewohner, die der Genossenschaft angehörten. Mit dieser neuen Grundlage verloren die zentralen "consejos" ihre Rolle in der wirtschaftlichen und sozialen Beherrschung ihres Umlands, aber sie verstärkten andererseits, im Rahmen einer neuen Funktionshierarchie, ihre Rolle als Kleinstädte, indem sie elementare Dienstleistungen (Sekundarschulwesen, Gesundheitswesen usw.) sicherstellten und in ihrem Umland die Anlagen und Einrichtungen für Kollektivbedürfnisse ausbauten: Nebenstraßen zu den Dörfern, Brunnen, ärztliche Stationen, Kindergärten, Erholungsstätten

Abbildung 5:

Der "consejo" von Montemor-o-Novo nach der Agrarreform

Die großen Produktionsgenossenschaften (schraffiert) umfassen jetzt Ländereien um die Dörfer herum (kleinere schwarze Punkte); die kleinen Genossenschaften, die sich um die Agrostadt (großer schwarzer Punkt) herum gruppieren, befinden sich in einer gewissen Entfernung zu dieser.

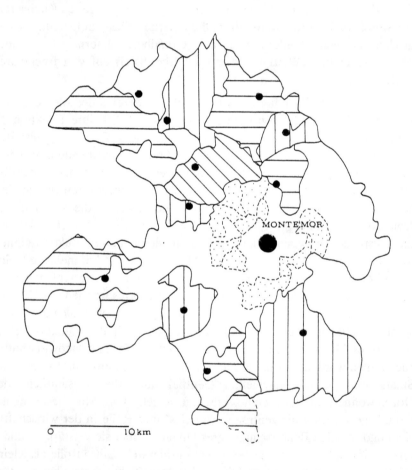

Abbildung 6:

Lageplan der portugiesischen Beispiele

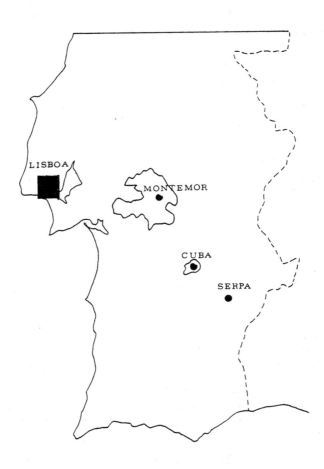

usw.. Diese Veränderung der Rolle der Agrostädte, die nicht mit einer Änderung seiner Grenzen einherging, bedeutete nichtsdestoweniger die Schaffung eines neuen Raumes, der - zumindest anfangs - den Erfolg einer Agrarreform sicherstellte, die sich nicht darauf beschränkte, das Eigentum umzuverteilen.

Auch wenn im Süden der Iberischen Halbinsel eine starke urbane Tradition und zahlreiche Orte anzutreffen sind, ist das Städtenetz unvollständig. Sowohl in Andalusien wie im Alentejo und in der Extremadura, in Beira Baixa und Tras-os-Montes sind die Dienstleistungsfunktionen auf zahlreiche Agrostädte aufgeteilt. Diese Agrostädte haben als solche immer noch eine landwirtschaftliche und Grundbesitz-Basis, wie sie einem großen Gemeindegebiet zu entsprechen pflegt. Nicht so sehr die Landabgrenzungen werden infrage gestellt, auch wenn sie noch so alt sind, sondern eher der Gehalt der Beziehungen mit dem Umland, das stark von der sozialen Herrschaft einiger weniger Familien aus der Agrostadt beeinflußt wird.

Die Entwicklung hin zu einem echten urbanen Netz hängt nicht nur von einer neuen Entfaltung der administrativen, kommerziellen und - warum nicht - industriellen Funktion ab, sondern auch von einer tiefgreifenden Veränderung der agrarischen Grundlage der Gesellschaft, die in Portugal - obwohl nicht realisiert - zumindest versucht wurde und in Andalusien mißlang.

Anhang:

Von einem spontanen Dorf zu einer Agrostadt: Palmar de Troya
(Provinz Sevilla)

Das Dorf entstand 1933 als Lager für die Arbeiter, die an den Stausee-Arbeiten des Flusses Salado bei Morón, etwa 13 km südlich von Utrera, in der fruchtbarsten Gegend der Campiña von Sevilla, beschäftigt waren.

Nach dem Bürgerkrieg boten die Bauwirtschaft eines Kolonistendorfes, die Bewässerungsarbeit und die Landwirtschaftstätigkeit auf den großen Gütern der Umgebung verschiedenerlei Arbeitsmöglichkeiten.

Außerdem eröffnete der Ruheplatz einer Viehtrift die Möglichkeit, ein Haus unentgeltlich auf Staatsgrund zu errichten; das einzige Risiko war eine Geldstrafe. Auch das Wasser der zwei Brunnen dieses Platzes konnte genutzt werden.

Viele Agrararbeiter aus den Dörfern der Berggegenden (etwa aus Puerto Serrano) ließen sich in Palmar de Troya nieder; 1960 hatte das Dorf schon über 3000 Einwohner. Ein viereckiger Grundriß, der durch eine lange Straße verlängert wurde, gab die Form des Ruheplatzes wieder.

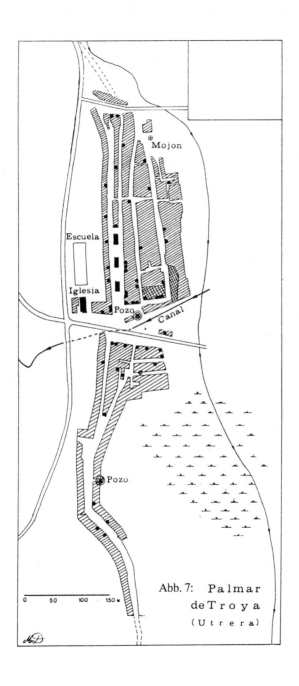

Abb. 7: Palmar de Troya (Utrera)

Es war damals ein großes proletarisches Dorf, das aus erbärmlichen Hütten ohne Wasser, Strom, Schule, Kirche, ja selbst ohne Stadtteilbürgermeister bestand.

Seit den sechziger Jahren verschaffte die Auswanderung vieler Einwohner neue und wichtige Resourcen; die Häuser wurden nunmehr aus Mauerwerk erbaut und waren manchmal mehrgeschossig. Das Munizipium von Utrera begann, sich um den Ort zu kümmern. Die Geschäfte, die bis dahin auf einen einzigen Laden beschränkt gewesen waren, nahmen zu. Danach gaben die Muttergotteserscheinungen und ein etwas sonderbarer Papst, der seinen Sitz in Palmar de Troya nahm, dem Ort einen gewissen Bekanntheitsgrad. Der Ort nimmt stets urbanere Züge an.

Zusammenfassung

Die Agrostädte im Süden der Iberischen Halbinsel liegen gewöhnlich im Zentrum eines ausgedehnten Gemeindegebietes. Trotz der großen Unterschiede zwischen Spanien und Portugal wurden in beiden Fällen die verschiedenen Anbauarten in konzentrischen Kreisen angelegt und zwar so, daß die Kulturen, die die größte Arbeitsintensität erforderten, dem Zentrum am nächsten lagen, während sich die Brachländereien an der Peripherie der jeweiligen Bezirke befanden. Obwohl diese Art der Flächennutzung verschwand, überdauerte doch eine spezifische Art der Bodenaufteilung mit großen peripher gelegenen Landgütern. Die Landarbeit auf den großen Gütern führte zu einer Ansammlung des Landproletariats in den Agrostädten, wobei die wohlhabenden Schichten der Grundbesitzer und ihre Klientel dem zentral gelegenen Viertel der Agrostadt urbane Züge verliehen.

Dieses Modell ist eine soziale Konstruktion, die nur aus der historischen Sicht verstanden werden kann. Für eine große Mehrheit handelt es sich um einen Zwangsraum mit erstaunlicher Beharrungskraft. Aber trotz des Scheiterns der vereinzelten Änderungsversuche, die es vom 18. Jh. bis in unsere Zeit gab, läßt sich doch eine Entwicklung erahnen, deren Langsamkeit teilweise aus der Starrheit des räumlichen Rahmens herrührt, der wiederum einer vergangenen Wirtschafts- und Gesellschaftsform entspricht.

Bibliographie

Carande, R.: Informe de Olavide sobre la ley agraria. Boletín de la R.A. de la Historia, Tomo CXXXIX, 1956.

González, J.: Repartimiento de Sevilla, Madrid 1951.

Pery, A.: Estatística Agrícola do Districto de Beja, Parte II Concelho de Cuba. Lissabon 1884.

Razón de los baldíos, Consejos suprimidos, L. 2845, Ex. 1, Archivo Histórico Nacional.

Übersetzung: Walther L. Bernecker

Henk Driessen

NEITHER TOWN NOR COUNTRY: THE IMPORTANCE OF TRANSITIONAL SPACE IN THE ORGANISATION OF ANDALUSIA'S HABITAT

Introduction

Twenty-five years ago *Julio Caro Baroja* (1963) depicted the contrasting images of city and country in the Mediterranean area as ancient common-places rooted in the work of classic moralists and philosophers. These images re-emerged in the studies of the founding fathers of sociology and anthropology. They are part of a myth that places the peasant way of life between a hypothetical state of primitive anarchy - a life of innocence and virtue - and a state of corruption, vice and idleness in city life. While these images are mythical, *Caro Baroja* admits that the dichotom of town and country is a basic trait of Mediterranean society. A major variation on the stereotype, which *Caro Baroja* does not mention, is the view that country-dwellers are backward, ignorant and uncouth.

Ever since the inception of Mediterranean studies the opposition of town and country has been emphasized for good reasons as a dominant fact of life in the circum-Mediterranean world. In Southern Europe the agro-town is the dominant settlement type in two related senses. It prevails statistically as the home for the majority of peasants and agricultural labourers and it is superior in terms of power and civilization (*Blok / Driessen* 1984: 111 f.). Moreover, town and country constitute a fundamental contrasting pair in the mental map of the inhabitants.

It is a well-established fact that human beings tend to carve up the external world into clear-cut categories and that perception and behaviour is strongly influenced by these categories (*Leach* 1976: 33-36). Any study of the social organisation of space should take native perceptions and conceptions serious.

In Andalusia the basic verbal categories used to break up the habitat are "ciudad" (city), "pueblo" (town) and "campo" (country).[1] While we have a fine article by *Gilmore* (1977) on the social organisation of space "within" a Sevilian agro-town with regard to class, residence and cognition, a similar

---

[1] The concept of "campiña" is often used in opposition with "sierra" or mountains, which is another basic dichotomy in the ordering of Andalusian space.

study of the categorisation of space "outside" the agro-town is still lacking. Geographers and ethnographers working in the Mediterranean area have tended to take the town-country opposition for granted. In particular, they have hardly paid any attention to the intermediate zone between town and country, the "ruedo" in Spanish and the "corona" in Italian habitat.[2]

This paper sets out to explore the characteristics of the ruedo as a transitional zone in Andalusia's habitat. It is argued that the ruedo is a typical boundary zone that has been and still is of vital importance to life in agro-towns.

The concept of ruedo

The term ruedo literally means fringe, edge or border. The origin of the concept as applied to the area of small properties around agro-towns is unknown[3]. Sixteenth-century sources, for instance the "Itinerario" of Hernando Colón (*Ponsot & Drain* 1966), already make a sharp distinction between ruedo lands and "campiña" on the basis of different systems of cultivation. The eighteenth-century Cadaster of the Marquis of Ensenada draws a similar categorical difference. At the local level the term turns up in the administrative idiom of civil servants from the seventeenth-century onwards. Here it is alternately used along with the terms of "extramuros", "outside the walls", and "extrarradio", the outskirts or beyond the town's fringes. Confession registers of the parish archive employ the term extramuros to denote houses outside the built-up area of town.[4]

In his book on latifundism in Spain, *Pascual Carrión* (1975) distinguishes three zones in municipal territories: the ruedo, a belt of two to three kilometers around a nuclear settlement consisting of small, intensively cultivated plots; the "trasruedo", the lands which are located three to six kilometers from the town; and the campiña, the lands held in large estates. This is an arbitrary classification. The distance of the ruedo's outer boundaries from the nuclear settlement varies with the size of the municipal territory and so does the size of the plots within the ruedo. Moreover, the conception of trasruedo is alien to the Andalusians.

---

[2] See for some preliminary comparative remarks on ruedo and corona *Blok / Driessen* (1984).

[3] See for one of the rare discussions of the concept of ruedo *López Ontiveros* (1974: 545-551). This author suggests that the conception of ruedo is probably rooted in the distribution of land among the Christian settlers after the Reconquest.

[4] Municipal and parish archives of Santaella (Córdoba).

Today, the term ruedo is rarely used in people's daily vocabulary. Common people simply use the pueblo-campo opposition. Yet they do hold a notion of an intermediate zone. This zone is often refered to as "afueras", outskirts.

A case study

Santaella is a township of 5.300 inhabitants located some forty kilometers southwest of Córdoba in fertile undulating plains. Its territory measures 270 square kilometers and is one of the largest of the Cordobese plains. The cleavage between nucleated settlement and countryside is as paramount as it is elsewhere in Andalusia. Although town and country are interdependent in several respects, they are perceived as two different worlds. The compact pueblo is the realm of "cultura" (civilization) and of "ambiente" (ambiance), while the campo is the non-social space of fields and beasts. The people who live there are considered slow, ignorant and uncouth.

Unlike many other agro-towns Santaella has long since ceased to be an island in a deserted countryside. Apart from the usual isolated farms ("cortijos" and "caseríos"), small permanent settlements have emerged, especially along the periphery of the municipal territory. Paradoxically, instead of bridging the gap between town and country, the development of hamlets seems to have widened the cleavage.

Santaella's ruedo is a rough circle with a radius of about 1.500 meters. Compared to its extensive territory, this is quite small. Starting a few hundred meters from the town the ruedo is broken up at several points by large and medium size holdings. Beyond, the campiña of large estate lands unfolds, hardly interrupted by small and medium size plots. Some big farms and hamlets have their own ruedo-like belt of land.

The ruedo is strikingly different from the campiña in four respects: small plots as opposed to fairly homogeneous latifundia; intensive as opposed to extensive cultivation; polyculture as opposed to monoculture; and resident as opposed to absentee ownership. These contrasts were much more pregnant in the past than they are today. Nevertheless, they are still observable.

Santaella's territory was classical dry-farmed cereal land, owned in large estates by landowners who lived elsewhere. The ruedo, in contrast, mainly consisted of small olive groves and vineyards, worked and owned by

men who lived in Santaella.[5] Until well into our century the large estates
were farmed according to a three-year rotation or three-field system, known
as "al tercio". One field was sown with wheat while the others were left in
"rastrojo de descanso" (stubble land into which cattle was turned for grazing) and fallow (barbecho). The latter was usually plowed three times in a
criss-cross pattern. The grazing of oxen, mules and sheep on the stubble
land was an essential feature of the trienial crop rotation system in which
the feeding of work animals was combined with the manuring of the fields.
On the basis of the data provided by the Cadaster of the Marquis of Ensenada, I estimate that about eighty percent of all territory was cultivated
according to this system. Sometimes the best fields were sown with broad
beans or chick peas in one of the resting years. Tenancy contracts for big
estates usually lasted for two rotation cycles. For ruedolands the Cadaster
mentions no less than ten different crop rotation systems. At the beginning
of this century the trienial system of cereal latifundia gradually gave away to
the two-year (año y vez) cycle, due to the introduction of a new plow and
chemical fertilizers.

Where a rural population lives in relatively few nuclear settlements wi-
dely separated from one another, the ruedo lands assume special importance. Only the land near the pueblo was easily accessible for intense small-
scale cultivation.[6] Before the break-up of church holdings and common
lands by the midnineteenth century, many inhabitants depended for survival
on the lands in the ruedo.

Before the introduction of piped water over large distances, the ruedo
was vital to the town's survival in another respect: Santaella's three fresh
water wells are located in the ruedo, as was the public washing place. Until
this century all four of the township's inns were located outside the pueblo:
two in the ruedo and the other two "en despoblado", that is in the open
countryside. This location of inns is not surprising given the opposition
between "vecinos" and "forasteros" and the ambivalent status of travellers.
They were suspected for good reasons, for in times of epidemic diseases,
which were frequent until our century, they could carry the plague into

---

[5] On the other hand, in towns such as Baena and Bujalance which were predominantly
olive-growing townships, the ruedo was mainly dedicated to cereal cultivation. In neigh-
bouring La Rambla and Aguilar small holdings are scattered throughout the municipal
territories, whereas in Santaella small plots were only to be found in the ruedo.

[6] Compare the situation in Sicily (*Blok* 1975: 32, 40).

town. This circumstantial historical evidence points to the special status of the ruedo.

Today, two locations in the ruedo stand out from the rest. They are considered intimately associated with the pueblo. The most important is the chapel of "Our Lady of the Valley" with the municipal cemetery, at one kilometer out of town in a valley of olive trees. Although the scene is rural, this site is considered more urban than the lands beyond. On most days towndwellers take a walk to the sanctuary of the patron saint. Especially women combine this with a visit to deceased members of their family. It is also a place where engaged couples can go without being chaperoned. The road leading to the chapel was paved long before most streets in town. The Virgin is the main symbol of local identity. She watches over the crops and guards the boundary zone between town and country.

A second outstanding feature of the ruedo is a group of houses and gardens called "Las Huertas", at the base of the old or lower "barrio" of the town. These gardens with their "casillas" traditionally supplied the town with fresh vegetables and fruits. It was also a place of cult with a chapel devoted to Saint Sebastian, which, however, has now fallen into disuse. Though beyond the town walls, this area is also considered more urban than rural. The inhabitants of Santaella customarily stroll out there in late summer evenings.

The countryside is not usually considered recreational space in Andalusia, nobody would consider to go for a walk there. "Echar un paseo", to go for a stroll, is an urban activity, particularly associated with the "plaza", the center of gravity of local life. Exceptions are the chapel of the patron saint and the Gardens.

Over the last decade several "casillas" in the ruedo of Santaella have been transformed into summer resorts of former inhabitants who now live and work in large cities. This local phenomenon reflects a recent innovation in the Andalusian landscape, the appearance of so-called "urbanizaciones", large plots of holiday resorts of secondary homes for citydwellers in the ruedos of coastal towns and, more recently, of agro-towns in the hinterland of provincial capitals (*Abélès* 1982). The isolation of nuclear family life in these holiday resorts contrasts sharply with the traditional form of sociability found in agro-towns. It is a noteworthy fact that this new residential style emerges not in the open countryside but rather in the surroundings of towns. This fact emphasizes the special status of the zone betwixt and between town and country.

Shrines, the ruedo and liminality

Andalusia is not only a region of agro-towns, cortijos and caserías, but also of "ermitas", shrines or pilgrimage chapels. In fact, the ermite is an often neglected element in Andalusia's rural scene. An inquiry into the sacred topography of the province of Córdoba brings to light a remarkable pattern in the location of shrines.

There are seventy-four townships in Córdoba, the capital excluded. In forty-five of them the shrine of the patron saint is not to be found within the urban center but outside.[7] Of these, twenty-five are located in the ruedo, the rest towards the edge of the municipal territory. Moreover, the ruedo is also the area where we find dozens of other shrines, mostly of minor saints. Why is there such a high concentration of cult sites in the ruedo? Churches, shrines and graveyards are foci of ritual activities. They mark the boundary between society and the supernatural, between This World and The Other World. In the symbolic ordering of the external world boundaries assume special importance:

A boundary separates two zones of social space-time which are "normal, time-bound, clear-cut, central, secular", but the spatial and temporal markers which actually serve as boundaries are themselves "abnormal, timeless, ambiguous, at the edge, sacred" (*Leach* 1976: 35).

In other words, a shrine or church represents a threshold, a place "in and out of time", secluded from everyday society, from the familiar and the ordinary (*Turner* 1978: 197). Elsewhere it has been observed that pilgrimage centers are more often than not located in peripheries (ibid. 185).[8] While churches and shrines within urban centers are liminal places in a symbolic sense, shrines outside the town are liminal in a double sense. Their peripheral location may be regarded as the spatial dimension of liminality. As an

---

[7] Based on personal observation and on guides of *Solano Márquez* (1976) and *Rodriguez Becerra* (1982). Many towns boast two patron saints, frequently a male and female figure. However, in practice, only one of them is actually venerated with a patronal festival. My count only includes those who are ccelebrated yearly as patron saints.

[8] Also see the seminal study of *Christian* (1972) for Northern Spain. Christian noted that shrines are frequently connected with prominent features in the landscape "critical points in the ecosystem, contact points with the other worlds", such as caves, wells, mountain tops, and springs (*Christian* 1981: 181 f.). This also holds true for many of the Cordobese shrines.

intermediate zone par excellence, the ruedo marks the boundary between town and country. Human domination of nature diminishes progressively as one moves from urban center to periphery. The ruedo is a critical boundary as it marks the transition from culture to nature.[9] As the spiritual protector of the pueblo, the patron saint's shrine is often located in the zone where the pueblo's integrity is most vulnerable.

Conclusion

The ruedo as intermediate zone both keeps town and country apart and mediates them. The contrasts associated with the urban-rural dichotomy overlap in the ruedo. It partakes of the qualities of both, it is betwixt and between. I have demonstrated above that several phenomena and activities associated with the ruedo attest to its extraordinary status, to its liminality. Here we find unmarried couples without being monitored, city-dwellers tending crops (leisure not work), the living communicating with the deceased, mortal beings praying to saints. While these phenomena and activities are liminal, this does not mean that they are also marginal with regard to social life in the agro-town. In the past the plots and wells of the ruedo were vital to the physical survival of the agro-town. Today, as in the past, the liminal activities and phenomena associated with the ruedo are important with respect to boundary maintenance, and, consequently, to the maintenance of the integrity of the agro-town as a socio-cultural entity.

Summery

While much research has been done on the town - country opposition in Southern Spain, hardly any attention has been paid to the role of the "ruedo" in the social organization of space and in the mental map of the inhabitants. In this case study of a municipality in the Cordobese campiña it will be argued that the "ruedo" as transitional space has been of vital importance to agro-towns people and the focus of special activities.

This paper is based on fieldwork and archival research carried out in the province of Córdoba during sixteen months in the period 1974-79.

Literature

Abélès, M.: Entre Ville et Campagne. Pratique de l'anthropologie dans une zone de lotissements de la province de Séville. L'Homme, XXII, 4 (1982), 87-100.

---

[9] Urban and rural, literate and illiterate, clean and unclean, civilized and uncivilized are transformations of the primordial culture-nature opposition.

Blok, A.: The Mafia of a Sicilian Village 1860 - 1960. A Study of Violent Peasant Entrepreneurs. New York 1975.

Blok, A. / H.Driessen: Mediterranean Agro-Towns as a Form of Cultural Dominance. With Special Reference to Sicily and Andalusia. Ethnologia Europaea XIV (1984), 111-124.

Caro Baroja, J.: The City and the Country: Reflections on Some Ancient Commonplaces. In: J. Pitt-Rivers (Hg.) Mediterranean Countrymen, Essays in the Social Anthropology of the Mediterranean. Paris - The Hague 1963: 27-40.

Carrión, P.: Los latifundios en España (2. Aufl.). Barcelona 1975.

Christian, W.A. Jr.: Person and God in a Spanish Valley. New York 1972.

Christian, W.A. Jr.: Local Religion in Sixteenth-Century Spain. Princeton 1981.

Gilmore, D.: The Social Organization of Space: Class, Cognition, and Residence in a Spanish Town. American Ethnologist 4 (1977), 437-451.

Leach, E.: Culture and Communication. The Logic by Which Symbols Are Connected. An Introduction to the Use of Structuralist Analysis in Social Anthropology. Cambridge 1976.

López Ontiveros, A.: Emigración, propriedad y paisaje agrario en la campiña de Córdoba. Barcelona 1974.

Ponsot, P. / M. Drain: Les paysages agraires de l'Andalousie occidentale au début du XIVe siècle d'après L'Itinerario de Hernando Colón. Mélanges de la Casa de Velazquez 2 (1966), 71-97.

Rodríguez Becerra: Guía de fiestas populares de Andalucía. Sevilla. Junta de Andalucía, Consejería de Cultura (Hg.) 1982.

Solano Márquez, F.: Pueblos Cordobeses de la A a la Z. Córdoba 1976, 1977.

Turner, V.: Dramas, Fields, and Metaphors. Symbolic Action in Human Society. Ithaca 1978.

IV. EINZELFALLSTUDIEN

Helga Reimann

ZUR INDUSTRIALISIERUNG EINER SIZILIANISCHEN AGROSTADT: GELA

Wenn man bei einem Vergleich spanischer und sizilianischer Agrostädte zahlreiche Ähnlichkeiten entdeckt, ist dies nicht allzu verwunderlich,
da Sizilien von 1412 bis 1860 vor allem von spanischen "Vizekönigen" von
Palermo und später auch von Neapel aus regiert wurde und von 1479 bis
1700 sogar zwei Vertreter in den "Italien-Rat der spanischen Krone" ent-
sandte und damit deutlich ein Bestandteil des spanischen Weltreiches der
damaligen Zeit war. Zwar konnten die spanischen Vizekönige nie ganz ihre
Herrschaftsansprüche gegenüber der sizilianischen Baronie, die im wesentlichen als Lehensadel während des Normannen-Regnums im Sizilien des 11.
und 12. Jahrhunderts entstanden war, durchsetzen, vor allem nicht in deren
Territorien, doch war der spanische Einfluß auf ihre Verhaltens- und
Denkweisen stark, nicht zuletzt deshalb, weil die Barone seit dem 16. Jahrhundert ihren Hauptwohnsitz von den Städten ihrer Besitzungen in die
großen Handelsstädte Catania und Messina und vor allem in die spanischen
Residenzen Palermo und Neapel verlegten und sich dort mit dem spanischen Adel über Heirat verbanden. Dies wirkte sich in besonderem Maße
auf die Anlage der sizilianischen Städte, vielfach im barocken Schachbrett-
grundriß, und die barocke Architektur der dort gebauten Kirchen, Klöster
und Palazzi und sogar die Einfachstquartiere ihrer Hintersassen, der
Kleinstpächter und Landarbeiter, aus - und zwar nicht nur in den Residenz-
städten, sondern gerade auch in den kleineren Agrostädten im Hinterland,
von denen, wegen der Ausdehnung des damals besonders profitablen Wei-
zenanbaus, vom 15. bis 17. Jahrhundert etwa 150 neugegründet und angelegt
wurden, viele davon nach den von Philipp II. 1573 für die Anlage von
Städten in Lateinamerika erlassenen Planungsvorschriften (*Sabelberg* 1984:
29 ff.).

Gela zur Zeit der spanischen Vizekönige

Gela, an der Küste Südsiziliens auf einer länglichen Erhebung gelegen
(s. Karte 1), gehört nicht zu den baronalen Neugründungen - es war zwischen dem 6. und 4. Jahrhundert v. Chr. eine der großen und bedeutenden
griechischen Städte Siziliens (s. *Griffo* und *v. Matt* 1964), die allerdings in

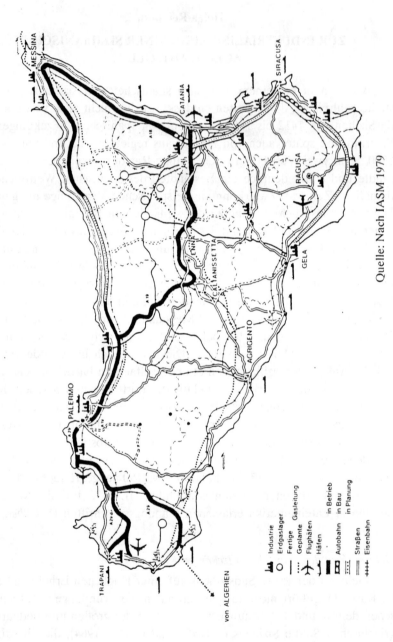

Karte 1:

Sizilien: Infrastruktur

Quelle: Nach IASM 1979

die Machtkämpfe zwischen den rivalisierenden Städten Syrakus und Agrigent geriet und schließlich durch die einfallenden Karthager 405 v. Chr. so zerstört wurde, daß die meisten Geloi es ganz aufgaben; erst 1230 wurde es durch Friedrich II. von Hohenstaufen im Zuge seiner Sicherung der Südküste auf der verödeten Dünenschwelle neu gegründet - als eine wesentlich kleinere Stadt mit rechtwinkliger Ummauerung und dem Namen "Terranova", den sie übrigens bis 1927 trug. Terranova samt der weiten fruchtbaren Ebene in ihrem unmittelbaren Hinterland, die sich vorzüglich zum profitablen Weizenanbau eignete, wurde von den Aragonesen, die als Vizekönige Sizilien regierten, ab dem ausgehenden 13. Jahrhundert an sizilianische wie spanische Adlige zunächst als vorübergehendes Lehen, später, zu Anfang des 15. Jahrh., als vererbbares Lehen vergeben. Dieses an sich schon große Lehen wurde durch Heirat mit anderen vereint, so daß es Teil eines riesigen Feudalbesitzes wurde. Für 1520 wird von der Hochzeit zwischen Giovanni Tagliavia, Baron von Castelvetrano (im Südwesten der Insel), und Antonia d'Aragona, Erbin der Ländereien von Avola und Terranova sowie des Anspruchs auf das Großadmiralsamt von Sizilien, berichtet, die der daraus hervorgehenden Familie Aragona-Tagliavia einen Landbesitz mit einem Jahresertrag bescherte, der an vierter Stelle unter den Adligen Siziliens rangierte (*Cancila* 1983: 118), den Titel eines "Principe di Castelvetrano" brachte und den Sohn Carlo zu höchsten politischen Ämtern in Sizilien und Spanien aufsteigen ließ (*Cancila* 1983: 147/8).

Terranova war also Teil eines riesigen spanisch-sizilianischen Feudalbesitzes, aber meist nur vorübergehende Residenz der Feudalherren; davon zeugen schon die eher bescheidenen, wenig kunstvollen barocken Kirchen und Palazzi der Stadt. Im Ort ansässig waren - wie meist in solchen Agrostädten - die "Gabellotti", die Großpächter, die die ausgedehnten Ländereien zur Bewirtschaftung aufteilten und an kleinere Bauern unterverpachteten, die nicht selten mit noch ärmeren Bauern dasselbe machten, so daß ein hierarchisch aufgebautes Pacht- und Bewirtschaftungssystem entstand, das ganz auf eine rentenkapitalistische Ausbeutung des Bodens und der Arbeitskraft - ohne eine längerfristige, Investitionen stimulierende Orientierung - ausgerichtet war. Betrieben wurde eine weitgehend extensive Landwirtschaft, was angesichts der mangelnden Niederschläge in den Sommermonaten und des Fehlens eines Irrigationssystems auch nur möglich war. Angebaut wurden vor allem Weizen, der von Terranova aus gleich zu den Hauptabsatzgebieten in Norditalien verschifft werden konnte, und Tomaten, Wein, Oliven, Gemüse für den lokalen Bedarf. Terranova war vor allem eine Stadt des ländlichen Proletariats, der Kleinstpächter und zahlreicher Landarbeiter, die aber nur saisonal Arbeit fanden. Ihre Aktivität war stets wesentlich stärker auf das Land, vor allem ihre fruchtbare Ebene gerichtet, als auf das Meer. Der Fischfang in Küstennähe war nicht sehr ergiebig, so daß sich lediglich wenige Fischer mit kleinen Booten etablierten, die den lokalen Markt versorgten. Und auch der kleine Hafen, der wegen Versandung von der Mündung des Flüßchens Gela im Osten der Stadt an den Strand im Westen verlegt werden mußte, wurde meist nur zum Abtransport der Agrargüter, vor allem des Weizens, benutzt. Auch das Handwerk war wenig entwickelt, produzierte nur für den Bedarf der wenig kaufkräftigen Bewohner der Agrostadt, die - so sie Landarbeiter waren - bis weit ins 20. Jahrhundert hinein nur Naturallohn empfingen. Am größten war noch die Zahl der Handwerker, deren Tätigkeit direkt auf die Landwirtschaft bezogen war, die Hersteller einfachsten landwirtschaftlichen Geräts und Hausrats sowie des Zaumzeugs der eingesetzten Maultiere und Esel, und schließlich die Schmiede und Stellmacher, auch einige Hersteller von zweirädrigen, beschnitzten und buntbemalten Eselskarren, der berühmten sizilianischen "Carretti", einem der wenigen Produkte, in dem sich sizilianische Tradition und eine gewisse Überschußaktivität manifestierte.

Terranova war offensichtlich keine Stadt, in der es sich gut leben ließ; abgesehen davon, daß ein Großteil seiner Bevölkerung an der Grenze des Existenzminimums dahinvegetierte, und sie im 16. sowie 17. Jahrhundert dreimal von der Pest heimgesucht wurde, litt sie bis zum Zweiten Weltkrieg heftig unter Malaria, die durch die Bruten in den Strandseen, Tümpeln und morastigen Flüßchen in der Nähe der Stadt sehr gefördert wurde. Deshalb waren die Adligen meist nur vorübergehend in Terranova, und auch das im 19. Jahrhundert erstarkende Bürgertum blieb auf eine relativ kleine Schicht von Gabellotti, mittleren Landeigentümern, Händlern, Ärzten und Advokaten beschränkt. Dies war wohl einer der Gründe dafür, warum Terranova nach dem Einbezug Siziliens in das geeinigte Königreich Italien 1860 nicht zur Bezirkshauptstadt erkoren wurde, sondern das im bergigen Inselinneren gelegene Caltanissetta, das allerdings auch im Zentrum des damals stark betriebenen sizilianischen Schwefelbergbaus lag.

Die traditionale Agrostadt Gela 1860 - 1960

Terranova blieb eine weitgehend von der Landwirtschaft geprägte Stadt, obwohl sie schon seit dem Ende des 19. Jahrh. gerade im Vergleich zu anderen sizilianischen Agrostädten besonders stark zu wachsen begann (s. Abb. 1, auch *Monheim* 1969: 18). Letzteres ist nach *Aldo Pecora* (1974: 159 ff.) darauf zurückzuführen, daß die Lebensbedingungen in Terranova nicht ganz so miserabel wie in den Agrostädten des Inselinneren waren. Der in der zweiten Hälfte des 19. Jahrh. erhebliche Geburtenüberschuß wurde dort auch weniger als in den Bergstädtchen durch eine Emigration nach Norditalien, Nordafrika, Nord- und Südamerika ausgeglichen. Zudem setzte in gewissem Umfang eine Wanderung des ländlichen Proletariats aus den Kleinstädten des Inselinneren in die Küstenstädte ein. Zur Attraktivität von Terranova wird auch der Bau von Verbindungsstraßen und vor allem der Eisenbahnbau beigetragen haben, der sie ab 1880 durch eine Trasse über das westlich gelegene Licata mit Palermo und damit der weiteren Welt verband (*Pecora* 1974: 368) - und auch einen Stimulus für die Entwicklung ihrer landwirtschaftlichen Produktion darstellte (zu den Zuständen in dieser Agrostadt Anfang des 20. Jahrh. s. auch *Elio Vittorini*s Erzählung "La Garibaldina", 1956). Zu Zeiten von Mussolinis Herrschaft kam eine gezielte Förderung des Baumwollanbaus in der dafür besonders geeigneten Ebene der nun wieder Gela genannten Stadt hinzu, die dieses Gebiet zum größten Baumwoll-Lieferanten Italiens werden ließ und dem Hafen Gelas eine neue Geschäftigkeit verlieh (*Pecora* 1974: 268).

Der römische Sozialwissenschaftler *Tillo Nocera*, selbst gebürtiger "Gelese", konstatierte 1968 (*Nocera*: 33), daß Gela auch noch zehn Jahre nach dem 2. Weltkrieg - der übrigens in Gela und Umgebung durch die Landung der amerikanischen Truppen 1943 eine entscheidende Wende genommen hatte (*Vicino* 1967) - "un grosso paese agricolo" (ein großer agrarisch bestimmter Ort) war, also noch kurz bevor 1960 eine massive Industrialisierung einsetzte. Gela hatte damals eben noch in vielem das Gepräge einer sizilianischen Agrostadt, obwohl seine Bevölkerung schon gegen Ende des 19. Jahrh. die Zahl 20 000 überschritten hatte, welche *Rolf Monheim* 1969 für die Obergrenze dieses Stadttyps hielt. Alle anderen von *Monheim* (1969: 161 ff.) aufgeführten Merkmale des Idealtypus Agrostadt waren im Gela der fünfziger Jahre gegeben: die Konzentration einer Einwohnerschaft von 50 000 (1957) in der Stadt, umgeben von einer besonders

212

Abbildung 1:

Demographische Entwicklung einiger typischer Gemeinden Zentralsiziliens nach den Volkszählungen

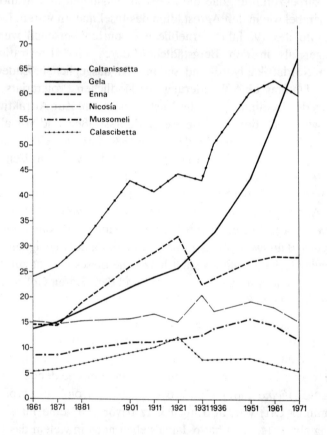

Nach: Aldo Pecora, Sicilia, Turin 1974: 167

ausgedehnten Gemarkung, in der trotz des Neubaus ansprechender Kolo-
nistenhäuser durch die ERAS (Ente per la Riforma Agraria in Sicilia) und
deren Zuteilung an die "Assegnatari", die durch die Landreform seit 1951
begünstigten Kleinbauern, kaum ein Bauer auf Dauer wohnte; eine Stadt-
anlage, die das soziale Gefälle auch baulich verdeutlichte - mit den Palazzi
der Grundherren und der Hauptkirche um die Piazza im Zentrum der Stadt,
den mehrstöckigen, mit Balkonen versehenen Wohn- und Geschäftshäusern
der Bürger an der langen Längsachse der Stadt, dem beleuchteten und
asphaltierten Corso, die wenigen Sommervillen der besonders Begüterten
im Westen mit seiner aufgelockerten Bebauung, die sonst nach der
Peripherie hin immer einfacher und niedriger werdenden Wand-an-Wand-
Häuser der Kleinbauern, der Handwerker, der Fischer, der Ziegelei- und
Hafenarbeiter, der Mezzadri (Kleinpächter), der Handlanger und
Landarbeiter, der Kriegsveteranen, der vielen Arbeitslosen, Stall, Magazin,
Werkstatt oder kleinstes Geschäft im Parterre, Wohnräume im Obergeschoß
- oder bei den Ärmsten alles zusammen in dem einzigen Raum des
eingeschossigen Häuschens, evt. durch Bretterwand oder Vorhänge etwas
separiert; ein Jahres- und Tagesrhythmus, der weitgehend von der
Landwirtschaft bestimmt war - mit dem täglichen Aus- und Einpendeln der
Bauern mit ihren Carretti, Esel oder Maultier und Hund zu und von den bis
zu 26 km entfernten (*Helga Reimann* 1978: 31 b) und auch noch verstreut
liegenden Feldern; die Mühlen, Transportunternehmen, Schmiede und
Stellmacher an der wichtigsten "Ausfallstraße" zur Piana di Gela
konzentriert, die kleinen Ziegeleien (für die ärmliche, aber ständig
wachsende Stadt) an den westlichen und östlichen Abhängen der Stadt; die
Zeichen städtischen Lebens - die Differenzierung in Viertel und sozial stark
abgestufte Vereine und Parteifraktionen, bescheidene Geschäfte (meist
ohne Schaufenster), Banken, Bars sowie Anwalts- und Arztpraxen und
Apotheke an Piazza und Corso, Stadtverwaltung, Polizeistation und Post in
der Nähe der Piazza, Zoll- und Verwaltungsstation am Hafen, Klöster und
Kirchen, Waisenhäuser, Volks- und Berufsschulen, ein Gymnasium und eine
Lehrerbildungsanstalt für die Jugendlichen aus "besserem Hause", ein Kino
und Strandeinrichtungen, ein ständiger halboffener Obst- und Gemüsemarkt
und einmal die Woche ein Markt fahrender Händler von außerhalb,
Verkehrsbewegungen während des ganzen Tages, gelegentlich ein
Eisenbahnzug, häufiger Einpendler aus den kleineren und meist noch
ärmlicheren Agrostädten der Umgebung per Bus, die eine gewisse

Zentralität der Stadt für das Umland bezeugten, und schließlich der große, typisch agrostädtische allabendliche Treff der Männer jedweder Herkunft auf der Piazza, der bescheideneren Bauern und Landarbeiter auch in der Nähe des kleinen Stadtparks in der westlichen Hälfte des Corso (s. auch *Medoro* 1975 und *Nocera* 1968).

Tillo Nocera (1968: 34 und 35), der als Jugendlicher bis 1957 ständig in Gela lebte, sah die wenig durchlässige Sozialstruktur der Stadt in drei Schichten aufgeteilt: 1. die sehr kleine Schicht der landwirtschaftlichen Unternehmer feudaler Herkunft und sehr traditionaler Orientierung, von denen die Adligen mit den größten Latifundien als Absentisten in Palermo oder Rom lebten, 2. die immer noch bescheidene Mittelschicht, die *Nocera* weiter unterteilt in a. die großbürgerliche Schicht der wohlhabenderen Kaufleute und Vertreter der freien akademischen Berufe, vor allem der Ärzte und Anwälte, deren Vermögen weitgehend in Land- und Hauseigentum bestand und die sich über Heirat nicht selten mit der Oberschicht verbanden, und b. das Kleinbürgertum der kleineren Geschäftsleute, Angestellten und Beamten, aus dem sich damals gerade auffallend viele Lehrer rekrutierten, und schließlich 3. die sehr große Schicht des weitgehend ländlichen Proletariats. Die Kriegs- und Nachkriegszeit hatte zwar einige Eigentumsverschiebungen mit sich gebracht, die Lebensumstände und das Selbstverständnis der Angehörigen dieser drei Schichten aber nicht wesentlich verändert. Freilich unterwarf das im Dezember 1950 von der sizilianischen Region erlassene Agrarreform-Gesetz alles extensiv genutzte Landeigentum über 200 ha der Enteignung, doch wurden davon vor allem die adligen Familien der Pignatelli, Testasecca und Bordonaro betroffen, die als Absentisten auf das Leben in Gela schon seit langem keinen direkten Einfluß mehr ausübten. Es gab aber zu viele Anwärter auf das aufzuteilende Land, so daß die ausgewählten knapp 700 "coltivatori diretti" nur Parzellen von durchschnittlich 3,22 ha zu sehr niedrigem Preis und günstigen Krediten erwerben konnten, womit sie ihr Lebensniveau dann anheben konnten, wenn dieses Land an das nur langam wachsende Irrigationssystem angeschlossen war und ihnen damit eine intensivere Nutzung durch den Anbau von Tafel- und Weintrauben sowie Artischocken möglich war (*Helga Reimann* 1978 sowie 1979).

Die Landreform hatte angesichts tausender bedürftiger Geleser Kleinbauern und Landarbeiter einen nur verschwindend kleinen Effekt. Ihre Einkünfte waren so niedrig, daß selbst noch 1961 das durchschnittliche Pro-Kopf-Einkommen in Gela lediglich die Hälfte des entsprechenden Betrags für Gesamtitalien erreichte (*Nocera* 1968: 34). Wegen der großen Verbreitung des Analphabeten- und auch Semianalphabetentums unter dem ländlichen Proletariat war dieses besonders von den gebildeteren Besitzbürgern, den "Civili", abhängig. Eine eigene Befragung unter 70 Assegnatari-Familien 1974/75 ergab, daß 47% dieser Neubauern mit einem Durchschnittsalter von 57 Jahren keine Schule besucht hatten und weitere 34% nur 2 - 3 Klassen der Elementarschule (*Helga Reimann* 1978: 13). Da die Kinderzahlen in den Familien der "mezzadri" und "braccianti", also derjenigen, die nur ihre Arbeitskraft einsetzen konnten, auch nach dem Krieg noch sehr hoch waren - *Nocera* (1968: 35) nennt einen Durchschnitt von 4 bis 5, den ich in meiner eigenen Studie mit 4,2 noch 1974/75 weitgehend bestätigt fand -, konnte der Druck auf den Arbeitsmarkt nur durch - jetzt meist eher vorübergehende - Arbeitswanderung nach dem Norden, in die norditalienischen Industriezentren, die Schweiz und später auch die Bundesrepublik Deutschland gemildert werden. In Gela selbst schafften lediglich ein paar staatliche Baumaßnahmen vorübergehend Arbeitsplätze: der Wiederaufbau des im Krieg zerstörten Rathauses und der Hafenmole, die Asphaltierung einiger innerstädtischer Straßen, die Anlage eines Viertels sozialen Wohnungsbaus in der Piana di Gela, der Bau des für die Wasserversorgung der Geleser und die Irrigation ihrer Felder so wichtigen Staudammes Disueri im bergigen Hinterland und der Ausbau der überörtlichen Verbindungsstraßen, die für die ganz peripher gelegene Stadt in jeder Hinsicht von größter Bedeutung waren.

Die Industrialisierung und ihre Folgen

1957 wurde von der AGIP Mineraria, einer Tochtergesellschaft des italienischen Staatskonzerns ENI, im Raume Gela, auch vor der Küste, Erdöl entdeckt. Die Vorkommen erwiesen sich zwar als nicht sehr ergiebig und von mäßiger Qualität, aber der Konzern entschied sich, auch unter dem Druck der damaligen staatlichen Entwicklungspolitik, dieses Erdöl zu nutzen und in einem petrochemischen Werk zu verarbeiten. Im Sommer 1960 wurde mit dem Bau einer großen hochmodernen, d.h. weitgehend automatisierten petrochemischen Industrieanlage und Raffinerie, der ANIC-Gela, begonnen, die bereits Ende 1962 die erste Produktionsabteilung in Betrieb nehmen konnte. Zahlreiche Benzolderivate, auch Polyäthylen und

Stickstoffdünger werden dort seitdem hergestellt. Es wurde weniger Geleser Rohöl verarbeitet als vielmehr solches, das Tankschiffe an dem eigens dafür errichteten Industriehafen und der besonders weit ins Meer reichenden Mole anlandeten. Gleichzeitig wurden ein eigenes thermoelektrisches Kraftwerk und ein Staubecken zur adäquaten Wasserversorgung - nicht nur der eigenen Betriebe - errichtet. Schon 1957 hatte die Entwicklungskasse für den italienischen Süden, die "Cassa per il Mezzogiorno", Gela zu einem der 5 "Nuclei" der industriellen Entwicklung in Sizilien erklärt (zur selben Zeit waren in Sizilien das Gebiet zwischen Catania und Syrakus sowie das um Palermo zu den ausgedehnteren "Aree di Sviluppo Industriale" ernannt worden), und sie hatte damit begonnen, die Infrastrukturverbesserungen in diesem Raum, vor allem den Bau von Straßen, weiteren Staudämmen, der Wasser- und Elektrizitätsleitungen zu fördern (zum Stand 1979 s. Karte1).

Den ohnehin zum Wunderglauben neigenden Gelesern erschien diese Entwicklung als ein wahres "Mirakel". In der Bauphase fanden bis zu 5000 ungelernte Arbeitskräfte aus Gela und Umgebung eine gut bezahlte Beschäftigung als Bauarbeiter. Allein in den Jahren 1960 bis 1962 stieg der Pro-Kopf-Verbrauch an Fleisch und Käse um 70 - 75%, der an Möbeln um 154%; die Zulassungsquote für Autos verdreifachte sich von 1960 auf 1963 (s. *Horst* und *Helga Reimann* 1969: 194). Das Warenangebot vermehrte und differenzierte sich erheblich, die Geschäfte wurden modernisiert und erhielten Schaufenster, einige zusätzliche Bars wurden eröffnet, drei neue Hotels gebaut, eines davon ein AGIP-Motel, von den ENI-Betrieben stets auch als Gästehaus genutzt. Anstelle der Schmiede und Stellmacher etablierten sich jetzt vielfach Reparaturwerkstätten für Autos und Motorroller. Im Mittelstand profitierten die Geschäftsleute, aber auch die Spediteure und Bauunternehmer von dem plötzlichen Boom. Selbst besonders kritische Geleser, Lehrer und nebenberuflich Journalisten für die überregionalen Tageszeitungen von Catania und Palermo, wurden von der Fortschritts-Euphorie erfaßt; eine Gruppe von ihnen gründete 1962 die Wochenzeitung "Sicilia 2000", die erste und bisher einzige eigene Zeitung für diese damals immerhin 57.000 Einwohner zählende Stadt, die allerdings ihr Erscheinen nach wenigen Nummern wieder einstellen mußte.

Bald zeigten sich gravierende Probleme: Die ENI-Betriebe konnten eben nur in der Bauphase so viele ungelernte Arbeitskräfte beschäftigen; Ende 1963 waren nur noch 42% der auf circa 2.100 geschrumpften Arbeiterschaft und 11% der 560 Angestellten aus Gela und seinem Einpendlergebiet, der Rest kam aus dem übrigen Sizilien und in geringerem Umfang aus Norditalien. Die Industrialisierung in Gela hatte zudem eine massive Zuwanderung von Arbeitssuchenden aus den kleineren Agrostädten des bergigen Umlandes, vor allem aus Butera, Mazzarino und Niscemi, ausgelöst, die nun keine Beschäftigung fanden, sich aber vor allem am nördlichen Ortsrand in selbst errichteten, meist unfertigen Häusern niederließen (zum Wachstum der Bevölkerung s. Abb. 1). Die gerade angelaufenen Bemühungen der Stadt um eine Sanierung des Wasser- und Kanalisationsnetzes, des Straßenbaus und der Elektrifizierung konnten mit dieser "wilden Bebauung" nicht Schritt halten, so daß die Stadt zur Piana hin bald einen chaotischen Eindruck machte. Auch die - durch entsprechende (aber kostspielige) Vorkehrungen vermeidbare - Umweltbelastung durch die neue Industrie wurde deutlich; die Abgase, die Plastikabfälle und Teerrückstände im Meer beeinträchtigten nicht nur die Lebensqualität der Geleser erheblich, sondern zerstörten auch alle schon unternommenen Ansätze zu einer Förderung des Tourismus in einer durch Klima und ausgedehnte Sandstrände sowie interessante archäologische Funde begünstigten Gegend. Auch die vom römischen Planungsinstitut CERES (1964 und 1967) projektierte Ansiedlung mittlerer und kleinerer Betriebe von Sekundär- und Konsumgüterindustrie in dem dafür reservierten Gelände nahe der ENI-Betriebe, die weitere Arbeitskräfte absorbieren sollte, fand bis auf wenige Kleinstbetriebe mit insgesamt nur 50 Beschäftigten bis zum Jahre 1967 kaum statt (s. dazu *Horst* und *Helga Reimann* 1969).

Der von dem ENI-Konzern getragene massive "sviluppo dall'alto" hatte - zumindest bis 1967 - im alten Gela zu keinen tiefgreifenden Veränderungen im politischen, geselligen und kulturellen Verhalten seiner Bewohner geführt, war auch kaum zu einem Impuls für eigenständige unternehmerische Aktivitäten geworden, hatte aber das Konsumverhalten erheblich gesteigert. Die Haltung der Geleser gegenüber der hochmodernen Industrie war ambivalent: beim Proletariat zunächst hoffnungsvoll, dann - bei Nichteinstellung oder Entlassung - zutiefst enttäuscht, bei den Bürgern voll Neugier und Faszination, dann wieder getragen von starker Skepsis. Der Modernisierungsimpuls blieb zunächst isoliert. Nach der von uns 1967 durchgeführten Studie der Stadtstruktur und Stadtökologie von Gela betitelten wir unser erstmals 1969 veröffentlichtes Resümee (Wiederabdruck in *Horst* und *Helga Reimann* 1985: 45-72) mit "Dichotomie einer Stadt". Es war

Karte 2:

Gela

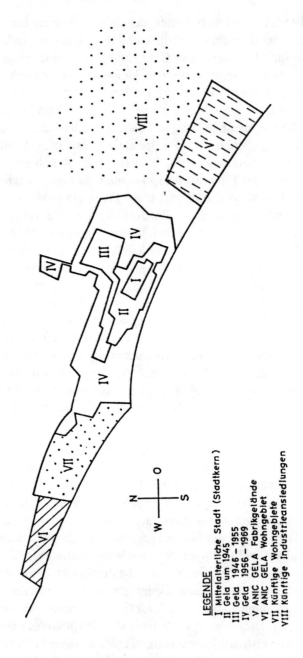

LEGENDE
I Mittelalterliche Stadt (Stadtkern)
II Gela um 1945
III Gela 1946 – 1955
IV Gela 1956 – 1969
V ANIC GELA Fabrikgelände
VI ANIC GELA Wohngebiet
VII Künftige Wohngebiete
VIII Künftige Industrieansiedlungen

Abbildung 2:

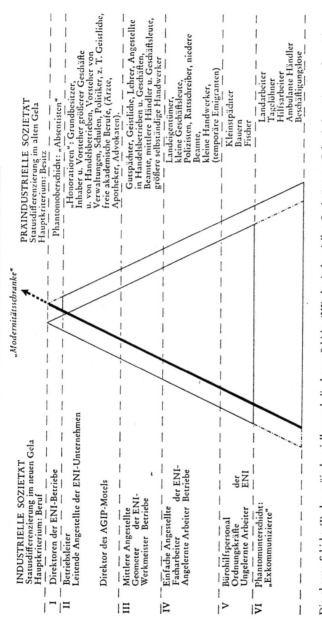

DICHOTOMES STRATIFIKATIONSSYSTEM DER STADT GELA

"Modernitätsschranke"

INDUSTRIELLE SOZIETÄT
Statusdifferenzierung im neuen Gela
Hauptkriterium: Beruf

I Direktoren der ENI-Betriebe

II Betriebsleiter
Leitende Angestellte der ENI-Unternehmen

Direktor des AGIP-Motels

III Mittlere Angestellte
Geometer der ENI-
Werkmeister Betriebe

IV Einfache Angestellte der ENI-
Facharbeiter Betriebe
Angelernte Arbeiter

V Bürohilfspersonal
Ordnungskräfte der
Ungelernte Arbeiter ENI

VI Phantomunterschicht:
"Exkommunizierte"

PRÄINDUSTRIELLE SOZIETÄT
Statusdifferenzierung im alten Gela
Hauptkriterium: Besitz

Phantomoberschicht: "Absentisten"

"Honoratioren": Grundbesitzer,
Inhaber u. Vorsteher größerer Geschäfte
u. von Handelsbetrieben, Vorsteher von
Verwaltungen, Schulen, Politiker, z. T. Geistliche,
freie akademische Berufe, (Ärzte,
Apotheker, Advokaten).

Gutspächter, Geistliche, Lehrer, Angestellte
in Handelsbetrieben u. Geschäften,
Beamte, mittlere Händler u. Geschäftsleute,
größere selbständige Handwerker

Landeigentümer,
kleine Geschäftsleute,
Polizisten, Ratsschreiber, niedere
Beamte,
kleine Handwerker,
(temporäre Emigranten)

Kleinspächter
Bauern
Fischer

Landarbeiter
Tagelöhner
Hilfsarbeiter
Ambulante Händler
Beschäftigungslose

Die oberste Schicht (I) der präindustriellen und die letzte Schicht (VI) der industriellen Sozietät von Gela sind gewissermaßen "Phantomschichten", die zwar im Bewußtsein der entsprechenden Population, insbesondere der unmittelbar benachbarten Schichten (II des präindustriellen und V des industriellen Systems) sein können, tatsächlich aber gar nicht vorhanden sind, da es sich einmal um sogenannte Absentisten, feudale Grundbesitzer, handelt, das andere Mal um negativ Sanktionierte der unteren Schichten der ENI-Agglomeration, die in anderen industriellen Statussystemen in die letzte Schicht absinken, hier aber — wegen der an die Tätigkeit bei der ENI gebundenen Werkwohnungen — zwangsläufig aus dem neuen Gela in das alte Gela abgedrängt werden.

nämlich zu einer Separation gekommen - zwischen dem alten, wenn auch stark gewachsenen Gela, in dem die traditionalen, agrarisch bestimmten Verhaltensweisen weiter vorherrschten, und dem "neuen Gela", das aus der imposanten Industrieanlage im Osten der Stadt und dem "Quartiere Residenziale" im Westen bestand, einer von der ENI für etwa 3000 Einwohner nach den damals neuesten städtebaulichen Vorstellungen gebauten Trabantenstadt (s. Karte 2). Das "Quartiere Residenziale", in dessen Wohnblocks und Bungalows ausschließlich die Angestellten und Facharbeiter der ENI-Betriebe und ihre Familienangehörigen wohnten und - obwohl zumeist Sizilianer - einen moderneren, eher großstädtischen Lebensstil praktizierten, war mit seinem eigenen Gemeindezentrum und seiner Kirche, den Schulen und Kindergärten, den Supermärkten und kleineren Geschäften, eigenem Krankenhaus und Gästehaus, Großtankstelle, Kinderspielplätzen, Vergnügungsstätten, Sportanlagen und eigenem Badestrand weitgehend autark.

Diese allein schon durch die Stadtplanung veranlaßte Trennung der sehr verschiedenen Öko-Systeme, die in der Sozialstruktur der Stadt ihre Entsprechung in einer dichotomen Stratifikation hatte (s. Abb. 2), verhinderte zunächst die Diffusion moderner Orientierungen. Man hatte auch versäumt, die Bevölkerung Gelas durch aufklärende Maßnahmen etwa in den existierenden Partei- und Vereinslokalen oder in eigenen Veranstaltungen der Erwachsenen- und Jugendbildung auf die Industrialisierung und ihre Chancen vorzubereiten. Die später, als man das Defizit erkannt hatte, anlaufenden Bildungsprogramme staatlicher Entwicklungsinstitute wie der ISES (1965) und INAPLI (s. Literaturverzeichnis) waren beschränkt und in der Folge wenig effektiv. Auch dem skandinavischen Dozenten der Philosophie *Eyvind Hytten* und dem italienischen Politologen *Marco Marchioni*, die in den Entwicklungszentren des bekannten Danilo Dolci (s. *Horst* und *Helga Reimann* 1964: 16 ff.) die Methode des "sviluppo dal basso" über Jahre erprobt hatten (*Marchioni* übrigens auch noch in einem Entwicklungsprojekt in der Provinz Málaga, s. *Marchioni* 1969) und diese Ende der 60er Jahre in den von der SVIMEZ (Associazione per lo Sviluppo dell'Industria nel Mezzogiorno) getragenen Versuchen von Bildungs- und Sozialarbeit in Gela einsetzten, gelang es nicht, die lokalen Gewerkschaften zu einer Aufklärung und Aktivierung der Geleser Bevölkerung zu bewegen; enttäuscht verließen sie die Stadt. Ihr gemeinsames Buch über ihre Erfahrungen in Gela, die sie übrigens als typisch für die Entwicklungspolitik im italienischen Süden ansahen, trägt den bezeichnenden Titel "Industrializzazione senza sviluppo" (1970).

Seither hat sich in Gela durchaus eine, wenn auch begrenzte, Entwicklung vollzogen - nach Krisenzeiten in den frühen siebziger Jahren, als die ENI wegen der gedrosselten und verteuerten Rohölzufuhr aus Nordafrika und der damals besonders häufigen Auseinandersetzungen mit den Gewerkschaften sowie der verständlichen Proteste der Geleser gegen die Luftverschmutzung nicht weiter in Gela investieren wollte. Die Anlagen der ENI-Betriebe sind dann doch erweitert worden, und auch nach der erneuten Bauphase betrug die Belegschaft immerhin fast 6.000 (im Jahre 1979). In der Industrialisierungszone haben sich einige, allerdings sehr kleine Betriebe zur Verarbeitung der Baumwolle, für Baustoffe und zur Reparatur industrieller und landwirtschaftlicher Maschinerie angesiedelt, so daß dort nur die sehr bescheidene Beschäftigtenzahl von circa 180 erreicht wurde. Inzwischen ist aber die Bevölkerung Gelas aufgrund des sinkenden, aber immer noch hohen Geburtenüberschusses, der nicht endenden Zuwanderung aus dem Bergland und einer wegen der Rezession im "Norden" zunehmenden Zahl von Remigranten auf knapp 75.000 (im Jahre 1979) gestiegen (alle Daten IASM 1979), so daß man nach wie vor mit einer sehr großen Zahl Arbeitsloser oder nur zeitweilig Beschäftigter rechnen muß. In meiner Umfrage unter den Assegnatari der Landreform 1974/75 wurde als Beschäftigung ihrer insgesamt 104 erwachsenen Söhne angegeben: zu 30% Arbeit in der Geleser Industrie, zu 21% als Gastarbeiter außerhalb Siziliens, zu 14% Mitarbeit auf den eigenen Feldern, zu 16% Landarbeit anderswo auf Tagelohnbasis und zu 21% Gelegenheitsarbeiten (*Helga Reimann* 1979: 81). Diese Ergebnisse dürften auch ungefähr die Beschäftigungssituation unter den Männern der Geleser Unterschichten wiedergeben. Der Bildungsstand hat sich allerdings bei diesen jungen Männern im Vergleich zu dem ihrer Väter wesentlich verbessert; unter den Söhnen der befragten Neubauern gab es k e i n e Analphabeten mehr und unter den älteren von ihnen (den 1974/75 nicht mehr schulpflichtigen) hatten nur etwa 10% den Grundschulbesuch nach 2 - 3 Jahren abgebrochen. Einige wenige nutzten sogar die neuen Möglichkeiten einer weiterführenden Ausbildung, die - im Zuge der Industrialisierung und stark auf die speziellen Bedürfnisse der ANIC bezogen - mit dem Bau von Fachoberschulen für Geometer, Betriebswirte, Chemiker und Techniker in Gela geschaffen worden waren.

Die Bau- und Speditionsunternehmer, die Geschäftsleute, Apotheker, Ärzte und Anwälte haben wohl weiterhin von der Expansion der Stadt und dem erhöhten Konsumniveau profitiert, erstere auch z.T. als Lieferanten von Dienstleistungen für die ANIC (s. *Hytten* und *Marchioni* 1970: 92 ff.) Die Stadt ist nicht nur in den proletarischen Randzonen weiter gewachsen, sondern entlang des Corso und vor allem in der früheren Villengegend des westlichen Stadthügels wurden einige mehrstöckige Wohn- und Bürohäuser für Angehörige der gehobenen Mittelschichten gebaut, deren Zahl sich auch durch die Verbesserung der Geleser Infrastruktur - neben Neubau von Bahnhof und Fischereihafen besonders durch die Schaffung neuer Schulen, eines großen modernen Krankenhauses (mit 500 Betten), einiger zusätzlicher Bankfilialen und Supermärkte - vergrößert hatte. Durch den Zuzug oder das Verbleiben der meist jüngeren Angehörigen der entsprechenden Berufsgruppen, der Lehrer, Ärzte, Krankenschwestern, Büro- und Bankangestellten, Sekretärinnen und Verkäuferinnen, im "alten Gela", hat sich nicht nur eine weitere Differenzierung der Mittelschichten ergeben, sondern auch ein etwas modernerer, an den sizilianischen Großstädten orientierter Lebensstil. Einzelne Lehrer versuchen zudem, z.B. durch die Bildung von Laienspielgruppen, das kümmerliche Angebot kultureller Veranstaltungen zu erweitern.

Das "alte Gela" ist immer noch nicht, wie vorgesehen, mit dem "neuen Gela", das inzwischen ebenfalls gewachsen ist, durch entsprechende Straßen direkt verbunden worden. Modernisierungsimpulse gehen wohl auch selten direkt vom "Quartiere Residenziale" aus, sondern eher von den im "alten Gela" wohnenden Facharbeitern und kleinen Angestellten der ANIC und den genannten Angestellten und Beamten, die mit den neuen, einer Urbanität angemessenen Einrichtungen in die alte Kernstadt gekommen sind und dort einen kleinen, aber nicht unwichtigen "neuen Mittelstand" (im Sinne von *Theodor Geigers* bekannter Analyse "Die Schichtung des deutschen Volkes" von 1932) bilden. Die Angehörigen dieses "neuen Mittelstandes" wie auch der Facharbeiterschaft verdanken ihren sozialen Status eben nicht mehr Herkunft und Landbesitz, sondern gehobener Ausbildung und beruflicher Leistung. Für die weitere Entwicklung von Gela bleibt nur zu hoffen, daß diese urbanen Gruppen, die sich in der Sozialstruktur des "alten Gela" zwischen das ländlich-industrielle Proletariat und den "alten Mittelstand" (*Geiger* 1932) der Besitzbürger schieben und in Zukunft auch die überfällige Verbindung zum "neuen Gela" herstellen könnten, weiter wachsen.

223

Zusammenfassung

Obwohl es sich bei Gela um eine der bedeutenden westgriechischen Städtegründungen im 7. Jhrh. v. Chr. handelt, ist die A g r o s t a d t Gela im wesentlichen während der Herrschaft sizilianischer Barone unter den meist spanischen "Vizekönigen" in Palermo von 1412 bis 1860 geprägt worden. Danach wuchs die Stadt erheblich, und das Besitzbürgertum rückte an die Stelle des Adels, Gela blieb jedoch bis 1860 eine Agrostadt mit post-feudaler Sozialstruktur und Lebensweise. Die massive Industrialisierung durch den petrochemischen Staatsbetrieb ANIC hat zwar einen starken Zustrom an Arbeitssuchenden aus dem Hinterland ausgelöst, aber keine grundlegende Modernisierung und Umstrukturierung. Stattdessen ist es zu einem Nebeneinander zwischen Altem und Neuem gekommen, was auch in der Stadtstruktur augenfällig ist. Erst in den letzten Jahren deutet sich die Bildung eines "neuen Mittelstandes" aus jüngeren Ärzten, Lehrern und Bankangestellten an, die meist aus sizilianischen Großstädten stammend, etwas Urbanität in das "alte Gela" bringen.

Bibliographie:

Cancila, Orazio: Baroni e popolo nella Sicilia del grano. Palermo 1983.

CERES (Centro di Ricerche e Studi Economici): Piano regolatore territoriale del nucleo di industrializzazione di Gela, I u.II. Rom 1964 und 1967 (maschinenschr.).

Geiger, Theodor: Die soziale Schichtung des deutschen Volkes. Stuttgart 1932.

Griffo, Pietro und von Matt, Leonard: Gela - Schicksal einer griechischen Stadt Siziliens. Würzburg 1964.

Hytten, Eyvind und Marchioni, Marco: Industrializzazione senza sviluppo. Gela: una storia meridionale. Mailand 1970.

IASM (Istituto per l'Assistenza allo Sviluppo del Mezzogiorno): Documentazione sugli agglomerati delle aree e dei nuclei industriali del Mezzogiorno. - Nucleo di Industrializzazione di Gela. IASM, Rom 1979.

INAPLI (Istituto Nazionale per l'Addestramento ed il Perfezionamento dei Lavoratori dell'Industria) = Hrsg. der Zeitschrift "Qualificazione", Rom (s. z.B. den dort erschienenen und hier aufgeführten Artikel von Nocera).

ISES (Istituto per lo Sviluppo dell'Edilizia Sociale): Centri Sociali Giovanili di Gela e Ragusa. Atti del Corso Residenziale 'Ricerca Sociale'. ISES, UfficioRegionale Catania 1965 (maschinenschr.).

Marchioni, Marco: Desarrollo y comunidad. Barcelona 1969.

Medoro, Rosario: Profilo storico-fotografico di Terranova di Sicilia (Gela). Gela 1975.

Monheim, Rolf: Die Agrostadt im Siedlungsgefüge Mittelsiziliens. Untersucht am Beispiel Gangi. Bonner Geogr. Abhandlungen, Bonn 1969.

Nocera, Tillo: Industrializzazione e formazione professionalea Gela. In: Qualificazione (Rivista dell'INAPLI) 12/2 (1968), 3349.

Orlandini, Piero und Adamesteanu, Dinu: Guida di Gela. Mailand (o.J., nach 1958).

Pecora, Aldo: Sicilia. Vol 17 von "Le regioni d'Italia", hrg. v. Roberto Almagià und Elio Migliorini, Turin 1974.

Reimann, Helga: Erste Resultate einer soziologischen Erhebung über die Konsequenzen der Agrarreform in der Gemarkung Gela, Südsizilien. Forschungsbericht (maschinenschr.), Universität Augsburg 1978.

Reimann, Helga: Persistenz kultureller Muster - am Beispiel der agrarischenEntwicklung in Südsizilien. In: Soziologische Analysen (19. Deutscher Soziologentag), hrg. v. Rainer Mackensen und Felizitas Sagebiel, Technische Universität Berlin 1979: 69-83 (Wiederabdruck in: Horst Reimann und Helga Reimann, Sizilien, Augsburg 1985: 73-90).

Reimann, Horst und Reimann, Helga: Westsizilien. Eine Entwicklungsregion in Europa. Beiheft der Ruperto-Carola (Universität Heidelberg) XVI. Jg., Bd. 35, Juni 1964 (Wiederabdruck in: Horst Reimann und Helga Reimann, Sizilien, Augsburg 1985: 3-44)

Reimann, Horst und Reimann, Helga: Dichotomie einer Stadt. "Sviluppo dall'alto" im südsizilianischen Industrialisierungskern Gela. In: Entwicklung und Fortschritt, hrg. v. Horst Reimann und E. W. Müller, Tübingen 1969,: 183-207 (Wiederabdruck in: Horst Reimann und Helga Reimann, Sizilien, Augsburg 1985: 45-72).

Reimann, Horst und Reimann, Helga: Sizilien. Studien zur Gesellschaft und Kultur einer Entwicklungsregion. Augsburg 1985.

Sabelberg, Elmar: Regionale Stadttypen in Italien. Genese und heutige Struktur der toskanischen und sizilianischen Städte an den Beispielen Florenz, Siena, Catania und Agrigent. Geogr. Zeitschr., Wiesbaden 1984.

Tignino, Rocco: Gela. Guida e pianta topografica. Gela 1961.

Vicino, Nunzio: La battaglia di Gela (10-12 Luglio 1943). Florenz 1967.

Vittorini, Elio: La Garibaldina. Mailand 1956 (dtsch. Olten und Freiburg i. Brsg.1960).

Francisco López-Casero

STRUKTURMERKMALE UND SOZIALER WANDEL EINER AGROSTADT IN DER MANCHA

I. Problemstellung

Nach Niederandalusien ist die Mancha das zweite große Gebiet Spaniens, in dem die größere Agrargemeinde als die vorherrschende Siedlungsform auftritt. Betrachtet man die große Ebene, die sich zwischen den Hauptstädten der Provinzen Albacete und Ciudad Real in Ost-West-Richtung und zwischen dem Tajo und den Ausläufern der Sierra Morena von Norden nach Süden erstreckt, so stellt man fest, daß die Größe der meisten Ortschaften in ihr zwischen 5.000 und 30.000 Einwohnern schwankt.

Im Zentrum dieser Region liegt Campo de Criptana, eine Agrostadt mit etwa 13.000 Einwohnern, deren Strukturmerkmale und Entwicklungsprozesse während zweier verschiedener Phasen gründlich erforscht wurden: die erste Untersuchung fand während der sechziger Jahre, die zweite Anfang der achtziger Jahre statt.[1] Da es ähnliche Studien über dieses Gebiet kaum gibt, bieten wir hier einen Überblick über die relevantesten Ergebnisse beider Untersuchungen, die bereits in verschiedenen Publikationen ausführlich dargestellt wurden (*López-Casero* 1967, 1972, 1982, 1984).

Der vorliegende Aufsatz behandelt vornehmlich zwei grundlegende Fragestellungen: die erste bezieht sich auf die Interaktionsstrukturen und -prozesse, die sich als derart konstant erweisen, daß man hier von einer die Zeit überdauernden Eigenart der Untersuchungsgemeinde sprechen könnte. Es ergibt sich somit ein Modell der Agrostadt, deren Merkmale im wesentlichen auf die meisten der umliegenden Orte angewendet werden können und so eine Basis liefern, die es erlaubt, Analogien und Differenzen in Bezug auf andere Regionen herauszuarbeiten.

Der zweite, hier ausführlicher behandelte Themenkomplex bezieht sich auf die durchgreifenden wirtschaflichen und sozialen Veränderungen, die sich während der letzten Jahrzehnte in Campo de Criptana vollzogen haben. Hierzu werden folgende drei Thesen aufgestellt: a) Der Bürgerkrieg

---

[1] Bei beiden Untersuchungen wurden mehrere sich ergänzende Methoden angewendet, die sowohl die objektive Seite der Fakten als auch die Wahrnehmung der Gemeindebewohner berücksichtigen. Neben der Ansammlung eines umfangreichen statistischen Materials aus öffentlichen und privaten Quellen und den zahlreichen Notizen einer langjährigen teilnehmenden Beobachtung fanden auch repräsentative Umfragen statt.

spielte als auslösender Faktor des Wandels in der Lebensform eine Schlüsselrolle. b) Der Wandel in der Lebensführung ging dem Wandel im Produktionssystem voraus; dies gilt auch bezüglich der gegenseitigen Auswirkungen. c) Die Hauptmerkmale des Modells der Agrostadt, wie sie in der Gemeindestudie der sechziger Jahre herausgearbeitet wurden, sind - trotz bestimmter gradueller und zum Teil auch qualitativer Veränderungen - bestehen geblieben.

II. Das Modell

Verwaltungsmäßig gehört Campo de Criptana zur Provinz Ciudad Real; das Gemeindegebiet liegt direkt an der Grenze zur Provinz Toledo und ist nicht weit von den Provinzen Cuenca und Albacete entfernt. Die Verkehrsverbindungen sind gut, unter anderem auch deshalb, weil der Ort an der Eisenbahnlinie liegt, die Madrid mit den Mittelmeerstädten Alicante, Cartagena und Valencia verbindet; außerdem ist er von Alcázar de San Juan, dem Hauptverkehrsknotenpunkt Südspaniens, nur sieben Kilometer entfernt.

Während der sechziger Jahre wies die Sozialstruktur der Gemeinde im Hinblick auf die ökonomischen und sozialen Aspekte folgende Grundmerkmale auf:

1. Starke Marktabhängigkeit im inner- und außergemeindlichen Verhältnis einer Bevölkerung, die überwiegend im Agrarbereich tätig ist. Dazu tragen vor allem bei: die Beschränkung des Anbaus auf wenige Produkte - Gerste, Weizen und vor allem Weintrauben, die die Hälfte der landwirtschaftlichen Erzeugung ausmachen - ; der große Anteil der Landarbeiter, die ohne eigenen Landbesitz sind; das nahezu vollständige Fehlen von Agrarbetrieben mit einem signifikanten Eigenverbrauch; die schwach ausgeprägte Neigung zur innerfamiliären Zusammenarbeit, sobald die Kinder heiraten; die weitgehende Verquickung der städtischen Aktivitäten mit dem Agrarsektor, seien es weiterverarbeitende Industrien - Weinkellereien, Mühlen - oder Dienstleistungsbetriebe. Die hohe Abhängigkeit vom Marktgeschehen wird schließlich noch durch die Tatsache verstärkt, daß der Weinpreis, von dem sozusagen das Schicksal der Gemeinde abhängt, starken Schwankungen unterworfen ist.

2. Ungleiche landwirtschaftliche Besitzverhältnisse, die dem spanischen Durchschnitt ähnlich sind und folgende drei Merkmale aufweisen: vorwiegend Kleinbetriebe, wenige Mittelbetriebe und starke Besitzkonzentration

in den Großbetrieben. Die Betriebe mit mehr als 300 ha Nutzfläche, die lediglich 0,7% der Gesamtzahl ausmachen, bewirtschaften ein Drittel der gesamten landwirtschaftlichen Nutzfläche. Das erklärt auch, daß nahezu zwei Drittel der im landwirtschaftlichen Bereich tätigen Bevölkerung in einem abhängigen Arbeitsverhältnis tätig sind. Diese Strukturen sind die Grundlage einer latenten Konfliktivität, die sich zuweilen in Prozessen extremer sozialer Polarisation entlud.

3. Die zwei Hauptgruppen der Gemeinde sind die agrarische und die nicht-agrarische Bevölkerung. Beide haben eine deutliche Entsprechung in der Perzeption der Einwohner, die ständig die Bezeichnungen "gente del campo" und "gente del pueblo" oder "los del campo" und "los del pueblo" verwendet, trotz des hohen Grades gegenseitiger Abhängigkeit und obwohl beide Gruppen direkt im Ort wohnen. Diese Unterscheidung beruht nicht nur auf der Tatsache, daß jemand im Hauptberuf in der Landwirtschaft tätig ist oder nicht. Das Schlüsselmerkmal für die eindeutige Zuordung zu den Landleuten ist die direkte manuelle Ausübung landwirtschaftlicher Tätigkeiten. Damit verbunden sind weitere äußere Merkmale wie Kleidung, Hautfärbung, Körperhaltung, Gehweise sowie der soziale Kreis, in dem die betreffende Person verkehrt. Ausgesprochen Landleute sind die Landarbeiter und die relativ große Zahl der Selbständigen, die Landarbeit verrichten müssen; dies führt zu einer weitgehenden Übereinstimmung der hier wahrgenommenen Unterscheidung mit der vertikalen Dichotomie, die sich aus den ungleichen Bodenbesitzverhältnissen ergibt.

4. Ein hoher Grad an gegenseitiger Bekanntschaft und allgemeinem Umgang. Die Mehrzahl der Interviewten glaubt nicht nur, fast alle Mitglieder der Gemeinde vom Sehen her zu kennen, sondern kennt sie auch wirklich.[2] Die auffälligste Erscheinung in diesem Zusammenhang ist jedoch der allgemeine Umgang "mit diesem oder jenem" (oder "mit irgendjemandem", "mit dem ersten, der kommt", "mit allen", "mit dem ganzen pueblo", um mit der Terminologie der Befragten zu sprechen); es ist dies die beliebteste Umgangsform für die große Mehrheit der Bevölkerung, mit Abstand gefolgt vom Freundeskreis. Bei dieser Form des allgemeinen Umgangs, zu der im Prinzip jeder Gemeindeeinwohner Zugang hat, ist vor allem das Zusammenfallen von persönlichen und unpersönlichen Komponenten bemerkenswert. Einerseits handelt es sich um "face to face" spontan zustandegekom-

---

[2] Neben Perzeptionsfragen wurde auch hier ein objektiver Maßstab angewandt (Vorlegen von Bildern sechs verschiedener Bewohner aus unterschiedlichen Schichten).

mene Kontakte zwischen Menschen, die sich in der Regel nicht unbekannt sind und die sich mit ihrer konkreten Persönlichkeit und nicht als kategorisiertes Wesen (z.b. als Kaufmann, Beamter, Chef) daran beteiligen. Andererseits ist hervorzuheben, daß wegen der unbestimmbaren und ständig wechselnden Anzahl der Gesprächspartner, unter denen meist nur lose Beziehungen bestehen, solche Kontakte oberflächlich bleiben und kaum die persönliche Sphäre der Beteiligten berühren. Es ergibt sich dabei eine gewisse Art von Anonymität, die darin besteht, daß man sich nicht primär mit einem bestimmten Menschen, sondern mit "irgendeinem" der vielen möglichen Ortsbewohner unterhält. Als Hauptzweck dieser Unterhaltungen kristallisiert sich schließlich die reine Unterhaltung oder die Zerstreuung heraus und nicht so sehr das behandelte Thema.

Diese Art der "persönlich - unpersönlichen" Beziehungen unter den Gemeindemitgliedern findet ihre direkteste typologische Entsprechung in jener Form der Interaktion, die *G. Simmel* beim Ersten Deutschen Soziologentag "Geselligkeit" nannte und eingehend beschrieb. Nach *Simmel* ist die Geselligkeit jene Spielform der Gesellschaft, bei der sowohl die objektiven Inhalte der Interaktion als auch die intimen Eigentümlichkeiten des Einzelnen zurücktreten; im Zentrum der Aufmerksamkeit bleibt die bloße Tatsache des Miteinanders. Der soziale Prozeß erscheint so losgelöst von seinen konkreten sachlichen Anlässen, seien sie wirtschaftlicher, religiöser, erotischer oder sonstiger Art, sowie auch von den äußeren Merkmalen des Einzelnen - Reichtum, soziale Stellung, Bildung usw. - und seinen intimen Problemen und Gegebenheiten; der soziale Prozeß als solcher wird zum Selbstzweck, es wird in diesem Augenblick "Gesellschaft" unter sich ebenbürtig gegenüberstehenden Individuen gespielt (*Simmel* 1961).

Im vorliegenden Fall entwickelt sich das ganze Netz dichter Sozialkontakte in einer Gemeinde, die, wie weiter unten gezeigt wird, durchaus auch höchst konfliktive Vorgänge erlebt hat. Die gleichen Situationen der Abhängigkeit und des Wettbewerbs auf lokalem Niveau wie sie bereits beschrieben wurden, schaffen als solche eine Vielzahl sozialer Barrieren, Neidgefühle und Ressentiments, die jeweils immer wieder überwunden werden müssen, damit der allgemeine Umgang gelingen kann; häufig ist eine große Geschicklichkeit erforderlich, um sich zwischen den Imperativen der gewünschten Soziabilität und einer Welt voller Spannungen bewegen zu können. Wie nicht anders zu erwarten, ergeben sich starke Differenzen hinsichtlich der Intensität der Kontakte je nachdem, ob sie mit Mitgliedern der eigenen oder einer anderen sozialen Gruppe aufgenommen werden. Trotzdem läßt sich ein beträchtlicher Grad an Interaktion zwischen den einzelnen sozialen Schichten feststellen und selbstverständlich auch zwischen den ländlichen und städtischen Gruppen. Die einzige wesentliche Ausnahme sind die seltenen Sozialkontakte mit den Familien der adeligen Landbesitzer. Aber da diese Familien praktisch außerhalb von Campo de Criptana ihren Wohnsitz haben, ergibt sich bezüglich der Geselligkeit auf lokaler Ebene keine echte Dichotomie.

5. Die Plaza als generalisiertes Kommunikationsmittel. Der allgemeine Umgang der Gemeindebewohner untereinander findet an sehr verschiedenen Orten statt; dazu gehören z.b. die Kneipen und Clubs (bares und casinos). Die überragende Rolle spielt jedoch die Straße, die laufend Gelegenheit bietet, mit Bekannten aus verschiedenen Schichten Gespräche anzuknüpfen, und vor allem der Hauptplatz (die Plaza). Sie ist vor allem: a) das Hauptzentrum des allgemeinen Umgangs und damit auch des geselligen Zeitvertreibs; b) Informationszentrum vor allem hinsichtlich beruflicher Angelegenheiten und in Bezug auf lokale Vorfälle; c) Treffpunkt, um bestimmte Personen zu treffen; d) Arbeitsmarkt; e) Ort der lokalen Meinungsbildung; f) Mittel der sozialen Kontrolle. Angesichts dieser Funktionsvielfalt läßt sich die Plaza mit jenen Zentralmechanismen vergleichen, die *T. Parsons* "generalisierte Kommunikations-Mittel" einer Gesellschaft genannt hat. Diese sind nach *Parsons* einerseits mit den internen Motivationen der Einzelnen und andererseits mit dem kulturellen System verbunden; daher können sie die Interessen der Einheiten, die dieses System bilden, mit seiner normativen Struktur verbinden. Sie bilden eine Art von Subsystemen, "die, indem sie selbst mit geringer Energie arbeiten, Systeme mit wesentlich größerer Energie kontrollieren können." (*Parsons* 1961). Zu den wichtigsten Mechanismen dieser Art rechnet *Parsons* die Sprache, das Geld und die Macht.[3]

III. Der Prozeß des Wandels

1. Der historische Rahmen

Der Bodenbesitz und die Zugehörigkeit zur "gente del campo" oder "gente del pueblo" waren im traditionellen Wertesystem die Grundvoraus-

---

[3] Näheres zu dieser Darstellung des "Modells" der Agrostadt vgl. insb. *F. López-Casero* 1967 und 1972; zu den folgenden Ausführungen über den sozialen Wandel vgl. *F. López-Casero* 1982 und 1984.

setzungen für die Soziallage und das Sozialprestige in Campo de Criptana; es handelte sich um zwei Hauptkriterien der Wertschätzung, die sich oft überlagerten. Bis zur Mechanisierung der Landwirtschaft war die Arbeit auf den Feldern äußerst schwierig und erforderte nicht selten eine längere Abwesenheit vom "pueblo". Die ständige Präsenz im Ort und damit die Teilhabe an einem urbaneren Lebensstil war ein Privileg derjenigen, die aufgrund ihres Berufs oder der Größe ihres Besitzes sich nicht "dazu herablassen" mußten, den Boden zu bearbeiten. Das Angebot billiger Arbeitskräfte erlaubte es nicht nur den Großgrundbesitzern, sondern auch den mittleren Landwirten und sogar einigen der kleineren, ihre landwirtschaftliche Tätigkeit auf eine gelegentliche Kontrolle zu beschränken; daher konnten sie den größten Teil ihrer Zeit unter der "gente del pueblo" zubringen und sich praktisch als ihnen zugehörig betrachten. Diese indirekte Verbindung mit der Gruppe der Stadtbewohner auf der Grundlage eines ausreichenden Besitzes, das überragende Gewicht der Landwirtschaft und die Stagnation oder nur geringe Expansion des nicht-agrarischen Sektors machten den Landbesitz zum Strukturprinzip der Gesellschaft.

Eine außerordentlich privilegierte Position nahmen in dieser Konstellation die 20 bis 25 Familien ein, die zum Adel oder zur agrarischen Großbourgeoisie gehörten. Die Enteignung des Kirchenbesitzes im 19. Jhd. verschaffte ihnen eine fast konkurrenzlose Stellung bezüglich der Verteilung des Bodens, des einzigen Gutes, auf das sich alle Bestrebungen der Gemeindemitglieder konzentrierten. Das erlaubte ihnen, ihrerseits das soziale Geschehen der Gemeinde zu kontrollieren; Arbeitsleistung, Treue und Freundschaft wurden mit der Gewährung von Land als Eigentum oder Pacht belohnt.

Diese Familien waren auch die einzigen, deren Lebenstil nicht von der Kargheit geprägt war, die in allen anderen sozialen Schichten vorherrschte, gleichgültig, ob man vermögend war oder nicht. Das Geld, das man sich ersparen konnte, war für den Landerwerb bestimmt, oder man hob es für unvorhersehbare Notfälle oder zur Alterssicherung auf. Diese karge Lebensweise war natürlich dann besonders ausgeprägt, wenn es an den notwendigen Ressourcen fehlte; aber man praktizierte sie auch dann, wenn man über die notwendigen Mittel verfügte. Die Beständigkeit dieser Verhaltensmuster war zweifellos durch ihre starke Verinnerlichung bestimmt. Hinzu kam aber auch die völlige Unkenntnis der Welt außerhalb der Gemeinde, die so zur einzigen Bezugsgruppe wurde und leicht die Einhaltung der standesgemäßen Lebensweise kontrollieren konnte. Jedes Verhalten, das diesen Rahmen überschritt, hätte eine starke Reaktion in der öffentlichen Meinung der Gemeinde hervorgerufen. Auf diese Art entsprachen die Umstände, wie sie bis zum Bürgerkrieg vorherrschten, sowohl in Hinsicht auf die Produktionsverhältnisse als auch bezüglich des Lebensstils, wenn nicht im rechtlichen Sinne, so aber doch faktisch den Zügen einer quasifeudalen Ständegesellschaft.

Aber dieses Macht- und Wertesystem barg andererseits auch die strukturellen Grundlagen einer Klassengesellschaft in sich. Um den Zentralwert, den Landbesitz, kreisten zwei entgegengesetzte Interessenformationen. Die Hauptkontrahenten waren der Großgrundbesitz und der zahlenmäßig vorherrschende Sektor der Landarbeiter, zu dem auch nicht wenige der kleinen Landwirte ohne ausreichenden Bodenbesitz hinzukamen. Lange Zeit hindurch handelte es sich um einen latenten und unterdrückten, wenn auch nicht völlig spannungsfreien Antagonismus (*Escribano* 1982: 22-32). Das wachsende Bewußtsein der Diskrepanz zwischen den Besitzerwartungen und Möglichkeiten, ihn zu bekommen und die Wahrnehmung gemeinsamer Interessenlagen durch die betroffenen Gruppen geschahen im ersten Drittel dieses Jahrhunderts; in der Interessenorganisation spielten die lokalen Repräsentanten der sozialistischen Arbeiterbewegung und - in einem geringerem Maße - des Anarchosyndikalismus eine entscheidende Rolle. Campo de Criptana erlebte so den gesamten dynamischen Prozeß der Klassenpolarisierung mit den drei klassischen Phasen des "latenten Klassengegensatzes", der "manifesten Klassenspannung" und des "organisierten Konflikts" (*Kocka* 1973: 3-6). Der Zustand der Konfliktivität zeigte seine wahren Ausmaße beim Ausbruch des Bürgerkriegs: 96 Menschen - Priester, Adelige, rechtsgesinnte Angehörige der oberen und mittleren Mittelschicht - wurden erschossen. Der gesamte Land- und Wohnbesitz des Adels wurde enteignet und die Kirche niedergebrannt. Der Kriegsausgang brachte die Reetablierung der früheren Machtverhältnisse und damit auch die Vergeltung mit sich: Einige der Verantwortlichen für die Erschießungen zu Kriegsbeginn wurden ohne Gerichtsverfahren durch ad hoc-gebildete Kommandos hingerichtet. Die Adeligen erhielten ihren Besitz vollständig zurück; gleichzeitig stellten sie die früher übliche Landverpachtung ein, sogar bereits verpachtete Landstücke nahmen sie zurück.

Die Wiederherstellung der Eigentums- und Machtverhältnisse genügte aber nicht, um zum Vorkriegssystem insgesamt zurückzukehren. Die Mobilisierungswelle, die dem Krieg vorausgegangen war, hatte sich grundsätzlich nur gegen die ungleiche Aufteilung des Bodenbesitzes gerichtet; dagegen hatte sie kaum das weitere Relikt der Feudalgesellschaft angetastet: die Einhaltung der standesgemäßen Lebensart. Diese Phasenverschiebung findet ihre Erklärung in dem Umstand, daß der Konflikt um die Nachfrage nach Bodenbesitz immer auf nationaler Ebene ausgetragen wurde; die Lebensform aber lag ausschließlich in der Kompetenz der Gemeinde, wo die sozialen Kontrollmechanismen sich bis zum Bürgerkrieg als wirkungsvoll erwiesen. Die Kriegsvorgänge selbst erschütterten zum ersten Mal die fest eingespielten Formen in der Lebensführung; in diesem Bereich wurde der Bürgerkrieg nicht zur Endstation, sondern zum Ausgangspunkt eines entscheidenden Prozesses, der den Gemeindemitgliedern nicht entging. In den sechziger Jahren hörte man häufiger Redewendungen wie: "seit dem Krieg sind wir alle verrückt", "seit dem Krieg ist alles auf den Kopf gestellt". Das waren spontane Reaktionen auf die verschiedenen Äußerungen eines neuen Lebensstils, der immer weniger dem traditionell erwarteten glich.

Diese Einschätzung der Auswirkungen des Bürgerkriegs wurde durch eine systematische Befragung bestätigt, die fünfzehn Jahre später mit den Angehörigen der Generation durchgeführt wurde, die die Situation vor 1936 noch gekannt hatten.[4] Der übereinstimmende Tenor ihrer Antworten kommt plastisch zum Ausdruck in Ausdrücken, wie sie häufig verwendet wurden: "während des Bürgerkriegs wachten die Leute auf", "sie rieben sich die Augen", "sie sahen klarer", "wurden hellhörig", "sahen das Leben anders", "trauten sich etwas zu", "befreiten sich von Vorurteilen", "spürten, wo sie der Schuh drückte". Als Erklärung für dieses "Aufwachen" stellten die Befragten zwei Wirkungskomplexe heraus: Den ersten bildeten die durch den Krieg bewirkte geografische Mobilität und die sich daraus ergebenden Kontakte mit der Außenwelt. Die Truppenbewegungen und die Besuche an der Front waren für viele der Einwohner die erste Gelegenheit, aus der Ge-

---

[4] 1980 wurde eine intensive Befragung von 64 in der Gemeinde geborenen Männern im Alter von 56 bis 65 Jahren durchgeführt. Die Auswahl dieser Gruppe hatte vor allem folgende Gründe: die Befragten sollten nicht nur die gesamte Periode des Wandels vom Bürgerkrieg bis heute miterlebt, sondern auch an den früheren Verhältnissen in ihrer Jugend teilgenommen haben und noch nicht aus dem Erwerbsleben ausgeschieden sein. Letzteres war vor allem zur Beantwortung der Fragen bezüglich des Berufs und des Produktionssystems erforderlich. Außerdem sollten sie verheiratet sein und Nachkommen haben, um ihre Lebensform mit der ihrer Eltern und Kinder vergleichen zu können. Die systematisch erhobene Stichprobe entsprach 15% aller Männer, die diese Merkmale aufwiesen. Die hier vorgebrachte Rekonstruktion des Wandels beruht nicht zuletzt auf den Ergebnissen dieser Befragung.

meinde herauszukommen, andere Regionen zu erfahren und Eindrücke mit anderen Menschen auszutauschen. Andere Kommunikationskanäle gelangten sozusagen direkt in den Ort: das war zum einen die beträchtliche Anzahl der - vor allem aus Madrid - evakuierten Familien, die in verschiedenen Haushalten der Gemeinde untergebracht werden mußten, und zum anderen der häufige Durchzug von Truppen und internationalen Brigaden, deren Offiziere ebenfalls in Privatquartieren unterkamen. Die zweite Gruppe der Einflußfaktoren konzentrierte sich um bestimmte psychologische Reaktionen auf das Bürgerkriegsgeschehen: das Erlebnis der Todesnähe, sei es, daß man dem Tode knapp entkommen war oder daß ein Angehöriger ermordet oder an der Front gefallen war, scheint viele Menschen auf den Gedanken gebracht zu haben, daß es sich nicht lohne, sparsam und in beengten Verhältnissen zu leben, wenn doch alles mit einem Schlag zu Ende sein konnte.

Wenn man den Blick auf die äußeren Vorgänge richtet, so war der auffälligste Unterschied in den Verhaltensweisen, der während des Krieges aufkam, zweifellos der, daß eine wachsende Zahl von Frauen es wagte, die traditionelle Kleidung abzulegen, um sich nach Art einer "señorita" zu kleiden; ein Recht, das bis dahin nur den Frauen und Töchtern der adeligen Großgrundbesitzer und der freiberuflich Tätigen, die Universitätsbildung hatten und meistens von außerhalb kamen (Ärzte, Apotheker, Rechtsanwälte), zuerkannt wurde. Es war dies eine Vorreiterrolle, die einen hohen symbolischen Charakter hatte, denn die Kleidung ist ein wesentliches Statusmerkmal jeder Ständegesellschaft. Eine deutliche Zunahme des Kinobesuchs und ähnliche Vorkommnisse gehören ebenfalls zu den Erscheinungen, die noch während des Krieges zu beobachten waren; die knappen Mittel erlaubten damals auch nicht viel mehr. Gleiches läßt sich auch von der unmittelbar darauffolgenden Phase sagen, die Spanien unter dem Namen "Hungerjahre" bekannt waren. Die Zahl der Kinovorstellungen nahm während der vierziger Jahre um das achtfache zu, der Kauf eines Radiogeräts setzte sich rasch durch und an die Stelle der alten Kneipe (tabernilla) trat die moderne Art der spanischen "bar" mit einem größeren Angebot und ständig wechselndem Publikum. Eine andere Erscheinung, ebenfalls neu und charakteristisch für die vierziger Jahre, waren die Reisen der Winzer mit ihren Frauen nach Madrid, die mit dem Erlös aus der Weinernte finanziert wurden; es wurden dort Einkäufe unternommen und einige Tage der Zerstreuung in der Hauptstadt zugebracht - etwas, das vor dem Krieg unerhört gewesen wäre. Jedoch ist festzuhalten, daß der Krieg sowie auch die

ersten beiden Jahrzehnte danach vor allem durch ein deutliches Auseinan-
derklaffen zwischen wachsenden Konsumerwartungen und dem Fehlen der
materiellen Mittel, um diese zu befriedigen, gekennzeichnet waren.

A. *Marwick* hat - nach der Analyse der Folgen des Ersten Weltkrieges
in drei Ländern: Deutschland, Frankreich und Rußland - ein theoretisches
Modell ausgearbeitet, demzufolge die Auswirkungen der modernen Kriege
sich auf vierfache Art und Weise manifestieren: a) Zerstörung des Bestehenden mit dem eventuell darauffolgenden Wiederaufbau und sogar einer
neuen Werteordnung; b) Prüfung der Funktionsfähigkeit des institutionellen Systems; c) größere Partizipation der weniger privilegierten Gruppen
verbunden mit einem wachsenden Selbstbewußtsein; d) psychologische Reaktionen und Erfahrungen. Es handelt sich hier nicht um ein strikt ausgear-
beitetes, sondern um ein offenes und flexibles Modell; aber gerade deshalb
erscheint es uns mit seinen Kriterien geeignet, die subjektiven und objektiven Informationen zu ordnen, die wir im vorliegenden Fall erhielten
(*Marwick* 1974).

Zu den zerstörerischen Auswirkungen des Bürgerkrieges physischer
und ökonomischer Art gehören - neben den Verlusten an Menschenleben
und Gütern - die Hungerjahre und ihre weitreichenden Folgen. Ebenso
sprengte auch das revolutionäre Element, das der Krieg in Campo de Criptana hatte, die traditionellen Machtbeziehungen und setzte an ihre Stelle
ein völlig anderes System, in dem es zu einer beträchtlichen Kapitalumver-
teilung kam. Der Kriegsausgang machte diesen Prozeß rückgängig, wodurch
die nachfolgende Phase des Wiederaufbaus und der Einsetzung einer neu-
en Ordnung offiziell ein restauratives Vorzeichen bekam und zwar sowohl
auf nationaler wie auch lokaler Ebene. Aber es wurde doch nicht alles wieder so, wie es früher gewesen war; das sieht man, wenn man die weiteren
Kriterien von *Marwick* anwendet:

In erster Linie zeigte der Kriegsausbruch als solcher deutlich, daß das
traditionelle Wertesystem und die sozialen Kräfte nicht in der Lage gewesen waren, die soziopolitischen Probleme des Landes zu lösen. Für die
überwiegende Mehrheit der Ortseinwohner lag es auf der Hand, daß die
höchst ungleichen Strukturen der Agrargesellschaft die Hauptursache der
gewaltsamen Auseinandersetzung gewesen waren. Aus diesem Grunde bedeutete allein schon der Krieg einen Prestigeverlust für das frühere System,
der durch die Pachtrücknahme nach dem Krieg noch zunahm. Dieser ent-
schiedene Imageverlust ist das wichtigste Ergebnis des Bürgerkriegs hin-

sichtlich des zweiten Kriteriums, das *Marwick* anführt - Prüfung der Funktionsfähigkeit des Systems. Die größeren Partizipationsmöglichkeiten, die der Krieg weiten Bevölkerungskreisen bot - das dritte Kriterium -, ergaben sich auf mehrfache Weise: die vorübergehende Umverteilung des Bodens bot vielen Landarbeitern und kleinen Eigentümern die Möglichkeit, eine weitaus größere Rolle als früher im ökonomischen und sozialen Geschehen der Gemeinde zu spielen. Die dabei gesammelten Erfahrungen hinterliessen deutliche Spuren in den daran beteiligten Personen und stärkten ihr Selbstbewußtsein. Eine noch größere Auswirkung hatten die im Zusammenhang mit der Mobilisierung der Truppen hergestellten Kontakte mit der Außenwelt. In diesem Fall betraten die Beteiligten beider Seiten ein neues Aktionsfeld, das in ihnen neue Erwartungen weckte. Schließlich kamen die psychologischen Reaktionen als Folge der verschiedenen Leiden des Krieges hinzu - die vierte Dimension. Die aus diesen Erfahrungen resultierenden neuen Einstellungen und der Zusammenbruch der sozialen Kontrollmechanismen im Ort setzten eine Menge an Energien frei, die sich diesmal nicht auf Bodenansprüche - dieser Klassenkonflikt war mit dem Ausgang des Krieges bereits entschieden - sondern auf die Gestaltung einer neuen Lebensform konzentrierten. Die einen versuchten es innerhalb der Gemeinde, andere dagegen entschlossen sich, ihr Glück draußen zu versuchen. Es handelte sich um einen selbstinduzierten Wandlungsprozeß, den *Marwick* "unguided change" nennen würde (*Marwick* 1974: 14). Infolgedessen traf der wesentlich später einsetzende Prozeß der Industrialisierung und ökonomischen Entwicklung auf eine bereits mobilisierte Gesellschaft.

Es ist hier nicht der Ort, bis in alle Einzelheiten darzulegen, ob oder inwieweit es sich bei den Auswirkungen des Bürgerkriegs in Campo de Criptana um einzigartige Erscheinungen innerhalb des nationalen Rahmens handelt. Es ist trotzdem fast undenkbar, daß es sich dabei um einen Einzelfall gehandelt haben sollte. Es war dies sicher nicht so im Umkreis der Agrostädte der Mancha, in denen sich ähnliche Prozesse wie in Campo de Criptana abspielten. Es ist zwar anzunehmen, daß in anderen spanischen Regionen, vor allem in Andalusien, die Geschwindigkeit, mit der das Ergebnis des Bürgerkriegs antizipiert wurde und die anschließende Auswirkung weiterer Faktoren das Aufkommen der hier beschriebenen Phänomene bereits im Keime erstickten oder ihre Entwicklung vorerst verhinderten. Hinsichtlich anderer Gebiete in der Nordhälfte Spaniens ist jedoch bezeichnend, wie *C. Lisón* seine Eindrücke über das Geschehene in einer aragonesischen Gemeinde mit den folgenden Worten zusammenfaßt: "Die sich ständig wiederholende Antwort, die die Einwohner der Gemeinde auf die Fragen zu welchem Thema auch immer gaben, war: Früher - das heißt bis 1936 - war es so, oder da machten wir es so; heute aber ist es so oder da machen wir es auf eine andere Art ..." (*Lisón* 1984: 49).

2. Der Wandel der Lebensform

Eins der Phänomene, die am deutlichsten in der Umfrage von 1980 zum Ausdruck kamen, war das starke Bewußtsein des Wandels bei den Interviewten. Auf die Frage, welches die zwei oder drei Dinge seien, die sich während der letzten Zeit am meisten geändert hätten, war die erste Antwort häufig: "Alles". Wurden sie gebeten, sich etwas genauer auszudrücken, hoben zwei Drittel von ihnen hervor, daß sich die größte Veränderung in der Lebensform ergeben hätte. Wenn auch nicht so stark betont, wurde auch die Produktionsform als ein Bereich angegeben, in dem ebenfalls große Änderungen stattgefunden hätten; es folgten die Bereiche Jugend und Politik.

Hinsichtlich der Lebensweise selbst wurden drei Gebiete erwähnt, auf denen die größten Verbesserungen beobachtet wurden: Kleidung, Wohnung und Ernährung. Häufig wurde auch der Besuch der Lokale (bares und casinos) erwähnt, sowie Vergnügungen und das Auto. Relativ bescheiden dagegen fallen die Ergebnisse im Bereich Erziehung aus. Die Konsumpsychologie unterscheidet zwischen habituellen Grundbedürfnissen und nichthabituellen oder diskretionären Zusatzbedürfnissen (*Katona / Strümpel / Zahn* 1971: 81). Auf den ersten Blick scheinen die ersten drei hervorgehobenen Punkte hauptsächlich zu den Grundbedürfnissen zu gehören. Geht man aber von der lokalen Perspektive aus, so muß man einige Aspekte in Betracht ziehen: Der erste bezieht sich auf die Art, sich zu kleiden, wo über die Deckung des Grundbedürfnisses hinaus eine Stiländerung zu beobachten ist, die im Verschwinden der Regionaltrachten zu Ausdruck kommt, ebenso eine generelle Neigung zum "Luxus", der nach Meinung vieler Interviewpartner dazu beigetragen hat, die immer noch bestehenden Grenzen zwischen Landleuten und Städtern oder zwischen Armen und Reichen zu verwischen. Etwas ähnliches gilt für die Austattung der Häuser mit modernen Installationen und langlebigen Konsumgütern und sogar für die Ernährung. Die meisten der Kommentare zu diesen Punkten deuteten auf "Demonstration" und "Ausgabenwettbewerb" hin, woran sich im allgemeinen alle sozialen Schichten beteiligen. Man sollte in diesem Zusammenhang allerdings nicht vergessen, daß da eine Generation zu Worte kommt, die praktisch bei Null angefangen hat, für die jede Ausgabe, jeder Gegenstand, der über das "Keinen-Hunger-leiden", "Etwas-anzuziehen-haben", und "Eine-eigene-Wohnung-haben" hinausgeht, automatisch den Charakter einer diskretionären Zusatz- oder sogar Luxusausgabe annimmt. Ein anschauliches Beispiel ist das Badezimmer, das in der ersten Phase eher ein "Demonstrationsobjekt" darstellte als eine Einrichtung zum Zwecke der täglichen Reinigung.

Größere Meinungsunterschiede ergeben sich, wenn es darum geht, den eigentlichen Beginn der Änderung in der Lebensform festzulegen. Während je vier Fünftel der Befragten aus der Gruppe der nicht-agrarischen Berufe und der Gruppe der selbständigen Landwirte ihn unabhängig voneinander schon vor 1950 bemerkten, sind nur 30% der Landarbeiter dieser Meinung. Dagegen herrscht eine große Übereinstimmung in der Angabe der sechziger Jahre als der Phase, in der die bereits eingetretenen Änderungen ein schnelleres Tempo annahmen. Diese Beobachtungen stimmen im wesentlichen mit den objektiven Daten der Tabelle 1 überein, wo der Zeitpunkt angeführt ist, zu dem diese drei befragten Haushaltungstypen die erste Anschaffung einer Reihe dauerhafter Konsumgüter tätigte. Andere aussagekräftige Daten sind z.B. der Fleischkonsum oder die Zahl der Automobile: Der Fleischverzehr, der während der vierziger und fünfziger Jahre geringer war als vor dem Bürgerkrieg, begann erst wieder 1960 anzusteigen; die Zahl der zugelassenen Automobile, die bis 1959 zwischen 22 und 30 Fahrzeugen geschwankt hatte, stieg zu Beginn der folgenden Dekade sprunghaft auf 120, um dann weiter progressiv zuzunehmen; 1976 waren es bereits 1.500 und vier Jahre später 2.224 Fahrzeuge.

Um die verspätete Eingliederung der Landarbeiter in den Effektivkonsum zu erklären, sind die Zeitreihen in der Tabelle 2 interessant, denn sie erlauben einen Vergleich zwischen der Kaufkraftentwicklung des Preises für Weintrauben - dem Hauptanbauprodukt der Gemeinde - und der des Bruttolohns eines Landarbeiters mit mittlerem Einkommen. In diesem Vergleich erkennt man deutlich zwei Phasen: bis 1955 war die Kaufkraft der Landarbeiter geringer als beim Ausbruch des Bürgerkriegs. Demgegenüber erkennt man während der vierziger Jahre einen deutlichen Anstieg der Preise für Weintrauben, die die gleichzeitig steigenden Lebenshaltungskosten um ein Mehrfaches übersteigen und die, nebenbei gesagt, die bereits erwähnte Welle der Reisen nach Madrid im Anschluß an die Weinlese erklären. Später, mit der Stabilisierung oder Stagnation der Preise für Wein-

Tabelle 1:

Erste Anschaffung bestimmter dauerhafter Güter*

Erläuterung: L = Landleute, abhängig / B = Landleute, unabhängig / P = im Nichtagrarbereich täig (Puebloleute)

	Petroleum-kocher			Moderner Küchenherd			Kühl-schrank			Wasch-maschine (normal)			Radio-gerät			Fern-seher			Motor-rad			Auto			Haus			Heiz-gerät			Zentral-heizung			Bade-zimmer		
	L	B	P	L	B	P	L	B	P	L	B	P	L	B	P	L	B	P	L	B	P	L	B	P	L	B	P	L	B	P	L	B	P	L	B	P
1920–29															1																					
1930–35																																				
1936–39		1																																		
1940–44	2	2							1				2	4	1			1		1	1				2		1	2	1	1						
1945–49	2					4						1	2	3	4				1	1					4	3	2		1							
1950–51	2		2		1						1	1	1	2	6				1	2				1	2	1	2									
1952–53		1												2	2										2											
1954–55	1	2				1			1			1	4	3	1		1			1	1					1	1			4						1
1956–57							1						1		1	1		1							2											
1958–59							1	1					5	3	1			1	1		1				1		3			1						
1960–61	1	3		1	1	2	1	2	1	1	2	2	2	2		1	1	2	1	2	2	2	2		1	1		4	2	1		1				
1962–63				1			1			1		1	3		1			1	1	2	1		1		2		2	3		1						
1964–65	3	4		1	2	4	3	2		2	4	6	2			4	4	4	4	2			1	1	2	1	3	1		1				1		
1966–67	1				1			2	3	3	3					1	5	1	3	3		1			1		2	3		1						
1968–69	2	1	1	2	3	1	2	2	2	4	1	2	2	1		4	2	2	4	2	3		1		2	1	1	3	1	1		3		1	1	1
1970–71	1	1		5	3	3	2	3	2	6	4	3				3	2	2	2	3	1	4			2	1	1	4	1	1				2	1	2
1972–73				9	3	3	6	3	2	1						8	3	2	3	3	1	2	2		2	1	1	1	1	1	2	2	2	2	3	2
1974–75	1		1	2	1	1	5	3	1	2	1	1			1	2		3	2	2		2	2	1	2	1		1	1	1	1	1		5	3	2
1976				1	1		1	2		2						3	1		1					1										3	3	1
1977				3	1	2	1	1	3	1		1				1	1							2	1			1		1	2		1	4		1
1978					2	2	3	1		1		1					1		1	1		2	1		1	1		1				2		1	2	1
1979				1		1				1								1				1	2	1	1					1				1	2	1
1980									1						1							1	2					1								1
o. Datum	4	1	3			1																						1	1	2			2	4		6
Insges.	15	12	17	23	20	21	23	18	21	22	19	19	23	20	20	23	20	21	21	17	14	6	15	9	23	20	17	20	13	13	2	8	11	22	18	17

* Die eingesetzten Zahlen beziehen sich auf die Anzahl der Befragten, die im jeweils angegebnen Zeitraum das betreffende Gut zum ersten Mal erwarben. Grundgesamtheit 64 (L = 23; B = 20; P = 21).

Tabelle 2:

Entwicklung der Erzeugerpreise für Trauben, des Jahresverdienstes eines Landarbeiters und des Preisindexes der Lebenshaltung

Jahr	Trauben[1] Ptas.	%	Bruttolohn[2] Ptas.	%	Preisindex[3] %
1936	0,13	100	1.947	100	100
1937	0,21	162	—	—	—
1938	0,40	308	—	—	—
1939	0,26	200	—	—	—
1940	0,80	615	2.675	137	183
1941	1,07	823	2.823	145	226
1942	1,15	885	—	—	231
1943	0,29	223	3.406	175	238
1944	0,72	554	3.406	175	247
1945	1,09	838	5.284	271	273
1946	1,38	1.062	5.284	271	354
1947	1,76	1.354	—	—	418
1948	1,45	1.115	5.470	281	443
1949	1,17	900	6.530	335	462
1950	1,50	1.154	7.210	370	517
1951	1,92	1.477	7.210	370	569
1952	1,26	969	7.210	370	545
1953	0,90	692	10.160	522	565
1954	0,95	731	10.350	532	578
1955	1,25	962	10.350	532	598
1956	1,43	1.100	12.583	646	624
1957	1,54	1.185	14.938	767	680
1958	2,32	1.785	20.959	1.076	781
1959	2,41	1.854	21.106	1.084	827
1960	2,55	1.962	21.106	1.084	867
1961	1,78	1.369	23.616	1.213	869
1962	2,23	1.715	23.616	1.213	928
1963	2,00	1.538	27.324	1.403	1.020
1964	2,40	1.846	43.801	2.250	1.080
1965	2,65	2.038	47.259	2.427	1.205
1966	2,25	1.731	52.573	2.700	1.304
1967	2,80	2.154	61.663	3.167	1.397
1968	4,13	3.177	65.113	3.344	1.462
1969	3,00	2.308	69.604	3.575	1.530
1970	3,10	2.385	78.306	4.022	1.617
1971	4,10	3.153	90.700	4.658	1.733
1972	4,65	3.577	100.120	5.142	1.850
1973	4,62	3.554	121.756	6.254	2.050
1974	5,05	3.885	175.105	8.994	2.348
1975	5,52	4.246	191.590	9.840	2.860
1976	5,85	4.500	206.040	10.582	3.503
1977	11,00	8.462	220.340	11.317	4.433
1978	13,56	10.431	317.061	16.285	5.177
1979	—	—	431.712	22.173	6.105 (Juni)

1 Erzeugerpreise für Trauben pro kg in Ptas. Prozentzahlen auf Basis 1936. Quelle: Preisstatistiken führender Weinkellereien.

2 Effektiver jährlicher Bruttogesamtverdienst eines Landarbeiters mittlerer Kategorie. Prozentzahlen auf Basis 1936. Quelle: Lohnbuchhaltung führender Großgrundbesitzer.

3 Preisindex für die Lebenshaltung in der Provinzhauptstadt Ciudad Real. Prozentzahlen auf Basis 1936. Quelle: Instituto Nacional de Estadística, 1960 und Anuario Estadístico de España.

trauben, verringert sich der Kaufkraftvorteil der Landwirte. Fast zur gleichen Zeit beginnt die Kaufkraft der Landarbeiter anzusteigen, die 1964 erstmals den relativen Kaufkraftvorteil der selbständigen Unternehmer übersteigt und weiterhin konstant zunimmt; 1979, im letzten Jahr der Zeitreihe, können die Landarbeiter mit ihrem Verdienst dreieinhalb mal soviel kaufen wie 1936, während das Geld aus dem Verkauf von einem Kilo Weintrauben "nur" das Doppelte seiner Kaufkraft vor dem Krieg besitzt.

Die Umkehr in der Tendenz zugunsten der Reallöhne der abhängig Beschäftigten geht auf die neue Konstellation am Arbeitsmarkt zu Beginn der fünfziger Jahre zurück. Bis dahin gab es einen Überfluß an billigem Arbeitskraftangebot. In der Folge machten sich dann aber die Auswirkungen der Abwanderung bemerkbar, die während der vierziger Jahre zu einer Nettoabwanderung von 1.406 Personen führte, denen in den fünfziger Jahren weitere 2.212 Personen folgten. Die Mechanisierungswelle, die daraufhin einsetzte, reichte nicht aus, die Auswirkungen der Emigration zu kompensieren, im Gegensatz zu dem, was z.B. in vielen Gemeinden der Campiña in Andalusien geschah. Dieser Gegensatz kommt daher, daß die erforderliche Arbeitskraft im mechanisierten Weinanbau - dem Hauptanbauprodukt der Mancha - sechsmal so groß ist wie die im mechanisierten Weizenanbau, der den größeren Teil der Ackerfläche Niederandalusiens einnimmt.

Es erübrigt sich, darauf hinzuweisen, daß die Entwicklung eines Ortes, einer Region oder eines Staates vielfältigen inneren und äußeren Faktoren unterworfen ist. Aber, woher auch immer die Anstöße kommen, entscheidend ist die Existenz eines automatischen Verteilungsmechanismus, der dafür sorgt, daß sich die Erträge aus der Produktionssteigerung über weite Teile der Bevölkerung verteilen. Auf diesem Wege erreicht die Entwicklung ihre unerläßliche soziale Dimension; gleichzeitig wächst die interne Kaufkraft und damit der Grad der Autonomie des Entwicklungsprozesses. Es ist im Grunde das Modell der Entwicklung, die früher oder später die industrialisierten Länder der westlichen Welt durchgemacht haben (*Senghaas* 1982: 41-94). Im Falle der - aus der Sicht eines Unbeteiligten vielleicht bescheidenen, jedoch nicht uninteressanten - Entwicklung der hier untersuchten Gemeinde und der umliegenden Ortschaften in der Mancha wurde die Verteilung eindeutig durch die Änderung der Kräfteverhältnisse auf dem Arbeitsmarkt bewirkt.

3. Wandel im Produktionssystem

Bis in die fünfziger Jahre bewahrte das Produktionssystem im wesentlichen seine traditionellen Formen. Von da an sind die entscheidensten Veränderungen die Mechanisierung der Landarbeit und die Errichtung von Kooperativen. 1956 - das erste Jahr, für das genaue Daten verfügbar sind - betrug die Gesamtzahl der Traktoren noch 43, dann aber erfolgte eine ständige Zunahme, bis 1976 die Zahl auf 901 Fahrzeuge angestiegen und ein gewisser Sättigungsgrad erreicht war. 1957 gab es die beiden ersten Mähdrescher, ihren höchsten Bestand erreichten sie 1973 mit 63 Einheiten.

Kooperatives Verhalten hatte im soziokulturellen System der Gemeinde nie einen hohen Stellenwert gehabt, was auch für die Großfamilie zutrifft. Dennoch waren in jüngster Zeit wichtige Entwicklungen genossenschaftlicher Art festzustellen. Gleichzeitig mit dem Verfall der Preise für Wein im Jahre 1952 kam es zu verstärkten Aktivitäten der beiden bereits bestehenden Winzereigenossenschaften, die nach ihrer Gründung zu Beginn des Jahrhunderts über Jahrzehnte hinweg wenig Dynamik entfaltet hatten. Bald darauf kam die Gründung einer dritten Winzereigenossenschaft sowie einer Olivenöl- und Bäckereigenossenschaft hinzu. Die drei Winzereigenossenschaften sind heute in der Lage, etwa ein Drittel der gesamten Weinernte der Gemeinde aufzunehmen. Dieser Anteil hat die traditionelle Vormachtstellung der Großkellereien gebrochen, die bis zum Wiederaufleben der Genossenschaften fast alle im Besitz auswärtiger Personen waren. Heute gehören diese Kellereien im wesentlichen einheimischen Familien. Allerdings hat man den Eindruck, daß die genossenschaftliche Bewegung sich gegenwärtig mit dem Erreichten zufrieden gibt: fast der gesamte Wein wird immer noch en gros verkauft, die Herstellung eigener Flaschenweine steckt immer noch in den Anfängen.

Die übrigen Änderungen im landwirtschaftlichen Produktionssystem wie die Bewässerung oder neue Anbauarten ließen länger auf sich warten. Noch 1970 wurden lediglich 373 ha der rund 30.000 ha bewässert, die die gesamte Anbaufläche des Gemeindegebiets umfaßt. 1973 war die bewässerte Fläche bereits auf über 1.000 ha hochgeschnellt. Im Jahre 1978 wurden 2.398 ha bewässert, und die Tendenz ist immer noch steigend. Die Bewässerung hat zu einer beachtlichen Diversifizierung der Anbauarten geführt. Infolge aller dieser Änderungen hat sich die landwirtschaftliche Produktion während der letzten beiden Jahrzehnte verdreifacht, mehr aber noch stieg die Arbeitsproduktivität in der Landwirtschaft aufgrund des starken Rückgangs der in der Landwirtschaft beschäftigten Personen (siehe folgenden Abschnitt).

Die erste erwähnenswerte Aktivität im gewerblichen Bereich nach dem Bürgerkrieg ging von einer Weizenmühle aus, die schon während der vierziger Jahre mit ihrer Entwicklung begonnen und 1980 eine Belegschaft von mehr als 200 Personen hatte; dieses Unternehmen, das einer Familie aus dem Ort gehört, hat außerdem einen bedeutenden Einfluß auf den südspanischen Markt. Ähnliches läßt sich von einem zweiten Unternehmen sagen, das, zwei Jahrzehnte später gegründet, der Fabrikation von Weinalkohol dient und gleichzeitig andere Aktivitäten verschiedener Art unterhält. Zu Beginn der siebziger Jahre erfolgte die Gründung zweier Textilfabriken als Tochterunternehmen einer Gesellschaft in Madrid. In jeder von ihnen finden 97 Personen, fast ausschließlich Frauen, Beschäftigung. Die Bedeutung der vier erwähnten Unternehmen für den Arbeitsmarkt und die Kaufkraft des Ortes ist nicht zu unterschätzen. Doch nicht weniger interessant ist der Wandel, wie er in einer Vielzahl von handwerklichen und Dienstleistungsunternehmen zum Ausdruck kommt - Reparaturwerkstätten, Elektriker, Transportunternehmen, Bau- und Installationsfirmen, "bares", "cafeterías", Bank- und Versicherungfilialen -, die sich im Verlauf der letzten zwanzig Jahre entwickelt haben als Folge der Modernisierung in der Landwirtschaft und des höheren Lebensstandards der Bevölkerung.

Nimmt man die Weizenmühle aus, so kann man behaupten, daß der Wandel im Produktionssystem tendenziell etwa fünfzehn Jahre nach den Änderungen im Lebensstil stattfand. Das ist nicht verwunderlich, denn die Änderung der Produktionsweise wurde durch letztere mitbedingt. Sie war nämlich zum einen eine Reaktion auf die Erhöhung der Arbeitskosten infolge der Abwanderungsbewegungen sowie auf ein weniger unterwürfiges Verhalten der Arbeiterschaft; in die gleiche Richtung wirkte das Bedürfnis der Unternehmer, die eigenen Einkünfte zu halten oder zu mehren, wenn man die größeren Wohlfahrtserwartungen befriedigen wollte. Dieses "reaktive" Verhalten stimmt mit der Tatsache überein, daß die Befragten nicht von einem Mentalitätswandel sprachen, der dem tatsächlichen Wandel in den Produktionsformen vorausging, wohl aber immer dann, wenn man ihnen Fragen in Zusammenhang mit dem neuen Lebensstil stellte. Das bedeutet nicht, daß die Anpassungen im Produktionssystem ohne eine entsprechende Änderung in den Einstellungen erfolgt wäre. In diesem Fall ging aber die neue Sichtweise Hand in Hand mit den externen Prozessen

Tabelle 3: *Soziale Schichtung im Zeitvergleich 1950/1975[1]*

Berufskreis	n		%		% (kumuliert)	
	1950	1975	1950	1975	1950	1975
Freie Berufe	25	27	0,5	0,6	0,5	0,6
Gewerbliche Unternehmer	150	140	2,7	3,4	3,2	4,1
Agrarunternehmer	293	67	5,4	1,6	8,6	5,7
Beamte und Angestellte	192	447	3,5	10,9	12,1	16,6
Selbständige (Gewerbe)	250	300	4,6	7,3	16,7	23,9
Selbständige (Landw.)	586	434	10,8	10,5	27,5	34,4
Facharbeiter (Gewerbe)	445	960	8,2	23,4	35,6	57,8
Fachkräfte (Landw.)	200	260	3,7	6,3	39,3	64,1
Sonstiges Dienstleistungspersonal	263	160	4,8	3,9	44,1	68,2
Andere Arbeiter (Gewerbe)	85	160	1,6	3,9	45,7	71,9
Landarbeiter	2 500	754	45,9	18,3	91,6	90,3
Nichtklassifizierbar	459	400	8,4	9,7	100,0	100,0
Insgesamt	5 448	4 109	100,0	100,0	100,0	100,0

1 Für 1950: Eigene Schätzungen auf der Grundlage der damaligen Volkszählungsergebnisse und weiterer Informationsquellen (Cámara Agraria de Campo de Criptana, Gemeindebehörden).
Für 1975: 15%-Stichprobe aus dem Mikrozensus von 1975; die absoluten Zahlen sind hochgerechnet.

und hatte z.B. nicht den stark "antizipatorischen" Charakter der während des Bürgerkriegs aufgekommenen neuen Denkart bezüglich des Lebensstils. Dieses Vorauseilen des Konsumverhaltens ergibt ein umgekehrtes Spiegelbild zur historischen Entwicklung des Kapitalismus, dessen erste treibende Kraft Unternehmergeist, rationales Handeln und Sparen gewesen waren, und erst im Laufe dieses Jahrhunderts kam es zu einer Änderung im Konsumbereich (*Sombart* 1963).

4. Umschichtungsprozeß

Phasen technologischer Umwälzung und starker Wirtschaftsentwicklung fallen oft mit erhöhter sozialer Mobilität sowie mit einschneidenden Umschichtungsprozessen zusammen (*Kleining* 1971: 12-29; *Mayer* 1961: 73 ff.). Insofern läßt die Veränderung der Lebens- und Produktionsform in letzter Zeit auch für die Untersuchungsgemeinde annehmen, daß ihr soziales Kräftefeld in Bewegung geraten ist.

Die Nettoauswirkungen des gesamten Strukturwandels sind in einer Rangskala von Berufskreisen zusammengefaßt (siehe Tabelle 3), die gleichzeitig die vertikale Dimension des Statusaufbaues berücksichtigt. Der jeweilige Rang der elf aufgeführten Berufskreise beruht auf der Kombination zweier Kriterien: Stellung im Beruf und Zugehörigkeit zum agrarischen oder nichtagrarischen Kreis.

Zunächst einmal fällt die Umkehr des Verhältnisses zwischen Agrar- und Nichtagrarbevölkerung auf: stellten die Landleute im Jahr 1950 mit über 70 % noch eine erdrückende Mehrheit dar, so schrumpfte ihr Gewicht in den folgenden 25 Jahren auf knapp 40 % zusammen; diese Entwicklung ist umso beachtlicher, als die ökonomische Grundlage der Gemeinde weiterhin in der Landwirtschaft besteht. Besonders hervorzuheben ist dabei der Bedeutungsverlust des "Landproletariats"; die traditionell massive Zahl von Landarbeitern, die noch in den vierziger Jahren zwischen 2.500 und 3.000 schwankte, sank bis 1975 auf ein Drittel ihres damaligen Standes. Dagegen sind die Arbeiter aus dem gewerblichem Bereich mit einer gewissen Qualifikation zur stärksten sozialen Gruppe der Gemeinde avanciert. Der absolute Rückgang der Selbstständigen in der Landwirtschaft trifft vor allem die niedrigeren Kategorien des Kleinbesitzes (bis etwa 20 Hektar), deren schmale Basis eine Mechanisierung kaum rechtfertigt. Stark geschrumpft ist auch die Zahl der Agrarunternehmer mit mindestens einer fremden Arbeitskraft. Die zangenförmige Konstellation aus zunehmendem

Lohndruck und relativ stagnierenden Agrarpreisen stellt eine Herausforderung dar, der viele Agrarunternehmer nicht gewachsen sind, besonders wenn ihr Besitz zu knapp bemessen ist und der Eigentümer selbst keine manuelle Arbeit leistet - wie es früher der Regelfall war. Eine größere Widerstandskraft zeigen die Familien des Mittelbesitzes, in denen Vater und Sohn die meiste Landarbeit allein bewältigen.

Bezüglich des nicht agrarischen Bereiches verdienen neben dem Vordringen der qualifizierten Arbeitnehmer und der Verdrängung der früheren ortsfremden Unternehmerelite durch lokale Unternehmen auch die starke Zunahme der Angestellten sowie der selbstständigen Gewerbetreibenden eine besondere Erwähnung.

Die elf aufgeführten Berufskreise lassen sich auf ein fünfschichtiges Schema reduzieren (siehe Grafik). Vergleicht man die Schichtenstruktur der Gemeinde im Jahre 1975 mit dem sich für 1950 ergebenden Bild, so ist eine starke Komprimierung der sozialen Stufenleiter unverkennbar. Während 1950 die hauptsächlich aus Landarbeitern bestehende Unterschicht mehr als die Hälfte aller Einzelpositionen ausmachte, lag 25 Jahre später der quantitative Schwerpunkt im Bereich der unteren Mitte. Auch die mittlere und die obere Mittelschicht haben an Breite gewonnen. Ein Bereich, in dem sich die Einebnungstendenz klar niederschlägt, sind die Einkommensverhältnisse; vor allem zeigt sich eine verringerte Distanz zwischen den oberen und den unteren Einkommensgruppen. Andererseits nehmen die Einkommensunterschiede innerhalb der einzelnen Berufskreise zu. Es sind auch weitere neue Formen der Statusdifferenzierung am Werk, die die Tragweite des Einebnungsprozesses beträchtlich relativieren. Ein bedeutendes Gefälle zeichnet sich bereits bei den Bildungsaspirationen ab, einem Entwicklungsbereich, der relativ spät mitgezogen hat: Die Aussichten der Kinder bei den vier höher gelegenen Berufskreisen weisen einen eindeutigen Trend nach oben auf; die Mehrheit von ihnen besucht eine höhere Schule, ein nicht kleiner Teil strebt einen Hochschulabschluß an. Dagegen wird der größte Teil der Kinder der übrigen Gruppen, d.h. der Bauern und Arbeitern, nur die Volksschule abschließen.

Insgesamt gesehen, ergibt sich für die jüngste Zeit ein ständiges Ineinandergreifen von Angleichungs- und Differenzierungstendenzen. Die soziale Struktur der Gemeinde ist wesentlich komplexer und durchlässiger geworden. Die noch bestehende Assymetrie der Bodenbesitzverhältnisse geben nicht mehr bei den Rangunterschieden den Ausschlag. Die Soziallage

Schaubild:

Soziale Schichtung im Zeitvergleich (1950/75)

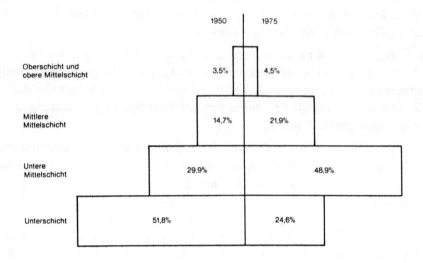

Die Zuordnung der elf Berufskreise zu den einzelnen Schichten geschah folgendermaßen: Die Unterschicht, die eine noch relativ klare und homogene Zusammensetzung aufweist, besteht aus Landarbeitern und unqualifizierten Gewerbearbeitern. Die untere Mittelschicht setzt sich aus den selbständigen Bauern und den Facharbeitern zusammen - die der selbständigen Position innewohnenden Vermögens- und Ansehensvorteile werden hier durch die größere Einkommenssicherheit und die weiteren, in Criptana geschätzten Eigenschaften einer festen Beschäftigung *im pueblo* ausgeglichen. Die weniger besetzten Kategorien *Fachkräfte in der Landwirtschaft* und *sonstiges Dienstleistungspersonal* (Kellner, Angestellte in Friseurläden, Reinigungspersonal usw.) werden auch zu dieser Schicht gezählt, obwohl vor allem die zweite der beiden Kategorien gerade an der Grenze zur Unterschicht steht. In der mittleren Mittelschicht befinden sich die Beamten und Angestellten, die selbständigen Gewerbetreibenden und die Agrarunternehmer (ohne Großgrundbesitz). Die obere Mittelschicht bilden das Gros der gewerblichen Unternehmer (sie sind in der Mehrheit auch Landbesitzer) und ein Teil der freien Berufe, während der Oberschicht der restliche Teil dieser Berufe, die Inhaber der drei führenden *Lokalunternehmen* und - theoretisch - auch der Landadel gehört, der aber aus den auf S. 229 erwähnten Gründen in diesen Zahlen nicht enthalten ist. Es werden deshalb die beiden zuletzt genannnten Schichten zusammengerechnet.

und das Ansehen werden jetzt vor allem durch den Lebensstil und das Einkommen direkt bestimmt. Auf dieser Grundlage beruht gerade die Verringerung der Distanz zwischen der Spitze und der Basis der Sozialpyramide. Andererseits bedingt die zunehmende Heterogenität der Berufsstruktur eine größere Differenziertheit von Interessenlagen und Chancen. Das Verhältnis zwischen Klasse und Schichtung - Gegenstand des nächsten Abschnittes - zeigt die Art, wie sich diese neue Situation artikuliert.

5. Verlagerung der sozialen Konfliktachsen und Herrschaftswandel

Der Ausgang des spanischen Bürgerkrieges bereitete dem jahrzehntelang offenen Klassenkonflikt ein jähes Ende; die Repressionsmaßnahmen der neuen Regierung versperrten der Arbeiterschaft jeden Weg zur organisierten Durchsetzung gemeinsamer Interessenlagen. Damit entfiel eine der wesentlichen Voraussetzungen für Klassenbildung im engeren Sinne. Als der Drang nach einer neuen Lebensform ausbrach, war praktisch jede einzelne auf sich allein gestellt. Klassenlage wurde automatisch zur reinen Marktlage im *Max Weber*schen Sinne (*Weber* 1956, I: 177). Der gesamte Umschichtungsprozeß der Gemeinde mit ihrem Potential an struktureller Mobilität, neuen Wertakzenten und Kräfteverschiebungen ergab sich aus dem ungesteuerten Zusammenwirken individueller Entscheidungen, die darauf aus waren, jede sich bietende Chance zur Verbesserung der eigenen Position wahrzunehmen.

Nach der fast vierzigjährigen Pause, in der die Klassengegensätze - besonders im lokalen Rahmen der Agrargemeinden - durch die offiziellen Bedingungen des Herrschaftsystems und die individuellen Errungenschaften überlagert waren, erhebt sich die Frage, wie es heutzutage nach der Einführung der Demokratie mit der damals unterbrochenen Klassenpolarisierung bestellt ist. Zur Beantwortung dieser Frage scheint es zunächst angebracht, auf das wahlpolitische Verhalten und die Gewerkschaftszugehörigkeit kurz einzugehen.

Im politischen Verhalten der Gemeindebewohner sind zwei Gruppierungen auszumachen, die in ihren Interessen klar voneinander abweichen und relativ stabil sind. Bei jedem Gang zu den Wahlurnen zeigt sich immer wieder in den parteipolitischen Präferenzen der Gemeindeeinwohner eine ausgeprägte Pattsituation, mit einem leichten, jedoch ständigen Übergewicht der Stimmen zugunsten der Parteien, die rechts vom PSOE angesiedelt sind. Beide Hauptgruppierungen bilden jedoch keine starren, radikalpolarisierten Fronten. Ihre Trennungslinie verläuft, wenn auch mit unscharfen Zügen, mitten durch die untere Mittelschicht. Das eine Lager rekrutiert sich vornehmlich aus dem größten Teil der manuell tätigen Arbeiterschaft. Das andere stüzt sich auf die obere Schicht sowie auf ein breites Kleinbürgertum, in das sich der neue zum Familienbetrieb tendierende Agrarbereich immer mehr eingliedert.

Das weitgehende Zusammentreffen von unselbständigem Status im manuellen Bereich und links orientiertem Wahlverhalten steht mit den hohen Mitgliederständen der Gewerkschaften und ihrer Zusammensetzung im Einklang - zumindest wenn man von der Lage anfangs der achtziger Jahre ausgeht - . Die mit der sozialistischen Arbeiterpartei eng verbundene UGT-Organisation hat hier die weitaus höchsten Zahlen aufzuweisen; im Sommer 1982 waren es 1.471 eingetragene Mitglieder. Die Arbeiterkomissionen (CC.OO.), die der komunistischen Partei nahestehen, zählten gleichzeitig 476 Mitglieder. Am stärksten gewerkschaftlich organisiert sind die Landarbeiter; über 3/4 von ihnen gehören der einen oder der anderen Gewerkschaftsorganisation an, bei den übrigen Berufskreisen ist das gewerkschaftliche Engagement recht unterschiedlich und weniger deutlich auszumachen. Eine prononcierte Distanz zu den Gewerkschaften legen die Büro- und Handelsangestellten an den Tag. Eine rege Beteiligung besteht dagegen in allen Hauptzweigen des verarbeitenden Gewerbes, wie Bauwirtschaft, Nahrungsmittelindustrie, Textilindustrie und im Metallsektor sowie bei der bedeutenden Gruppe der Lastwagenfahrer. Bei den geführten Informationsgesprächen wurde allerdings deutlich, daß diese Kreise und vor allem die Jahrgänge unter 45 Jahren den Gewerkschaften gegenüber eine sachliche Haltung einnehmen. Von der Mitgliedszahl her verfügen die Gewerkschaftsorganisationen über ein beträchtliches Potential; Anzeichen für ein gleichgerichtetes klassenbewußtes Handeln sind aber relativ wenige zu erkennen.

Einem solchen Handel wirkt die neue Interessen- und Kräftekonstellation entgegen: Die engagierte Gruppe der Landarbeiter stellt nicht mehr die Mehrheit der organisierten Arbeiterschaft; sie zeigt sogar in den jüngeren Altersstufen eine rapide Schrumpfungstendenz, die ihre quantitative Bedeutung laufend mindert. Außerdem steht der Boden, früher Grundmotiv gemeinsamer Aktionen, nicht mehr im Mittelpunkt der Erwartungen; gesicherte auskömmliche Einkünfte besitzen heute einen höheren Stellenwert. Man muß zwar in Betracht ziehen, daß durch die Hinwendung zu besseren Lohnbedingungen die Zielsetzungen von Land- und Gewerbearbeitern homogener werden und daß sich die Solidarisierungschancen zwischen beiden Gruppen von dieser Seite erhöhen. Jedoch ist die Konfliktfähigkeit der gewerblichen Arbeitnehmer wegen der vorwiegend kleinbetrieblichen Struktur eng bemessen. Jedes Wittern von Problemsituationen ruft sofort vorbeugende Maßnahmen bei den einzelnen Betrieben hervor, häufig laufen sie darauf hinaus, die Verwendung fremder Arbeitskräfte möglichst einzuschränken und gegebenenfalls die Unternehmenseinheit auf Familienbasis umzustellen. Die begrenzte Durchsetzungskraft spiegelt sich in den seltenen Streikfällen wieder: Bis heute wurden nur zwei Streikaktionen organiziert; sie fanden im Agrarsektor statt und zwar unmittelbar vor der Traubenernte von 1978 und 1980; aber auch diese Streiks hatten keinen durchschlagenden Erfolg, da die Winzer bald Ausweichlösungen fanden.

Der sich teilweise anbahnenden Zielkonvergenz zwischen den Arbeitern im agrarischen und im gewerblichen Bereich steht neuerdings ein gespanntes Verhältnis zwischen Landarbeitern und Kleinbesitzern gegenüber, d.h. zwischen den zwei Gruppen, die ehemals eine Interessenkoalition gegenüber dem Großgrundbesitz bildeten. Grund dafür ist das erfolgreiche Drängen vieler mechanisierten und unterbeschäftigten Bauern nach Zusatzaufgaben. Ihr Dienstleistungsangebot wird von vielen Agrarunternehmern und landbesitzenden Gewerbetreibenden schon deshalb gerne wahrgenommen, weil man dadurch die Einstellung normaler Arbeitskräfte mit den entsprechenden Soziallasten und breiteren Reibungsflächen umgehen kann. Außerdem sind die herangezogenen Bauern äußerst bestrebt, gute Arbeit zu leisten, um die erworbene Kundschaft zu halten. Die Reaktion der Landarbeiter auf diese Vorgänge ist leicht vorstellbar: sie bringen zwar für die Bedrängnis der Bauern Verständnis auf, betrachten aber deren Eindringen in ureigene Aufgabenfelder - das sie für unzulässig halten - als eine ernsthafte Bedrohung ihrer in jüngster Zeit aufgebesserten Arbeitsmarktposition. Die Bauern wiederum sehen in diesem Eindringen die einzige Chance, die Nachteile des ungleichen Bodenbesitzes über dem freien Markt auszugleichen.

Die Spaltung zwischen beiden Gruppen wird durch das neue kooperativ-vertragliche Berührungsfeld vertieft, das zwischen den Großgrundbesitzern und einer Reihe dynamischer Klein- bis Mittelbesitzer entstanden ist: die Verpachtung von bewässertem Land. Der Landadel ist hier von seiner in der Nachkriegszeit unnachgiebigen Haltung teilweise abgerückt, da er dadurch bequeme Einkünfte erzielt, die weit über das hinausgehen, was er selbst auf seinem restlichen Besitz erwirtschaftet. Für die Pächter bieten diese, höchstens auf fünf Jahre befristeten Verträge eine weitere Gelegenheit, um ihren Gesamterlös beträchtlich zu erweitern; bei dem hohen Pachtzins ist allerdings für sie das ganze Geschäft nicht ohne Risiko.

Andere Möglichkeiten, um den engen Rahmen des eigenen Besitzes zu sprengen, sind kaum vorhanden. Eine maßgebliche Rolle spielen dabei die fast unerschwinglichen Ackerlandpreise, ein Faktum, das auf eine weitere Frontlinie mit konfliktiven und kooperativen Aspekten hinweist. Diese Frontlinie hat sich zwischen den neuen gewerblichen Berufen und den selbständigen Landleuten gebildet. Die konfliktive Dimension rührt aus den ungünstigen Austauschrelationen, die sich für die Bauern aufgrund der stagnierenden Erzeugerpreise für Agrarprodukte und der steigenden Preise für gewerbliche Leistungen ergeben. Die Zweige, die diese Leistungen erbringen, erzielen hohe Nettoersparnisse, die größtenteils in Agrarland angelegt werden; nicht Renditeüberlegungen, sondern Wertzuwachserwartungen und Mangel an anderen Investitionsmöglichkeiten stehen hinter diesem Landerwerb. Aus der Sicht der Bauern beruht er auf ihnen entzogenen Erlösen und dient letzten Endes noch dazu die Ackerlandpreise in die Höhe zu treiben und ihnen den Zugang zu weiterem Landbesitz noch drastischer zu erschweren. Die kooperative Seite zeigt sich wiederum darin, daß die neuen Landbesitzer oft auf die Dienste der über Freizeit und Landmaschinen verfügenden Bauern zurückgreifen und ihnen die Bewirtschaftung ihrer Ackerflächen überlassen.

Diese Vielfalt neuer Gegensätze hat die traditionelle Konfrontationslinie zwischen Großgrundbesitz und Landproletariat in den Hintergrund gerückt und die mit ihr zusammenhängenden Polarisierung neutralisiert. Das darf aber nicht darüber hinwegtäuschen, daß die ungleichen Bodenbesitzverhältnisse immer noch auf die sozioökonomische Entwicklung der Gemeinde einen maßgeblichen Einfluß ausüben; sie erfordern weiterhin eine relativ hohe Anzahl von Landarbeitern, verlangen den Kleinbesitzern laufende Umstellungen ab und leiten einen beträchtlichen Teil der Wertschöpfung im Agrarsektor und somit potentielle Kaufkraft in ortsfremde Bahnen ab. Solche Auswirkungen werden heute allerdings wegen der vorverlagerten Struktur neuer Konfliktachsen, Kooperationsfelder und Wertorientierungen meist übersehen.

IV. Schlußbemerkung

Abschließend sei kurz auf das Verhältnis von sozialem Wandel und Beibehaltung der konstanten Elemente der "Agrostadt" eingegangen. Unter Rückgriff auf bereits durchgeführte Auswertungen läßt sich feststellen, daß die Veränderungen im Lebensstil, die Reform des Produktionssystems und die Umschichtung der lokalen gesellschaftlichen Kräfteverhältnisse keine der fünf Variablen wesentlich modifiziert haben, die diesen Gemeindetyp konstituieren. Diese Aussage gilt zuerst für die starke Marktabhängigkeit der Bevölkerung im inner- und außergemeindlichen Verhältnis, die weiterhin bestehende Ungleichheit im Landbesitz sowie für die starke Verflechtung zwischen der "gente del pueblo" und der "gente del campo". In letzter Hinsicht ist allerdings zu vermerken, daß sich die frühere Komplexität der Unterscheidungskriterien zwischen Land- und Puebloleute aufgrund des modernen Lebensstils der Agrarbevölkerung und der stärkeren direkten Teilnahme der Arbeitgeber an der Landarbeit merklich verringert hat; im allgemeinen ist jetzt der Hauptberuf die ausschlaggebende Kategorie für die Zurechnung zu der einen oder anderen Gruppe. Die Geselligkeit - d.h. der allgemeine Umgang unter den Gemeindeeinwohnern als solchen - stellt nach wie vor die bevorzugte Form sozialer Interaktion dar. Als wichtige Kommunikationsmittel fungieren immer noch die "Plaza" und die Straße; jedoch spielen heutzutage die "bares" und der "Casino" bereits eine gleichwertige Rolle, da sie auch für die breiten Bevölkerungsschichten zusehends an Bedeutung gewonnen haben.

Der hohe Grad an gegenseitiger Bekanntschaft und die daraus abgeleiteten Kontakte tragen ihrerseits zur Erhaltung der soziokulturellen Identität der Gemeinde bei (*Treinen* 1965). Dies äußert sich etwa in dem hohen Grad des "Gernelebens" in der Gemeinde. Auch die Beteiligung an Veranstaltungen ritueller Art ist beachtlich; die meisten traditionellen Feste finden nach wie vor statt. Die Feierlichkeiten im Zusammenhang mit den Schutzheiligen des Ortes und der Karwoche erfreuen sich sogar zunehmender Beliebtheit, obwohl die nicht ortsbezogene Religiosität zumindest in den jüngeren Jahrgängen im Abnehmen begriffen ist. Seit dem Bürgerkrieg bis heute hat auch die Anzahl der Bruderschaften und ihrer Mitglieder erheblich zugenommen. Diese knappen Bemerkungen sollen darauf hinweisen, daß in dem hier untersuchtem Fall eine wesentlich andere Konstellation als in manchen anderen Agrargemeinden Spaniens vorliegt, wo - sei es, daß diese Gemeinden nur über Subsistenzwirtschaft verfügten, sei es, daß sie sich in der Nähe von Wachstumszentren befanden - die Veränderungen der Nachkriegszeit zum nahezu vollständigen Verlust an Identität und Kulturtradition, manchmal sogar zur Auflösung der Siedlungseinheit geführt haben (*Lisón* 1984; *Pérez* 1974: 23 ff.). In diesem Sinne kann man sagen, daß die in Campo de Criptana erfolgten Veränderungen - unabhängig von ihrer jeweiligen Bedeutung und Wirkung - das Gemeindesystem, in dem sie stattfanden, nicht gesprengt haben, dieses vielmehr die Art und Weise bedingte, in der sich die Wandlungsprozesse vollzogen.

Zusammenfassung

Die Mancha gehört zusammen mit Niederandalusien und Mittelsizilien zu den Gebieten Westeuropas, in denen die Agrostadt am deutlichsten in Erscheinung tritt. In diesem Aufsatz wird eine Agrostadt in der Mancha vorgestellt, sowohl im Hinblick auf die ihr eigentümlichen dauerhaften Merkmale, die sozusagen ihr "soziales Modell" bilden, als auch andererseits hinsichtlich des Wandels, der sich in ihr seit dem Bürgerkrieg bis hin zur Gegenwart vollzogen hat. In dem letztgenannten Punkt, der den größten Teil dieses Aufsatzes einnimmt, wird den Auswirkungen des Bürgerkriegs besondere Beachtung zuteil, ebenso den Änderungen im Lebensstil und in der Produktionsweise sowie auch ihrer gegenseitigen Bedingtheit. Im Schlußteil wird festgestellt, daß der wirtschaftliche und der soziale Wandel kaum die wesentlichen Eigenschaften des Modells und auch nicht die starke Ortsbezogenheit der Bevölkerung beeinflußt haben.

Bibliographie

Escribano, Francisco: Bosquejo histórico de la Villa de Campo de Criptana. In: Escribano, F. / López-Casero, F.: Campo de Criptana. Semblanza histórico-cultural de la Villa. Campo de Criptana 1982.

Katona, G. / Strümpel, B. / Zahn, E.: Zwei Wege zur Prosperität. Konsumverhalten, Leistungsmentalität und Bildungsbereitschaft in Amerika und Europa. Wien 1971.

Kleining, Gerhard: Struktur und Prestigemobilität in der Bundesrepublik Deutschland. In: Kölner Zeitschrift für Soziologie und Sozialpsychologie 23 (1971): 12-29.

Kocka, Jürgen: Klassengesellschaft im Krieg. Deutsche Sozialgeschichte 1914-18. Göttingen 1973.

Lisón Tolosana, Carmelo: Belmonte de los Caballeros. Porträt eines dem Untergang geweihten Landlebens (1935-1975). In: Waldmann, P. / Bernecker, W.L. / López-Casero, F.: Sozialer Wandel und Herrschaft im Spanien Francos. Paderborn 1984: 49-67.

López-Casero, Francisco: Die differenzierte Agrargemeinde als Primärgruppe. Sozialstruktur und Interaktionsprozesse eines spanischen "pueblo". München (Diss.), Unidruck 1967.

López-Casero, Francisco: La Plaza. In: Ethnica, Revista de Antropología 4 (1972): 87-133.

López-Casero, Francisco: Die Generation des Umbruchs. Veränderung der Lebens- und Produktionsform in einer spanischen "Agrarstadt". In: Peter Waldmann u.a.: Die geheime Dynamik autoritärer Diktaturen. Vier Studien über sozialen Wandel in der Franco-Ära. München 1982: 287-401.

López-Casero, Francisco: Umschichtungsprozeß und sozialer Wandel in einer zentralspanischen Agrarstadt. In: P. Waldmann / W. L. Bernecker / F. López-Casero: Sozialer Wandel und Herrschaft im Spanien Francos. Paderborn 1984: 15-48.

Marwick, Arthur: War and social change in the twentieth century. London 1974.

Mayer, Kurt: Class and society. New York 1961.

Parsons, Talcott: Gegenwärtige Strömungen in der strukturell-funktionalen Theorie. Vortrag Sommersemester 1963 an der Universität München, maschinenschr. Übersetzung.

Pérez Díaz, Victor: Pueblos y clases sociales en el campo español. Madrid 1974.

Senghaas, Dieter: Von Europa lernen. Entwicklungsgeschichtliche Betrachtungen. Frankfurt a.M. 1982.

Simmel, Georg: Soziologie der Geselligkeit. In: Verhandlungen des Ersten Deutschen Soziologentages Bd. I, Frankfurt a.M. 1961: 1-16.

Sombart, Werner: Der Bourgeois. München 1963.

Treinen, Heiner: Symbolische Ortsbezogenheit. In: Kölner Zeitschrift für Soziologie und Sozialpsychologie 17 (1965): 73-97; 254-297.

Weber, Max: Wirtschaft und Gesellschaft. 4. Aufl. Tübingen 1956, Bd. I und II.

Andrés Barrera

BEDEUTUNG UND FUNKTION DES BRUDERSCHAFTS- UND ORGANISATIONSWESENS IN ANDALUSISCHEN AGROSTÄDTEN - AM BEISPIEL VON PUENTE GENIL

In dem südlichen, dem Mittelmeer zugewandten Teil der iberischen Halbinsel gibt es eine Vielzahl von Formen freiwilliger Vereinigungen; sie hängen mit der Regelung lokaler Festlichkeiten zusammen, die mehr oder weniger klassenübergreifend sind und an denen die gesamte Bürgerschaft mit demselben Ziel teilnimmt, zu ihrem Gelingen beizutragen. Ich spreche von den Laienbruderschaften und sonstigen Bruderschaften (cofradías y hermandades), Freundeskreisen (peñas) und Sankt-Josefs-Vereinen in Valencia (asociaciones falleras) und "filaes" von Mohren und Christen in den Dörfern von Alicante und Maskengruppen im Karneval. In Andalusien sind die Feierlichkeiten der Karwoche von besonderer sozialanthropologischer Bedeutung, die auf einem dichten Gewebe von Assoziationen und Organisationen beruhen. Der Fall von Puente Genil schien uns wegen seiner Komplexität und Reichweite besonders interessant zu sein.

Gegenwärtig gibt es in Puente Genil vierundzwanzig Bruderschaften; jede läßt das oder die Heiligenbilder, die ihr den Namen gaben, durch die Straßen der Stadt tragen, begleitet vom jeweiligen Prozessionsgefolge. Die Zahl und Aktivitäten dieser Vereinigungen, die formell religiöser Natur sind, haben in den zwei letzten Jahrzehnten sehr zugenommen. Darin spiegelt sich ein allgemeiner Zug zur Wiederbelebung lokaler Feste wieder, der in Spanien und anderen Gebieten des Mittelmeerraumes seit fünfzehn bis zwanzig Jahren zu beobachten ist (*Velasco* 1982; *Barrera* 1985: 199-311; *Boissevain* 1984).

Die Bruderschaften bilden jedoch nur eine der beiden Stützen, auf denen die Karwoche in Puente Genil ruht; die andere stellen die Bibelvereine (corporaciones bíblicas) dar. Die letzteren setzen sich zum Ziel, ein buntes Gemisch von Personen, Begebenheiten, Allegorien und abstrakten Begriffen, die der Heiligen Schrift und der christlichen Theologie entnommen sind, lebendig in Erscheinung treten zu lassen. Diese "biblischen Gestalten" - wie sie allgemein genannt werden - schieben sich zwischen die von den Bruderschaften getragenen Heiligenbilder. Über die Karwoche in Puente Genil, die Rolle der Vereine und das dort entfaltete Brauchtum gibt es eine umfangreiche, teils lokale, teils weiter verbreitete Literatur. Manche Werke enthalten wahre Datenbanken über bestimmte Institutionen. *José Segundo Jiménez* hat bisher drei umfangreiche Bücher über einzelne Festorganisationen veröffentlicht: *Jiménez 1977, Jiménez 1981, Jiménez 1986* (vgl. auch *Luque Estrada 1981; Luque Requerey 1980*).

Die Bibelvereine sind auf die Karwoche bezogene Vereinigungen oder Clubs, die ausschließlich aus Männern bestehen und als solche von den Bruderschaften unabhängig sind, wenngleich eine bestimmte Kerngruppe gleichzeitig beiden angehört. Tatsächlich sind alle Mitglieder eines Bibelvereins zugleich Mitglieder verschiedener Laienbruderschaften oder sonstiger Bruderschaften. Ein Großteil der Bibelvereine ist sogar aus einer Bruderschaft hervorgegangen, was dazu führt, daß ihre Mitglieder zur Mutterorganisation weiter in einer engen Beziehung stehen und mit dieser eng bei der Organisation der Prozessionen sowie bei deren finanzieller Unterstützung zusammenarbeiten. Geschichtlich betrachtet haben die Bibelvereine ihren Ursprung im Bruderschaftswesen, sie bilden eine funktionale Spezialisierung, die sich im Laufe der Zeit mit eigenständigen Inhalten gefüllt hat.

In Puente Genil - das 1985 27454 Einwohner zählte - existieren gegenwärtig etwa fünfundvierzig Bibelvereine. Jeder dieser karwochenbezogenen Männerclubs verfügt über ein eigenes Lokal oder "Quartier" (cuartel), wo sich die "Brüder" - so lautet die unter Mitgliedern gebräuchliche Anrede - während des ganzen Jahres, vor allem in der Fastenzeit und der Karwoche, treffen. Das "cuartel" ist das Zentrum der Organisation, von dem alle mit der Karwochenprozession zusammenhängenden Aktivitäten ausgehen. Wichtiger noch ist, daß es den Mittelpunkt einer engen Männergemeinschaft bildet, die das freundschaftliche mehr oder weniger bedeutsame Gespräch, die gelegentliche Lektüre biblischer Passagen, das Singen der für Andalusien typischen Karwochenlieder "saetas", hier in der Puente Genil eigenen Variante, das Essen, der Wein, sowie ständige Trinksprüche, Hochrufe und Ansprachen, in denen der gemeinsame Geist der Verbrüderung gepriesen wird, zum Inhalt hat.

Die Mitgliederzahl schwankt von einer Organisation zur anderen. Die erst vor kurzem gegründeten pflegen zwischen acht und fünfzehn Personen zu zählen; diese begrenzte Zahl spiegelt die Tatsache wieder, daß sie üblicherweise aus informellen Cliquen von Jugendfreunden hervorgegangen sind. Jene, die bereits konsolidiert sind und auf eine längere Vergangenheit zurückblicken, können zwanzig bis vierzig Mitglieder haben - sieht man von der bekannten Organisation "Imperio Romano" ab, die mehr als hundert hat. Um einem Bibelverein offiziell anzugehören, muß man männlichen Geschlechts sein, volljährig und dazu bereit, die Karwochenfeierlichkeiten mitzugestalten und sich den expliziten und impliziten Clubregeln zu unterwerfen. Was die offiziellen Zielsetzungen der Organisationen betrifft, so legen die "Reglas" der "Autoridades Judaicas" in ihrem zweiten Artikel folgendes fest: "Zweck dieser Vereinigung ist es, zur Erhaltung der Tradition von Puente Genil beizutragen, zum Glanz der Karwoche zusammenzuarbeiten und die Bande der Freundschaft zwischen ihren Mitgliedern und denen der Mitglieder bereits bestehender oder künftig entstehender Organisationen in dieser Stadt zu knüpfen" (Vgl. *Jiménez* 1977: 309).

Es ist nicht einfach, allgemeine Leitlinien hinsichtlich der Entstehung, sozialen Ausgestaltung und Identität von Bruderschaften und Bibelvereinen zu entdecken. Was die erstgenannten betrifft, so sind sie in ihrer gegenwärtigen Zusammensetzung ziemlich heterogen, wenngleich einige von ihnen deutliche Züge eines genossenschaftlichen, berufsständischen, klassen- oder familienbezogenen Charakters bewahren (*Moreno Navarro* 1985). In dem ersten der Essays, die dieses Buch enthält und der den Titel "Las hermandades andaluzas, una aproximación desde la antropología" trägt, schlägt der Autor eine erschöpfende Taxonomie der österlichen Laienbruderschaften und sonstigen Bruderschaften vor, die einer morphologischen Analyse zugrundegelegt werden kann (siehe auch *Driessen* 1984). Die Bibelvereine sind in soziologischer Hinsicht noch komplexer, reich an Abstufungen und Varianten. Es erscheint deshalb ratsam, keine voreiligen Schlußfolgerungen über sie zu ziehen, bevor nicht eine detaillierte Analyse ihres nicht leicht durchschaubaren Geflechts und ihrer Bedeutung durchgeführt worden ist. Die Schwierigkeit ihrer genaueren Bestimmung und Eingrenzung hängt großenteils damit zusammen, daß die Flexibilität lokalen Schichtengefüges sich in den letzten Jahrzehnten verstärkt hat und immer mehr Festorganisationen gegründet worden sind.

Im Unterschied zu den Bibelvereinen kann sich jeder in einer Bruderschaft einschreiben lassen, unabhängig von Alter und Geschlecht - obwohl die Mehrzahl der Eingeschriebenen Männer sind, die auch die wichtigen Ämter bekleiden und die Hauptfunktionen bei den Treffen der Bruderschaft und bei den öffentlichen Feierlichkeiten wahrnehmen. Bei der Auswahl der Kandidaten, die Mitglied werden wollen, sind, je nach Fall, folgende Faktoren entscheidend: Verwandtschaftsbindungen - manche Bruderschaften "gehören" aus Tradition der einen oder anderen Familie oder Verwandtschaft an -; der Wohnsitz in dem Viertel, in dem die Kirche oder Wallfahrtskapelle mit dem Heiligenbild steht, von dem die Bruderschaft ihren Namen herleitet; die Zugehörigkeit zu einem bestimmten Berufsstand oder einem Berufsbereich; schließlich durch Freundschaft oder sonstige Beziehungen begründete persönliche Bindungen zu jenen, die gerade der Bruderschaft angehören, vor allem, wenn sie verantwortungsvolle oder repräsentative Funktionen ausüben.

Die Mehrheit der Bürger von Puente Genil - sowie derjenigen, die in der Stadt geboren sind, auch wenn sie heute nicht dort wohnen - gehören einer oder mehreren Laienbruderschaften an, insbesondere der Großbruderschaft "Nuestro Padre Jesús El Nazareno"; dies ist die Bezeichnung für den Schutzheiligen von Puente Genil, volkstümlich "der Fürchterliche" (El Terrible) genannt, ein Beiname, der mit einer Mischung von furchtsamem Respekt und zärtlicher Vertraulichkeit ausgesprochen wird. Es gibt indes offensichtlich einen Bevölkerungssektor - dessen quantitativer Umfang erst noch zu bestimmen wäre -, der an den religiösen Feierlichkeiten nicht teilnimmt, sei es mangels finanzieller Mittel oder weil die lokale Verwurzelung fehlt oder aus ideologischen Gründen. In Puente Genil dürfte dieser Sektor meines Erachtens kleiner und weniger eindeutig nach sozialen Merkmalen eingrenzbar sein als in anderen Ortschaften der Campiña, die deutlich in soziale Klassen gespalten sind. Wenngleich bei jedem lokalen Fest auf der rituell-symbolischen Ebene Werte gepredigt werden und zum Tragen kommen, die das Ideal einer Gemeinschaft unterstreichen, kann es doch nicht ausbleiben, daß gewisse Züge der Sozialstruktur in ihnen ebenfalls ihren Ausdruck finden und unter Umständen sogar eine gewisse Verstärkung erfahren.

Was die Bibelvereine betrifft, so ist unter den für die Zugehörigkeit bestimmenden Faktoren das Band persönlicher Beziehungen und Freundschaften als besonders wichtig hervorzuheben. Es versteht sich von selbst, daß Freundschaften und persönliche Beziehungen vor allem auf dem Boden einer gemeinsamen Schichtzugehörigkeit, Verwandtschaft oder gleichen beruflichen Tätigkeit gedeihen. Bei Bibelvereinen von Tradition können vornehme Herkunft und hoher sozio-ökonomischer Status zu den entscheidenden Beitrittskriterien werden. Sofern er zur Zahlung des entsprechenden Beitrages bereit ist, kann im Grunde genommen jeder in Puente

Genil danach trachten, Mitglied einer bestimmten Organisation zu werden. Allerdings muß er von einem der alten Mitglieder, das die Patenschaft für ihn übernimmt, vorgeschlagen werden und anschließend muß über seine Kandidatur von allen Mitgliedern abgestimmt werden. In Wirklichkeit gibt es also wichtige Selektionsfilter, die mehr oder weniger direkt die Zusammensetzung jeder dieser Vereinigungen beeinflussen.

Neben den unausgesprochenen aber äußerst wichtigen Bedingungen, die sich auf den Status und weitere soziale Merkmale des Beitrittskandidaten beziehen, verlangt man von diesem, daß er "sich zu verhalten weiß" (que sepa estar), d.h. imstande ist, jederzeit, in allen Situationen des Clublebens, mit den anderen entsprechend den Regeln der Kameradschaft und Verbrüderung zu verkehren. Es wird also aufgrund einer unausgesprochenen Norm erwartet, daß die sozialen Interaktionen innerhalb des Clubs - und darüber hinaus im Rahmen der Karwochenfeierlichkeiten außerhalb des Clubs - auf der Grundlage absoluter Gleichheit aller Beteiligten stattfinden. Nachdem sie Reichtum und Sozialstatus, die sie im täglichen Leben trennen, zurückgelassen haben, stehen sich die Männer im Club unmittelbar gegenüber, allein angewiesen auf ihre Mannhaftigkeit, ihren Witz und ihr persönliches Ansehen. So wird verständlich, warum in diesen Vereinigungen ein beleidigendes Verhalten gegenüber einem Bruder, dessen persönliche Ehre verletzt wird, strengste Sanktionen nach sich zieht. Nach den Satzungsregeln sind sie einer der Gründe für den Ausschluß eines Mitglieds. Die Satzung der "Falschen Zeugen" (Los Testigos Falsos), warnt in ihrem Artikel fünfzig: "Die Verletzung der Würde oder Ehre eines Bruders mit Worten oder Taten zieht eine Strafe nach sich, die nach dem Urteil der Leitung in unmittelbarer Beziehung und Entsprechung zu dem verursachten Übel stehen muß. Unabhängig davon ist der Betreffende verpflichtet, dem Beleidigten jede Art von Erklärung zu geben."

Ist jemand von einem aktiven Mitglied als Kandidat einer Organisation vorgeschlagen worden, so muß er als Novize zunächst eine Probezeit bestehen - in einigen Fällen heißt es, er müsse ein Jahr am Clubleben teilnehmen - bevor er als "Bruder" mit allen Rechten akzeptiert wird. Im Alltagsleben gibt es außerdem sehr wirksame Rituale, die dafür sorgen, daß der Neuling oder gelegentliche Gast - mag es ihm gefallen oder nicht - sich auf jene formelle Gleichbehandlung aller einstellt, welche den gegenseitigen Umgang der Organisationsmitglieder kennzeichnet. Unter diesem Gesichtspunkt wäre eine Analyse der Funktion, die dem Gebrauch der Tunika und anderer für die Kleidung der Mitglieder typischen Elemente zukommt, zweifellos von großem Interesse.

Während der Festzeit wird ein ethisch-moralischer Wert besonders betont: die Brüderlichkeit und Verbrüderung jenseits der durch Klassenzugehörigkeit und soziale Verhältnisse geschaffenen Barrieren. Auch innerhalb der Organisation wird dieses Ideal der Freundschaft und Verbrüderung in ritueller Form unaufhörlich unterstrichen. Die Brüderlichkeitsrhetorik beherrscht das gesamte Clubleben. Wertvorstellungen, die mit der uneigennützigen Freundschaft und harmonischen Beziehungen zwischen den Menschen zusammenhängen, werden in den Vereins- und Bruderschaftslokalen während der zahlreichen Bruderschaftsessen immer wieder gerühmt und rituell verstärkt; dasselbe geschieht während der Festzeit im Rahmen der ganzen Gemeinde.

Diese rituelle und symbolische Eindringlichkeit, mit der die Leitwerte der Brüderlichkeit und harmonischer Beziehungen über die Schranken des Alters, der Herkunft und sozialen Lage hinweg herausgestellt werden, ist umso bemerkenswerter, als die Wirklichkeit außerhalb des raum-zeitlichen Festbereichs auch durch Ungleichheit, Distanz und Konflikt gekennzeichnet ist. Andererseits gehen die Spannungen und Konflikte auch in die Bibelvereine und Bruderschaften ein und entwickeln sich dort weiter, ähnlich wie dies bei den meisten Gruppen der Fall ist. Ungelöste Konflikte, Eifersuchtsgefühle und nicht näher präzisierbare Abneigungen prägen, kaum sichtbar, die Beziehungen zwischen bestimmten Individuen und brechen plötzlich, aus irgend einem geringfügigen Anlaß auf, machen sich sogar in heftiger Weise gewaltsam Luft.

Das Bemühen, eine Communitas auf der Basis der Gleichheit zu errichten, ist jedoch unzerstörbar, es setzt sich vor allem im Rahmen der Festlichkeiten durch, trotz aller vorübergehender Entzweiungen und gelegentlichen Scheiterns des Zusammenlebens. Die unaufhörliche Suche nach einem Ideal kollektiver Gemeinschaft wird zum Hauptimpuls, der das Leben der Bruderschaften und Organisationen beherrscht und bestimmt. Vielleicht kann man sogar davon ausgehen, daß diese Suche - wie wohl *Ferdinand Tönnies* behaupten würde - der Entwicklung der gesamten lokalen Gemeinschaft, zumindest in ethisch-moralischer Hinsicht, teilweise ihren Stempel aufdrückt. Die für die Sozialstruktur bezeichnenden Ungleichheiten und Rangstufen spiegeln sich in bestimmten Episoden der Feierlichkeiten; das Fest insgesamt hat aber die Tendenz, sie abzuschwächen, zu leugnen und zu überwinden, indem es das Ideal der Gleichheit und Übereinstimmung verkündet (Vgl. *Turner* 1982: 95 ff; *Pitt-Rivers* 1986: 17-35; *Barrera* 1985: 213-216).

Wir haben herausgearbeitet, daß dem festlich-religiösen Ritual ein dichtes Gewebe von Vereinigungen zugrunde liegt, an das spezifische und intensive Formen sozialer Interaktion geknüpft sind. Aus sozialanthropologischer Sicht ist die empirische Untersuchung dieses Gewebes besonders wichtig: die sorgfältige Analyse der sozialen Zusammensetzung und des geschichtlichen Werdegangs jeder einzelnen Bruderschaft, Festvereinigung und der sonstigen freiwilligen Vereinigungen, die es in dem Ort gibt; die Aufdeckung von Überlappungen, die zwischen der Organisationszugehörigkeit der Individuen und ihrer Teilhabe an sozialen Netzen in anderen Bereichen der Regeln des lokalen Lebens besteht; die Beschreibung und Analyse der Regeln für die Interaktionen und Beziehungen zwischen den Mitgliedern der verschiedenen Bruderschaften, Bibelvereine und Freundeskreise (peñas); schließlich die Untersuchung der Funktion, welche dem Zusammensein und dem festlichen Ritual im Hinblick auf die Bestimmung der persönlichen Identität sowie der Identität der Gruppen, des Ortes und der Region zukommt (Beispiele bei *Boissevain* 1965; *Grimes* 1981; desgleichen auch *Agulhon* 1968).

Letztlich geht es darum, herauszufinden, inwieweit die Handlungs- und Interaktionsnetze, die sich im Umfeld der Feierlichkeiten zur Karwoche und anderer lokaler Feste herauskristallisiert haben, auch für das Geschehen in anderen Lebensbereichen sowie generell für den Aufbau der Sozialstruktur von Bedeutung sind. Dabei soll die semiotische Analyse der Festrituale als solche und der komplexen in ihnen entfalteten Symbolwelt keineswegs vernachlässigt werden. Vielmehr soll versucht werden, ihre Bedeutung in Beziehung zum jeweiligen soziokulturellen Kontext des Ortes und der Region zu erschließen. Feste bringen eine Dramatisierung der Gruppenideen und -werte mit sich, eine kreative Darstellung bestimmter Prinzipien der Sozialordnung und Gruppenidentität, sie schaffen besondere, zeitlich und räumlich abgegrenzte Situationen usw. - all dies sind aus sozialanthropologischer Perspektive relevante Fragestellungen (*Fernández* 1974: 119-145; *Bourdieu* 1979; *Lisón Tolosana* 1982).

Um die Vereine, vor allem die Bibelorganisationen und Laienbruderschaften zu untersuchen, stehen interessante schriftliche Quellen zur

Verfügung. Ich meine die Protokollbücher (libros de acta) welche die meisten von ihnen seit ihrer Gründung aufbewahrt haben. Aus ihnen gehen die auf den regelmäßig stattfindenden Sitzungen (juntas) gefaßten Beschlüsse hervor, desgleichen die Zugänge und Abgänge von Mitgliedern-, manchmal wird angegeben, wer den Kandidaten vorgeschlagen hat oder es werden die Umstände und Motive eines Abgangs erwähnt. Sie enthalten auch Hinweise auf die Zusammensetzung der Führungsgremien, die alle ein oder zwei Jahre gewählt werden. Daten dieser Art sind, sofern sie symptomatisch erhoben werden, eine sehr wertvolle Grundlage, um eine Analyse der sozialen Struktur der Vereinigung und ihrer Entwicklung im Laufe der Zeit durchzuführen sowie überhaupt die Geschichte dieser Feste, zumindest im 19. und 20. Jahrhundert zu erforschen. Mit Hilfe dieser Materialien lassen sich auch Netzwerkanalysen durchführen, können die Prozesse der Herausbildung von Führungspositionen, sowohl innerhalb der Vereinigungen als auch im breiteren lokalpolitischen Kontext, studiert werden.

Beim Lesen der Protokollbücher einiger Organisationen stößt man auf interessante Dinge. Zunächst fällt auf, daß für sie eine beträchtliche innere Fluktuation, vor allem in den Anfangsphasen, kennzeichnend ist. Dasselbe gilt für alle Organisationen bis Ende der 60er Jahre, als sie die Versammlungslokale käuflich zu erwerben begannen, ein Indikator für eine allgemeine Gruppenkonsolidierung. Im Unterschied zum informellen Charakter der Anfänge, als sich manchmal lediglich Freundesgruppen trafen, um sich bei den Festlichkeiten gemeinsam zu vergnügen, hat sich bei den auf die Karwoche bezogenen Organisationen in Puente Genil mittlerweile eine deutliche Entwicklung zu mehr institutionalisierten Formen vollzogen. Gleichwohl bestehen immer noch starke Widerstände gegen jede Art von übertriebener Beachtung der Vorschriften und bürokratischer Einengung des Verhaltensspielraums. Die Protokollbücher enthalten überraschend viele Hinweise auf Strafen, die über Organisationsmitglieder verhängt wurden: wegen unterlassener Teilnahme an den offiziellen Versammlungen, wegen Nichtzahlung des Beitrags innerhalb der zugestandenen Frist oder wegen Verletzung einer der stillschweigend oder ausdrücklich festgelegten Clubregeln. In dieser Hinsicht scheint mir das Konzept der "erzwungenen Solidarität" vielversprechend zu sein, das von *Ruth Behar* in ihrer Analyse der Funktionsweise des offenen Rats einer Ortschaft im Nordosten Spaniens herausgearbeitet wurde. Diese Autorin schreibt:

"Die Regeln existierten, um dafür zu sorgen, daß alle, nicht nur die Mehrheit, ihre Verpflichtungen erfüllten. Letztlich lag diesen Regeln eine Idee der Gerechtigkeit und auch ein Solidaritätsideal zugrunde. Die Lasten der Gemeinschaft müssen von allen gleichermaßen getragen werden, seien sie etwas ärmer oder etwas reicher, willig oder widerstrebend." (*Behar* 1986: 185).

In der Tatsache, daß Mitglieder der Festorganisationen von ihresgleichen ständig Strafen auferlegt werden, kommt die gleichzeitige Wirkungsweise zweier gegensätzlicher Kräfte zum Ausdruck, die in einer ständigen dialektischen Spannung zueinander stehen. Auf der einen Seite handelt es sich um den Widerstand des Individuums gegen eine Beschränkung seiner Handlungsfreiheit sowie um den Widerstand der Festorganisation als ganze gegen die Gefahr, sich in ein rigides normatives Korsett pressen zu lassen. Auf der anderen Seite steht die von allen gefühlte Notwendigkeit, daß alle die gleichen Verpflichtungen erfüllen und folglich die Ebene strikter Gleichheit innerhalb des rituell festlichen Rahmens nicht verlassen, ein Anspruch, der ohne eine bestimmte, durch Strafen abgesicherte Ordnung nicht zu realisieren ist. Um erneut mit *Tönnies* zu sprechen: ohne Gemeinschaft gibt es keine Moral, kein Leben; aber ohne Verein (asociación) gibt es keinen Fortschritt.

Die Welt der Organisationen, Bruderschaften und freiwilligen Vereinigungen ist von einem Reichtum, der sich keineswegs in den aufgezeigten Fragen erschöpft. Im täglichen Zusammensein der Mitglieder werden Grundprobleme der Gesellschaft - d.h. der Beziehungen und Interaktionen zwischen Menschen - angesprochen, welche für die Soziologie und Anthropologie stets von Interesse sind. Ich denke an Sachverhalte wie die Natur zwischenmenschlicher Beziehungen in Kleingruppen, Prozesse persönlicher und gruppenspezifischer Identitätsfindung, die komplexe innere Dynamik halb informeller Gruppen. Eine eingehende Beobachtung dessen, was in den Lokalen dieser Vereinigungen geschieht, kann uns ethnographisches Material von beträchtlichem Wert zu den aufgeworfenen Fragen liefern.

Zusammenfassung

In diesem Text wird eine Darstellung der Vereinigungen vorgenommen, die mit dem Festgeschehen in Puente Genil, einem Ort in der andalusischen Campiña, verbunden sind. Gleichzeitig werden Vorschläge in Bezug auf Forschungsziele, Anwendungsmethoden und -techniken sowie bezüglich des empirischen Materials, das zu erheben wäre, gemacht. Die sozialanthropologische Relevanz der Festrituale geht jedoch über die rein organisatorische Struktur hinaus. Eine komplementäre Analyse ihrer Funktionen und symbolischen Inhalte wäre angebracht, wie auch ihrer Bedeutung für die kollektive Identität oder auch die Verinnerlichung der ethischen Werte, die das Leben der Gemeinde prägen.

Bibliographie

Agulhon, Maurice: Penitents et francs-maçons de l'ancienne Provence. Paris 1968.

Barrera González, Andrés: La dialéctica de la identidad en Cataluña. Madrid 1985.

Behar, Ruth: Santa María del Monte. The Presence of the Past in a Spanish Village. Princeton, N.J. 1986: 185.

Boissevain, Jeremy: Religion, Power and Protest in Local Communities. Berlin 1984.

Boissevain, Jeremy: Saints and Fireworks. Religion and Politics in Rural Malta. London 1965.

Bourdieu, Pierre: La Distinction. Critique sociale du jugement. Paris 1979.

Driessen, Henk: Religious Brotherhoods: Class and Politics in an Andalusian Town. In: E.R. Wolf (Hg.): 1984.

Fernández, James W.: The Mission of Metaphor in Expressice Culture. Current Anthropology 15 (1974), 119-145.

Grimes, Ronald L.: Símbolo y conquista. Rituales y teatro en Santa Fe, Nuevo México. México 1981.

Jiménez Rodríguez, José Segundo: El Libro de La Judea. Puente Genil 1977.

Jiménez Rodríguez, José Segundo: La cofradía de Jesús Nazareno. Puente Genil 1986

Jiménez Rodríguez, José Segundo: La Corporación: El Imperio Romano. Puente Genil 1981

Lisón Tolosana, C.: Aragón festivo. La fiesta como estrategia simbólica. En: Antropología social y hermenéutica. Madrid 1982.

Luque Estrada, Francisco: Puente Genil Bíblico. Figuras, Romanos, Cofradías y Hermandades. Puente Genil, 1981.

Luque Requerey, J.: El Viernes Santo al sur de Córdoba. Córdoba 1980.

Moreno Navarro, Isidoro: Cofradías y hermandades andaluzas. Sevilla 1985.

Pitt-Rivers, Julian: La identidad local a través de la fiesta. In: Revista de Occidente 38/39 (1986), 17-35.

Turner, Victor: The Ritual Process. Structure and Anti-Structure. Ithaca 1982: 95 ff.

Velasco, Honorio (Hg.): Tiempo de fiesta. Madrid 1982.

Wolf, Eric R. (Hg.): Religion, Power and Protest in Local Communities. The Northern Shore of the Mediterranean. Berlin 1984.

Übersetzung: Adrian Waldmann und Peter Waldmann

Dieter Goetze

KOMMENTAR ZUM VORTRAG VON ANDRES BARRERA

Der Beitrag von Andrés Barrera ist ein interessanter soziologischer und ethnologischer Streifzug durch manche Aspekte der soziokulturellen Organisation, die sich um die Karwoche in Puente Genil herum gebildet hat.

Die vorgenommene Beschreibung ist, trotz der Grenzen, die die auf einer Tagung gebotene Kürze der Darstellung setzt, detailliert genug, um ein Thema von allgemeinem Interessse und gewisser theoretischer Bedeutung zu vertiefen. Diese Vertiefung muß notwendigerweise die soziologische Interpretation der Bibelvereine als besondere soziale Gruppen zum Ausgangspunkt nehmen.

Der Referent stützt sich ausdrücklich auf die Vorstellungen von *F. Tönnies* über die Rolle des Gemeinschaftsgedankens und hebt das Moment der Geselligkeit und Soziabilität hervor, das das Leben in den Versammlungslokalen der Vereine beherrscht. Und das nicht nur in praktischer Hinsicht, sondern auch hinsichtlich der Werte und der ethischen Normen. Die Vorstellung einer Soziabilität ohne Zwecke, einer 'reinen' Soziabilität als Ziel für sich selbst, um ihrer selbst willen, muß zu einigen Überlegungen über ihren theoretischen Stellenwert führen, da über ihren praktischen Stellenwert keine Zweifel bestehen können: die Mitglieder der Vereine beurteilen ihre Handlungsweisen entsprechend den Kriterien einer "Beziehung zwischen Brüdern".

Um zu versuchen, die theoretische Verortung dieser "Soziabilität ohne Zwecke" etwas zu klären, scheint es mir nützlich, eine Unterscheidung aufzunehmen, die seinerzeit *P. Caws* (1974) vorgeschlagen hat, und die vor einiger Zeit wieder aufgetaucht ist in der Debatte, die über das Problem der "segmentären lineages" bei den Nuer im Sudan in der Zeitschrift "Current Anthropology" (*Karp* und *Maynard* 1983) geführt worden ist. *Caws* hat Fragen behandelt, die in Beziehung stehen mit der Interpretation der Vorstellung von sozialen Strukturen als bewußten oder unbewußten mentalen Modellen. Er unterscheidet sehr sorgfältig zwischen zwei Arten von mentalen Modellen: solchen, die den Mitgliedern einer beobachteten sozialen Gruppe zugehören, und solchen, die dem Soziologen oder Ethnologen zugehören, der die Handlungsweisen und das Denken dieser sozialen Gruppe wissenschaftlich zu analysieren versucht. Die Modelle der zweiten Art sind ausgezeichnet durch ihre wissenschaftliche Strenge, weil sie nicht Alltagsbegriffe, sondern wissenschaftliche Kriterien verwenden, die eine Erklärung der festgestellten Erscheinungen zu leisten versuchen. Im letzteren Fall handelt es sich also um ein "explanatory model", ein Erklärungsmodell, das sich aus den mentalen Strukturen des Ethnologen ergibt und nicht ein offenkundiges Ergebnis des beobachteten sozialen Feldes ist: "...it is never 'in' the empirical data nor (...) in the heads of the members of the social group being examined" (*Caws* 1974: 5).

Bis hierher scheint die Unterscheidung der viel älteren zwischen "emics" und "ethics" zu entsprechen, die von *Pike* (1954) vorgeschlagen und von *Harris* (1969, 1979) reinterpretiert worden ist. Sie geht allerdings weit darüber hinaus, denn *Caws* untergliedert auch die mentalen Strukturen der Mitglieder der beobachteten sozialen Gruppe in zwei Kategorien, die in unterschiedlicher Weise mindestens Teile der Vorstellungen von der Welt, die eine Person hat, und Teile der Art und Weise bestimmen, in der sie sich mit Bezug auf Aspekte der Welt, in der sie sich befindet, verhält. Die Unterscheidung bezieht sich folglich auf das, was *Caws* jeweils "operational models" und "representational models" nennt: "... the representational model corresponds to the way the individual thinks things are, the operational model to the way he practically responds or acts" (*Caws* 1974: 3). Das Verhältnis zwischen diesen beiden mentalen Modellen entspricht nicht einfach einem zwischen bewußtem vs. unbewußtem Modell, sondern beide Modelle koexistieren gleichzeitig nebeneinander, auch wenn offensichtlich nur das operationale Modell irgendwann einmal unbewußt sein kann. Das ist auch dasjenige Modell, das objektiv dem empirischen Stand der Dinge entspricht, da die Kausalitätsbeziehungen von hier zum Verhalten und dann zu den Vorstellungen darüber (den "beliefs") verlaufen, und nicht umgekehrt.

Wendet man diese Überlegungen auf den Fall der Bibelvereine in Puente Genil an, so ergibt sich m. E., daß das Repräsentationsmodell gerade diese Idee der "reinen Soziabilität" einschließt, das Ritual der Solidarität der Mitglieder des Vereins mit den Normen brüderlicher Beziehungen in einem idealisierten Sinn - die "Beziehung um der Beziehung willen". Dieses Repräsentationsmodell speist sich eben von der erwarteten persönlichen Laufbahn absoluter Widmung an den Verein, der Ausschließlichkeit und der Harmonie unter Gleichen, ohne der

Unterscheidung zwischen sozialen Kategorien Raum zu geben, die in der Außenwelt vorherrschen.

Das operationale Modell schließt, meiner Meinung nach, zunächst die sozialen Kontrollpraktiken ein, die darauf abzielen, ein tatsächliches Verhalten sicherzustellen, das mindestens in einem gewissen Ausmaß den Kriterien des Repräsentationsmodells entspricht. Allerdings herrscht hier nicht das harmonische Ideal, sondern die kontrollierte Konfliktivität - hier sind die Verfahren zur Kooptation neuer Mitglieder angesiedelt, die Wahl des Präsidenten, die Sitzungsbücher, die Geldstrafen und Sanktionen, die Personen auferlegt werden, die die Normen des Vereins nicht erfüllen und, letztlich, die Maßnahmen, die die Miniaturwelt des Vereins und seines Versammlungslokals gegen die Disharmonien der sozialen Umwelt zu "schließen" versuchen.

Der Referent hat daran erinnert, daß diese Aspekte des operationalen Modells so etwas wie eine "erzwungene Solidarität" (*Behar* 1986) widerspiegeln, und hebt die Gleichzeitigkeit einer Solidarität hervor, die im Prinzip keine Normen oder Regeln erlaubt, und der Notwendigkeit, eine Gemeinsamkeit der Verpflichtungen durchzusetzen. Legt man die Ideen über die Geltung eines Repräsentationsmodells und eines operationalen Modells an, so scheint die Beziehung eher eine der dialektischen Interaktion der beiden Modelle mit ihren eigentümlichen Merkmalen zu sein. Sie sind vereinbar innerhalb der Widersprüche, die sie ausdrücken, weil sie auf zwei unterschiedlichen Ebenen wirksam sind, und diese Widersprüche nur in der Sicht des externen Beobachters existieren.

Man wird also offenkundig ein Erklärungsmodell suchen müssen, das diese beiden Modelle, die wir "emisch" nennen könnten, in Betracht zieht. Von ganz besonderer Bedeutung scheinen mir hier die Ideen zu sein, die Andrés Barrera gegen Ende seines Referats dargelegt hat, wenn man sie in Verbindung bringt mit der soziokulturellen Entwicklung der Bibelvereine. Wir können annehmen - und das ist nur der angedeutete Abriß eines Erklärungsmodells, das man mit viel mehr Einzelheiten erarbeiten müßte -, daß es sich hier um eine Form handelt, eine homogene individuelle und kollektive Identität herzustellen, gegenüber einem sozialen Milieu, das durch seine eigene Differenzierung und Heterogenität immer weniger dazu neigt, eine solche Homogenität zuzulassen. Die formalisierte Informalität, die ständig überwachte Gleichheit gegenüber der sozialen Ungleichheit der Agrostadt, sind Elemente, die ein wichtiges Mittel für die Herausbildung einer partikularistischen kollektiven Identität darstellen, und dessen Einzelheiten den soziokulturellen Wandel reflektieren.

Nicht umsonst werden die religiösen Etiketten immer stärker von lokalistischen und regionalistischen Vorstellungen begleitet als zusätzliche Momente dieser partikularistischen Identität. Ich denke, daß dieses - zumindest teilweise - auch den Widerstand der Bibelvereine gegenüber den Veränderungsversuchen erklärt, die auftreten über Ansätze zur Invasion und Usurpation durch Personen und/oder Gruppen, die noch nicht akzeptabel sind innerhalb der symbolischen Ordnung, die durch das Repräsentationsmodell definiert wird, und die durch das operationale Modell wirksam ausgegrenzt werden.

Demgegenüber erscheint es fraglich, ob tatsächlich solche Vereinigungen der reinen Soziabilität, ohne explizites Ziel oder rationales Interesse, vielleicht einen allzu großen Raum im lokalen Leben von Puente Genil einnehmen. So eine Beurteilung würde eine vorangehende Analyse der optimalen Funktionen und Niveaus solcher Vereinigungen voraussetzen, für die - zumindest auf makrosozialem Niveau - jegliches wissenschaftliche Kriterium fehlt. Wenn allerdings die angestellten Überlegungen nicht ganz ohne Grundlage sind, dann müßte man, ohne in einen ungerechtfertigten Relativismus zu verfallen, die eigentümliche Rationalität der Bibelvereine eben in ihrem Charakter als Konstitutionsweise einer spezifischen, individuellen und kollektiven soziokulturellen Identität suchen.

Bibliographie

Behar, R.: Santa María del Monte. The Presence of the Past in a Spanish Village. Princeton 1986.

Caws, P.: Operational, Representational, and Explanatory Models. In: American Anthropologist 76 (1974): 1-10.

Harris, M.: The Rise of Anthropological Theory. London 1969.

Harris, M.: Cultural Materialism: The Struggle for a Science of Culture. New York 1979.

Karp, I. und K. Maynard: Reading 'The Nuer'. In: Current Anthropology 24 (1983): 481-503.

Pike, K.: Language in Relation to a Unified Theory of the Structure of Human Behaviour. Bd 1. Glendale 1954.

José Antonio Fernández de Rota y Monter

LÄNDLICHE UND STÄDTISCHE LEBENSWELT IN EINER GALICISCHEN "VILA": BETANZOS

I.

Die vorliegende Arbeit ist Teil eines Projekts, das von der Dirección Xeral de Cultura (dem Kulturreferat) der Autonomen Regierung Galiciens bezuschußt wird und das sich zur Aufgabe gemacht hat, die Wechselbeziehungen zwischen der ländlichen und der städtischen Lebenswelt in der galicischen "vila"[*] zu untersuchen, die nach wie vor ein wichtiges Bindeglied zwischen beiden darstellt. In der ersten Phase des Projektes habe ich dazu eine Datensammlung in der "vila" Betanzos erstellt, um in der bereits eingeleiteten zweiten Phase eine vergleichende Studie mit vier weiteren "vilas" unterschiedlicher Ausprägung anzuschließen, dabei kann ich auf die Unterstützung fünf zusätzlicher Mitarbeiter zählen. Folgende "vilas" sind ausgewählt worden: Fisterra, eine "vila" mit Seefahrertradition, As Pontes, das eine überstürzte industrielle Entwicklung durchgemacht hat, Mondoñedo, der kleinste Bischofssitz in Spanien mit 2800 Einwohnern, und Ribadavia, Mittelpunkt des Weinanbaugebietes Ribeiro.

Galicische "vilas" sind im allgemeinen sehr kleine Agrostädte, die zugleich das Verwaltungszentrum eines ländlichen Gebietes mit verstreuten Siedlungen bilden. Manche kommen kaum an 3000 Einwohner heran, häufig liegt die Einwohnerzahl zwischen 3000 - 5000, wobei einige wenige diese Grenze deutlich überschreiten. Ihr Einzugsgebiet kann hingegen eine Bevölkerung von über zwanzig- oder dreißigtausend Einwohnern umfassen. Die Größe dieses Einflußgebietes verleiht dem Wirtschafts- und Handelsleben eine Bedeutung, wie sie ihre Bevölkerung allein nicht ermöglichen könnte. Von daher mag ihr städtischer Anschein denjenigen verwirren, der daran gewöhnt ist, an Bevölkerungszahlen typischer Agrostädte des Mittelmeerraums zu denken.

In dieser Darstellung fasse ich die wichtigsten Ergebnisse der ersten Etappe des Projektes zusammen, deren Ziel die Untersuchung der "vila" Betanzos, 24 km östlich der Stadt La Coruña gelegen, gewesen ist. Es handelt sich um eine alte Siedlung, die als Marktflecken zu Beginn des 13.

---

[*] Das galicische Wort "vila" entspricht in etwa dem spanischen Ausdruck "villa" und kann sowohl für Kleinstadt als auch - wie in diesem Aufsatz - für Agrostadt verwendet werden (Anm. d. Übers.)

Plan 1

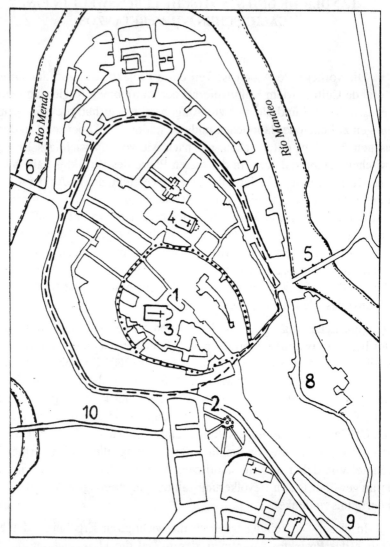

Legende: 1. Plaza do Castro, ehemaliger Sitz eines vorrömischen Lagers und gegenwärtiger Rathausplatz 2. Campo de la Feria 3. Gemeindekirche "Santiago de los Caballeros" 4. Gemeindekirche "Sta. María del Azogue" 5. Puente Viejo 6. Puente Nuevo 7. das Viertel "Ribeira" 8. das Viertel "La Cañota" oder "Fuente de Unta" 9. das Viertel "La Cruz Verde" 10. erster Standort, auf den der Viehmarkt von seinem Stammplatz, dem Campo de la Feria, verlegt wurde.

Jahrhunderts auf einem Hügel inmitten eines fruchtbaren Tales entstanden ist. Sie wird beinahe vollständig von den Flüssen Mandeo und Mendo eingefaßt, die sich vor den Toren der alten Stadtmauer zu einer Ría vereinigen, die in Serpentinenwindungen durch das Marschland in das nahegelegene Meer strömt. Der städtische Verwaltungsbezirk von Betanzos zählt gegenwärtig, gemäß der Volkszählung von 1986, 11745 Einwohner. Teile davon wohnen in typisch ländlichen Zonen. Dieselbe Volkszählung versucht, zwischen Bewohnern, die in kompakten Siedlungen und solchen, die in Streusiedlungen wohnen, zu unterscheiden, indem sie eine Trennung zwischen ländlichem Raum und städtischem Kern vornimmt. Damit stellt sich im Hinblick auf unser Vorhaben ein erstes bedeutendes Problem. Was ist genau die Agrostadt, die wir untersuchen? Wo sind ihre Grenzen?

Die Antworten, die wir in Gesprächen mit Personen aus unterschiedlichen Zonen des Verwaltungsbezirks mit ebenso unterschiedlichen Blickwinkeln erhielten, erlaubten es uns, von Anfang an bereits eine verworrene Geographie mit mehrdeutigen Ebenen und Grenzen wahrzunehmen. Aber weit bedeutender noch war die Feststellung, daß ausgehend von geographischen Räumen als stofflichen Bedeutungsträgern, Vorstellungen und Werte, also kulturelle Räume sich erschließen ließen, die, wenn auch verhüllt, den Gegensatz zwischen ländlicher und städtischer Lebenswelt in seiner Vielschichtigkeit darlegen.

Bei den ersten Fragen fielen die Begriffe "estrarradio" und "arrabales" (Außenbezirk und Vororte). Diese beiden Begriffe werden allem Anschein nach dem "casco", dem städtischen Kernbezirk, kontrastierend gegenübergestellt. Abgesehen davon, daß ihre Definition schon Anlaß zu Auseinandersetzungen sein könnte, wird unsere analytische Arbeit zusätzlich durch die Berücksichtigung anderer Begriffe wie "barrios" (Viertel) und "parroquias" (Pfarreien) erschwert. Wir wollen nun versuchen, anhand eines Planes von Betanzos (Plan 1) die Orientierungsmöglichkeiten, die uns diese Begriffe geben, zu erproben.

Die gestrichelte Linie - - - - - beschreibt die Anlage der Stadtmauer, die nach einem schweren Brand zur Zeit der katholischen Könige unter Erweiterung der ursprünglichen Mauer wieder aufgebaut worden war.

In den folgenden Jahrhunderten wurde sie zunehmend zum Fundament für Privathäuser gemacht, ihre fünf Tore wurden jedoch weiterhin bis in die Mitte des 19. Jahrhunderts nachts verschlossen. In der Tat war die Mauer lange Zeit als architektonische Abgrenzung und Schranke maßge-

bend. Dennoch war die Grenzfunktion der Mauer, über die bald hinwegge-
baut wurde, nicht so eindeutig wie die nachts verschlossenen Tore vermuten
ließen. Während zwei der Tore den zwei Hauptbrücken gegenüberlagen
und in ihrer Abgrenzungsfunktion durch die beiden Flüsse, die in der Stadt
zusammenfließen, eine zusätzliche geographische Abstützung erfuhren, ent-
fernte sich zwischen den beiden Brücken, nach Norden zu die Mauer von
den Flüssen, in einem Gebiet, das seit jeher Schiffen als Anker- und Anle-
geplatz gedient hatte. Auf diesem Gelände entstand das alte Fischerviertel
(7), zu dem hin sich das Christustor öffnete.

Es galt traditionellerweise als Viertel armer Leute, das aber schwerlich
als Außenbezirk einzustufen war, trotz seiner Lage außerhalb der Stadtmauer. Aufgrund kirchlicher Verwaltungszwänge schien es sinnvoll, dieses
Viertel, das von den anderen Pfarreien durch Flüsse getrennt war, zu einer
der beiden Pfarreien innerhalb der Mauer, nämlich der unweit gelegenen
Kirche Sta. Maria (4) zu zählen. Jedenfalls fällt es schwer, es nicht zum
Kernbereich von Betanzos zu rechnen. In südlicher Richtung verläßt die
Landstraße nach Kastilien die Stadt auf dem Rücken der Landzunge
zwischen den Flüssen. Nördlich dieser Landstraße, nahe den Gemüse- und
Weingärten, die vom Mandeo bewässert werden, entstand ein bedeutendes
bäuerliches Viertel, genannt "Fuente de Unta" oder "La Cañota" (8). Und
vor allem lag vor dem Haupttor der Stadt der traditionelle "Campo de la
Feria" (Marktgelände) (2), dessen wirtschaftliche Bedeutung für das
Stadtleben grundlegend war. Obwohl sich dieses weite Gelände außerhalb
der Mauer ausdehnte, überschwemmte eine Vielfalt von Waren die
Hauptstraßen, die sich auf bestimmte Produkte spezialisierten. So wie der
Markt die Stadt eroberte, weitete sich die Stadt schließlich auf den "Campo
de la Feria" aus. Um ihn herum entstanden vornehme Villen, die von
wohlhabenden Familien, Verwaltungsbeamten oder angesehenen Kauf-
leuten bewohnt wurden. Daneben wurde das Dominikanerkloster, das
Sankt Antonius-Spital, die Waisenschule für Mädchen und das Archiv
erbaut. Es war eben die Zone, in der sich die Stadt am leichtesten
ausdehnen konnte. Bald bildeten sich die gepflasterten Gehsteige des
Campo gemeinsam mit der Straße, die zum Rathaus und zur Jakobskirche
auf der Hügelmitte (3) hinaufführt, den eigentlichen Stadtkern von Betanzos. Ein Stadtkern also, der sich auf beiden Seiten der Mauer erstreckte.

Der Campo und angrenzende Gebiete hatten der Landpfarrei Bravío
angehört. Ihre Bedeutung für die Stadt führte jedoch dazu, daß die

Grenzen jener Pfarrei enger gezogen wurden, so daß das Gebiet der aristo-
kratischen Pfarrei Santiago de los Caballeros einverleibt werden konnte. Zu
deren alter Jakobskirche (innerhalb der Mauern) bildete die Kirche des
Dominikanerklosters einen Kontrapunkt, wobei sich beide Kirchen innerhalb dieser vornehmen Pfarrei gegenseitig ergänzten. Dabei blieb es aber
nicht. Der Campo verlor seinen Standort außerhalb der Mauern, als in der
Mitte des 19. Jahrhunderts beschlossen wurde, das alte Tor einzureißen und
die Straße zu verbreitern, die - wie erwähnt - als Hauptachse die wichtigsten
Räume des Stadtlebens miteinander verband. Es kamen später weitere Ver-
breiterungen hinzu, verbunden mit Mauerdurchbrüchen. So war die Zeit
vergangen, in der die Tore geschlossen wurden. Es schien, daß Betanzos
sich in eine offene Stadt verwandeln sollte.

Nachdem die Mauern gefallen waren, blieben aber andere Schranken,
die nun an Bedeutung gewannen: Flüsse und Entfernungen. So befindet
sich beispielsweise auf der gegenüberliegenden Seite der alten Brücke, des
"Puente Viejo" (5), lediglich durch diese vom Stadttor getrennt, das Viertel
gleichen Namens. Dieses Viertel gehörte gemeinsam mit dem Santuario de
los Remedios (der Kapelle der Muttergottes von der immerwährenden
Hilfe) und umliegenden Häusern zur Pfarrei Tiobre. Die Gründungslegen-
de Betanzos[1] - und das scheinen auch historische Dokumente zu belegen -
lautet, daß sich auf dem Boden dieser Gemeinde, diesseits des Mandeo, der
erste Siedlungskern von Betanzos gebildet habe. Zu Anfang des 13. Jahrhunderts überließ der König den Hügel - auf dem sich eine Burg befunden
hatte und wo jetzt eine Kaserne steht - dem Marktflecken, wohin die Bevölkerung dann umsiedelte. Immer noch gibt es in der Gemeinde Tiobre ein
"Betanzos vello", einen in alten offiziellen Dokumenten "Betanzos viejos"
(altes Betanzos) genannten Ort, der der ursprüngliche Siedlungskern der
Stadt gewesen sein soll. Wenn an verschiedenen Stellen in Schriftstücken
aus der Zeit zwischen dem 16. und 19. Jahrhundert der Ort Betanzos erwähnt wird, so meinen die einen die Stadt mit ihren Außenbezirken und
Stadtvierteln, während in anderen die Stadt mit einem Stadtkern und einem Außenbezirk beschrieben wird. Das Viertel Puente Viejo mag wohl
der besagte Außenbezirk von Betanzos gewesen sein. Im 19. Jahrhundert
wird angesichts der Verkommenheit dieses Viertels in Zeitungsartikeln die
Frage an die Stadtverwaltung gerichtet, ob es zu Betanzos gehöre oder ob

---

[1] Siehe zu diesem Thema der Gründung von Betanzos die Artikel von *García Oro* und
Urgorri Casado, die in der Bibliographie zitiert werden.

nicht. Die Straßenbeleuchtung reichte damals bis zur Brücke, und weiter ging auch die Runde der Nachtwächter nicht.

Über diesen Vorort (oder Außenbezirk) hinaus - der zwar außerhalb der Pfarrei lag und von dieser durch einen Fluß getrennt, jedoch durch die kurze Brücke mit ihr verbunden war - gab es andere noch weiter abgelegene Außenviertel. Eines war das Viertel Las Cascas (Plan 2;6), das um die gleichnamige Brücke herum angelegt war, zur Pfarrei Santiago innerhalb der Mauern gehörte und bis zum Beginn dieses Jahrhunderts nur wenige hundert Meter vom städtischen Kern entfernt war. Ein anderes war Magdalena (2), so genannt nach der Kapelle, um die herum es angelegt war. Es war bis zum Beginn des 19. Jahrhunderts das Spital für Leprakranke.[2] Die Häuser erstreckten und erstrecken sich noch heute zu beiden Seiten eines Weges. In der Zeit der Enteignung des Kirchenbesitzes entstand in der Nähe eine Gerberei. Die ehemaligen Hütten der Kranken wurden von den Fabrikbesitzern aufgekauft und teilweise an die Arbeiter weitervermietet. Sie gehörten ursprünglich zur Landpfarrei San Pedro de Viñas, die heute in der Stadtpfarrei Sta. Maria (innerhalb der Mauern) aufgegangen ist. Diese beiden kleinen Siedlungskerne scheinen immer schon mit der Stadt besonders verbunden gewesen zu sein und sich vor anderen mehr oder weniger entfernten Ortschaften durch eine wertbezogene Nähe zur städtischen Siedlung ausgezeichnet zu haben. Alte Dokumente bezeichnen sie als "arrabales" (Außenbezirke) und "barrios" (Stadtviertel) im Unterschied zu den Begriffen "afueras" (Umgebung) oder "alrededores" (Umgegend) der Stadt, die in Zusammenhang mit den nahegelegenen Mühlen verwendet wurden.

Es bleibt noch eine sehr wichtige, verwaltungstechnische Grenze zu erwähnen. Nach der Öffnung der Mauer blieb die Stadtzollgrenze, später "fielato" genannt, die sich in einem gedachten Ring um jene legte, erhalten. Die Brücken über die Flüsse waren dafür fraglos die strategisch wichtigen Punkte. Dementsprechend erhob man die Abgaben am Puente Viejo, Puente Nuevo und am Puente de las Cascas, über die drei wichtige Landstrassen führten. Im Osten, wo Flüsse fehlen, stand das Zollhäuschen an der Landstraße nach Kastilien vor den ersten Häusern der Straße "del Rollo". Auf diese Weise blieben die Viertel Puente Viejo und Magdalena außerhalb der Stadtzollgrenze, während das Viertel Las Cascas, das zu

---

[2] Gemäß den Untersuchungen über dieses Viertel, die von *Ares Faraldo* durchgeführt wurden.

Plan 2

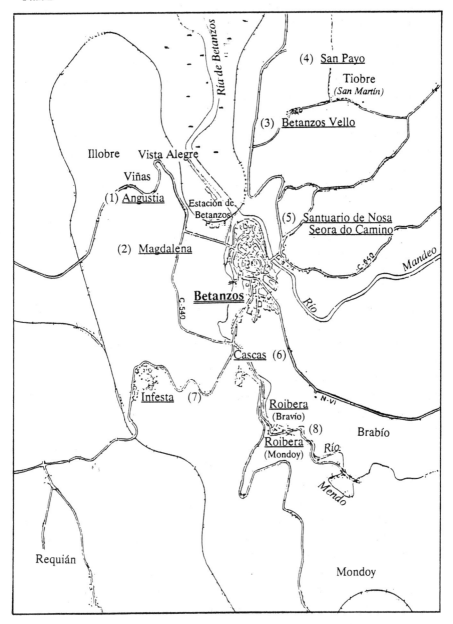

beiden Seiten der Brücke liegt, in administrativer Hinsicht zweigeteilt wurde. Anfang der sechziger Jahre wurde der Stadtzoll aufgehoben.

Das ganze Bild wird noch vielschichtiger, wenn wir unseren Blick auf weiter verstreute Weiler und ländliche Pfarrsprengel ausdehnen, die in der einen oder anderen Form unter die Zuständigkeit des Gerichtsbezirks Betanzos fielen. In der Tat hat Betanzos immer schon auf ein weites Gebiet, das sich ihm zugehörig fühlt, einen unmittelbaren Einfluß ausgeübt. Über 300 Jahre lang (bis 1835) war es sogar Hauptstadt einer der sieben Provinzen Galiciens. Danach blieb es weiterhin der Sitz eines Gerichtsbezirks; etwa zum gleichen Zeitpunkt wurden die Gemeinde- und Stadtverwaltungen gebildet, und Betanzos wurde zum Mittelpunkt eines Gemeindegebiets, das sich aus neun Pfarrbezirken, davon sieben ländlichen, zusammensetzte. So konnten sich alle Bewohner dieses Kirchsprengels unter Bezugnahme auf diese Verwaltungseinteilung als Leute von Betanzos bezeichnen, wenngleich sie weiterhin einen Unterschied zwischen Betanzos-Stadt und dem Rest des Verwaltungsbezirkes machten. Freilich ist diese Abgrenzung, mittels derer die Zentralverwaltung, entsprechend dem Beispiel anderer Gebiete in Spanien, die kommunale Organisation einer Ortschaft regeln wollte, in diesem Falle allzu künstlich. So erstreckte sich der Verwaltungsbezirk nach Norden und Osten über mehrere Kilometer, im Süden dagegen liegt wenige hundert Meter vom Stadtkern entfernt der wichtige Ort Roibeira (Plan 2;8) mit seinen Mühlen und einer weiteren Brücke, die außerhalb der Stadt den Zugang zu ihr ermöglicht. Roibeira selbst wird von den beiden Flüssen, die bei der Brücke zusammenfließen, in drei Pfarrbezirke eingeteilt, die ihrerseits zu zwei verschiedenen Gemeindeverwaltungen gehören. Einige Häuser gehören zur Landpfarrei Santiago de Requián (Gemeindeverwaltung Betanzos), andere zählen zur Gemeinde Bravío, zu der zuvor Campo de Betanzos selbst gehörte und die nun praktisch an der Pfarrei Santiago (innerhalb) der Mauern angeschlossen ist - ihre Einwohner können wählen, ob sie sich in Bravío oder auf dem Stadtfriedhof von Betanzos bestatten lassen. Schließlich gehört noch eine Häusergruppe von Roibeira zur Pfarrei Mondoy der Gemeinde Oza de los Ríos ungeachtet ihrer engen Verbundenheit mit Betanzos, von dem sie praktisch ein Außenviertel bildet. So kommt es, daß diese Nachbarn von außerhalb des Stadtbezirks sich in stärkerem Maße als "Betanceiros" fühlen als andere, die zum Bezirk gehören, jedoch weiter entfernt von Betanzos wohnen.

Es steht jedenfalls fest, daß die besagte Zollgrenze Nachbarn innerhalb der gleichen Gemeinde voneinander trennte. Sie bedeutete eine gewisse inoffizielle wirtschaftliche Unterscheidung. Die Bewohner innerhalb der Zollgrenzen zahlten ihre Abgaben nur an den Marktständen, dort waren sie bereits bekannt, verfügten aber über mehr Möglichkeiten, ihre Waren zu verbergen als Auswärtige. Sie konnten beispielsweise in ihre Häuser als Eigenbedarf mitnehmen, was für den Verkauf bestimmt war. Auf einer mehr unternehmerischen Ebene bot sich die Möglichkeit, Wein auf Booten zu transportieren und den Zoll zu umgehen. Der Wein, der auf Wagen in die Stadt eingeführt wurde, war mit einem festen Zollsatz pro Liter belegt, der beim Verlassen derselben, der Weinmenge entsprechend, zurückerstattet wurde. Die unerlaubte Weineinfuhr wie auch dessen Vermischung mit Wasser bewirkten, daß gewisse Händler stets mehr Wein aus der Stadt ausführten, als sie hineingebracht hatten. Auf diese Weise bereicherten sie sich mit Geldern der Stadt, die auf Abgaben aller Mitglieder der Stadtbevölkerung beruhten, einschließlich jener, die außerhalb dieser Handelsgrenze wohnten.

Die vorliegende geographisch-historische Schilderung führt uns die Schwierigkeit vor Augen, eine angemessene Definition für Betanzos zu finden: Mehrdeutige räumliche Ebenen und Grenzen, die sich aus unterschiedlichen Teilperspektiven bestimmen lassen und die teilweise sogar im Widerspruch zueinander stehen, sollen uns als Ausgangsbasis dienen, um über verschiedene Kulturmuster das Gegensatzpaar von städtischer und ländlicher Lebenswelt zu erforschen. Davon ausgehend werden wir versuchen, einen Einblick in die Wertsphären zu gewinnen, mit denen diese Menschen in ihrer Sprache sich und andere einstufen, gegenüberstellen, in Beziehung setzen und hierarchische Gliederungen aufstellen und in Zweifel geraten.

II.

Viele Leute aus der Umgebung der Gemeinde San Martiño de Tiobre, die ein oder zwei Kilometer von der Stadtmauer von Betanzos entfernt wohnten, suchten fast täglich die Stadt auf, wo sich die nächsten Einkaufsläden befanden und wo sie an drei Tagen der Woche auf dem Markt Gemüse verkaufen konnten. Wahrscheinlich wird mancher von ihnen in einer der unzähligen Schenken ein Gläschen Wein getrunken haben. Vielleicht hat ein etwas angetrunkener "jarelo" (Einwohner Betanzos) mit einem von ihnen einen Streit begonnen und ihn als "aldeano" (Dörfler) beschimpft.

Die Leute aus Tiobre pflegten auf dieses Epitet, das manchmal auf sie angewandt wurde, nicht zu antworten, sie dachten jedoch, und waren sich
auch in häufigen Gesprächen mit ihren Nachbarn darin einig, daß der "jarelo" genauso ein Dörfler sei wie sie, da er ebenfalls die Felder bearbeitete,
unter Umständen sogar ein ärmerer Dörfler als mancher von ihnen, der aus
"gutem Hause" stammte. Diese Ansicht, die von einem meiner Informanten
ausgesprochen wurde, kann als repräsentativ für die Mehrheit der Meinungen zu diesem Thema gelten, die ich erfahren habe. Wenn der "jarelo" den
Nachbarn aus Tiobre als Dörfler bezeichnet, stellt er offenbar auf den geographischen Gegensatz ab zwischen dem, der in Betanzos, also in einer
kompakten Stadt mit Straßen wohnt, und dem Nachbarn, der in der offenen Siedlung "na aldea" (auf dem Dorf) - um eine der in diesem Zusammenhang am häufigsten gebrauchten Formulierungen zu zitieren - wohnt.

Die Antwort der Nachbarn aus Tiobre bezog sich dagegen auf ein anderes wesentliches Merkmal, wonach Dörfler derjenige ist, der arbeiten und
vom Land leben muß. Beide Ausdeutungen des Begriffs waren von einer
deutlichen Geringschätzung geprägt, sowohl bei dem, der den anderen beschimpft, er sei ein Dörfler, als auch beim anderen, der zugibt, daß dies be-
deute, "weniger" zu sein, jedoch denkt, der Beleidiger sei noch in stärkerem
Maße Dörfler als er. Auf diese Weise ergibt sich eine Reihe von Verknüp-
fungen mit anderen Werthierarchien, die in den üblichen Konnotationen
des Begriffs Dörfler gegenwärtig sind. So kann die bessere oder schlechtere
Position auf der Wertachse "Reichtum-Armut" den dörflichen Charakter
verstärken oder dämpfen. Man kann Dörfler und "noch ärmer als die anderen sein", was dazu führt, daß die Verachtung des "Dörflerischen" in noch
gesteigerter Form zum Ausdruck gebracht wird.

Desgleichen hängt das Ausmaß der Dörflichkeit von der größeren oder
geringeren Entfernung von städtischen Verdichtungsräumen und den wichtigen Verkehrslinien ab, also davon, wie "abgelegen" ein Dorf ist. Mit dieser
Entfernung wird eine größere Rückständigkeit, eine geringere Kultur und
Sprachfertigkeit, werden rauhe Sitten und Gebräuche in Verbindung gebracht. In Betanzos pflegt man das Ausmaß dörflichen Charakters neben
der Entfernung auch nach der Himmelsrichtung zu bemessen. Nordosten
und Osten sind die Himmelsrichtungen, die entfernen, nicht nur von Betanzos, sondern auch von der Küste und anderen größeren Städten. Das Land
wird hügelig und steigt zum westgalicischen Gebirgsrücken an. Auf dieser
Wertschätzungsebene kommen zur Entfernung von der Stadt sozial rele-

vante Merkmalsunterschiede hinzu, die mit dem Ackerbau und der Viehwirtschaft in Zusammenhang stehen. Wenn man auf der Landstraße Betan-
zos-Vivero hinaufkommt, wird beispielsweise von jedem - sei er aus der
Umgebung oder der Stadt Betanzos - Paderne oder, besser noch, Areas als
eine Scheidelinie mit teilweise augenfälligen Merkmalen bezeichnet. Bis
dorthin dehnen sich die für Betanzos typischen Weinberge aus, ebenso die
Gemüsefelder. Deren Anbau wird von Klima, Bodenbeschaffenheit und der
Nähe des Stadtmarktes begünstigt. Zu diesen Merkmalen der stadtnahen
Zone kann die begrenzte Zahl von Kühen hinzugefügt werden, die für das
Ziehen von Wagen und Pflug, sowie für die Milch- und Naturdüngerpro-
duktion unentbehrlich sind. Jenseits der Grenze verschwinden die Weinberge - sieht man von Weinranken an den Häusern ab - , und der Gemüseanbau reduziert sich auf den Hausbedarf, während Viehwirtschaft und Weideland sowie Wald entsprechend zunehmen. Die landwirtschaftliche Trennungslinie fällt mit keiner Verwaltungsgrenze zusammen, spiegelt jedoch
ein engeres Verhältnis zur Stadt wider, deren Marktpotential dieses Verhältnis gefördert hat.

Jenseits dieser wirtschaftlichen und wertmäßigen Grenze befinden sich
Kirchsprengel, die eine geringere, aber immer noch wichtige Verbindung
zur Stadt aufweisen, an deren Märkten sie oft teilnehmen; weiter abgelegen
in einem verschwommenen Hintergrund, befindet sich schließlich La Montaña, auch "Alta Montaña" (hoher Berg) genannt, dessen Abgrenzung vor
allem an vor 30 oder 40 Jahren bestehende Gewohnheiten anknüpft. Es
handelte sich um jene Menschen, die Eichenholz zur Herstellung von Wagen und Brennholz brachten, um die "zoqueiros", die Teigschüsseln und
Körbe herstellten. Das Ausmaß der Dörflichkeit spiegelte sich ebenso in
der Bekleidung - entsprechend der jeweiligen Zeit - wieder. Bis zum Bürgerkrieg sah man Kleidung, die von Hand hergestellt war. Danach erregten
andere Aspekte die Aufmerksamkeit, wie das Tragen von Jacken aus ge-
ripptem Samt, die in Betanzos bereits aus der Mode gekommen waren.
Auch die Sprechweise ist ein eindeutiges Erkennungsmerkmal des Dörflers.
"Zwischen deren und unserem Galicisch ist der Unterschied so groß wie
zwischen dem Galicischen und dem Kastilischen", sagte mir ein Mann aus
Betanzos, womit er mir eine neue Werthierarchie offenbarte. Es ist schwer,
auf diesem Felde konkrete Beispiele für Unterschiede zu erfahren; man
sagte mir, der Wortschatz sei verschieden und die Dörfler verstünden den
Sinn vieler ihrer Wörter nicht. Die Befragten waren aber nicht in der Lage,
sprachliche Unterschiede zwischen Dörflern aus verschiedenen Gemeinden

anzugeben, oder nach dem Dialekt auf das Herkunftsgebiet zu schließen. Tatsache ist, daß die dialektalen Unterschiede in Galicien selbst zwischen benachbarten Dörfern häufig beträchtlich sind. Die Bewohner von Betanzos vereinfachen das Problem, indem sie jede Abweichung vom eigenen Dialekt ohne Rücksicht auf Schattierungen als "dörflich" betrachten, wobei unterstellt wird, daß es sich um eine rauhere Sprechweise handelt.

III.

Wie ich bereits erwähnt habe, behaupten Leute aus der Umgebung von Betanzos manche "jarelos" (das sind die "waschechten" Betanceiros) seien genauso Dörfler wie sie, weil sie eben Landwirte sind. Sehen wir uns nun diese Einwohner von Betanzos, die in der Landwirtschaft tätig sind, an, und vergleichen wir sie mit den Dörflern der Umgebung. Immer schon war ein bedeutender Teil der Stadtbevölkerung in der Landwirtschaft, vor allem im Wein- oder Gemüseanbau tätig. Ähnlich wie die Nachbarn aus dem Umland brauchten sie eine oder mehrere Kühe und zogen zusätzlich Schweine und Hühner auf. Sie wohnten in bestimmten Vierteln, nämlich - wie bereits angeführt - im Viertel Fuente de Unta außerhalb der Mauern und dessen Verlängerung, der Straße Cruz Verde in der Nähe der Felder am Mandeo. Das Viertel La Ribeira - lange Zeit ein Fischerviertel - verlor mit der Zeit diesen Charakter, da der Hafen von der Schiffahrt aufgegeben wurde; an seine Stelle traten andere, nahe gelegene Häfen. In den ersten Jahrzehnten dieses Jahrhunderts gab es nur noch vier oder fünf Fischerhäuser, während die übrigen Häuser von Landwirten bewohnt wurden. Ebenso waren der Außenbezirk Puente Viejo auf der gegenüberliegenden Flußseite und andere nahe gelegenen Viertel landwirtschaftlich orientiert. Doch auch innerhalb der Mauern gab es bis in die vierziger Jahre dieses Jahrhunderts viele Bauernhäuser, vor allem in den niederen Stadtvierteln nahe der Mauer. Diejenigen, die nicht in der Landwirtschaft tätig waren, wohnten in den Hauptstraßen der Stadtmitte, der Verbindungsstraße zum Campo, sowie in dessen Umgebung: Dort hatten der Handel und die wichtigsten Institutionen ihren Sitz, befanden sich die Wohnungen der adligen Großgrundbesitzer, Beamten und Industriellen usw.

Die Bauern von Betanzos verfügten in der Regel über kleine Landparzellen, ihre Häuser standen auf engem Raum zusammengedrängt und miteinander verschachtelt an schmalen Gassen, die den Zugang zu den nicht weniger verwinkelten Kellereien erlaubten. Im Vergleich zu dieser räumlichen Enge hatten die Bauern in den benachbarten Gemeinden oft mehr

Land und vor allem waren ihre Häuser geräumiger, dazu mit Schuppen und Höfen für verschiedene Zwecke ausgestattet. Viele dieser Häuser hatten eine eigene Tenne, um das Getreide zu dreschen. Die Bewohner von Betanzos hatten im allgemeinen weniger Getreide und benutzten zu mehreren eine kleine Tenne zwischen den Feldern oder droschen, indem sie die Getreidegarben gegen einen Stein schlugen. Allmählich kauften die Bauern der ländlichen Zone Dresch- und Windfegemaschinen, während viele Betanceiros die alten Methoden beibehielten. In manchen Bauernhäusern war es üblich, die Haushaltskasse über andere Einnahmequellen aufzubessern, sei es als Tagelöhner, durch Handel oder Handwerk. Den Betanceiros standen in dieser Hinsicht noch andere Möglichkeiten offen. Neben der vorteilhaften Lage für den Verkauf von Gartenbauprodukten auf dem Markt pflegten die Winzer den Wein im eigenen Haus zu verkaufen. Während sich das Bauernhaus auf dem Dorf auf der Erdgeschoßebene in Küche und Hof gliederte, war die Küche in der Stadt in den ersten Stock verlegt, so daß im Erdgeschoß neben dem Hof Raum für eine Kellerei, eine handwerkliche Tätigkeit oder einen Laden blieb. Der Hof besitzt in der Regel einen Luftschacht und die Kellerei, der Laden oder Handwerksraum ein Fenster neben der Tür, genannt "taboleiro", durch das man Wein oder andere Waren reichen konnte. Als Ausweichmöglichkeit für den Verkauf befand sich ein weiteres Fenster in einer Bretterwand, die diesen Raum von der Diele trennte. Diejenigen Bauern, die keine Werkstatt bzw. keinen Laden besaßen, hatten zumindest meistens eine eigene Kellerei für den gelegentlichen Verkauf eigener Weine. Nach altem Brauch war an die Tür ein "ramallo de loureiro" (Lorbeerzweig) geheftet, der anzeigte, daß hier Wein aus eigener Ernte angeboten wurde. Wenn ein Haus in einer Straße damit den Anfang machte, warteten die anderen, bis der Weinverkauf beendet war, und schlossen sich dann einer nach dem anderen an, um sich nicht gleichzeitig Konkurrenz zu machen. Die Nachbarn der gleichen Straße waren gewöhnlich die ersten, die den Wein des anderen probierten, und nicht selten dessen beste Kunden. Dies gab Anlaß zu der Feststellung, daß die Winzer nur wenig Profit machten, weil sie neben der eigenen Weinherstellung den Wein des Nachbarn kaufen mußten. Diese Art, "Handel" zu treiben, mag häufig nur einen winzigen Gewinn eingebracht haben, war aber wenigstens eine Quelle der Geselligkeit und der Zerstreuung. Die Solidarität und Ordnung der kleinen Straßengemeinschaft war oft der wichtigste Handelsertrag.

Der Bauer aus der Stadt stellt sich somit zunächst folgendermaßen dar: Er ist räumlich eingeschränkt, begünstigt im Hinblick auf Handel und Handwerk und in seiner Straße in ein festes solidarisches Gefüge eingebettet. Natürlich mußten die Bauern von Betanzos über die Nachbarschaftsordnung in der eigenen Straße hinaus auch den sozialen Beziehungen in anderen Straßen und Vierteln im Rahmen eines übergeordneten urbanen Gesamtgebildes Rechnung tragen.

Gehen wir noch einmal rasch den Weg bis zum gegenwärtigen Stand der Analyse durch. Ich habe versucht, die städtische Zone von Betanzos vom umliegenden ländlichen Raum geographisch abzugrenzen. Die geographische Abgrenzung hat sich auf unterschiedliche Grenzen gestützt. Diese haben sich alle als mehrdeutig und unzureichend erwiesen. Möglichkeiten und Schwierigkeiten, die verschiedenen Räume in der einen oder anderen Weise einzustufen, haben sich nur bei einer pragmatischen und sozio-semantischen Analyse gezeigt. Wir haben eine kulturelle Logik entdeckt, und es hat sich ergeben, daß die Differenzierung der Räume mit ihrer Eigenschaft als eines Trägers moralischer Werte zusammenhängt. Auf diese Weise konnten wir von der Abgrenzung raumbezogener Statuslagen zur Betrachtung eines Wertgegensatzpaares Land-Stadt übergehen. Angesichts der Vieldeutigkeit und Formbarkeit der Räume und ihres moralischen Gehalts, haben wir uns gefragt, ob man nicht wenigstens zwei soziale Gruppen unterscheiden sollte, städtische und ländliche. Zu diesem Zweck haben wir uns näher mit der Bedeutung des Begriffes "aldeano" (Dörfler) befaßt, indem wir seinen Inhalt und seine kulturellen Konnotationen ausloteten, die neue räumliche Bezüge und Verwicklungen eröffneten. Der Begriff "Dörfler" meint zunächst diejenigen Leute, die außerhalb der Stadt wohnen, seine Konnotationen, die eher wertender als kognitiver Natur sind, legen jedoch den Schluß nahe, auch die Leute aus der Stadt wiesen manchen dörflichen Zug auf.

Die wertbezogene Schnittfläche bezüglich der Abgrenzungskriterien von Räumen und Menschen, Land- und Stadtbewohnern, verdient besondere Aufmerksamkeit bei der vergleichenden Analyse derjenigen Stadtbewohner, die eher dörflich, und derjenigen Dorfbewohner, die am wenigsten dörflich sind. Das zuletzt angeschnittene Thema der Solidarität und Ordnung der Gemeinschaft, die in den städtischen Raum eingebettet ist, wird uns den Zugang zu neuen und grundsätzlichen Überlegungen eröffnen. Dazu wollen wir die Situation der "Dörfler in der Stadt" unter einem der vielen möglichen Gesichtspunkte, nämlich dem Aspekt des "dörflichen Schmutzes" erforschen.

IV.

Die traditionellen Kuh- und Schweineställe in den galicischen Bauernhäusern sicherten einen ständigen Nachschub an Mist, der regelmäßig auf die Äcker verteilt wurde. Innerhalb der Stadt verwandelt das ständige Hin und Her der Mistwagen und der Kot des durchziehenden Viehs vor allem die Straßen in den Vierteln der Bauern in eine einzige Mistgrube.

Borrow, der berühmte Bibelverkäufer in Spanien, war in den Jahren 1835-40 bestürzt über das Ausmaß der Verschmutzung, das er auf seiner Galicienreise (siehe *Borrow* 1843) antraf. In dessen Herzen, in Santiago selbst, das er als Hochburg der Leprakrankheit in Galicien ansieht, schreibt er das Übermaß an Leprafällen der Ernährung und der "inattention to cleanliness, as the Gallegans, with regard to the comforts of life and civilized habits, are confessedly far behind all other natives of Spain" (*Borrow* 1843) zu. Bei bestimmten Gelegenheiten drängte sich *Borrow* dieser allgemeine Eindruck besonders auf. Beispielsweise fand er "the atmosphere of Betanzos" bei seiner Ankunft nach einer angenehmen Tagesreise übers Land "insupportably close and heavy. Sour and disagreable adours assailed our olfactory organs from all sides. The streets were filthy - so were the houses, and especially the posada. We entered the stable; it was strewed with rotten sea-weeds and other rubbish, in which pigs were wallowing; huge and loathsome flies were buzzing around. 'What a pest-house!' I exclaimed. But we could find no other stable, and were therefore obliged to tether the unhappy animals to the filthy mangers" (*Borrow* 1843). Wir könnten uns fragen, ob der Obrigkeit nicht daran gelegen war, diese Verschmutzung zu vermeiden. Zur Erhellung dieser Frage wird uns, wie ich glaube, die Lektüre der Verordnungen von Betanzos[3], die im Jahre 1591 von Philipp II. bestätigt wurden, als historische Hintergrundinformation nützlich sein. Ihr Bemühen um Ordnung in der Stadt galt besonders der Überwachung von Waren und Zöllen, sowie der Versorgung der Stadt, de-

---

[3] Diese Verordnungen wurden mit einer Einleitung des aus Betanzos stammenden Historikers *Martínez Santiso* veröffentlicht. Ein Exemplar davon befindet sich im Stadtarchiv von Betanzos. Die Anregung zu seiner Lektüre, sowie zur Lektüre vieler anderer interessanter Dokumente verdanke ich dem Bibliotheksarchivar *Alfredo Erias Martínez*, dessen bereitwillige und stetige Unterstützung bei meiner wissenschaftlichen Arbeit mir von außerordentlichem Nutzen gewesen ist.

ren Einwohnern Kaufvorrechte für bestimmte Produkte eingeräumt wurden; außerdem enthielten sie Normen, welche die Erhaltung der Umwelt
zum Gegenstand hatten, den Schutz der Land- und Viehwirtschaft, der Fi-
scherei und der Weinherstellung. Weiterhin sollte die Sauberkeit städtischen Normen angepaßt werden. Sehen wir uns die zuletzt genannten
Vorschriften näher an.

Im Artikel 12 heißt es: "Weil es der Sauberkeit dieser Stadt dienlich ist,
ist es keiner Fischersfrau, Hökerin oder anderen Personen erlaubt, Fische
oder Sardinen oder andere Gegenstände auf den Plätzen, Straßen und
Hauseingängen dieser Stadt feilzubieten ..., sondern man soll ihnen eine
Genehmigung erteilen, die Ware ausschließlich an den Ufern des Flusses
bzw. Meeres aufzustellen und die Abfälle anschließend in den Fluß zu werfen; und sie sollen die Rochen zum Waschen nicht auf die Straße legen,
noch auf die Brücken, noch irgendwo im Umkreis der Stadt, wo sie üblen
Geruch verbreiten könnten, ... sie sollen auch nicht das Leder an den Ufern
der Brücken waschen ..."

Im Artikel 21 heißt es: "Alle Bäckereien, die Weizen- oder Roggenbrot
in dieser Stadt, ihren Vororten und dem gesamten Gerichtsbezirk herstellen und verkaufen, sollen gute und saubere Gefäße zum Sieben und Kneten
benützen, ... und sie sollen das Brot nur an den dafür bestimmten Orten
und Marktplätzen verkaufen und nicht anderswo. Bei Nichteinhaltung dieser Vorkehrungen und Sauberkeitsbestimmungen droht eine Geldstrafe
von ..., bei gleicher Geldstrafe ist es ihnen aus Gründen der Sauberkeit untersagt, Fisch zu kaufen oder zu verkaufen."

Was die Müller betrifft, so heißt es in Paragraph 23: "Die Müller aus
der Umgebung dieser Stadt sowie aus diesem und dem gesamten Gerichtsbezirk sollen ihre Mühlen und Mühlsteine in Ordnung halten, damit das
Korn sauber gemahlen und das Mehl rein sei ..." und weiter in Artikel 24:
"Besagte Müller und Müllerinnen ... dürfen weder Schweine noch Säue
noch Hühner in ihren Mühlen und Häusern halten, es sei denn, sie be-
schränkten sich auf ein Schwein oder ein Huhn oder zwei ..." Auf die Metz-
ger wird in Artikel 29 Bezug genommen: "Sie sollen das Fleisch an einem
sauberen Platz aufhängen ...", desgleichen in Artikel 30 mit dem Titel "Saubere Metzgerei": "Sie sollen die Metzgerei sauber und ordentlich halten, die
Tische, auf denen das Fleisch zerteilt wird, sollen gut sein und täglich ge-
säubert werden ..." Paragraph 31 trägt den malerischen Titel "Die Hörner
hinaus"; er enthält die Anweisung, "wenn das Tier tot ist, sollen Blut, Hör-

ner und weitere schmutzige Reste aus der Stadt und deren Vororten hinausgeschafft werden, damit sie keinen üblen Gestank verursachen".

Tote Tiere (Fleisch und Fisch) und ihre Abfälle werden somit als Quelle der Verunreinigung betrachtet. Die Sorge um saubere Arbeit konzentriert sich auf das Grundnahrungsmittel, das zugleich wichtigster religiöser Symbolträger ist, das Brot (siehe Müller und Bäcker). Lebendige Tiere können im Zusammenhang mit diesem ebenso eine Quelle der Verunreinigung darstellen. Nichtsdestoweniger bleiben das Kommen und Gehen der Kühe, Schweine, Hühner und deren Exkremente, die auf der Straße zurückgelassen werden, die Höfe voller Abfall und Mist, der Misttransport innerhalb der Stadt und die Insektenschwärme, die das alles begleiten, unerwähnt. Der Schmutz, der bei der traditionellen Form der Land- und Viehwirtschaft in Galicien zwangsläufig entsteht, wird offenbar als notwendig oder zumindest unvermeidlich angesehen. Möglicherweise wurde er gar nicht als Schmutz betrachtet oder für zumutbar gehalten. Sauberkeit kann man von "Amtspersonen" oder Händlern, nicht aber von Bauern verlangen. Das heißt natürlich nicht, daß die Arbeit in der Landwirtschaft nicht verachtet worden wäre. Die Vorschriften verbieten den Gebrauch von Spielkarten in den Kneipen mit der Begründung, sie würden viel Lärm und Streit verursachen und seien schuld daran, daß "viele Personen und Bauern nicht ihrer Arbeit nachgingen". Die Unterscheidung zwischen Personen und Bauern macht die herrschende Werthierarchie deutlich. Möglicherweise wurde ihre Schmutzigkeit als eine unumgängliche Begleiterscheinung einer so niederen Tätigkeit hingenommen. Insgesamt schien der städtische Charakter von Betanzos ein gewisses Maß an Schmutz hinzunehmen, desselben Schmutzes, der noch 200 Jahre später den urbanen nordeuropäischen Geschmack des Engländers *Borrow* verletzen sollte.

Nachdem *Borrow* von Betanzos den unangenehmen Eindruck einer Anhäufung von Schmutz erhalten hatte, brach er am nächsten Tag auf einem freundlichen, von Bäumen gesäumten Weg zur Nachbarstadt La Coruña auf. La Coruña wird uns in seinem Bericht als eine Stadt mit genau den entgegengesetzten Eigenschaften geschildert, vor allem der moderne Stadtteil mit einer prächtigen Handelsstraße, der Calle Real (Königsstraße): "One singular feature of this street is, that it is laid entirely with flags of marble, along which troop ponies and cars as if it were a common pavement. It is a saying amongst the inhabitants of Coruña, that in their town there is a street so clean that puchera may be eaten off it without the slightest inconvenience." (*Borrow* 1843). Der Kontrast zwischen dem städtischen Charakter der Calle Real in La Coruña und dem Dorfdreck des damaligen Betanzos ist offenkundig.

Einige Jahrzehnte nach dem Besuch *Borrows* in Betanzos, im Jahre 1883, erscheint in der Kleinstadt das erste Lokalblatt, "El Censor".[4] Die Wochenzeitung spricht im Laufe eines Jahres zahlreiche stadtpolitische Fragen an. El Censor hebt die gegenwärtige Rückständigkeit von Betanzos im Vergleich zu zurückliegenden ruhmreicheren Zeiten hervor: "Betanzos war eine der führenden Städte Galiciens, während es heute heruntergekommen ist und ähnlich den ärmsten Dörfern unter den Folgen staatlicher Bevormundung und unserer eigenen Apathie stöhnt." Angesichts dieser Lage bemüht sich die Zeitung, den Stadtcharakter von Betanzos herauszustreichen. Unverzeihlich sei es beispielsweise, daß die Bewohner der niederen Stadtviertel unzureichend mit Straßenbeleuchtung versorgt seien; die Zeitungsredaktion kann nicht verstehen, "warum die Bewohner besagter Strassen sich wie Dörfler mit einem Leben im Dunkeln begnügen müssen als befänden sie sich im ärmsten Dorf". Besonders aufgebracht ist sie über die "ungerechte" Behandlung, die die Kleinstadt bei der Anlage der Eisenbahn durch das Gemeindegebiet hinnehmen mußte: "Betanzos, die ehemalige Provinzhauptstadt, eine Stadt, die alle fünf Jahre große Messen veranstaltet, die "Königin der Mariñas", gelegen am Mandeo, der Pforte zum Atlantik, Endpunkt fünf prächtiger Landstraßen und unzähliger Wege aus der Nachbarschaft; Betanzos, in dessen Mauern mehr als 10.000 Menschen wohnen, der Sitz vieler Fabriken, Warenbörsen und Handelshäuser, eine Stadt mit einer außerordentlich hohen landwirtschaftlichen Produktion, die La Coruña, Ferrol und andere Orte versorgt; Betanzos, dessen historische Bedeutung die berühmtesten Städte Galiciens übertrifft, das die Macht der "Andraden" gebrochen hat, mit Hilfe der Hermandad im Auftrag Heinrich IV. alle Kleinstädte, Orte und Festungen Galiciens, die vom Adel beherrscht wurden, erobert und wiederholte Male die Heere der Engländer und Portugiesen vor ihren Mauern in die Flucht geschlagen hat; diese Stadt wird nun von den "gelehrten Herren Ingenieuren", die den Plan für die Verlegung der Gleise von Lugo nach La Coruña entworfen haben, wie ein ärmliches Dorf behandelt, armselig und der Wohltaten der Bahn nicht würdig. Man billigt ihr einen Bahnhof dritter Klasse zu, der den Stationen Parga,

---

[4] Ich habe eine Faksimileausgabe herangezogen, die hundert Jahre nach ihrer Erstpublikation von der Stadtverwaltung von Betanzos erstellt wurde.

Curtis oder Cesuras im unwirtlichen Gebirge gleicht. Eine armselige Halte-
stelle, eine Art Gnadengeschenk."

Der Verachtung für das Dorf, das mit Ausdrücken wie "bescheiden",
"armselig", "unwürdig", bis hin zu "unwirtliches Gebirge" belegt wird und von
dem die Betanceiros ihre Stadt abzugrenzen versuchen, steht die Bewunderung für die Stadt La Coruña gegenüber, der einstigen Rivalin, die nun
Betanzos in den Schatten stellt: "Der größte Teil unseres Handels", so El
Censor, "ist unterjocht und sozusagen eingespannt in den Karren von La
Coruña". In jeder Hinsicht ist La Coruña das Vorbild, dem Betanzos gern
nacheifern möchte. "Unter allen Städten, die sich durch besonderen Patrio-
tismus und außergewöhnliche Opfer für ihr Wachstum und Gedeihen her-
vorgetan haben, bietet wohl keine ein besseres, zur Nachahmung geeignete-
res Beispiel als unsere Nachbarstadt La Coruña, mit der sich keine andere
Stadt vergleichen kann; ... aus diesem Grund beobachten wir mit größter
Befriedigung das rasche Vorankommen dieser Stadt auf dem Wege des
Fortschritts. Wir bewundern in ihr die Eintracht der sozialen Schichten bei
allen Fragen von patriotischer und allgemeiner Bedeutung. Wir können uns
selbst nur Beileid aussprechen, wenn wir im Unterschied dazu beobachten,
wie andere Orte ihre Energie in unfairen und verabscheuenswürdigen Intri-
gen vergeuden. ... Unter ihnen ist Betanzos wohl diejenige Stadt, wo die
Übelstände am dringendsten der Abhilfe bedürfen. ... In unserer unmittelbaren Nähe läßt sich ein lebendiges Beispiel für Kultur und Zivilisation be-
staunen, La Coruña".

Indes wird unter den Mißständen, die El Censor in seinem Bemühen,
Betanzos zu einer wahren Stadt zu machen, anprangert, mit keinem Wort
das Thema der Sauberkeit der Straßen erwähnt. Fäulnis und mangelnde
Hygiene werden dagegen durchaus in einem Artikel über "ländliche Bau-
weisen" oder Bauernhöfe kritisiert. Dort heißt es bei der Beschreibung ihres
Inneren, man sei bei ihrem Besuch gezwungen, "faule Ausdünstungen des
Mists und der gärenden Pflanzen einzuatmen, die von den Bewohnern unmittelbar vor dem Eingang ihrer ungesunden Schlafkammern aufgehäuft
werden. Vieh-, Pferdeställe und andere Innenräume seien äußerst knapp
bemessen und unter Vernachlässigung der hygienischen Mindestanforde-
rungen gebaut. Im Regelfall fehle das nötige Bodengefälle, um den Abfluß
der Flüssigkeiten zu ermöglichen; die Lage der Räume ebenso wie die der
Fenster und Türen sei unvorteilhaft, das zum Betrieb gehörende Vieh muß
auf grünen oder vertrockneten Pflanzen liegen, die, zu Mist geworden, häu-

fig Krankheiten hervorrufen ... Es sei allgemein bekannt, daß Mist nicht längere Zeit in Ställen lagern solle .... ebensowenig im Hof, was in unseren Dörfern allgemein üblich sei, denn das Regenwasser schwemme die darin enthaltenen Flüssigkeiten mit sich fort ... " Über all dies wird so gesprochen, als sei es nur auf den Dörfern so üblich. Mit keinem Satz wird die Tatsache erwähnt, daß diese Verhältnisse in vielen Häusern der Stadt Betanzos ebenso anzutreffen sind, wo enge Straßen den Hof ersetzen und Platzmangel sowie Bevölkerungsdichte die hygienischen Mißstände zusätzlich verschärfen.

Das Problem der ländlichen Verschmutzung in der Stadt wird hingegen in mehreren Artikeln der neuen Stadtverordnungen von 1895 (vgl. Stadtarchiv von Betanzos) ausdrücklich angesprochen. Natürlich haben sich die Maßstäbe und Leitwerte der Sorge um Sauberkeit gegenüber den 300 Jahre früher erlassenen Verordnungen sehr geändert. Was die aber die Reinlichkeit in Bezug auf Nahrung anbelangt, spielen Wein, Brot, Fisch und Kaffee immer noch eine grundlegende Rolle. Während die früheren Verordnungen sich auf die Reinlichkeit der Nahrung sowie die Abfälle von Fleisch und Fisch beschränkt hatten, gehen die neuen ausführlich auf das Thema der Exkremente ein. Das Kapitel über Latrinen ist für den Leser besonders aufschlußreich:

Art. 102. Die Hauseigentümer, die Latrinen ohne Abfluß besitzen, müssen binnen 4 Monaten nach dem Erscheinen dieser Verordnungen die entsprechende Verbindung zum Straßenhauptkanal angelegt haben.

Art. 103. Falls ein Straßenhauptkanal fehlt und andere Abflußmöglichkeiten für Latrinen nicht möglich sind, sollen diese regelmäßig gereinigt und der Schmutz vor Tagesanbruch gemäß Artikel 98 dieser Verordnungen beseitigt werden.

Art. 104. Diejenigen Hauseigentümer, die keine Latrinen besitzen, sind zu deren Einbau binnen 2 Monaten verpflichtet. In der Zwischenzeit sind die Abfallgruben zur im vorangehenden Artikel angegebenen Tageszeit zu entleeren und der Schmutz in den Fluß zu werfen.

Die drei Artikel liefern uns, umgekehrt gelesen, eine Sequenz des zunehmenden hygienischen Anspruchsniveaus, was die Methoden zur Beseitigung menschlicher Exkremente betrifft. Als ergänzende Sicht der Sauberkeitsprobleme sei folgender Artikel über Abwässer angeführt:

Art. 118. Es ist auch nicht erlaubt, sauberes Wasser oder Abwässer auf die Straße zu schütten, weil Passanten davon betroffen sein könnten. In den Häusern ohne Verbindung zum Hauptabwasserkanal ist es erlaubt, die Abwässer zwischen 24.00 Uhr und 6.00 Uhr mit Kübeln auf die Straße zu befördern, jedoch nicht aus Fenstern und von Balkonen aus herunterzuschütten. Dabei ist darauf zu achten, daß keine Pfützen und Stauwasser zurückbleiben.

Gleichzeitig mit der Beseitigung menschlicher Exkremente durch die Verwendung neuerer Techniken beschäftigt sich die Stadtverwaltung auch mit dem Tiermist in den Bauernvierteln:

Art. 98. Mist und andere Abfälle aus den Ställen können bis 8.00 morgens im Sommer, bis 10.00 Uhr im Winter entfernt werden.

Die Aufmerksamkeit, die tierischen Ausscheidungen zuteil wird, erfährt eine Ergänzung dadurch, daß alle Tiere, die herkömmlicherweise Schmutz verursachen, fortan sogar von der Straße verbannt werden:

Art. 120. Es ist aufs strengste untersagt, Schweine auf die Straßen, Wege, Plätze oder irgendeinen sonstigen öffentlichen Ort innerhalb der Stadt und der Vororte zu lassen. Ihre Besitzer sind verpflichtet, sie ständig im Haus oder in Pferchen zu halten ... Nur unter Aufsicht einer Person oder des von der Stadt angestellten Hirten dürfen sie herausgelassen werden, und auch dann nur auf einem bestimmten Wegstreifen entlang des "camino de las cascas". Denn abgesehen von den Unannehmlichkeiten und dem Schaden, den sie bei Passanten anrichten können, verschmutzen und zerstören sie den Baumbestand und das Pflaster der besagten Straßen und Plätze.

Art. 121. Ebenso ist es untersagt, das Vieh auf die Pappelallee und in die Nähe der Plätze Cassola und Constitución zu lassen.

Auf diese Weise ergibt sich parallel zu den Hygienevorschriften, die den menschlichen Körper und seine Ausscheidungen betreffen, eine ernsthafte Beschäftigung mit den tierischen Exkrementen. Es waren vielleicht die Aufmerksamkeit und die neuen Methoden zur Beseitigung menschlicher Fäkalien aus der Stadt, die dazu beitrugen, daß Tiermist nun nicht mehr wie früher geduldet wurde. Wahrscheinlich erschien die Beseitigung menschlicher Exkremente in Verbindung mit denen der Tiere erträglicher. In vielen ländlichen Gegenden Galiciens wird der Geruch menschlichen

Kots heute als viel abstoßender empfunden als der Geruch des Kuhmists, an den man gewöhnt ist.

Wie ich gezeigt habe, werden nicht nur die tierischen Exkremente, sondern wird auch die Präsenz der Tiere selbst auf bestimmten Plätzen der Stadt angesprochen. Sicher ist diese Anwesenheit die Voraussetzung für die Verschmutzung der Straßen und gewisse Schäden. Darüber hinaus ist es aber die symbolische Verschmutzung, welche die Anwesenheit der Schweine und anderer Tiere auf Straßen und in besseren Vierteln bedeutet, was man vermeiden will. Dahinter steht letztlich die Absicht, so weit wie möglich die schmutzige Allgegenwart der dörflichen Welt, wenn schon nicht ganz zu unterdrücken, so doch wenigstens abzuschwächen. So wird beispielsweise in Artikel 108 ausgeführt: "Ebensowenig ist das Durchfahren der Straßen der Stadt und der Vororte mit knarrenden Landfahrzeugen gestattet". Auch der Viehmarkt wird von seinem Stammplatz, der Plaza del Campo, verlegt. Nachdem dieses Gelände in den Stadtkern integriert wurde, bleibt es dem Verkauf "sauberer" Handelsprodukte vorbehalten, und man weist für den schmutzigen aber unentbehrlichen Viehmarkt eine neue Esplanade hinter den offiziellen Gebäuden des Campo aus.

Wenige Jahre davor (1845) hatten die Landwirte beantragt, die Stadttore zu einer späteren als der üblichen Stunde zu schließen, um bei Verspätung mit dem Wagen nicht ausgeschlossen zu bleiben. Dem Antrag wurde seinerzeit stattgegeben. Nun hingegen duldete man in der Stadt, die keine Tore mehr hatte, den Verkehr von Mistwagen nur noch nachts, und auch ohne Mist tagsüber nur, sofern sie keinen Lärm machten. Die "offene" Stadt begann, wie man sieht, ihre schamerregenden, ländlichen Merkmale bis hin zum Knarren der Wagen zu verbergen.

Die Industrialisierungswelle des 19. Jahrhunderts hatte auch Betanzos erfaßt, vor allem mit der Gründung von Gerbereien. Das Beispiel anderer Städte, vor allem, wie wir gesehen haben, La Coruñas, beflügelte die Vorstellungen seiner wohlhabenderen Bürger und führte zu einem raschen Wandel der Interessen und Werte. Die kleine, einst auf Mist angewiesene Stadt, begann sich vom Ländlichen und vom Vieh zu lösen. Mit dem allmählichen Verschwinden des Pferdes als Zugtier in diesem Jahrhundert wurde möglicherweise ein weiterer wichtiger Schritt zur Verbannung des Mistes aus der Stadt getan.

Allerdings kamen die städtischen Verordnungen, was die Sauberkeit anbelangt, lange Zeit eher einem Desiderat gleich als einer durchsetzbaren

Vorschrift. Die allgemeine Kanalisation wurde erst nach dem Bürgerkrieg eingerichtet. Bis zu diesem Zeitpunkt dienten die Straßen als Abwasserkanäle. In ihnen häufte sich der Mist, der von Wagen zu jeder Tageszeit in den niederen Stadtvierteln hier und da abgeladen wurde. Es wimmelte von Schweinen und Hühnern an allen Ecken und Enden, einschließlich der Pappelallee nahe dem zentralen Marktplatz. Es gibt sogar ein Photo des Platzes aus dem Jahre 1907, auf dem man ein Huhn vor der Tür des Rathauses herumspazieren sieht, eine symbolische Provokation im Hinblick auf die nicht eingehaltenen Verordnungen. Die "cantones" (steinerne Gehsteige) des Campo sowie der Rathausplatz waren allerdings die beiden zentral gelegenen Plätze, bis zu denen der ländliche Schmutz am wenigsten vordrang. Der Bürgerkrieg und die Wende hin zu schärferen Forderungen von Seiten der Behörden bewirkten, daß man sich intensiver um die Einhaltung der Sauberkeitsnormen bemühte. Die gleichzeitig erfolgende Einrichtung von Kanalisation und fließendem Wasser führten zu einer Steigerung der urbanen Qualität von Betanzos, wenngleich es noch jahrelang infrastrukturelle Mängel zu beheben galt. Viele Häuser hatten kein fließendes Wasser. Bis in die sechziger Jahre beschränkte sich die Wasserversorgung der meisten Haushalte, den Stadtkern ausgenommen, auf eine halbe Stunde am Tag, später auf zwei, bis die ganztägige Versorgung schließlich 1976 sichergestellt war.

V.

Die tragenden Schichten der Stadt üben gewöhnlich eine Vorbildfunktion aus. In der gleichen Weise, wie Betanzos in La Coruña sein Vorbild sieht, blicken innerhalb von Betanzos die niederen Schichten zu der sozialen Elite auf, die um den Rathausplatz und den Campo wohnt. Allein die Zugehörigkeit zur selben Stadt verleiht ihnen einen anderen Status als den, der den Landleuten zukommt. Dieses "zum Vorbild haben" darf selbstredend nicht mit mechanischer Nachahmung oder gehorsamer Unterordnung gleichgesetzt werden. Die Bewunderung und Aufmerksamkeit gegenüber dem Vorbild können unter Umständen sogar zu heftigen Auseinandersetzungen führen. Häufig führen sie auch dazu, daß man sich angesichts der Schwierigkeiten, die einer konkreten Nachahmung im Wege stehen, auf die eigenen Werte besinnt, diese preist und jedenfalls die noch tiefer angesiedelten sozialen Schichten umso stärker verachtet.

Ein Betanceiro, mit dem ich über die Landleute und deren extreme Repräsentanten, die "Gebirgler", sprach, betonte, man könne letztere an "ihrer besonderen Sprechweise, Kleidung und Art, sich zur Schau zu stellen, erkennen". Dieser zuletzt angesprochene Aspekt ist zweifellos entscheidend für das hier untersuchte Problem, ich möchte hier zumindest darauf hinweisen und seine genauere Analyse einer späteren Arbeit vorbehalten. Die unteren Schichten fühlen sich durch Bewunderung zu den höheren Schichten hingezogen und versuchen, sich mit diesen zu identifizieren, soweit dadurch keine zu heiklen Konflikte heraufbeschworen werden. Ist die Entfernung zur Oberschicht unüberbrückbar, so schaffen sie ihre eigenen Formen der Selbstdarsellung und der -bewunderung sowie der Bewunderung gegenüber den ihnen Gleichgestellten oder Unterlegenen, auch wenn man dafür von denjenigen verachtet wird, die man selbst von ferne bewundert. So gewinnen die Gruppen durch die kollektiven Ausdrucksformen - Sprechweise, Kleidung, Gangart, Gestik, Sitten, Anstandsnormen, Wertvorstellungen, symbolische und rituelle Handlungen - ihr Selbstverständnis und ihre Bedeutung für die anderen; im Rahmen ihrer Möglichkeiten und ausgehend von dem, was sie sind, "stellen sie sich zur Schau". Unter den zahlreichen Gesichtspunkten, die hier angesprochen wurden, habe ich mich besonders auf das Beispiel der Sauberkeit konzentriert, als Ausdruck von Werten, Anwendung moralischer Normen, den sichtbaren Niederschlag einer bestimmten Auffassung von der Natur, dem Verhältnis des Menschen zu ihr und zu seinesgleichen. Anhand dieses Beispiels haben wir gesehen, wie die Bewohner einer kleinen Stadt "sich zur Schau stellen", beziehungsweise darauf verzichten und sich darum bemühen, das, was sie anstreben, zu erreichen.

Wenn man vom Wechselspiel von Bewunderung, Enttäuschung und Abwehr einmal absieht, erscheint die Stadt, im Gegensatz zu den verstreuten dörflichen Siedlungen, als räumliche Bevölkerungsverdichtung und folglich als Ort der Interessenannäherung. Die Kleinstadt stellt sich als Raum der Begegnung, des Kontaktes und der angestrebten Integration dar. Die soziale Eliteschicht muß den Schmutz der niederen Viertel und deren ländlichen Charakter dulden und als einen Teil von Betanzos, eingefügt in dessen Geographie, Geschichte und Wirtschaft, akzeptieren. Ebenso muß sie das Eindringen der Landleute in Kauf nehmen, wenn diese den Markt und vor allem den Jahrmarkt besuchen.

Die Präsenz der ländlichen Lebenswelt erhält eine bemerkenswerte Kontinuität an den wichtigsten Ortseinfahrten zu Betanzos. Dort siedelten sich Kneipen an, deren Besitzer aus nahen Kirchsprengeln stammten. So standen bei der Brücke im Vorort Las Cascas Kneipen, deren Eigentümer aus Requián und Abegondo waren. Die Eigentümer der Kneipen an der Ortseinfahrt der Landstraße von Kastilien stammten aus Coirós und dessen Umland. Im Viertel Puente Viejo, wo die Landstraßen aus Ferrol und Vivero zusammenstoßen, kommen die Kneipenbesitzer aus Tiobre, Bergondo und Paderne. Wenn die Bewohner dieser Landpfarreien zu Pferd oder mit dem Wagen zur "Feria" (dem Jahrmarkt) kamen, konnten sie die Pferde im Hof einer dieser Kneipen oder sogar in einem Privathaus lassen, dessen Besitzer aus ihrer Gegend stammte. Manchmal, bei Fernstehenden, wurde für diesen Dienst Geld verlangt; sonst stellte der im Hof zurückgelassene Mist eine gewisse Gegenleistung dar. Die Landleute konnten dort ihr Gepäck abstellen oder bei gutem Wetter den Regenschirm zurücklassen. Mittags kehrten sie dann zurück und aßen in diesen Kneipen, deren Haupteinnahmen sich auf solche Gäste stützten. Die Leute aus den unterschiedlichen ländlichen Zonen fanden sich auf diese Weise nach den Geschäften in der Stadt in dem jeweiligen Vorort, der ihrer Ortseinfahrt entsprach, ein und genossen das Zusammentreffen mit den Nachbarn aus ihrer jeweiligen ländlichen Gegend. Diese Kneipen waren sozusagen ihre Botschaften auf dem Boden von Betanzos, vertraute Vermittler zwischen Stadt und Land. Im Vergleich zu diesen Anlaufstationen für Dorfbewohner aus der nahen Umgebung pflegten die "Gebirgler" schon ein oder zwei Kilometer vor Betanzos abzusteigen, in einer noch "dörflichen" Zone, wo sie bei Bekannten einen Hof für die Tiere und ein Strohlager für sich selbst fanden.

VI.

Alle diese Betrachtungsebenen, wechselseitige Sichtweisen und sich wandelnde, teilweise umstrittene Werte, alle diese Ordnungsmuster für Stadt und Land, sowie Selbstdarstellungsformen der Gruppen scheinen einen gemeinsamen symbolischen Niederschlag in der Organisation der Feste zu finden. Der dynamische Charakter der Feste, ihre Fähigkeit, gewisse materielle Bedürfnisse freier auszudrücken, sowie ihre Möglichkeit des Ausgleichs und stillschweigender Andeutung machen sie zu einem Bedeutungsträger, der außergewöhnliche Chancen in sich birgt. Im folgenden werden einige semantische Besonderheiten der Struktur festlicher Veranstaltungen in Betanzos zusammengefaßt.

Der Schutzheilige des Jahresfestes in Betanzos - als lokale Einheit - ist San Roque, der Heilige der Kapelle am Campo de la Feria. Die Verbena (Kirmes) und die Hauptfestakte werden auf dem Campo vom 15. bis zum 24. August gefeiert. Früher sollen die beiden Pfarrbezirke der Stadt das

Jahresfest unabhängig voneinander begangen haben. Heute sind die Feste dagegen zu einem einzigen verschmolzen, das auf dem Campo de la Feria gefeiert wird. Der Campo wurde somit zum entscheidenden Träger der wirtschaftlichen Einheit von Betanzos, zu einem modernen Zentrum des Stadtlebens, zur Erweiterungszone der Stadt und zum Ort, an dem sich ihr Einfluß auf das Umland konzentriert. Einst hatte der Boden des Campo einer benachbarten Landgemeinde angehört, später wurde er, wie bereits erwähnt, von der Pfarrei Santiago de los Caballeros übernommen und die Kirche auf seinem Grund, Sto. Domingo en el Campo, wurde zum alter ego der eben genannten Gemeindekirche. Vor Sto. Domingo und innerhalb des Pfarrbezirks Santiago, findet also die Verbena statt. Dieser Pfarrbezirk, Symbol und Hauptsitz der lokalen Elite erfüllt somit seine Festfunktion und wird zum Vorbild, an dem sich die anderen Stadtteile messen, zur Klammer, welche Betanzos zusammenhält.

Verkörpert der Stadtkern Einheit und Dominanz, so steht im Gegensatz dazu die ländliche Lebenswelt innerhalb Betanzos für die Aufsplitterung der kleinen, auf engem Raum zusammenlebenden Gemeinschaft. Die niederen Stadtviertel, Vororte und Außenbezirke feiern herkömmlicherweise insgesamt acht Feste. Einige davon werden von Vierteln mit weniger als 200 Einwohnern ausgerichtet. Das umfangreichste - "Octaba da Ribeira" - umfaßt den größten Teil der Gemeinde Sta. María. Diese Pfarrgemeinde, die bäuerlich geprägt ist, kann zwar nicht ein eigenes Patrozinium feiern, weil dies die bereits erlangte Einheit der Stadtpfarrbezirke in Frage stellen würde; aus ihrem Fest aber, wie auch aus denen der übrigen Viertel, ergibt sich die fragmentierende Komponente der städtischen "Festgeographie".

Der Vorort Puente Viejo und zwei weitere Stadtteile veranstalten ebenfalls eigene Feste. Das kleine Viertel Magdalena, früher für Leprakranke reserviert und später Arbeiterviertel, leitet den jährlichen Festzyklus am Ostermontag mit einer Romería (Wallfahrt) mit großer Tradition ein, bei der das Heiligenbild des von der Lepra befallen Lazarus verehrt wird, typisch für dieses Fest ist seit jeher der Verzehr von Erdnüssen. Im September schließt der Festzyklus mit den beiden Wallfahrten des Vorortes Puente Viejo. Ich möchte daran erinnern, daß dieser Vorort - der Stadt so nah und doch von ihr durch einen Fluß getrennt - gleichzeitig die symbolische Gründungsstätte von Betanzos ist. Diese historische Überlieferung ist bei den Patronatsfesten von Betanzos nicht in Vergessenheit geraten, die auf dem Campo beginnen und ihren Höhepunkt mit der Wallfahrt zur Kapelle San

Plan 3

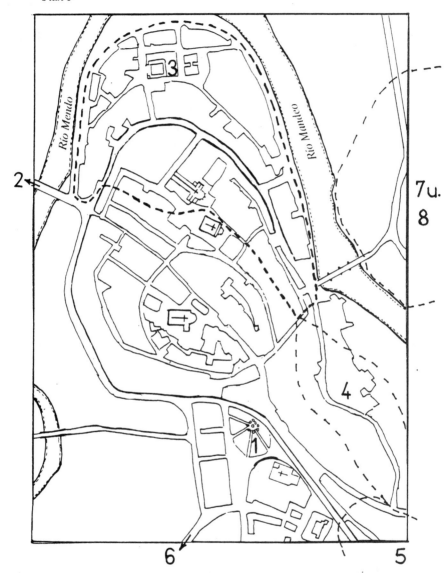

Legende: 1. "Campo de la Feria", wo die Patronatsfeste von Betanzos stattfinden 2. Fest des Viertels "Magdalena" 3. Fest der Jungfrau der "Octava de la Ribeira" 4. Fest der Jungfrau des "Carmen de la Cañota" 5. Fest der Jungfrau des "Candil de la Cruz Verde" 6. Fest des heiligen Antonius des Viertels "Las Cascas" 7. und 8. Wallfahrten der Jungfrau "de los Remedios" und der "Alborotados", die vom Vorort "Puente Viejo" ausgerichtet werden.

Paio (Plan 2;4) erreichen, die neben dem alten Betanzos liegt. Weg vom Campo führt auch die traditionelle "Meriendas (Vesper) de los Caneiros", bei der man in Booten den Mandeo flußaufwärts fährt, soweit er schiffbar ist. Abfahrts- und Anlegestelle ist der Puento Viejo, wo auch das abschliessende Feuerwerk stattfindet. Diese Brücke, die Betanzos mit seinem wichtigsten Vorort und seiner eigenen Vergangenheit verbindet, ist ebenso Zielpunkt der Prozession "Antroido en Carnavales". Nachdem der "Trauerzug der Sardine" seinen Weg durch die ganze Stadt zurückgelegt hat, wird die Sardine an der gleichen Stelle in den Mandeo versenkt und zwar an der Brücke, wo einst der Fisch verkauft und seine Abfälle weggeschüttet worden sind, der gleichen Brücke, die Betanzos mit seiner Geburtsstätte verbindet.

Die bisherigen Erwägungen, die sich auf die Festlichkeiten innerhalb der Stadt beschränken, finden ihre Entsprechung im Umland. Die gleiche Mittlerfunktion zwischen Land und Stadt, die die Kneipen an den Ortseinfahrten erfüllen, übernehmen bestimmte Kapellen für einzelne ländliche Gegenden. So ist die eindrucksvolle Kapelle La Angustia (Plan 2;1), die an der Straße nach La Coruña auf einer Anhöhe über Betanzos liegt, Schutzpatronin der Arbeiterinnen in der Tabakfabrik von La Coruña, die eine Wallfahrt von großem Erfolg organisiert haben. Die Wallfahrt nach San Paio (Plan 2;4) lockte die Leute aus Bergondo, die auf Booten die Ría überquerten, und aus anderen benachbarten Gebieten an. Die Kirche Nosa Sra. do Camiño, de los Remedios (Plan 2;5), auf dem Hügel über dem Viertel "Puente Viejo" gelegen, ist Zentrum zweier wichtiger Wallfahrten. An der ersten beteiligen sich vorwiegend Leute aus Puentedeume, Mugardos, Ferrol und deren Umgebung. Die zweite findet zwei Tage nach der Wallfahrt von San Cosme statt, einer Kapelle am Fuße des Gebirgszuges, der Betanzos beherrscht. Viele Leute aus den Bergen, die zunächst an der Wallfahrt von San Cosme teilnahmen, stiegen anschließend zur Wallfahrt de los Remedios hinab und schliefen in den nahegelegenen Häusern, wo man ihnen Obdach und ein Strohlager bot. Die Nacht vor dem Fest, die die Gebirgler zusammengedrängt in den verschiedenen Häusern mit frischem Most und unter Lärm zubrachten, gab der Wallfahrt den Namen "Romería de los alborotados" (der Radaumacher).

Die Organisation der Feste macht den Zusammenhalt von Gruppen deutlich, gibt Anstoß zu neuen Gruppenbildungen, trennt diejenigen, die dazugehören, von denjenigen, die ausgeschlossen bleiben, und enthüllt auf diese Weise bedeutungsvolle Räume und Grenzen. Vor dem geographischen Hintergrund entsteht, halb Vorstellung, halb Wirklichkeit, ein buntes Bild sozialer Vernetzungen.

VII.

Sehen wir uns noch einmal die theoretischen Implikationen unserer Untersuchungsergebnisse an. Betanzos erscheint als räumliche Einheit, deren Einwohner sich von der ländlichen Welt, ganz besonders von den Bergen, abgrenzen und dem Vorbild von Städten wie La Coruña nacheifern. Schon eingangs haben wir die geographische Zweideutigkeit der Grenzen von Betanzos herausgestellt. Außerdem haben wir auf die schwierige Einordnung sozialer Gruppen als mehr oder minder "dörflich", auch innerhalb der Stadt, hingewiesen. Auf den Spuren der Geschichte der Stadthygiene haben wir in Betanzos Veränderungen entdeckt. Die ehemalige Provinzhauptstadt wies im Hinblick auf die Sauberkeit ausgeprägt dörfliche Züge auf. Betanzos war, wie viele andere Städte, hin- und hergerissen zwischen der Notwendigkeit, einerseits unterschiedliche soziale Gruppen zu vereinen und aus ihnen eine Gemeinschaft zu bilden, und andererseits dem Bestreben führender Minderheiten, ihre kleine Stadt zu einem modernen Abbild großer Städte zu machen.

Wie auch immer, das eigentliche städtische Betanzos, das Betanzos schlechthin, sind der Stadtkern und seine Elite, die dem Vorbild La Coruña am nächsten kommen. Aber die Elite hat auch ein Interesse daran, daß sich Teile der Bevölkerung aus dem Umland mit einander mehr oder weniger abweichendem Lebensstil ebenfalls als Betanceiros fühlen. Zweifellos begünstigt die räumliche Nähe der Stadt gemeinsame Interessen und führt dazu, daß soziale Beziehungen, Dissenz, Konsenz und Kooperation entstehen.

Ländliches und Städtisches als Wertmaßstab zur Einordnung von Räumen und Gruppen stellen ein wichtiges strukturelles Gegensatzpaar dar. Ihre Interpretation hängt größtenteils von der Sichtweise der Gruppe ab, die urteilt. Alle Gruppen beurteilen sich gegenseitig und werden gleichzeitig beurteilt. Ihre Handlungsweisen und ihr Lebensstil, die als mehr oder weniger ländlich bzw. städtisch eingeschätzt werden, können in dem Maße, in dem sie im Fremd- und Selbsturteil ihren Niederschlag finden, die allgemeine Meinung beeinflussen und ändern. Aus diesem Grunde habe ich es vorgezogen, in der Überschrift des Artikels statt von Stadt und Land von "ländlicher und städtischer Lebenswelt" zu sprechen, ein Ausdruck, der die dynamischen Wechselwirkungen verschiedener Sichtweisen und Werturteile mitberücksichtigt.

Die Untersuchung der Organisation der Feste hat die Bemühung der Stadt um Integration und Verschmelzung deutlich werden lassen und zugleich die schwer greifbare Rolle der ländlich geprägten Viertel innerhalb und außerhalb der Stadt enthüllt, die zwar einerseits aktiv am gemeinsamen Stadtfest mitwirken, andererseits aber eine Vielzahl kleiner eigener Feste organisieren, die in Einzelfällen sogar mit dem Hauptfest rivalisieren. Dieses Paradoxon sei noch einmal betont: Die gleichen Bewohner, die tatkräftig am Hauptfest der gesamten Stadt teilnehmen, rivalisieren mit der Ganzheit - und damit auch mit sich selbst - um die Bedeutsamkeit ihres Gemeindesegmentes hervorzuheben. Für das Ganze kämpfen sie, gegen das Ganze verteidigen sie den Teil.

So einig man sich über die Extreme - die Elite in La Coruña und die abseitslebenden Bergdörfler - ist, so schwer fällt die Einordnung der die Bevölkerungsmehrheit ausmachenden Zwischenstufen. Die unbestimmten und oft gleichzeitigen partiellen Zugehörigkeiten und Ausschließungen erzeugen eine Vielfalt von Strategien. Sie sind integraler Bestandteil des real greifbaren sozialen und kulturellen Lebens, in dem die jeweiligen Entscheidungen dichotomisch ausfallen müssen. So bleibt ein Haus innerhalb oder außerhalb der Mauer, die einen werden mit Zollabgaben belegt und die anderen davon verschont, die einen werden sich an das Rathaus wenden müssen, die anderen nicht. Alle diese notwendigen Entscheidungen bestimmen von der Oberfläche her das Leben der Menschen, werden indes in ihrer Wirksamkeit von den tiefer liegenden Bewußtseinsschichten in Frage gestellt.

Die Gestaltung der Feste ist, was die räumliche und soziale Dynamik anbelangt, eine hervorragende Möglichkeit, diese Tiefenschichten darzustellen. Ihre expressive Beweglichkeit, die Freiheit von manchen Zwängen, liefert dem, der die Nuancierungen der Bräuche und Gewohnheiten zu deuten vermag, eine volksnahe Beschreibung dessen, wie die Menschen sich in ihren kleinen Lebenswelten bewegen, die in jene größere, als ländlich und städtisch bezeichnete Lebenswelt eingebunden sind.

Die Summe der im Hinblick auf Betanzos angestellten regional-geographischen, historisch-axiologischen und kulturellen Betrachungen versetzten uns in die Lage, uns ein Bild von den tiefgreifenden Veränderungen zu machen, die die Betanceiros im Laufe der letzten Jahrzehnte erlebt haben,

Veränderungen, welche die Sichtweise der einzelnen Generationen prägen und ihre Art, in der Gegenwart zu urteilen und zu handeln, beeinflussen.

- In den letzten Jahren hat die Landwirtschaft tiefgreifende Veränderungen durchgemacht. In den Ställen der Vororte findet man nur noch selten Kühe, es überwiegen Schweine und Hühner. Die Zahl der hauptgewerblichen Landwirte ist erheblich zurückgegangen.

- In den neuen Vierteln und zwischen manchen alten Häusern sind große mehrstöckige Häuser gebaut worden, die den Gegenpol zur Dörflichkeit verkörpern.

- Die Verkehrsadern haben die Dörfer, einschließlich der Gebirgsdörfer an Betanzos herangerückt und Betanzos La Coruña nähergebracht.

- Bis vor kurzer Zeit besuchten die Dorfkinder Dorfschulen, die Kinder von Betanzos die Schule ihres Viertels. Heute werden die Kinder aus verschiedenen Vierteln und benachbarten ländlichen Kirchsprengel in wenigen Schulzentren zusammengewürfelt. Die Schüler der Sekundarstufe werden täglich mit Bussen sogar von der Alta Montaña zu den Unterrichtszentren gefahren.

- Das Leben der Dörfler auf dem Land und sogar in den Bergen unterliegt einem tiefgreifenden Verstädterungsprozeß: Elektrizität, ein Überfluß an elektrischen Haushaltungsgeräten, fließendes Wasser, asphaltierte Straßen, sind seine Hauptmerkmale. Die Höfe und Ställe werden in trockene Geviere umgewandelt, der Dreck reduziert und entfernt ... Andererseits haben breitere Gruppen als früher die Möglichkeiten, auf dem bukolisch idealisierten Land in einem der zahlreichen Wochenendhäuser zeitweise die Abgeschiedenheit zu genießen. So vermischen sich typisch ländliche und städtische Lebensformen.

Die Untersuchung dieser Veränderungen kann nicht ohne die Berücksichtigung des Vergangenheitsbewußtseins der verschiedenen Gruppen und Altersklassen auskommen. Dabei entsteht ein Panorama, das sich zwischen den zahlreichen Schattierungen eines "heute noch" und "schon fast nicht mehr" bewegt, in dem Zukunft und Vergangenheit beurteilt und eine Vielzahl von Handlungsmöglichkeiten aufgezeigt werden. In unserem konkreten Fall halte ich es für ausgesprochen vorteilhaft, die unterschiedlichen Blickwinkel hinsichtlich des Gegensatzpaars "ländliche und städtische Le-

benswelt" miteinander zu verbinden, das sich auf die empirischen Merkmale von Betanzos stützt.

Der hier verwendete Ausdruck "Lebenswelt" schließt in sich all jene
Konnotationen ein, die ihm das Beste der mitteleuropäischen, besonders
der deutschen Philosophie in den letzten zwei Jahrhunderten verliehen hat.
Die "Lebenswelt" entsteht durch die kontinuierliche kognitive und wertende
Auseinandersetzung zwischen der Umwelt und den Menschen, die in ihr leben. Die "Lebenswelt" lebt folglich in der Vorstellung der Menschen und
kann nicht ohne diese existieren. Der Begriff Lebenswelt weist unserem
Körper einen Platz im Mittelpunkt unseres analytischen Bewußtseins zu.
Danach ist das Bewußtsein von unserem Körper und dessen Beziehung zur
natürlichen und sozialen Umwelt in einen bestimmten kulturellen Kontext
eingebettet. So bewegen sich die Betanceiros physisch in mehr oder weniger
städtischen Zonen oder umliegenden Räumen, die von ihren Nachbarn bewohnt werden, legen ihr Zentrum und ihre Beziehungen nach außen fest,
verdienen ihren Lebensunterhalt und vermarkten ihre körperliche Arbeit in
mehr oder weniger ländlichen Zonen. In derselben Weise unterscheiden sie
innerhalb ihrer Gemeinschaft zwischen sauberen und unsauberen Formen
der Herstellung und des Verkaufs von Nahrung, der Beseitigung der eigenen Exkremente und jener der Tiere, mit denen sie arbeiten und von denen
sie leben. Entsprechend gehen sie, bilden Gruppen, tanzen, knien nieder
und essen bei ihren Festen.

Aber die Verwendung des Begriffes "Lebenswelt" zwingt uns auch zu
substantiellen methodologischen Fragestellungen. Wir leben nicht in der
"Lebenswelt" dieser Menschen, sondern nähern uns ihr von unserer eigenen
Lebenswelt her. Unsere Annäherung hat mit Fragen begonnen, auf die wir
sprachliche Ausdrücke der Betanceiros zur Antwort erhielten, mit denen
sie ihre Welt ordnen, sowie Sprach- und Handlungsnormen, mit denen sie
ihrer Welt einen moralischen Sinn geben. Dieses Eingangsgespräch war der
Ausgangspunkt unserer Analyse; wir haben uns aber nicht mit ihren Ratio-
nalisierungen begnügt, sondern den Dialog weiter vorangetrieben, haben
die Daten überstrapaziert auf der Suche nach Dokumenten, Informationen,
geheimen oder verschwommenen Motiven hinter den Handlungen. Wir haben uns selber und die Interviewten gefragt, warum sie etwas sagten oder
nicht sagten oder nicht einmal dachten. Auf diese Weise haben wir versucht, eine neue "Lebenswelt" der Bedeutungen zu entdecken, die auch uns
zugänglich ist. Wir können Betanzos nun in einem neuen Licht betrachten,

einem Licht, das sich in seinen Festen widerspiegelt. Mit diesem Licht unserer moralischen Vorstellungskraft, die Welten der Bedeutungen und Werte in sich birgt, müssen wir die Analyse von Strukturen und Statistiken verbinden, wenn wir die historischen und aktuellen Handlungen der Menschen begreifen wollen.

Wenn wir uns dafür entscheiden, Lebenswelten zu verstehen, so setzen wir damit erkenntnishistorisch auf unsere Fähigkeit, die schöpferische Phantasie des Menschen in der Geschichte zu begreifen.

Zusammenfassung

Die Komplexität einer möglichen Unterscheidung zwischen dem Ländlichen und dem Städtischen bekommt konkrete und eigentümliche Züge in der kleinen Welt einer galicischen "vila". Vor allem die Streusiedlungsweise macht es besonders schwierig, auf der räumlichen Ebene die Grenzen der Stadt festzustellen. Zentrum und Peripherie, Stadtviertel und Außenbezirke, Umgebung und Ortschaft ... Das sind klassifikatorische oder Gliederungsversuche angesichts einer Geographie, die sich der Diskontinuität widersetzt. Nicht weniger willkürlich ist die volkstümliche Unterscheidung zwischen "aldea" (ländliches Streusiedlungsgebiet) und "pueblo" (verdichtetes Wohngebiet mit Straßen). Die bewerteten Konnotationen dieser Begriffe bekommen bestimmte semantische Untertöne entsprechend der verschiedenen Sichtweisen. Die Beachtung eines dieser bewertenden Konnotationen, nämlich die Unterscheidung zwischen städtischer Reinlichkeit und dörflichem Schmutz erhält im Ablauf der Geschichte während der letzten Jahrhunderte jeweils neue Nuancen. Im Kontinuum der wertenden Bipole und doppeldeutiger Unterscheidungen ist die Organisation der Feste mit ihrem sozialen und räumlichen Dynamismus in der Lage, Gegensätze zu integrieren und Prioritäten zu setzen. In gewisser Weise erscheint die kleine Stadt als ein Bemühen, divergierende Interessen von ihrem räumlichen Zentrum aus und unter der Führung ihrer Élite zu verbinden. Die verschiedenen räumlich, sozial und kulturell abgegrenzten Bereiche in ihrem Umkreis scheinen ihre Strategien zwischen Annäherung an das Zentrum und einer entfernten Kleingruppenidentität einzuspannen. Das alles - vergessen wir es nicht - vollzieht sich im Rahmen eines fast schwindelerregenden Wandels von Stadt und Land.

Literaturverzeichnis

Ares Faraldo, M.: Apuntes sobre el barrio de la Magdalena hace dos siglos. In Anuario Brigantino, 1983.

Banton, M. (Hg.): The Social Anthropology of Complex Societies. London 1966.

Berdichewsky, B. (Hg.): Anthropology and Social Change in Rural Areas. Den Haag 1979.

Borrow, G.: The Bible in Spain or The Journeys, Adventures, and Imprisonments of an Englishman in An Attempt to Circulate The Scriptures in the Peninsula. London, 1843.

Cohen, A.: Urban Ethnicity. London, 1974.

Erias Martinez, A.: A chegada do ferrocarril a Betanzos. In: Anuario Brigantino 1983.

Erias Martinez, A.: As rúas de Betanzos. Introducción ó seu coñecemento. In: Anuario Brigantino, 1985.

302

Férnandez de Rota y Monter, J.A.: Bases teóricas de una perspectiva antropológica. In: Cuaderno de Estudios Gallegos, 99, 1983.

Férnandez de Rota y Monter, J.A.: Antropología de un viejo paisaje gallego. Madrid 1984.

Férnandez de Rota y Monter, J.A.: Gallegos ante un espejo. Imaginación antropológica en la Historia. La Coruña, 1987.

Garcia Oro, J.: Betanzos en la Baja Edad Media. In: Anuario Brigantino 1984.

Haplern, J.M.: La evolución de la población rural. Barcelona 1983.

Lisón Tolosana, C.: Antropología Social: Reflexiones incidentales. Madrid 1986.

Meijide Pardo, A.: Documentos para la Historia de Betanzos. In: Anuario Brigantino 1983.

Meijide Pardo, A.: Las primeras industrias del curtido en Betanzos. In: Boletín Untia, Betanzos 1986.

Nuñez Lendoiro, R.J.: Las ferias y mercados de Betanzos. In: Boletín Untia, Betanzos 1985.

Ordenanzas de Betanzos. Documento inédito publicado por el Sr. Hungarelo con un prólogo de D. Manuel Martínez Santiso. Betanzos 1892.

Shanin, T. (Hg.): Peasant and Peasant Societies. Hardmondsworth 1971.

Southall, A.: Urban Anthropology. Oxford 1973.

Torres Regueiro, X.: A prensa betanceira. In: Anuario Brigantino 1983.

Urigorri Casado, F.: Los nombres antiguos de Betanzos y los orígines de la ciudad. In: Anuario Brigantino 1982.

Wagley, Ch. u.a.: Estudios sobre el campesinado latinoamericano. Buenos Aires 1974.

Übersetzung: Adrian Waldmann und Peter Waldmann

Carmelo Lisón Tolosana

KOMMENTAR ZUM VORTRAG VON JOSE ANTONIO FERNANDEZ DE ROTA Y MONTER

Das Referat, das wir soeben gehört haben und das ich außerdem auch mit großem Interesse gelesen habe, sowie auch die anderen, die wir zuvor gehört haben, beschäftigen sich mit einem für das heutige Spanien höchst aktuellen und äußerst wichtigen Thema. Dieser Beitrag bricht mit einer zweitausendjährigen Dichotomie: der Polarität "Land" - "Stadt" ("ländlich - städtisch"). Er stellt zudem das Kernproblem dieses Symposiums in den Mittelpunkt und interpretiert es in seinen Grundzügen.

Der Titel, den Herr López-Casero für diese Begegnung ausgewählt hat, scheint mir in der Tat treffend zu sein: unterstreicht er doch zum einen die enorme Vielfalt, die Anzahl und den Umfang der Differenzen in den sozialen Strukturen und von daher die Heterogenität des ländlichen Raums; außerdem - und das folgt daraus -, weil diese Themenstellung in verstärktem Maße die wissenschaftstheoretische Betrachtung der Möglichkeiten, Schwierigkeiten, Probleme und Forschungsstrategien erfordert, die sich aus diesem Vergleich ergeben. Der Vortrag von Herrn Fernández de Rota und die Ausführungen von Herrn López-Casero haben mich in meinen Ideen bestärkt, und ich erlaube mir daher - als Neuling auf diesem speziellen Gebiet -, die folgenden Punkte herauszustellen oder vielmehr einige Zweifel oder Fragen zu äußern. Die erste ist: Wenn wir den Typus von Agrostadt, den Betanzos verkörpert, im Auge behalten, dann befinden wir uns angesichts der besser bekannten andalusischen und sizilianischen oder anderer spanischer Agrostädte, wie z.B. derjenigen in Murcia, vor einer empirischen, komplexen und polyvalenten Vielfalt von Agrostädten. Wenn das aber so ist, was ist dann die Agrostadt? Ich möchte sofort hinzufügen, daß das Verlangen nach einer Definition und das Bestehen auf einer Typologie aus einer Schwäche an Vorstellungskraft erwächst und ebensowohl auf Ideenmangel als auch auf Sterilität beruhen. Eine mögliche Antwort auf diese Frage könnte - aus der Sicht des Anthropologen - darauf hinauslaufen, Land und Stadt zusammenzubringen und miteinander zu verknüpfen anstatt sie zu zerlegen und auseinanderzuteilen; ich möchte vorschlagen, der Verbindung und nicht der Trennung den Vorrang zu geben, die polaren

Dichotomien (Land - Stadt) durch algebraisch-analytische Formulierungen zu ersetzen.

Gerade die Agrostadt ist es, die zur Überwindung dieses anfänglich angebrachten Dualismus einen Beitrag leisten kann, denn sie hat aufgrund ihrer heterogenen Natur an seinen beiden Komponenten teil. Begriffe wie "Idealtypus", "Kontinuum", "Familienähnlichkeiten"[1] und polythetische Klassifikationen können uns dazu befähigen, "patterns", rekurrierende und wechselnde Gesichtspunkte, ständig sich ändernde mögliche gemeinsame Nenner und wechselnde Elemente zu erkennen. Die Agrostadt ist ein Prozeß, ein "fieri", eine geistig-funktionale Konfiguration, die in ihrer Substanz, ihrem Stil und ihrem "Ethos" überaus veränderlich ist. Die Agrostadt, zum Teil ländlich, zum Teil städtisch geprägt, ist eine sich im Ungleichgewicht befindende Realität, ein Zustand der Spannung zwischen ihren beiden Hauptmerkmalen, eine unbeständige und umkehrbare Asymmetrie, etwas, das im Erleben wahrgenommen wird und das danach verlangt, verstandesmäßig kodifiziert zu werden.

Wie können wir von der Anthropologie her diesen Charakter und diese Hybridnatur der Agrostadt in den Griff bekommen? Verfügen wir über ein spezifisches kategorielles Instrumentarium, das ein bezeichnendes Licht auf die Sache werfen könnte? Ich meine, daß wir zuerst zu einer ethnografisch-semantischen ortsbezogenen Beschreibung beitragen sollten. Herr Fernández de Rota sagt uns, daß die Agrostadt in Galicia unter dem Namen "vila" bekannt ist. Welches ist also die im jeweiligen Gebiet oder Ort spezifische Bezeichnung? Diese Frage veranlaßt uns, weitere zu stellen: Was ist die Kleinstadt für ihre Bewohner? Welches sind deren Wahrnehmungs-Paradigmen? Wie es auf der Hand liegt, schlage ich eine Untersuchung und Analyse des "Emischen" vor. Ich bin mir sicher, daß dieser Ansatz keine dualen Klassifikationen liefern wird, sondern zumindest dreigeteilte: ein "wir", ein "ihr" und ein "sie". Auf diese Weise wird schon von vornherein die polare Kategorie "innen/außen" oder "einheimisch/auswärts" aufgespalten in ein "innen-innen", "innen-außen" und "innen-außen-außen", was dann notwendigerweise weiter abgestuft und unterteilt werden müßte.

Wir können uns zweitens einer bestimmten für die Agrostadt relevanten Problematik von einer strukturierenden Grenzkonstruktion her

---

[1] Im Original in deutscher Sprache (Anm. d. Übers.).

nähern. Anders gesagt, dieses menschliche Miteinander, halb ländlich, halb städtisch, ist so etwas wie ein Zwischenbereich oder eine topologische Struktur, die in ihren vielfältigen raum-zeitlichen Hervorbringungen Verbindung und Übereinstimmung mit einem "Davor" und "Danach" bewahrt und uns so den Vergleich mit Einheiten ähnlicher ökologischer Konfiguration ermöglicht. Noch konkreter gesprochen: Ich halte es für einen fruchtbaren Ansatz, ein ländlich-städtisches Habitat als eine instabile, bewegliche Plattform anzusehen, als etwas von intermediärer oder "Zwischen"-Natur oder "Semi"-Charakter (semi-urban, semi-rural), jederzeit offen für alle möglichen und vielfältigen kombinatorischen Möglichkeiten, die sich immer und überall zwischen ihren beiden großen Achsen ergeben können. Übergang, Vermittlung, Verbindung sind gedankliche Konzepte, diese beiden nebeneinander bestehenden Welten zu untersuchen, die zwar in Raum und Zeit zusammen leben, aber keineswegs immer Teil des gleichen moralischen Universums sind, wie Herr López-Casero bestätigt. Schichtung, Klasse, traditionelle Hierarchie stehen vielfältigen Zwischen- oder vermittelnden Kategorien gegenüber und verbinden sich mit ihnen; so entstehen interkommunikative Abwandlungen der Agrostadt mit ihrer jeweils eigentümlichen Atmosphäre, Ton, Stil, Bedeutung, äußeren und geistigen Gestalt.

Die Agrostadt ist nicht als eine logische Spezies und auch nicht als eine monothetische Klassifikation aufzufassen - ebensowenig wie das Ländliche, der Bauernstand oder die Stadt -; sie ist kein monologisches oder homophones Prinzip; sie stellt auch - historisch gesehen - kein unverändertes Substrat dar noch ist sie eine universelle rigoros gültige Kategorie. Im Gegensatz dazu hat die Agrostadt aber einen Sinn in einem weiten kontextuellen, historischen und semantischen Rahmen, das heißt, als eine besonders geartete räumliche Struktur, als ein sich gestaltendes Gebiet oder - falls man es vorzieht - als ein Habitat, das nötig gewordene, direkte und plurikategoriale Intersubjektivität gleichzeitig verneint und bejaht. Die Agrostadt ist ein Gebiet "sui generis", in dem Zeichen, Riten, Symbole sowie "Semi"- und "Zwischen"-werte in positiver und negativer Weise ins Spiel gebracht und "dramatisiert" werden: sie stellt einen gesonderten kulturellen Bereich innerhalb der Kultur dar.

Übersetzung: Hildegard Kühlmann

V. ANHANG

Bibliographie

Abbad, F. u.a.: Classes dominantes et société rurale en Basse Andalousie. Recherche interdisciplinaire sur la question du pouvoir dans deux villes moyennes: Morón de la Frontera et Osuna. o. O. 1977.

Abele, G. / Herz, R. / Klein, H.-J.: Methoden zur Analyse von Stadtstrukturen. Karlsruhe 1969. [Karlsruher Stud. z. Regionalwiss. Schriftenreihe Inst. f. Regionalwiss. Univ., 2].

Abellán García, A. / Moreno Jiménez, A. / Vinussa Angulo, J.: Propuesta de tipología para ciudades españolas de tipo medio. In: Estudios geográficos 152 (Madrid 1978): 285-306.

Aguilar y Cano, Antonio: El libro de Puente Jenil. Puente Jenil 1894. Neuaufl. unter dem Titel: El libro de Puente Genil, 2 Bde. Córdoba 1985.

Ahlmann, H.: Études de géographie humaine sur l'Italie subtropicale. In: Geografiska Annaler 7 (1925): 257-322.

Amari, M.: Storia dei musulmani in Sicilia (1854 - 1868). 2. Aufl., Catania 1933 - 1939.

Bacarella, A. / Drago, P.: L'emigrazione da Realmonte e Raffadali. In: Quaderni di Sociologia Rurale 2 (1962): 80-94.

Banfield, Edward C.: The Moral Basis of a Backward Society. A Socio-Cultural Study of a Village in Southern Italy. Glencoe Ill. 1958.

Barbera, L.: I ministri dal cielo. I contadini del Belice raccontano. Milano 1980.

Barbichon, Guy: Ruralité citadine et spécificité urbaine. In: Ethnologie française. Revue de la société d'ethnographie française N.S., 12, 2 (Paris 1982): 217-222.

Belluardo, G.: Contadini in Sicilia. Problemi psicosociologici del sottosviluppo nell'area iblea. Mailand 1977.

Berardi, R.: Esami in Sicilia. In: Nord e Sud, VII, n. 6 (67): 77-92.

Berger, H. / Heßler, M. / Kavemann, B.: Brot für heute, Hunger für morgen. Landarbeiter in Südspanien. Ein Sozialbericht. Frankfurt am Main 1978.

Bernier Luque, J.: Historia y Paisaje Provincial. Córdoba 1966.

Blake, G.H.: Settlement and Conflict in the Mediterranean World. In: Transactions and Papers of the Institute of British Geographers 3, 3 (London 1978): 255-258.

Blok, Anton: Land reform in a west Sicilian latifondo village. The persistence of a feudal structure. In: Anthropological Quarterly 39 (1966): 1-16.

Blok, Anton: Mafia and peasant rebellion as contrasting factors in Sicilian latifundism. In: Archives Européennes de Sociologie 10 (1969): 95-116.

Blok, Anton: South Italian Agro Towns. In: Comparative Studies in Society and History 11, 2 (1969): 121-135.

Blok, Anton: Peasants, Patrons and Brokers in Western Sicily. In: Anthropological Quarterly 42, 3 (1969): 155-170.

Blok, Anton: Reflections on city-hinterland relations in Mediterranean Europe. In: Sociologische Gids 19 (1972): 115-124.

310

Blok, A. / Driessen, H.: Mediterranean Agro-Towns as a form of Cultural Dominance. With Special Reference to Sicily and Andalusia. In: Ethnologia Europea. Journal of European Ethnology 14, 2 (1984): 111-124.

Bobek, H.: Aufriß einer vergleichenden Sozialgeographie. In: Mitt. der Geogr.Ges. Wien, Bd. 92 (1950): 34-45.

Bobek, H.: Über einige funktionelle Stadttypen und ihre Beziehungen zum Lande. In: Comptes Rend. du Congr. Internat. de Géographie (Amsterdam 1938), II, 3, (1938): 88-102.

Boissevain, Jeremy: Patronage in Sicily. In: Man, New Series I (1966): 18-33.

Boissevain, Jeremy: Poverty and Politics in a Sicilian Agro-Town. In: International Archives of Ethnography (1966): 198-236.

Boissevain, Jeremy: Friends of Friends. Networks, Manipulators and Coalitions. Oxford 1974.

Boissevain, Jeremy: Towards a social anthropology of the Mediterranean. In: Current Anthropology 20 (1979): 81-93.

Boissevain, Jeremy: Ritual Escalation in Malta. In: Eric R. Wolf (Hg.): Religion, power and Protest in Local Communities. Berlin 1984, 163-183.

Bonetti, E.: Un riesame della teoria delle località centrali. In: Bolletino della società geografica italiana 8, 7-9 (1975): 475-487.

Bosque Maurel, Joaquín: Andalucía. Estudios de geografía agraria. Granada 1979.

Braudel, F.: La Méditerranée. L'espace et l'histoire. Paris 1985.

Cabanas, R.: Notas para el estudio de las comarcas naturales de la provincia de Córdoba. In: Estudios Geográficos 88 (1962): 353-388.

Caro Baroja, Julio: Razas, Pueblos y Linajes. In: Revista de Occidente Madrid 1957. [Verschiedene Artikel].

Caro Baroja, Julio: La ciudad y el campo. Madrid 1966.

Caro Baroja, Julio: The city and the country: Reflections on some ancient common-places. In: Pitt-Rivers, Julian A. (Hg.): Mediterranean countrymen: Essays in the social anthropology of the Mediterranean. Paris 1972, 27-40.

Casa per il Mezzogiorno: Gli interventi straordinari nelle regioni meridionali. Sicilia, Riferimento al 30 giugno 1983.

Chisholm, M.: Rural Settlement and Land Use. London 1962.

Colclough, N.T.: Land, Politics and Power in a Southern Italian Village. London 1969.

Colloque sur les petites villes [Animatrice: G. Veyret-Verneri]. In: B. Assoc. Géogr. franç. 49, 400-401 (1972): 267-298.

Compagna, F.: L'evoluzione dei rapporti fra città e campagna nella realtà meridionale. In: Atti del IV Congr. mond. di Sociologia, Bari 1959, 112 - 132.

Compagna, F.: La questione meridionale. Mailand 1963.

Corbin, J.R. / Corbin, M.P.: Compromising Relations. Kith, Kin and Class in Andalusia. Aldershot, Hampshire 1984.

Crinò, S.: I centri doppi in Sicilia. In: L'Universo 3 (1922): 165-178, 221-239, 369-394.

Crump, Thomas: The context of European anthropology: The lesson from Italy. In: Boissevain, Jeremy / Friedl, John (Hg.): Beyond the community: Social Process in Europe. The Hague, 18-28.

Davis, J.: Town and country. Anthropological Quarterly 42 (1969): 171-185.

Davis, J.: Honour and politics in Pisticci. In: Proceedings of the Royal Anthropological Institute of Great Britain and Ireland, (1969): 69-81.

Davis, J.: Land and family in Pisticci. London 1973.

Demangeon, A.: La géographie de l'habitat rurale. Annales de Géographie 36 (199) (1927): 1-23.

Di Cristina, L.N.: La città-paese di Sicilia. Forma e linguaggio dell'habitat contadino. Palermo [Facoltà di Architettura dell'Università de Palermo, Quaderno no. 7] 1965.

Díaz del Moral, J.: Historias de las agitaciones campesinas andaluzas (Antecedentes para una reforma agraria). Madrid 2. Aufl. 1977.

Dolci, Danilo: Riflessioni sull'attività del Centro di Partinico. In: Scuola e Città, Dez. 1960.

Dolci, Danilo: Difficoltà di sviluppo e nuove iniziative nella Sicilia Occidentale. In: Cultura Populare, April 1961.

Dolci, Danilo: Risultati e limiti di un tipo di riunioni sperimentato con i contadini. In: La Cultura Populare, Febr. 1962.

Dörrenhaus, F.: Urbanität und gentile Lebensform. Der europäische Dualismus mediterraner und indoeuropäischer Verhaltensweisen, entwickelt aus einer Diskussion um den Tiroler Einzelhof. Wiesbaden 1971.

Driessen, Henk: Agro-Town and urban ethos in Andalusia. (Dissertation, Katholische Universität) Nijmegen 1981.

Driessen, Henk: The "noble bandit" and bandits of the nobles: brigandage and local community in nineteenth-century Andalusia. In: Archives Européennes de Sociologie XXIV (1983): 96-115.

Driessen, Henk: Religious Brotherhoods: Class and Politics in an Andalusian Town. In: E. R. Wolf (Hg.): Religion, Power and Protest in Local Communities. Berlin 1984.

Durand-Drouhin, Jean Louis / Szwengrub, Lili Marie (Hg.): Rural Community Studies in Europe. Oxford Bd.1 1981, Bd. 2 1982.

Friedmann, F.: The Hoe and the Book. An Italian Experiment in Community Development. Ithaca - New York 1960.

Frigole Reixach, Juan: «Ser cacique» y «ser hombre» o la negación de las relaciones de patronazgo en un pueblo de la Vega Alta del Segura. In: Agricultura y Sociedad 5 (1977): 143 ff.

Gabilondo, Eduardo u.a.: El proceso de industrialización en áreas rurales. El caso de Puente Genil (Córdoba). Málaga 1983 (maschinenschr.).

Galtung, Johan: The structure of traditionalism: a case-study from western Sicily. In: Journal of International Affairs 19 (1965): 217-232.

Galtung, Johan: Members of Two Worlds. A Development Study of Three Villages in Western Sicily. New York - London 1971.

Gans, Herbert J.: The Urban Villagers, Group and Class in the Life of Italian-Americans. New York - London 1967.

Ganser, K.: Pendelwanderung in Rheinland-Pfalz. Struktur, Entwicklungsprozesse und Raumordnungskonsequenzen. Bearb. vom Geogr. Institut der TH München. Mainz 1969.

Gilmore, David D.: Carnaval in Fuenmayor: Class Conflict and Social Cohesion in an Andalusian Town. In: Journal of Anthropological Research 31 (1975): 331-349.

Gilmore, David D.: The Social Organization of Space: Class, Cognition, and Residence in a Spanish Town. In: American Ethnologist 4 (1977): 437-451.

Gilmore, David D.: The People of the Plain. New York 1980.

Gilmore, David D.: The role of the bar in Andalusian rural society: Observations on political culture under Franco. In: Journal of Anthropological Research 41 (1985): 263-277.

Giordano, C.: Handwerker- und Bauernverbände in der sizilianischen Gesellschaft. Zünfte, Handwerkerkonfraternitäten und Arbeiterhilfsvereine zwischen 1750 und 1890. Mit einer Einführung von W. E. Mühlmann. Tübingen 1975.

Giordano, C.: Die Betrogenen der Geschichte. Überlagerungsmentalität und Überlagerungsrationalität in mediterranen Gesellschaften. (Habilitationsschrift). Frankfurt 1986.

Giordano, C. / Greverus, I.-M. (Hg.): Sizilien - die Menschen, das Land und der Staat. (Notizen 24). Frankfurt/M. 1986.

Giordano, C. / Hettlage, R.: Mobilisierung oder Scheinmobilisierung? Genossenschaften und traditionelle Sozialstruktur am Beispiel Siziliens. Basel 1975.

González Portal, M.I.: La dinamización económica de los entes locales en Andalucía. In: CEUMT /la revista municipal 94/95 (1986): 54-59.

Gower-Chapmann, C.: Milocca. A Sicilian Village. London 1973.

Graziano, Luigi: Clientele e politica nel Mezzogiorno. In: Farneti, Paolo (Hg.) Il sistema politico italiano. Bologna 1973, S. 211-237.

Gregory, D.: La Odisea andaluza. Una emigración hacia España. Madrid 1978.

Grötzbach, E.: Geographische Untersuchung über die Kleinstadt der Gegenwart in Süddeutschland. Münchener Geogr. Hefte 24. Kallmünz, Regensburg 1963.

Hahn, R.: Jüngere Veränderungen der ländlichen Siedlungen im europäischen Teil der Sowjetunion. Stuttgarter Geogr. Studien 79. Stuttgart 1970.

Hammer, Marius: Probleme der italienischen Sozialstruktur. Sonderreihe der List-Gesellschaft Bd. 4, Basel 1965.

Hansen, Edward C.: Rural Catalonia under the Franco regime. The fate of regional culture since the Spanish Civil War. Cambridge 1977.

Hartke, W.: Eine ländliche Kleinstadt im Mittelgebirge im sozialen Umbruch der Gegenwart. In: Raumf. und Raumordnung 22, 1964, 126-135.

Hilowitz, Jane: Economic Development and Social Change in Sicily. Cambridge, Ma. 1976.

Hofmeister, B.: Stadtgeographie. Braunschweig 1969.

Hytten, Eyvind / Marchioni, Marco: Industrializzazione senza sviluppo: Gela - una storia meridionale. Mailand 1970.

Hytten, Eyvind: Esperienze di sviluppo sociale nel Mezzogiorno. SVIMEZ, Rom 1969.

ISTAT: Classificazione dei comuni secondo le caratteristiche urbane e rurali. Roma 1963.

Juba, F.: Subotica als Dorfstadt: Ihre Siedlungs- und Wirtschaftsstruktur. Freiburg 1976. [Zugleich Diss. Geowiss. Fak. Univ. Freiburg, Brsg. 1978].

Jurado Carmona, M. Isabel: Propiedad y explotación agrarias en Puente Genil. [Prólogo de Antonio López Ontiveros.] Córdoba 1984.

Kade, G. / Linz, J.: Factores Humanos, Elites Locales y Cambio Social en la Andalucía Rural, In: Estudios del Instituto de Desarrollo Económico. Estudio Socioeconómico de Andalucía (1970) Bd. II. Madrid

Kahl, Hubert: Grundeigentümer, Bauern und Landarbeiter in Südeuropa. Vergleichende Studie zur Entwicklung landwirtschaftlicher Produktionsverhältnisse in Spanien, Portugal und Italien vom Mittelalter bis in die Gegenwart. Bd. 2 der Reihe "Soziologie und Anthropologie", Frankfurt am Main - Bern 1983.

Kenny, Michael / Kertzer, David I. (Hg.): Urban Life in Mediterranean Europe: Anthropological Perspectives. Urbana Chicago London 1983.

Kerblay, Basile: Du Mir aux Agrovilles. Paris 1985.

King, R. / Strachan, A.: Sicilian agro-towns. In: Erdkunde 32, 2 (Bonn 1978): 110-123.

Klein, H.-J: Das Stadtzentrum in der Vorstellung von Stadtbewohnern. In: Abele, G. / Herz, R. / Klein, H.-J. (Hg.): Methoden zur Analyse von Stadtstrukturen. Karlsruhe 1969, 78-113.

Le Lannou, M.: Le rôle géographique de la malaria. In: Annales de Géographie 45 (254) (1936): 113-134.

Leonardi, F. / Syslos-Labini, P.: Changes in Rural-Urban Relationship in Eastern Sicily. In: Mediterranean Social Science Research Council (MSSRC) 1961.

Leonardi, R.: Social Changes and Economic Growth in Eastern Sicily. In: Mediterranean Social Sciences Research Council (MSSRC): Report on the General Assembly, convened at Catania, Sicily, Oct. 30 - Nov. 4, 1961.

Lepsius, R.M.: Immobilismus: das System der sozialen Stagnation in Süditalien. In: Jahrb. für Nationalökonomie und Statistik, Bd. 177, H. 4, 1965, 304 - 342.

Lettrich, E.: The Hungarian Tanya System: History and Present Day Problems. In: Research Problems in Hungarian Applied Geography, Budapest 1969, 151-168.

Li Causi, L.: "Patronage" e clientelismo in una società mediterrane: Lampedusa (1896 - 1976). In: Uomo e cultura 23/24 (1979): 45-76.

Liebhold, E.: Zentralörtlich-funktionsräumliche Strukturen im Siedlungsgefüge der Nordmeseta in Spanien. Bonn 1979. [Zugl. Diss. Univ. Bonn, Phil. Fak. 1978].

314

Lopreato, J.: Social Stratification and Mobility in a South Italian Town. In: American Sociological Review, Bd. 26 (1961): 585-596.

Lopreato, J.: How Would You to Be a Peasant? In: Human Organization 24, 3 (1965): 298-307.

Lopreato, J.: Peasants no More. San Francisco 1966.

López Ontiveros, A.: Emigración, propiedad y paisaje agrario en la campiña de Córdoba. Barcelona 1974.

López-Casero, F.: Die differenzierte Agrargemeinde als Primärgruppe. Sozialstruktur und Interaktionsprozesse eines spanischen "pueblo". München 1967 (Dissertation, Unidruck).

López-Casero, Francisco: La Plaza. In: Ethnica, Revista de Antropología 4 (1972): 87-133.

López-Casero, Francisco: Die Generation des Umbruchs. Veränderungen der Lebens- und Produktionsform in einer spanischen "Agrarstadt". In: Peter Waldmann u.a.: Die geheime Dynamik autoritärer Diktaturen. Vier Studien über sozialen Wandel in der Franco-Ära. München 1982, 287-401.

López-Casero, Francisco: Umschichtungsprozeß und sozialer Wandel in einer zentralspanischen Agrarstadt. In: P. Waldmann / W. L. Bernecker / F. López-Casero: Sozialer Wandel und Herrschaft im Spanien Francos. Paderborn 1984, 15-48.

López-Casero Francisco: La agrociudad mediterránea en una comparación intercultural. In: C. Lisón Tolosana (Hg.): Antropología Social sin Fronteras. Madrid 1988, 143-167.

Maas, Jan H.M.: El empleo de mano de obra en las grandes empresas agrarias (latifundios) de la campiña sevillana y cordobesa. In: Estudios regionales 10 (Málaga) 1982.

Maas, Jan H.M.: La influencia del compartimiento de los latifundistas sobre el modo de explotación de las grandes empresas agrarias de la campiña andaluza. In: Agricultura y Sociedad 27 (1983): 247-270.

Manella, S.: Agricultural reality in Apulia. In: Norsk geogr. Tidsskr. 32,4 (1978): 173-179.

Maranelli, C.: Considerazione geografiche sulla questione meridionale. (Bari 1908) 2. Aufl. Bari 1946, 1-62.

Maraspini, A.L.: The Study of an Italian Village. Paris 1968.

Marchioni, Marco: Desarrollo y comunidad. Barcelona 1969.

Marinelli, O.: Notes on the distribution of population in Western Europe. In: Geographical Teacher 13 (3) (1925): 202-204.

Martínez Alier, J.: Labourers and Landowners in Southern Spain. London 1971.

Mathieu, N.: Le rôle des petites villes en milieu rurale. In: Colloque sur les petites villes. In: B. Assoc. Géogr. franç., 49, 400-401 (1972): 287-294.

Meckelein, W.: Jüngere siedlungsgeographische Wandlungen in der Sowjetunion. In: Geogr. Zeitschr. 52, 3 (1964): 242 - 270.

Medoro, Rosario: Profilo storico-fotografico di Terranova di Sicilia (Gela). Gela 1975.

Mendras, H.: Sociétés paysannes. Éléments pour une theorie de la paysannerie. Paris 1976.

Mendras, Henri / Mihailescu, Ioan (Hg.): Theories and methods in rural community studies. Oxford - New York 1982.

Milone, F.: Sicilia. La natura e l'uomo. Turin 1960.

Molina, R.: Campos de Córdoba. Cuadernos de la Biblioteca Municipal de Bujalance 1963.

Monheim, Rolf: Die Agrostadt im Siedlungsgefüge Mittelsiziliens. Untersucht am Beispiel Gangi. Bonner Geogr. Abh. 41, Bonn 1969.

Monheim, Rolf: La struttura degli insediamenti nella Sicilia centrale come retaggio storico e problema attuale. In: Bollettino della Società Geografica Italiana 108 (1971): 667-683.

Monheim, Rolf: Sizilien, ein europäisches Entwicklungsland. In: Geographische Rundschau 24 (1972): 293 ff.

Monheim, Rolf: Regionale Differenzierung der Wirtschaft in Italien. In: Erdkunde, Archiv für wissenschaftliche Geographie 28 (1974): 260-267.

Morello, G.: Considerazioni in merito al rapporto città - campagna in un processo di sviluppo socioeconomico. In: Atti del I Congr. Naz. di Scienze Sociali (1958): 477-487.

Morello, G.: Aspetti socio-economici della communità di Gela. Palermo 1960.

Moreno Navarro, Isidoro: La antropología en Andalucía. Desarrollo histórico y estado actual de las investigaciones. In: Antropología Cultural en Andalucía. Sevilla 1984, 93-107.

Moss. L.W. / Cappannari, S.C.: Patterns of kinship, comparaggio and community in a south Italian village. In: Anthropological Quarterly 33 (1960): 24-32.

Mühlmann, W.E. / Llaryora, R.J.: Klientelschaft, Klientel und Klientelsystem in einer sizilianischen Agro-Stadt. Heidelberger Sociologica 6, Tübingen 1968.

Mühlmann, W.E. / Llaryora, R.J.: Strummula Siciliana. Ehre, Rang und soziale Schichtung in einer sizilianischen Agro-Stadt. Meisenheim/Glan 1973.

Murillo, Francisco u.a.: Estructura Social. In: Estudios del Instituto de Desarrollo Económico: Estudio de Andalucía I. Madrid 1971.

Musatti, R.: La via del Sud. 2. Aufl. Mailand 1958.

Niemeier, G.: Siedlungsgeographische Untersuchungen in Niederandalusien. Hamb. Univ., Abh. a. d. Gebiet der Auslandskunde, Bd. 42, Serie B, Bd. 22, Hamburg 1935.

Niemeier, G.: Europäische Stadtdorfgebiete als Problem der Siedlungsgeographie und der Raumplanung. In: Sitzungsber. europäischer Geogr. in Würzburg, Leipzig 1943, 329 - 352.

Niemeier, G.: Siedlungsgeographie. 2. Aufl., Braunschweig 1969.

Ortega Alba, Francisco: El Sur de Córdoba. Estudio de Geografía Agraria. 2 Bd., Córdoba 1974.

316

Pampiglione, Silvio: Inchiesta igienico - sanitaria su 600 famiglie condotta a Palma di Montechiaro. In: Convegno sulle sondizioni di vita e di salute in zone arretrate della Sicilia Occidentale, Palma di Montechiaro, 27.-29. April 1960. Partinico, Centro 1960, 27-38.

Papa, O.: Caratteristiche demografiche dei comuni pugliesi per classi di popolazione e grado di urbanità. In: Giorn. Econ. Ann. Econ. XXX, 3-4 (1971): 230-257.

Pecora, A.: Insediamento umano e dimora rurale nella regione degli Iblei. In: Quaderni de Geografia Umana per la Sicilia e la Calabria 4 81959): 1-102.

Pecora, A.: Sicilia. Le Regioni d'Italia, Bd. 17, Turin 1968.

Penkoff, I.: Die Siedlungen Bulgariens, ihre Entwicklung, Veränderungen und Klassifizierung. In: Geogr. Ber., 17, 1960: 211-227.

Pérez Yruela, Manuel: La conflictividad campesina en la provincia de Córdoba 1931 - 1936. Madrid 1979.

Pérez de Siles y Prado, Agustín / Aguilar y Cano, Antonio: Apuntes históricos de la villa de Puente Genil. Sevilla 1874. Neuaufl. Córdoba 1984.

Piqueras-García, R.: Almansa. Desarrollo económico y urbano. In: Cuad. Geogr. Valencia 16 (1975): 41-63.

Pitkin, D.S.: Mediterranean Europe. In: Anthropological Quarterly 36 (1963): 120-129.

Ponsot, P. / Drain M.: Les paysages agraires de l'Andalousie occidentale au début du XIVe siècle d'aprés l'Iterinario de Hernando Colón. Mélanges de la Casa de Velázquez 2 (1966): 71-97.

Porras Nadales, Antonio: Geografía electoral de Andalucía. Madrid 1985.

Reimann, Helga: Persistenz kultureller Muster - am Beispiel der agrarischen Entwicklung in Südsizilien (Kurzfassung). In: Soziologische Analysen. Referate aus den Veranstaltungen der Sektionen der Deutschen Gesellschaft für Soziologie und der ad-hoc-Gruppen beim 19. Deutschen Soziologentag (Berlin, 17.-20. April 1979).

Reimann, Horst: Innovation und Partizipation - Diffusionspolitische Erfahrungen aus der Entwicklungsregion Sizilien. In: Sonderheft 13 der Kölner Zeitschrift für Soziologie und Sozialpsychologie 21 (1969): 388-409.

Reimann, Horst / Reimann, Helga: Entwicklungsprobleme im Süden. Erfolge und Fehlschläge der Mezzogiornopolitik im dualistischen System. In: Der Bürger im Staat 26 (1976): 177-184.

Reimann, Horst / Reimann, Helga: Sizilien. Studien zur Gesellschaft und Kultur einer Entwicklungsregion. Augsburg 1985.

Rother, K.: Aktiv- und Passivräume im mediterranen Südeuropa. Düsseldorf 1976.

Ruggiero, V.: Un asse di sviluppo per il riequilibrio territoriale della Sicilia centro-meridionale. In: Annali del Mezzogiorno 14 (1974): 149-177.

Ruppert, K.: Über einen Index zur Erfassung von Zentralitätsschwankungen in ländlichen Kleinstädten. In: Ber. z. dt. Landeskunde, Bd. 24 (1959): 80 - 85.

Sanders, Irwin T.: Rural society. Englewood Cliffs, N.J. 1977.

Sanz Menéndez, Luis: Procesos de industrialización en zonas rurales: Crónica del S.I.A.R. 83. In: Agricultura y Sociedad 29 (1983): 88-104.

Schneider, J. / Schneider, P.: Culture and Political Economy in Western Sicily. New York 1976.

Schneider, J. / Schneider, P.: Economic dependency and the failure of cooperatives in western Sicily. In: Nash, J. / Dandler, J. / Hopkins, N.S. (Hg.): Popular participation in social change. Amsterdam 1976.

Schneider, J. / Schneider, P.: Urbanization in Sicily. Two Contrasting models. In: La Ruffa, A. L. / Freed, R.S. / Saunders, L. W. / Hansen, E.C. / Benet, S. (Hg.): City and peasant. A study in sociocultural dynamics. New York 1974.

Schneider, P.: Coalition Formation and Colonialism in Sicily. In: Archives Europeénnes de Sociologie 13 (1972): 255-267.

Schneider, P.: Honor and conflict in a Sicilian town. In: Anthropological Quarterly 42 (1969): 130-155.

Schneider P. / Schneider J. / Hansen, E.: Modernisation and development: the role of regional elites and non corporate groups in the European Mediterranean, In: Comparative Studies in Society and History 14 (1972): 328-350.

Scholz, H.: Insediamento umano e sfruttamento dei territori nella Sicilia centrale e meridionale. In: Geographia Helvetica 7 (1952): 9-16.

Schultz, J.: Les villes de Hongrie. Le rôle des villes dans la société socialiste. In: Bulletin de la Société languedocienne de géographie 12, 3-4 (Montpelleier 1978): 147-285.

Schwarz, G.: Allgemeine Siedlungsgeographie. 3. Aufl. Berlin 1966.

Sciascia, Leonardo: Gela - Realtà e condizione humana. In: Il Gatto Selvatico 10 (1964) 3: 17-19.

Scotellaro, R.: Contadini del Sud. Bari 1977.

Sevilla-Guzmán, Eduardo / Pérez Yruela, Manuel: Para una definición sociológica del campesinado. In: Agricultura y Sociedad 1 (Madrid 1976): 15-39.

Signorelli, A.: Chi può e chi aspetta. Giovani e clientelismo in un'area interna del Mezzogiorno. Napoli 1983.

Silverman, S.: The Italian Land Reform: Some Problems in the Development of a Cultural Tradition. Anthropological Quarterly 44 (1971): 66 - 77.

Silverman, Sydel F.: Three bells of civilization: The life of an Italian hill town. New York 1975.

Stein, N.: Die Industralisierung an der Südostküste Siziliens. In: Erde 102 (1971): 180-207.

Swanson, B.E. / Cohen, R.A. / Swanson, E P.: Small Towns and Small Towners. A Framework for Survival and Growth. Foreword by Harold S. Williams. Beverly Hills 1979.

Taylor, M.: Community Development in Western Sicily, an Introduction to the Centro Studi. Centro Partinico, n. 279.

Tentori, T.: Letter of Tullio Tentori to Robert Redfield. In: The Peasant. A Symposium Concerning the Peasant Way of Life. 1 (1954) Oktober. (Unveröffentl. Manuskript).

Vázquez Lesmes, J.R.: La ilustración y el proceso colonizador en la Campiña cordobesa. [Prólogo: José Manuel Cuenca Toribio.] Córdoba 1979.

Vöchting, F.: Die italienische Südfrage. Entstehung und Problematik eines wirtschaftlichen Notstandsgebietes. Berlin 1951.

Wädekin, K.E.: Führt der Weg zur Agrostadt? In: Sowjetstudien 24, (1968): 3 - 33.

Weber, Karl E.: Materialien zur Soziologie Siziliens. Dissertation Heidelberg 1966.

Weinreuter, E.: Stadtdörfer in Südwestdeutschland. Ein Beitrag zur geographischen Siedlungstypisierung. Tübingen Geogr.Stud. 32, Tübingen 1969.

Zoido Naranjo, F.L.: La red urbana del Noroeste Gaditano. Organización Interna y funcionalidad provincial de una aglomeración polinuclear. (Unveröffentl. Diss.) Sevilla 1976.

Die Autoren

Andrés Barrera González, Prof. Dr., Universidad Complutense de Madrid, Depto. de Antropología Social, E-28040 Madrid.

Anton Blok, Prof. Dr., University of Amsterdam, Dep. of Anthropology, Oudezyds Achterburgwal 185, NL-1012 DK Amsterdam.

Michel Drain, Dr. phil., Faculté des Sciences de Luminy, Dép. des Sciences Humaines, Case 901 - 70, Route Léon Lachamp, F-13288 Marseille.

Henk Driessen, Prof. Dr., Katholieke Universiteit Nijmegen, Faculteit der Sociale Wetenschappen, Instituut voor Culturele en Sociale Antropologie (IKSA), Postbus 9108, NL-6500 HK Nijmegen.

José Antonio Fernández de Rota y Monter, Prof. Dr., Universidad de Santiago de Compostela, Depto. de Filosofía y Antropología Social, Santiago de Compostela.

Christian Giordano, Dr. phil. habil., Universität Frankfurt, Institut für Kulturanthropologie, Bettinaplatz 5, 6000 Frankfurt a.M.

Petra v. Gliscynski, Dipl.-Soz., Universität Augsburg, Philosoph. Fakultät I, Universitätsstraße 10, 8900 Augsburg.

Dieter Goetze, Prof. Dr., Universität Regensburg, Institut für Soziologie, Universitätsstraße 31, 8400 Regensburg.

Andreas Hildenbrand, Dipl.-Pol., Universität Heidelberg, Institut für Politische Wissenschaften, Marstallstraße 6, 6900 Heidelberg.

Carmelo Lisón Tolosana, Prof. Dr., Universidad Complutense de Madrid, Depto. de Antropología Social, Facultad de Políticas y Sociología, 28040 Madrid.

Francisco López-Casero Olmedo, Dr. oec. publ., Universität Augsburg, Institut für Spanien- und Lateinamerikastudien (ISLA), Universitätsstraße 10, 8900 Augsburg.

Rolf Monheim, Prof. Dr., Universität Bayreuth, Institut für Geowissenschaften, 8580 Bayreuth.

Eduardo Moyano Estrada, Prof. Dr., Universidad de Córdoba, Dpto. Economía y Sociología, E-14005 Córdoba.

Helga Reimann, Prof. Dr., Universität Augsburg, Philosoph. Fakultät I, Universitätsstraße 10, 8900 Augsburg.

Forschungen zu Spanien

ISSN 0935-1515

Herausgegeben von

Prof. Dr. Walther L.Bernecker, Bern
Dr. Francisco López-Casero, Augsburg
Prof. Dr. Peter Waldmann, Augsburg

1 Klein, Rainer: Stadtplanung und Wohnungsbau in Spanien nach 1960. Die Stadtentwicklung im Zeichen des Baubooms mit den Beispielen Valencia und Burgos. 1988. VIII, 303 S. 3 Fotos, zahlr. Abb. ISBN 3-88156-424-1.

2 Huber, Friedrich: Fuente Palmera – eine gescheiterte Feldforschung? Methodenkritische Überlegungen zu einer Gemeindeforschung in Andalusien. 1989. 119 S. ISBN 3-88156-433-0.

3 Thiery, Peter: Der spanische Autonomiestaat. Die Veränderung der Zentrum-Peripherie-Beziehungen im postfrankistischen Spanien. 1989. III, 216 S. ISBN 3-88156-434-9.

4 López-Casero, Francisco; Bernecker. Walther L.; Waldmann. Peter (Hg.): Die mediterrane Agrostadt – Strukturen und Entwicklungsprozesse. 1989. VI, 319 S. ISBN 3-88156-436-5.

Verlag **breitenbach** Publishers
Memeler Str. 50, 6600 Saarbrücken, Germany
P.O.B. 16243, Fort Lauderdale/Plantation
Fla. 33318-6243, USA